AF318026

C 19

ENCYCLOPÉDIE DES ÉCOLES

ATLAS-SCOLAIRE

COURS COMPLET DE GÉOGRAPHIE

(Cours élémentaire, moyen et supérieur)

RÉDIGÉ CONFORMÉMENT AUX PROGRAMMES OFFICIELS DU 2 AOUT 1882

COMPRENANT

107 CARTES ET 109 ILLUSTRATIONS INTERCALÉES DANS LE TEXTE

10 CARTES MUETTES AVEC QUESTIONNAIRES POUR LES INTERROGATIONS

DES RÉSUMÉS DE CHAQUE LEÇON PLACÉS A LA FIN DU VOLUME

DES NOTIONS SUR LA GÉOGRAPHIE HISTORIQUE DE LA FRANCE

SUR LA LECTURE DES CARTES DE L'ÉTAT-MAJOR

ET SUR LES PRINCIPAUX VOYAGES ET DÉCOUVERTES

Par E. LEVASSEUR

MEMBRE DE L'INSTITUT

TABLE DES MATIÈRES

TABLE DES MATIÈRES DES LECTURES

destinées à servir de commentaire au leçons de géographie et pouvant servir également de texte pour les dictées.

INSTITUT GÉOGRAPHIQUE DE PARIS

LIBRAIRIE CH. DELAGRAVE

15, RUE SOUFFLOT, 15

1883

Tous droits réservés.

Dans l'antiquité, la France faisait partie de la **Gaule**. La Gaule transalpine, c'est-à-dire située pour les Romains au delà des Alpes, avait pour limites l'Océan, les Pyrénées, la Méditerranée, les Alpes et le Rhin. Elle était peuplée par des tribus de **Belges** au nord, de **Celtes** au centre, d'**Aquitains** au sud-ouest. *Marseille* était une grande cité commerçante, fondée par des Grecs.

Les **Romains** bâtirent *Aix* et s'emparèrent de la vallée du Rhône, plus d'un siècle avant l'ère chrétienne. César conquit, 50 ans avant l'ère chrétienne, tout le reste de la Gaule. Les Romains restèrent pendant quatre siècles et demi maîtres de la contrée. Ils la divisèrent en 17 provinces auxquelles correspondent en partie les archevêchés actuels. Ils donnèrent aux habitants leur langue et leur civilisation.

Au commencement du cinquième siècle, les barbares de la Germanie envahirent et conquirent la Gaule : les **Francs** au nord, les **Burgondes** ou Bourguignons à l'est, les **Wisigoths** au sud. Les Francs, sous les règnes de Clovis et ses fils, soumirent tout le pays. Le plus grand prince de la dynastie carlovingienne, Charlemagne, proclamé empereur d'Occident, fonda un empire qui s'étendit en Germanie, en Italie et en Espagne, bien au delà des limites de la Gaule. Après la mort de son fils, cet empire, trop vaste et composé de peuples divers, fut démembré ; le *traité de Verdun* (843) donna pour limite au royaume de **France** l'Escaut, la *Meuse*, la *Saône* et les *Cévennes*.

1° La dynastie capétienne, à son avènement (987), ne possédait que le domaine des ducs de France, l'**Ile-de-France** et l'**Orléanais**, avec *Paris* pour capitale. Les autres provinces appartenaient à de grands seigneurs, comtes, ducs, évêques, abbés, qui étaient les vassaux du roi. C'était le temps de la *féodalité*.

Les rois réunirent peu à peu ces provinces au domaine royal par des conquêtes ou par des héritages.

2° Les **Capétiens directs** acquirent : sous Philippe Ier, le *Vexin français* (1082) et la vicomté de *Bourges* (1100) ; sous Philippe-Auguste, le *Vermandois* (1185), la *Normandie*, la *Touraine*, etc., enlevées au roi d'Angleterre, son plus redoutable vassal (1204) ; sous Louis VIII, l'*Aunis* et la *Saintonge* (1224), le *Bas-Languedoc* (1226-1229) ; sous saint Louis, le *Gévaudan*, le *Vivarais*, le *Velay* (1229) ; sous Philippe III, *Toulouse*, le *Rouergue*, le *Quercy* (1271) ; sous Philippe le Bel, la *Champagne*, *Blois* et *Chartres* (1284), *Lyon* (1312).

3° Les **Valois** eurent à soutenir la désastreuse guerre de Cent ans (1337-1453) ; elle est signalée par des défaites, Crécy (1346), Poitiers (1356), Azincourt (1415), et par les honteux traités de Brétigny (1360) et de Troyes (1420). Elle se termina par des victoires : la délivrance d'Orléans par Jeanne d'Arc et la bataille de Patay (1429), les batailles de Formigny (1449) et de Castillon (1453).

Néanmoins les Valois acquirent, sous Philippe VI, le *Dauphiné* (1349) ; sous Charles V, la plus grande partie du *Limousin* (1370) ; sous Charles VII, le *Poitou* (1442), la *Guyenne* après l'expulsion des Anglais (1453) ; sous Louis XI, *Alençon* et le *Perche* (1475), la *Bourgogne*, la *Picardie* (Ponthieu et Amiénois), le *Boulonnais* à la mort du duc de Bourgogne Charles le Téméraire (1477), l'*Anjou*, le *Barrois* (1480), le *Maine* (1481), la *Provence* (1481) ; sous Charles VIII, par le mariage avec la duchesse Anne, la *Bretagne* (1491), dont la réunion définitive n'eut lieu qu'en 1532 ; à l'avènement de Louis XII, le *Valois* et l'*Orléanais* (1498) ; sous François Ier, l'*Angoumois* (1515), le *Bourbonnais*, l'*Auvergne*, la *Marche*, le *Forez* et le *Beaujolais* (1527) ; sous Henri II, les trois évêchés de *Metz*, *Toul* et *Verdun*, acquis sur l'Allemagne (1552), *Calais* repris aux Anglais (1558).

4° Sous les **Bourbons**, Henri IV, à son avènement, réunit au domaine le *Béarn*, le *Bigorre*, le comté de *Foix*, le *Périgord*, une partie du *Limousin* (1589), et acquit par traité la *Bresse*, le *Bugey* et *Gex* (1601) ; Louis XIII acquit une partie de l'*Auvergne* (1625), *Sedan* (1642), et, pendant la guerre de Trente ans, l'*Alsace* (1639), l'*Artois* et le *Roussillon* (1640).

Louis XIV consacra le plus clair de son règne à de sanglantes guerres de conquête. Par le traité de Westphalie (1648) et le traité des Pyrénées (1659), il acquit lui-même la *Flandre française* par le traité d'Aix-la-Chapelle (1668), le *Cambrésis*, une partie de l'*Artois* et du *Hainaut*, et la *Franche-Comté* par le traité de Nimègue (1678), la vallée de *Barcelonnette* par le traité d'Utrecht (1713), la principauté d'*Orange* (1673) et le *Charollais* (1684) par confiscation. Louis XV acquit la *Lorraine* (1766) à la mort de Stanislas Leczinski à qui elle avait été cédée en 1738 ; la *Corse* (1768) achetée aux Génois.

5° Après la révolution de 1789, la France réunit à son territoire *Avignon* et le *Comtat Venaissin* (1791), jusque-là possédés par les Papes, *Montbéliard* (1793) et la république de *Mulhouse* (1798). Les guerres de la première République donnèrent à la France la Belgique (traité de Campo-Formio, 1797) ; celles du Consulat donnèrent le Palatinat et le pays jusqu'au bord du Rhin (traité de Lunéville, 1801) ; celles de l'Empire étendirent la domination française au delà du Rhin jusqu'à la Baltique, et au delà des Alpes jusqu'à Rome. Ces agrandissements, beaucoup trop considérables, furent perdus en 1814 et en 1815, ainsi que les conquêtes de la République.

6° En 1860, Napoléon III reçut de l'Italie, par le traité de Turin, la *Savoie* et le *Comté de Nice*. Mais la guerre funeste qu'il entreprit contre la Prusse fit perdre à la France, en 1870, l'*Alsace*, excepté Belfort, et la *Lorraine* septentrionale avec Metz.

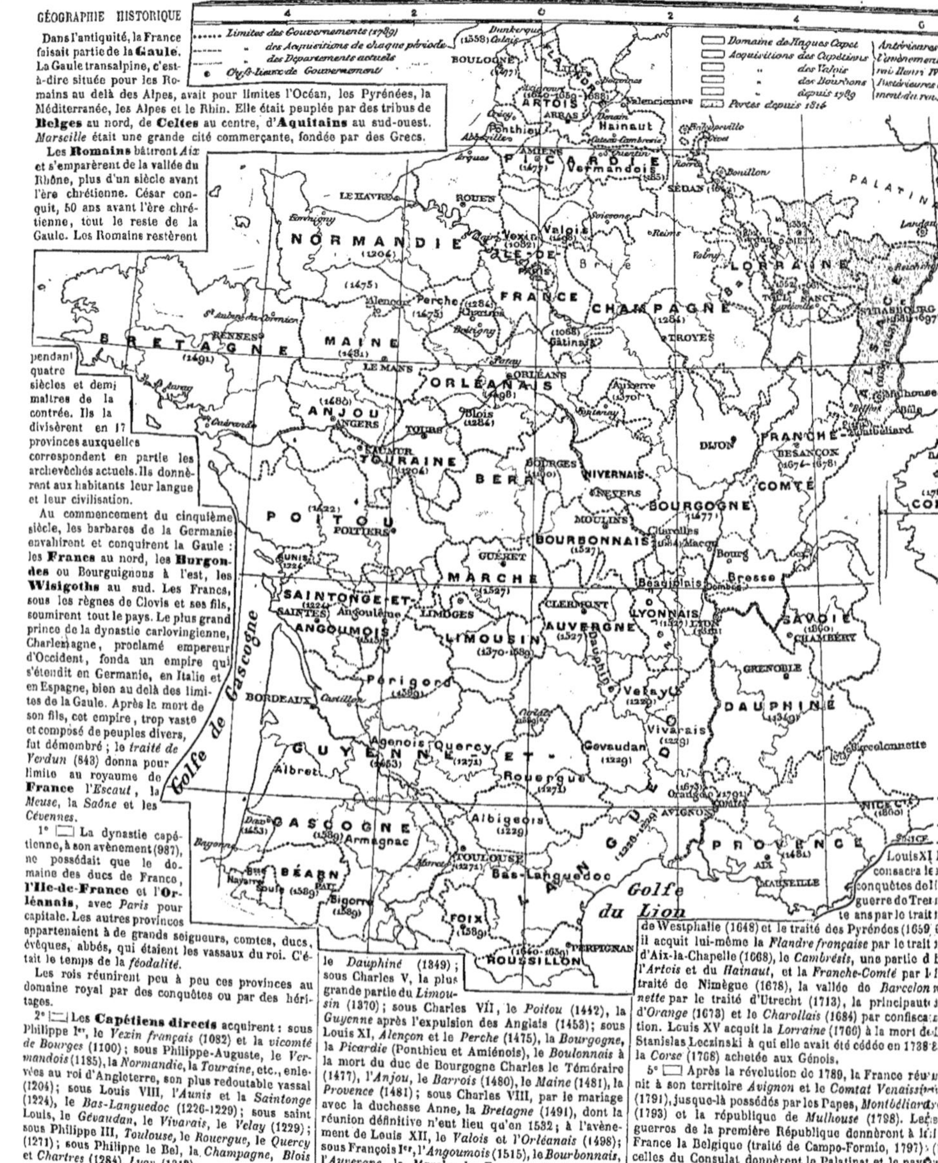

GÉOGRAPHIE HISTORIQUE DE LA FRANCE

Méthode. — La géographie historique est le complément nécessaire de l'histoire. Elle fixe la connaissance des lieux dans lesquels se sont passés les grands événements et montre la situation et l'étendue des circonscriptions politiques ou administratives des temps passés.

La carte historique de France est placée comme supplément dans l'Atlas-scolaire, parce que l'étude de la géographie historique est elle-même un complément plutôt qu'une partie intégrante du cours de géographie. Elle est à l'usage, non des commençants, mais des élèves qui étudient l'histoire de France.

La carte historique de l'Atlas-scolaire contient : 1° les localités rendues célèbres par de grandes batailles ou par des traités importants ; 2° les capitales des anciennes provinces ; 3° les anciennes provinces, avec un coloris indiquant la période pendant laquelle elles ont été réunies au domaine royal ou au territoire français ; 4° les limites de la France au traité de Verdun, en 1789, en 1870 et aujourd'hui, figurées par des points ou des croix de formes différentes.

Le maitre se servira de cette carte et du texte qui l'accompagne dans trois cas :

1° Chaque fois qu'en faisant une leçon d'histoire il nommera une province ou un lieu très célèbre, il le montrera aux élèves sur l'Atlas-scolaire ou, mieux encore, sur la carte murale, en leur disant de le chercher et de le montrer eux-mêmes sur leur Atlas-scolaire. De cette façon, le nom et la position du lieu, ainsi que le fait historique, se graveront mieux dans la mémoire des élèves. Sur nos deux cartes murales de France, la France à l'échelle de 1/1000000ᵉ et surtout la France à l'échelle de 1/600000ᵉ, le nombre des localités historiques est plus considérable que sur la carte ci-jointe et chaque nom est accompagné, pour la commodité de l'enseignement, de la date de la bataille ou du traité.

2° En commençant l'histoire de France, le maitre pourra faire apprendre à ses élèves le texte de la géographie historique : c'est l'objet d'environ trois leçons. Par ce moyen, les élèves connaîtront exactement par avance les provinces dont ils entendront souvent répéter les noms dans les cours et ils posséderont, dès le début, un cadre général des grandes périodes dans lequel se classeront ensuite, avec plus de méthode, les détails. Ce fonds de géographie historique doit être donné sobrement, comme le fait le texte de l'Atlas-scolaire ; mais un fonds de ce genre est une préparation utile qui donne plus de solidité aux notions que l'élève acquiert en histoire : l'école Monge s'est inspirée d'une pensée de ce genre pour la rédaction de ses programmes.

3° A la fin du cours d'histoire, la même étude de la géographie historique peut être encore un utile moyen de revenir sur l'ensemble par une récapitulation et de fixer une dernière fois la suite des grandes périodes. Le maitre fera dessiner aux élèves, alors plus avancés, la carte de la formation territoriale de la France, les autorisant, comme d'ordinaire, à employer, pour épargner le temps, une carte muette de la France physique.

Questionnaire. — **1ʳᵉ leçon.** — D. Comment nommait-on dans l'antiquité la contrée dont le territoire français faisait partie ? — R. *Gaule.*

D. La Gaule était-elle plus grande que la France ? — R. *Oui.*

D. Quelles étaient les limites de la Gaule ? — R. *L'Océan, les Pyrénées, la Méditerranée, les Alpes et le Rhin.*

D. Quelles étaient les principales familles de tribus qui peuplaient la Gaule avant les Romains ? — R. *Les Belges au nord, les Celtes au centre, les Aquitains au sud-ouest.*

D. Par qui a été fondée Marseille ? — R. *Par les Grecs.*

D. Quel est le général romain qui a conquis la plus grande partie de la Gaule ? — R. *César.*

D. A quelle époque a eu lieu cette conquête ? — R. *Cinquante ans environ avant l'ère chrétienne.*

D. Les Romains sont-ils restés longtemps maitres de la Gaule ? — R. *Plus de quatre siècles.*

D. Quelle est l'origine de notre langue ? — R. *La langue latine, que parlaient les Romains.*

D. Quels sont les principaux peuples barbares qui ont détruit en Gaule la domination romaine ? — R. *Les Francs, les Burgondes et les Wisigoths.*

E. Levasseur. — Atlas scolaire. *Maitre*

D. D'où venaient-ils ? — R. *De la Germanie.*

D. Quel est celui des peuples barbares qui a fini par soumettre toute la Gaule ? — R. *Les Francs.*

D. Quel est le prince, conquérant et législateur, qui a fondé le plus grand empire sur lequel aient dominé les Francs ? — R. *Charlemagne.*

D. Quand et pourquoi cet empire fut-il démembré ? — R. *Il fut démembré après la mort du fils de Charlemagne ; il était trop vaste et composé de peuples trop divers pour subsister.*

D. L'histoire ne nous apprend-elle pas que, si Charlemagne n'a pas fondé un empire durable des Francs, il a contribué à introduire la civilisation chrétienne dans la Germanie, et qu'il a ouvert une ère nouvelle dans l'histoire de l'Europe en rétablissant l'empire d'Occident ? — R. *Oui.*

D. Quelles sont les limites assignées à la France par le traité de Verdun ? — R. *A l'ouest, l'Océan ; à l'est, l'Escaut, la Meuse, la Saône et les Cévennes.*

D. Quand commence l'histoire du royaume de France proprement dit ? — R. *En 843, à partir du traité de Verdun.*

D. Savez-vous quel roi régnait alors et à quelle dynastie il appartient ? — R. *Il s'appelait Charles le Chauve ; c'est un roi de la dynastie carlovingienne.*

2ᵉ leçon. — D. Quels domaines possédaient les ducs de France à leur avènement, en 987 ? — R. *L'Ile-de-France et l'Orléanais.*

D. Quelle était leur capitale ? — R. *Paris.*

D. N'est-elle pas restée depuis ce temps la capitale de la France ? R. *Oui.*

D. Par qui les autres provinces étaient-elles gouvernées ? — R. *Par des seigneurs qui étaient vassaux du roi.*

D. Comment appelle-t-on le régime politique par lequel des seigneurs étaient maitres des provinces, et par lequel les grands propriétaires ne possédaient pas seulement la terre, mais gouvernaient les habitants, levaient les impôts, rendaient la justice, faisaient la guerre ? — R. *On l'appelle féodalité.*

D. Quelles sont les acquisitions faites par Philippe-Auguste au profit du domaine royal qui n'ont plus été aliénées par la couronne ? — R. *Le Vermandois, la Normandie et la Touraine.*

D. Sur qui Philippe-Auguste a-t-il conquis les deux dernières provinces ? — R. *Sur le roi d'Angleterre, son plus redoutable vassal.*

D. Qu'est-ce qui a réuni au domaine royal Toulouse, le Rouergue et le Quercy ? — R. *Philippe III.*

D. Où sont situées les principales provinces réunies au domaine royal à la fin des Capétiens directs ? — R. *Elles occupent presque tout le bassin de la Seine, une partie du bassin de la Loire moyenne et basse, et du bassin du Rhône, à l'ouest du fleuve.*

D. Quelles sont les principales batailles de la guerre de Cent ans ? — R. *Crécy, Poitiers, Azincourt, qui ont été de grandes défaites, la délivrance d'Orléans, Patay, Formigny, Castillon, qui ont été des victoires.*

D. Quelle est la dernière province reconquise après l'expulsion des Anglais, à la fin de la guerre de Cent ans ? — R. *La Guyenne.*

D. Louis XI n'est-il pas un des rois qui ont le plus agrandi le domaine royal ? — R. *Oui.*

D. Quelles sont les provinces qu'il a réunies au domaine royal ? — R. *Alençon, le Perche, la Bourgogne, la Picardie, le Boulonnais, l'Anjou, le Barrois, le Maine, la Provence.*

D. Comment la Bretagne a-t-elle été d'abord réunie au domaine royal ? — R. *Par le mariage de Charles VIII avec la duchesse Anne.*

D. Quelles sont les acquisitions de Henri II ? — R. *Les trois évéchés de Metz, Toul et Verdun.*

3ᵉ leçon. — R. Quel est le domaine particulier de Henri IV, le premier roi de la branche des Bourbons, qui fût, à son avènement, réuni au domaine royal ? — R. *Le Béarn, le Bigorre, le comté de Foix, le Périgord, une partie du Limousin.*

D. Quel est le roi qui a conquis la Bresse, le Bugey et Gex ? — R. *Henri IV.*

D. Sous quel règne et en quelle année a été signé le traité de Westphalie ? — R. *En 1648, sous le règne de Louis XIV.*

D. Quelles sont les deux dernières provinces réunies avant 1789 ? — R. *La Lorraine et la Corse.*

D. A quelle époque Avignon et le Comtat Venaissin ont-ils été réunis au territoire français ? — R. *En 1791, après la Révolution de 1789.*

D. Quelles sont les conquêtes de la première République qui ont été perdues en 1814 et en 1815 ? — R. *La Belgique, le Palatinat et le pays jusqu'au bord du Rhin.*

D. A quelle époque la Savoie et le comté de Nice ont-ils été définitivement réunis à la France ? — R. *En 1860, sous le règne de Napoléon III.*

D. Quelles sont les provinces qui ont été détachées de la France après les défaites de l'année 1870 ? — R. *L'Alsace et la Lorraine septentrionale.*

Devoirs. — Marquer sur la carte muette les parties de la Gaule habitées par les Belges, les Celtes et les Aquitains, et les parties occupées ensuite par les Francs et les Wisigoths.

Faire la carte du domaine royal à l'avènement de la branche des Valois, avec la date de la réunion.

Énumérer les provinces réunies au domaine royal sous les Capétiens directs et sous les Valois.

Faire, sur une carte muette, la carte des provinces de France avec la date de la réunion de chacune d'elles au domaine royal ou au territoire français.

PRÉFACE DE L'ATLAS-SCOLAIRE

(Les pages du Livre du maître se distinguent de celles du Livre de l'élève par la couleur du papier.)

Faire **voir**, faire **comprendre**, faire **apprendre** : voilà les trois règles fondamentales de l'enseignement de la géographie.

Le but que se propose le maître est de faire bien *apprendre* la géographie. Pour l'atteindre, le meilleur procédé est de s'appliquer à *faire voir* et à *faire comprendre*

D'une part, la géographie étant l'étude de lieux qu'on ne connaît bien que lorsqu'on en sait exactement la forme et la position, il est indispensable de *voir* sur la carte cette forme et cette position. D'autre part, il importe d'expliquer, de décrire et de faire *comprendre*.

Il y a longtemps que nous avons dit : « L'enseignement de la géographie, quelque sommaire qu'il soit, ne doit jamais se borner à une aride nomenclature. Il ne consiste pas uniquement à apprendre par cœur une série de noms propres; il consiste à faire connaître la terre et ses diverses contrées et à donner pour ainsi dire l'intelligence des lieux; pour atteindre ce but, il faut des détails et des descriptions. » En effet, les détails et descriptions donnés par le maître ont l'avantage : 1° d'intéresser les élèves pendant la leçon; 2° d'aider à retenir le nom propre qui demeure associé à une idée ou à une circonstance particulière; 3° de contribuer au développement général de l'intelligence, c'est-à-dire au but principal de l'éducation, en apprenant aux élèves la raison d'être des choses et en meublant leur mémoire de connaissances variées, qui sont intimement liées à la géographie.

I. Pour faire voir, le maître se servira de la carte ou du globe. Chaque fois qu'il le pourra, il montrera, à titre d'exemple, les choses mêmes dans la nature, un cours d'eau, un confluent, une montagne ou une colline, etc. : c'est une manière d'enseignement par l'aspect qui n'est pas moins profitable en géographie qu'en d'autres matières, et qu'il faudra employer surtout dans l'étude des Notions préliminaires.

Toute école doit posséder au moins un globe terrestre et trois cartes murales : carte de France, carte d'Europe, carte de la Terre. Il est désirable qu'elle ait, en outre, une carte de l'Algérie et des autres possessions françaises, une ou plusieurs cartes muettes (France, etc.) sur tableau noir et une carte en relief de la France.

On ne saurait trop recommander au maître de donner les premières notions sur la Terre à l'aide du globe, et de s'en servir pour faire comprendre d'abord la position des grands cercles, des continents, des mers, etc., de manière à imprimer dans la mémoire des enfants une image exacte des formes générales (Voir, sur l'emploi du globe pour les éléments de cosmographie, la page 36 du Livre du maître). Le maître pourra employer ensuite sans inconvénient une mappemonde.

On ne saurait trop recommander aussi au maître de donner d'ordinaire les autres leçons devant la carte murale en y montrant chaque chose à mesure qu'il la nomme. Ce procédé impose sans doute plus de peine et exige une bonne discipline de la classe; mais le profit qu'en tireront les élèves le récompensera amplement.

Il gagnera plus encore si, à côté de la carte murale, il a une carte muette sur tableau noir, et s'il y marque ou dessine la chose même dont il parle On trouvera de plus amples explications sur cette méthode dans la conférence faite à la Sorbonne aux instituteurs délégués à l'Exposition universelle de 1878 que nous reproduisons dans le Livre du maître (pages IV, V, VI, VII, VIII, IX).

La carte murale et le tableau-carte-muette ne sont pas utiles seulement pour la leçon, ils le sont aussi pour l'interrogation. Lorsque le maître fait cette interrogation à l'aide de la carte muette de l'Atlas-scolaire, tous les élèves suivent et marquent en même temps du doigt sur leur Atlas-scolaire le lieu demandé; lorsqu'il la fait à l'aide de la carte murale ou du tableau-carte-muette, un seul élève montre ou marque à la craie le lieu demandé, pendant que tous les autres élèves ont les yeux fixés sur lui, prêts à rectifier, sur l'appel du maître, chaque erreur.

Nous nous sommes imposé partout l'obligation de mettre chaque carte en regard du texte correspondant, de manière à ce que les élèves puissent toujours voir la position du lieu en même temps qu'ils lisent le nom, sans avoir à retourner la page. Nous avons de même placé la carte muette sur laquelle l'élève doit être interrogé et le questionnaire qui l'accompagne, de manière à ce qu'il n'ait pas sous les yeux la réponse toute faite; il appartient au maître de veiller à ce que l'élève ne tourne pas la page.

Les cartes sont dressées, autant que possible, à des échelles uniformes, dans le but de rendre les images plus facilement comparables et de laisser une impression plus juste sur les rapports de grandeur. Ainsi, l'Algérie et les colonies sont au 3,000,000° (1 millimètre pour 3 kilomètres) comme les cartes de France; les départements par bassins sont au 3,500,000° (1 millimètre pour 3 kilomètres 1/2) comme les bassins physiques; les parties du monde (moins l'Europe) sont au 60,000,000°; etc.

II. Nous donnons, quand il y a lieu, de courtes explications ou descriptions qui, sans dépasser l'intelligence des enfants, les aideront à comprendre ou éveilleront leur intelligence. Les figures, choisies à dessein pour représenter les choses essentielles, sont une partie nécessaire du texte et une manière de description par l'aspect; dans l'interrogation, le maître pourra demander aux élèves de les expliquer.

Le commentaire du maître sera toujours plus efficace que le texte du livre pour donner à des enfants l'intelligence des choses. C'est dans ce but que nous avons écrit le **Livre du maître**. A chaque page du Livre de l'élève correspond exactement une page du Livre du maître, placée en regard, afin que celui-ci ait toujours l'une et l'autre sous les yeux sans avoir à tourner la page.

Chaque page du Livre du maître contient, quand il y a lieu :

1° Des indications sur la *méthode* à employer pour la leçon et sur le *commentaire* dont elle peut être accompagnée;

2° Des *lectures;*

3° Un *questionnaire* comprenant des demandes avec les réponses, et des devoirs.

La *méthode* est l'application du principe exposé dans cette préface : faire voir et faire comprendre pour faire mieux apprendre. Le *commentaire* n'a pas pour objet d'ajouter des noms propres aux noms propres du Livre de l'élève, mais de fournir certains renseignements supplémentaires en vue des développements que le maître voudrait donner à ses leçons ou des réponses à faire aux questions qui pourraient lui être adressées. C'est à dessein que le nombre des noms propres n'est pas plus considérable dans l'Atlas-scolaire, et nous ne cherchons pas à l'augmenter dans ce commentaire. Il ne faut pas surcharger la mémoire des enfants à l'école primaire; ce qui importe, c'est de leur apprendre le nécessaire et de le leur bien apprendre. « L'idéal de l'école primaire, dit l'arrêté ministériel du 24 juillet 1882 qui fixe les programmes, n'est pas d'enseigner beaucoup, mais de bien enseigner. » En commentant la leçon, le maître doit donc se préoccuper beaucoup plus d'expliquer les choses principales de la leçon que d'y ajouter des choses nouvelles.

Les **lectures** portent toutes sur des points particulièrement importants de chaque leçon; elles en constituent le principal commentaire. Celles qui sont relatives à la France ont été rédigées de manière à servir aussi à l'*instruction civique*, laquelle est en partie liée à l'étude du sol de la patrie. Nous recommandons spécialement aux maîtres l'emploi de ces lectures. Elles sont une partie essentielle de la méthode, parce qu'elles permettent de donner, en dehors du texte même de la leçon qui est nécessairement sommaire, quelques descriptions de détail, de communiquer par là de l'intérêt et de la variété à l'enseignement, de faire aimer la nature et comprendre les œuvres de la civilisation aux élèves et de leur inspirer le goût de la géographie. Le maître pourra s'en servir de trois manières :

1° Faire lui-même la description à ses élèves sous forme de commentaire après avoir pris connaissance du texte de la lecture;

2° Lire en classe le texte de la lecture comme complément de la leçon;

3° Donner le texte ou une partie du texte en dictée, chaque morceau ayant été composé en vue de fournir une ou plusieurs dictées profitables à la classe.

Toutes les questions qui figurent au bas des cartes muettes dans le *questionnaire* du Livre de l'élève se retrouvent dans le questionnaire du Livre du maître, placé à la page correspondante. Le Livre du maître contient en outre un certain nombre de questionnaires plus développés avec les réponses.

Les *devoirs*, qui se trouvent à la suite des questionnaires dans le Livre de l'élève et en plus grand nombre dans le Livre du maître, consistent pour la plupart en exercices écrits sur une carte muette. La carte muette ne doit pas être exclusivement employée, mais elle doit être préférée, dans tous les cas, à la carte calquée et même, dans le plus grand nombre de cas, à la carte dessinée entièrement par l'élève. Comme elle épargne du temps, elle permet de répéter plus souvent un exercice utile. Un système complet de cartes muettes formant trois séries accompagne l'Atlas-scolaire. Les deux premières séries comprennent des *cartes muettes*, les unes du format de l'Atlas-scolaire, les autres d'un format plus grand, qui peuvent servir à faire les devoirs indiqués à la suite des questionnaires. La troisième comprend les *cartes-devoirs*. (Voir page xv du Livre du maître.)

L'Atlas-scolaire comprend cinq parties : *les notions préliminaires; les généralités sur la Terre et l'Europe; la géographie de la France et de ses possessions; les autres États d'Europe; les quatre autres parties du monde.* Il se termine par des **Résumés** qui facilitent aux élèves le moyen de repasser le cours, mais qui ne doivent jamais les dispenser d'étudier dans le texte. — *La lecture de la carte d'état-major, les grandes découvertes et le département* forment, avec la *géographie historique de la France*, des parties supplémentaires.

Les *Notions préliminaires* ne doivent pas être enseignées par le texte du livre, qui cependant est indispensable pour fixer les termes à apprendre, mais par le commentaire du maître. Pour dresser le plan de la classe et donner une première idée de ce qu'est une carte, pour faire comprendre les définitions géographiques par des exemples pris sur le terrain ou par des images, rien ne saurait remplacer l'action et la parole d'un maître sachant se mettre à la portée de ses élèves, et ne craignant pas de revenir, à maintes reprises, sur les mêmes explications.

Les autres parties doivent être lues et apprises par l'élève dans le texte de l'Atlas-scolaire, expliquées et commentées par le maître conformément à la méthode indiquée.

La géographie, dans la mesure des développements donnés par l'Atlas-scolaire, comporte trois années de cours et correspond aux programmes officiels du 27 juillet 1882. Les matières peuvent être réparties de la manière suivante entre les trois cours : 36 leçons pour la première année; 46 ou 48 leçons pour les deux autres. Le maître doit, d'après l'arrêté ministériel du 27 juillet 1882, donner environ deux heures par semaine à la géographie : « 4° L'enseignement de l'histoire et de la géographie, auquel se rattache l'instruction civique, comportera environ une heure de leçon tous les jours. » Les leçons les plus longues pourront donc être divisées en deux, et le reste du temps pourra être consacré à l'interrogation. Chaque année, une révision du cours de l'année ou des années précédentes est nécessaire pour fixer les souvenirs.

	COURS			DISTRIBUTION DES LEÇONS.	
	Élémentaire.	Moyen.	Supérieur.	Numéros d'ordre des leçons.	Nombre maximum de leçons pour chaque section.
1re partie. — Les notions préliminaires.					
Notions préliminaires...............	18	4	»	1re à 18e	18
2e partie. — Les généralités sur la Terre et l'Europe.					
Terre......................	8	1	2	19e à 26e	8
Europe.....................	6	1	2	27e à 32e	6
3e partie. — La géographie de la France et de ses possessions.					
France physique................	4 / 36	2 / 8	2	33e à 36e	4
Bassins physiques de la France......	»	8		37e à 44e	8
France politique................	»	4	2	45e à 48e	4
Départements par bassins..........	»	10		49e à 58e	10
France éco- \ agricole et industrielle..	»	2	1	59e à 64e	6
nomique \ voies de communication.	»	4	2		
France administrative.............	»	2	1	65e à 66e	2
France historique...............	»	»	3	67e à 69e	3
Algérie......................	»	1	3	70e à 72e	3
Colonies françaises..............	»	1	2	73e à 74e	2
	40	20			
4e partie. — Les autres États de l'Europe.					
Europe occidentale..............	»	»	3	75e à 77e	3
Europe centrale................	»	»	4	78e à 81e	4
Europe méridionale..............	»	»	3	82e à 84e	3
Europe orientale et septentrionale...	»	»	2	85e à 86e	2
5e partie. — Les autres parties du monde (moins l'Europe).					
Asie.......................	»	»	3	87e à 89e	3
Afrique.....................	»	»	2	90e à 91e	2
Océanie.....................	»	»	2	92e à 93e	2
Amérique du nord...............	»	»	3	94e à 96e	3
Amérique du sud...............	»	»	2	97e à 98e	2
6e partie. — Partie supplémentaire.					
Département..................	»	4	2	99e à 102e	2
Lecture de la carte d'état-major.....	»	2	»		
Principales découvertes...........	»	»	2	103e à 104e	2
	46	48			

Dans les écoles de l'Algérie, le département doit être remplacé par un plus grand nombre de leçons consacrées à l'Algérie; il serait bon, en outre, de donner 4 leçons à l'Afrique et, pour cela, d'en retrancher une à l'Asie et à l'Océanie.

PROGRAMMES DE L'ENSEIGNEMENT PRIMAIRE DANS LES ÉCOLES PUBLIQUES (1)
(Promulgués par arrêté ministériel du 27 juillet 1882.)

ÉCOLES MATERNELLES

Section des enfants de 2 à 5 ans. — Demeure et adresse des parents, nom de la commune. Petits exercices sur la distance ; situation relative des différentes parties de l'école. — La terre et l'eau. — Le soleil (le levant et le couchant).
Section des enfants de 5 à 7 ans. — Causeries familières et petits exercices préparatoires servant surtout à provoquer l'esprit d'observation chez les petits enfants en leur faisant simplement remarquer les phénomènes les plus ordinaires, les principaux accidents du sol.

ÉCOLES PRIMAIRES

Cours élémentaire, de 7 à 9 ans. — Suite et développement des exercices du premier âge.
Les points cardinaux non appris par cœur, mais trouvés sur le terrain, dans la cour, dans les promenades, d'après la position du soleil.
Exercices d'observation : les saisons, les principaux phénomènes atmosphériques, l'horizon, les accidents du sol, etc.
Explication des termes géographiques (montagnes, fleuves, mers, golfes, isthmes, détroits, etc.), en parlant toujours d'objets vus par l'élève et en procédant par analogie.
Préparation à l'étude de la géographie, par la méthode intuitive et descriptive :
1° La géographie locale (maison, rue, hameau, commune, canton, etc.) ;
2° La géographie générale (la terre, sa forme, son étendue, ses grandes divisions, leurs subdivisions).
Idée de la représentation cartographique : éléments de la lecture des plans et cartes.
Globe terrestre, continents et océans.
Entretiens sur le lieu natal.
Cours moyen, de 9 à 11 ans. — Géographie de la France et de ses colonies :
Géographie physique ;
Géographie politique, avec étude plus approfondie du canton, du département, de la région.
Exercice de cartographie au tableau noir et sur cahier, sans calque.
Cours supérieur, de 11 à 13 ans. — Révision et développement de la géographie de la France.
Géographie physique et politique de l'Europe.
Géographie plus sommaire des autres parties du monde.
Les colonies françaises.
Exercices cartographiques de mémoire.

PROGRAMME DE L'ENSEIGNEMENT SECONDAIRE CLASSIQUE. — CLASSES ÉLÉMENTAIRES.

Classe préparatoire (correspond dans l'Atlas-scolaire à Notions préliminaires, Terre, France physique). — Notions élémentaires de géographie générale. Définir et faire comprendre par des descriptions et des exemples le sens des principaux termes de géographie physique; indiquer sur le globe et au tableau la position des continents et spécialement celle de l'Europe et de la France; notions sur la géographie physique de la France, en insistant sur la géographie physique de la commune et du département.
1° Position et plan de la ville. Environs de la ville. Exercices de dessin à propos du plan de la ville. Le département. Moyens de communication. — Carte de France : position, étendue, configuration, principaux fleuves, grandes villes.
2° Le globe. Répartition des terres et des mers : océan, mer, golfe, détroit, continent, partie du monde, île, archipel, isthme, cap, montagne, volcan, glacier, bassin du fleuve, delta. Position des continents et spécialement de l'Europe et de la France.
3° Forme, dimension et mouvements de la Terre. Horizon, points cardinaux, pôles, équateur.
Classe de huitième (correspond dans l'Atlas-scolaire [moins les grands navigateurs] à : Terre, Europe, Europe occidentale, Europe centrale, Europe méridionale, Europe orientale et septentrionale, Afrique, Asie, Océanie, Amérique du Sud, Amérique du Nord). — *Géographie élémentaire des cinq parties du monde; principaux voyages de découvertes; grands navigateurs.* La mer et les continents : les océans. Les cinq parties du monde. Les régions polaires. — Europe, Asie, Afrique, Amérique, Océanie. — Configuration et limites : mers, grands golfes et détroits, caps, îles, presqu'îles. Grandes chaînes de montagnes. Fleuves et lacs. Animaux et plantes remarquables. Principaux États avec leurs capitales. Grands ports de commerce et villes importantes. — Voyages et découvertes de Marco-Polo, Christophe Colomb, Vasco de Gama, Magellan, Cook, Lapeyrouse, Dumont d'Urville, Parry, Livingstone.
Classe de septième (correspond dans l'Atlas-scolaire à : France physique, bassins de la France, France politique, départements par bassins, départements). — *Géographie élémentaire de la France.* Configuration, dimensions et superficie. — Description des côtes, mers, golfes, détroits, caps, îles ; principaux ports ; ports militaires et ports de commerce.
Frontières de terre : la frontière de l'Est avant et depuis 1871. Description des montagnes : Alpes, Jura, Vosges, Cévennes et Massif central. Pyrénées. — Chaînes (sommets et cols), plateaux, grandes plaines. Les grands bassins : Rhône, Garonne, Loire, Seine, Somme et Escaut, Meuse et Rhin.
Anciennes provinces : Départements par provinces, chefs-lieux, villes principales.
Étude particulière du département et de la province : description physique : curiosités naturelles, principales productions ; grandes manufactures ; lieux et personnages célèbres.
(Éléments de dessin géographique à l'aide de la carte et du tableau noir.)

(1) Nous donnons en outre le programme d'instruction civique des deux premiers cours pour lequel les lectures et commentaires du Livre du maître peuvent être mis à profit. **Cours élémentaire** : explications très familières, à propos de la lecture des mots pouvant éveiller une idée nationale, tels que : citoyen, soldat, armée, patrie, commune, canton, département, nation, loi, justice, force publique, etc. — **Cours moyen** : notions très sommaires sur l'organisation de la France. Le citoyen, ses obligations et ses droits; l'obligation scolaire, le service militaire, l'impôt, le suffrage universel. — La commune, le maire et le conseil municipal. — Le département, le préfet et le conseil général. — L'État, le pouvoir législatif, le pouvoir exécutif, la justice.

4

LE PLAN ET LA CARTE

Méthode et commentaire. — L'Atlas-scolaire place au début de l'enseignement de la géographie l'étude du plan de la classe, puis l'étude de l'école et de ses environs. Cette méthode nous paraît la meilleure, parce qu'elle met l'enfant en état de comprendre, dès le commencement, ce qu'il fait et qu'elle le prépare à comprendre ce qu'il doit faire ensuite.

I. — Voici quelques indications relatives à la manière de procéder :

1° Prendre un mètre, l'appliquer sur le tableau noir, en marquer à la craie la longueur et la forme, avec quelques-unes des divisions, soit par décimètres, soit seulement en deux moitiés. Faire, au-dessous de la première image, une image moitié moins longue, puis une autre dix fois moins longue ; montrer que ces figures sont des réductions du même objet ; préparer ainsi les élèves à la notion de l'*échelle*.

| 0 | 5 décimètres | 10 déc. |

| 0 | 5 décimètres | 10 déc. | . . . Réduction à la moitié. |

| 0 | 5 | 10 décimètres | . . . . . . Réduction au dixième. |

Dans une éducation particulière, le tableau noir pourra être remplacé, sans aucun inconvénient, par une feuille de papier.

2° Prendre le mètre ou une corde ayant un nœud de mètre en mètre, mesurer la classe dans sa longueur et dans sa largeur, sans insister sur les détails de forme et sur la nature des angles. Dessiner au tableau noir, à raison d'un décimètre par mètre, s'il est possible, le contour de la classe. Montrer avec soin que les deux *figures* sont *semblables*, mais que le dessin est *dix fois plus petit* que la classe ; expliquer que c'est là ce qu'on appelle un *plan à l'échelle du dixième*. Expliquer aussi que ce genre de dessin s'appelle *dessin géométrique*, c'est-à-dire dressé entièrement à l'aide de procédés géométriques.

3° Procéder de même pour les principaux détails de la construction, fenêtres, portes, etc., et de l'ameublement, bancs, armoires, etc. Dire aux élèves que, lorsque les architectes doivent construire une maison, ils dessinent d'abord des *plans* et que les maçons élèvent ensuite les murs conformément au plan, mais à une plus grande échelle.

4° Interroger les élèves en leur montrant les objets représentés sur le tableau noir et en les leur faisant nommer ; procéder à cette interrogation à mesure que chaque détail est dessiné.

Le maître, montrant sur le plan le premier banc de la classe, demande : Qu'est-ce que représente ceci ? — R. *Un banc.* — D. Quel banc ? — R. *Le premier banc de la classe*, etc.

Si le maître a appelé l'élève au tableau, il peut ajouter : montrez avec la baguette le second banc, — montrez la porte, etc.

Si l'élève, se trompant, montrait l'emplacement de la fenêtre au lieu de l'emplacement de la porte, le maître, avant de rectifier lui-même l'erreur, interrogerait un ou plusieurs autres élèves, qui répondraient sans quitter leur place. Plus la part que les enfants prendront à cet exercice sera active, plus il y aura de chance pour qu'ils s'y intéressent.

Ils sont trop jeunes pour comprendre de pareilles choses à la simple lecture. Aussi, dans le livre de l'élève, les trois définitions, qui doivent être apprises par cœur, sont-elles seules imprimées en caractères ordinaires ; le reste est une explication que la parole du maître remplacera toujours avec avantage. Le maître toutefois doit s'aider de ce texte ; au besoin, il le lira en le commentant.

De toute façon, le maître dira aux élèves de regarder le plan qui est figuré sur leur Atlas-scolaire. Ce plan, ajoutera-t-il, représente une classe semblable à celle dont l'image est la première figure de leur livre ; il est beaucoup plus petit que le plan d'un tableau noir. L'échelle en effet est du 200° ; car 10 mètres de longueur y sont représentés par 5 centimètres ($0^m,05 \times 200 = 10$ mètres) ; par conséquent, l'image est 200 fois plus petite que la réalité.

L'instituteur fera bien de dessiner lui-même sur papier sa propre école au 200° ; il s'aidera de ce dessin pour faire le plan au tableau noir ; les élèves le reproduiront, s'ils le peuvent.

Le maître fera comprendre le *rapport des échelles* en se servant principalement des deux ou trois réductions du mètre dessinées par lui sur le tableau noir ; il le fera très simplement, sans entrer dans aucun développement qui suppose des notions de géométrie.

D. Quelle est l'échelle du mètre représenté par la seconde ligne sur le tableau noir. — R. *L'échelle de la moitié.* — D. Pourquoi ? — R. *Parce que la ligne du tableau est moitié moins longue qu'un mètre.* — D. Le rapport du dessin à la réalité est donc de moitié. Comment appelle-t-on ce rapport ? — R. *On l'appelle échelle.* — D. Quelle est l'échelle du plan de la classe sur l'Atlas-scolaire ? — R. *L'échelle est du demi-centième ou du deux-centième.* — D. Pourquoi ? — R. *Parce que chaque côté du plan est deux cents fois moins long que le même côté dans la classe*, etc.

II. — Le maître passera ensuite à l'étude des environs de l'école. Cet exercice n'a nullement pour objet de donner aux enfants la connaissance des rues de leur ville ou de leur village, mais de faire servir cette connaissance, que les enfants possèdent déjà, à l'intelligence d'un dessin représentant des lieux qui leur sont familiers. Le maître devra

donc être sobre et se borner le plus souvent aux environs immédiats de l'école, ainsi que le fait la figure 4 de l'Atlas-scolaire ; il les dessinera sur le tableau noir et il interrogera les élèves.

D. Montrez l'école. — R... — D. Comment se nomme cette rue ? — R... — D. Montrez avec la baguette les rues par lesquelles vous passez pour venir à l'école. — R... — D. Où est la mairie ? — R... — D. Montrez sur le tableau la direction dans laquelle se trouve la maison habitée par vos parents. — R..., etc.

III. — En étudiant le territoire de la commune, le maître observera la même réserve ; il s'agit, au début, d'ouvrir l'intelligence des enfants plutôt que de leur donner des notions de topographie.

Dans une grande ville, il est presque toujours impossible de conduire les enfants dans la campagne ; il est souvent superflu de leur en parler en classe, parce que tous ne la connaissent pas. Nous avons essayé d'y suppléer par un *Relief topographique* dans lequel sont groupés les principaux accidents géographiques ; la figure 5 de l'Atlas-scolaire le reproduit. Les écoles des villes devraient posséder un relief de ce genre. Le maître y montrera les principaux accidents ; puis, sur la carte qui l'accompagne, il montrerait la représentation de ces mêmes accidents.

Le maître expliquera que la *planimétrie* est le dessin de tout ce qui est à peu près en plan sur le sol même ; côtes, cours d'eau, constructions, etc. ; que le *figuré du terrain* est le dessin des pentes ; qu'on fait ce dessin à l'aide de hachures, de courbes ou de teintes.

Dans un village, au contraire, le maître fera bien de parler de la campagne environnante que ses élèves connaissent. Il y a deux manières de procéder : 1° donner cet enseignement en classe en dessinant sur le tableau noir les chemins, les cours d'eau, etc., et en interrogeant les élèves : c'est la manière qui s'accommode le mieux avec la discipline ; 2° conduire les enfants sur le terrain et leur donner les explications en présence des faits mêmes : c'est la manière la plus fructueuse.

Si le maître fait quelques promenades de ce genre, toute l'école y participera. Dans ce cas, les explications seront plus développées, l'exercice servant en même temps à initier les commençants aux définitions géographiques par des exemples et à faire bien comprendre aux plus avancés le sens des termes géographiques en les habituant à la lecture de la carte.

De toute façon, le maître n'insistera pas avec les plus jeunes sur la manière dont on dresse une carte. Il pourra se contenter de lire la troisième section de l'Atlas-scolaire, de dire qu'il enseignera plus tard ce qu'on entend par latitude, longitude, triangulation, etc., et de montrer sa commune représentée sur quelques cartes à des échelles différentes, par exemple sur un extrait du cadastre ou sur la carte d'état-major au 80000°, et d'en indiquer la place sur une carte d'atlas. Il ajoutera : Vous connaissez le territoire de notre commune ; vous voyez que la carte contient la *représentation en petit* de ce territoire ; c'est parce que l'image est petite qu'elle ne saurait contenir tout ce qui est dans la réalité : un plan contient plus de détails qu'une carte ; une carte murale ou une carte d'atlas en contient moins que la carte d'état-major, parce que l'échelle est plus petite.

Principales cartes de France :

Carte de France au 80000° (1 millimètre pour 80 mètres) dite *carte d'état-major.* C'est la carte originale et fondamentale d'après laquelle toutes les autres bonnes cartes modernes de France ont été dressées. Elle repose sur les travaux de géodésie (détermination astronomique de longitudes et de latitudes, triangulation de 1er, de 2e et de 3e ordre) faits par les ingénieurs hydrographiques et des officiers d'état-major depuis l'année 1817. Les feuilles ont été dessinées presque toutes à l'échelle du 40000° par des officiers d'état-major qui se sont servis de la triangulation et des plans du cadastre pour dresser eux-mêmes sur le terrain chaque partie de la carte. Toute école doit posséder la feuille où se trouve sa commune.

Carte de France au 50000°, en cours de publication ; exécutée d'après les mêmes minutes des officiers au 40000°.

Carte de France dite carte d'état-major au 320000° (1 mill. pour 320 m.,) et au 200000°, en cours de publication, réductions du 80000°.

Carte de France par le ministère de l'intérieur au 100000° (1 mill. pour 100 m.), en cours de publication.

Carte de France au 200000°, par le ministère des travaux publics, en cours de publication.

Carte de France au 500000°, *par le Dépôt des fortifications.*

Il existe en outre un grand nombre de cartes d'atlas et des cartes murales de France dressées par divers auteurs et sur des plans différents d'après les cartes originales. Parmi les cartes murales nous signalons celles que nous avons publiées en deux éditions : *France au* 1000000°, France complète, France élémentaire : *France au* 600000°, coloriée par teintes hypsométriques, par départements ou par bassins; *France au* 800000°, imprimée en papier peint. Sur les cartes murales en général les choses les plus importantes sont seules représentées et sont figurées par des signes plus gros que l'échelle ne le comporterait, si la carte n'était pas murale.

LA TERRE

Méthode et commentaire. — Quand les commençants ont reçu, devant le tableau noir ou dans la campagne, les premières notions sur la carte, il convient de leur donner immédiatement après une première idée du globe terrestre. Il est nécessaire que le maître fasse ses premières leçons sur la Terre avec un globe, parce qu'il n'y a qu'un globe qui représente exactement la forme générale des continents et des mers et qu'il importe de graver tout d'abord dans la mémoire des enfants une image exacte ; il se servira ensuite des cartes sans inconvénient. Nous ne saurions trop insister sur cette recommandation ; la peine que causent quelquefois le déplacement et le maniement du globe ne doit pas arrêter les instituteurs ; la méthode ne peut porter tous ses fruits qu'à cette condition : c'est une manière d'enseignement par l'aspect.

Notre *globe terrestre*, avec ses accessoires, est disposé de manière à donner à des enfants les premières notions sur les mouvements de la Terre et sur les effets qui en résultent. Il a un mètre de circonférence ; il est, par conséquent, à l'échelle du 40 000 000°, c'est-à-dire d'un millimètre pour 40 kilomètres.

Quand on a créé le système décimal des poids et mesures, on a calculé, d'après la mesure d'un arc mesuré sur le terrain, la longueur du quart d'un des grands cercles de la Terre ; on en a pris la dix-millionième partie qu'on a appelée mètre. La terre entière a donc 40 millions de mètres de circonférence ou 40,000 kilomètres.

I. — Le maître dira que la Terre est ronde comme cette boule ; il fera remarquer que la surface de la Terre se compose de terre et d'eau, que la place occupée par la mer est plus grande que celle qui est occupée par la terre, sans entrer dans plus de détails ; pour piquer la curiosité des enfants, il montrera sur le globe la France et la partie de la France où est située l'école.

Il est inutile d'enseigner à des commençants que la Terre est aplatie vers les pôles et renflée vers l'équateur : la différence est relativement si petite qu'elle est tout à fait insensible sur un globe terrestre. A l'échelle du nôtre 40 000 000°), il y a environ 1 millimètre de différence entre le diamètre le plus grand, celui de la sphère à l'équateur, et le diamètre le plus petit, celui des pôles.

Il est utile au contraire de leur apprendre que les collines et montagnes, qu'ils aperçoivent comme formant des saillies considérables, n'altèrent en rien la rotondité de la Terre. Pour les en convaincre, le maître fera remarquer que la plus haute montagne de la Terre, le Gaurisankar, situé dans l'Himalaya, en Asie, est représentée sur notre globe par un petit clou, avec sa hauteur proportionnelle et qu'il ne fait ou ne devrait faire (car il n'est pas toujours enfoncé avec une précision mathématique) qu'une saillie d'environ 1/4 de millimètre (exactement 22/100° de millimètre).

La surface de la Terre, vue de loin, apparaîtrait donc, malgré ses montagnes et ses vallées, comme beaucoup plus unie que la peau d'une orange. L'épaisseur de l'encre d'impression suffit le plus souvent pour marquer le relief du sol. Les globes en relief donnent une idée très fausse du rapport des choses ; autant une carte de France ou d'Europe en relief, bien faite, peut être utile, autant un globe en relief fausse les idées.

II. — Parmi les accessoires de notre globe, l'abat-jour permet de faire comprendre, par l'aspect, l'alternance des jours et des nuits.

Il est difficile dans une classe d'avoir l'obscurité nécessaire pour faire cette démonstration à l'aide d'une lampe. Le maître y suppléera, imparfaitement il est vrai, en plaçant le globe en un lieu où il soit bien éclairé d'un côté par le jour et, s'il se peut, par les rayons du soleil. Au besoin, il découpera un cercle de carton dont il entourera le globe, et, en le faisant tourner, il montrera comment les diverses régions de la Terre successivement apparaissent, disparaissent, puis reparaissent dans la partie placée en face de des élèves. Il fera observer qu'un point du globe qui tourne reste à peu près autant de temps devant que derrière et leur fera comprendre que, pendant que ce point est devant la classe (qui représente le soleil), il y a le **jour** dans cet endroit, qu'il y a la **nuit** pendant qu'il est derrière, et qu'à tout moment il y a des régions du globe qui ont le jour et d'autres la nuit.

Le maître pourra donner à l'aide du globe d'autres leçons sur les mouvements de la Terre ; il trouvera les explications nécessaires dans la brochure intitulée : *Instruction sur la manière de se servir du globe terrestre pour donner aux enfants les premières notions sur le ciel, la Terre, le soleil et la lune* qui accompagne les accessoires de notre globe terrestre. Toutefois, la plupart des notions que contient cette instruction qu'il est bon que les élèves possèdent, ne peuvent être utilement enseignées que dans une révision avec les élèves du cours supérieur.

III. — Le maître montrera successivement sur le globe et sur le planisphère mural chaque chose, sans essayer de démontrer les déforma-tions résultant de la projection. Il se contentera de dire que le planisphère reproduit les mêmes lignes d'une manière différente ; il ajoutera que l'axe de la Terre ne peut jamais être montré sur un planisphère, ni les pôles sur un planisphère de la projection de Mercator.

Questionnaire. — D. Quelle est la forme de la Terre ? — R. *Ronde.* — D. Un globe représente-t-il mieux la Terre qu'une carte ? — *Oui.* — D. Pourquoi ? — R. *Parce qu'un globe est rond comme la Terre.* — D. Combien la Terre a-t-elle de kilomètres de tour ? — R. *40,000 kilomètres.* — D. La Terre est-elle immobile ? — R. *Non.* — Quel est l'astre qui éclaire la Terre ? — R. *Le soleil.* — D. Pourquoi la nuit succède-t-elle au jour, puis le jour à la nuit ? — R. *Parce que la Terre tourne.* — D. Placez le globe, relativement à la fenêtre de l'école figurant le soleil, de manière qu'il fasse nuit à Paris. — R... — D. Quelle est la durée de l'année ? — R. *36. jours 1/4.* — D. Nommez les quatre saisons. — R. *Printemps, Été, Automne. Hiver.* — D. Où sont situés les deux pôles ? — R. *Aux deux extrémités de la Terre.* — D. Qu'entend-on par équateur ? — R. *Un grand cercle également distant des deux pôles, qui partage la Terre en deux parties égales.* — D. Montrez un parallèle sur le globe. — R... — Montrez sur le globe le méridien de Paris. — R...

L'ORIENTATION.

Méthode. — I. — Il importe de commencer à donner aux enfants une idée de l'orientation. Il n'est pas facile de la leur faire comprendre : le maître fera bien d'insister. Il prendra d'abord la classe même pour exemple en montrant comment le soleil l'éclaire le matin, à midi et le soir ; il pourra marquer à la craie sur le plancher la ligne que tracent successivement, à ces trois moments de la journée, les rayons du soleil passant par une des fenêtres. Il pourra faire de même avec un bâton planté dans la cour ou avec la tige d'un arbre et, en marquant sur le sol les positions successives de la ligne d'ombre, fournir aux élèves une première notion du cadran solaire.

Expliquer que les murs qui regardent le nord ne reçoivent pas ou reçoivent moins que les autres les rayons du soleil : c'est pour cela qu'ils sont plus froids et que certaines plantes n'y poussent pas.

La figure 10, qui indique la position relative des points cardinaux et des points collatéraux, s'appelle *rose des vents*. Une rose des vents complète comprend trente-deux directions, parce qu'on intercale une troisième série de points : l'ouest-nord-ouest, entre ouest et nord-ouest, le nord-nord-ouest, entre nord-ouest et nord, etc. ; puis une quatrième série entre chacun des points ainsi fixés.

II. — Le maître apprendra avec soin aux élèves à reconnaître les points cardinaux en se plaçant le visage dans la direction du nord, ou, ce qui revient au même, en tournant le dos au sud, de manière à avoir l'est à droite et l'ouest à gauche. Il fera faire cet exercice en choisissant, autant que possible, une heure voisine de midi et un beau soleil, afin que les élèves trouvent plus aisément la direction du sud.

Il expliquera comment l'ombre du bâton placé dans le jardin donne trois de ces directions et comment une carte les reproduit toutes quatre. Celui qui regarde une carte doit se considérer comme placé au centre de la carte : au haut de la carte, il voit le nord ; derrière lui, le bas de la carte qui est le sud ; à droite de la carte, l'est ; à gauche, l'ouest.

III. — Le maître peut difficilement expliquer en classe à ses élèves la manière de s'orienter avec l'étoile polaire, parce qu'elle n'est visible que pendant la nuit. La figure n° 12 indique qu'en tirant une ligne droite des deux dernières étoiles de la Grande Ourse à travers le ciel, on rencontre la Polaire. Toutefois aucune explication ne vaudrait celle que le maître pourrait donner le soir par un beau ciel étoilé.

Il intéressera au contraire facilement la classe à l'aide d'une boussole. Il enseignera à la placer horizontalement, à rendre l'aiguille libre en poussant le bouton, à faire tourner le cadran de manière à ce que la pointe bleue de l'aiguille corresponde bien à la flèche ou à la fleur de lys qui marque sa position, et il fera reconnaître les quatre points cardinaux.

Il placera ensuite cette boussole sur la feuille de la carte d'état-major où se trouve la commune. Il orientera cette feuille, c'est-à-dire qu'il la tournera de manière à ce que les degrés de longitude ou, ce qui revient au même, la bordure du cadre, soient exactement parallèles à la ligne qui, sur la boussole, réunit le nord et le sud. Il leur montrera comment tel hameau du voisinage est bien dans la direction qu'indique la carte orientée et comment, après l'avoir orientée ainsi, on peut se diriger vers un lieu déterminé même par des chemins qu'on ne connaît pas.

Questionnaire. — D. De quel côté se lève le soleil ? R. *Du côté de l'est ou orient.* — D. De quel côté la lune et le soleil se couchent-ils ? — R. *Du côté de l'ouest.* — D. Nommez les quatre points cardinaux. — R. *Nord, est, sud, ouest.* — D. Qu'est-ce qu'il y a dans la rose des vents entre le nord et l'est ? — R. *Le nord-est.* — D. Peut-on trouver les points cardinaux et s'orienter à l'aide du soleil ? — R. *Oui.* — D. Comment s'oriente-t-on à l'aide du soleil à midi ? — R. *En se plaçant de manière à avoir son ombre projetée droit devant son corps, on a le nord devant soi, le sud derrière, l'est à sa droite, l'ouest à sa gauche.* — D. Y a-t-il d'autres moyens de s'orienter ? — R. *Oui, on peut s'orienter à l'aide de l'étoile polaire, de la boussole, etc.*

LE SOL

Méthode et commentaire. — Pour donner à des commençants les premières notions sur le relief du sol, le maître devra, autant que possible, prendre des exemples dans les accidents de terrain, grands ou petits, de la localité qu'il habite. La moindre colline que l'enfant connaît l'aidera mieux à comprendre ce qu'est une crête, un versant, etc., que ne le ferait une démonstration non accompagnée d'exemple.

Le maître se servira aussi en classe d'un relief; par exemple, du *Relief topographique* de M. Muret, dont nous avons déjà parlé. Il pourra également, avec une boîte pleine de sable ou de terre, figurer et même faire figurer par quelques élèves une montagne, une chaîne, un col, un défilé, etc., tout en interrogeant ses élèves. Tous les moyens de rendre ces premières notions sensibles à la vue seront employés avec profit.

Faites avec le sable une montagne. — *Montrez un des versants de cette montagne.* — *Montrez le sommet* — *Faites plusieurs montagnes jointes les unes aux autres.* — *Comment nomme-t-on cette suite de montagnes?* — *Faites un col dans la chaîne de montagnes.*

Sans entrer dans aucune explication scientifique qui dépasserait la portée de son auditoire, le maître peut dire que la plupart des grandes montagnes paraissent avoir été le résultat des soulèvements lents du sol qui ont eu lieu dans des temps très reculés, beaucoup même avant qu'il n'y eût des hommes sur la terre, que la plupart des collines et des versants de vallées paraissent être le résultat des eaux, qui, dans des temps très lointains, mais cependant moins reculés, ont rongé et enlevé la surface des terres sur de très vastes espaces.

Pour mieux expliquer le relief du sol, le maître pourra dessiner au tableau noir une montagne, une colline, et montrer la différence de hauteur. Il pourra dessiner aussi une figure idéale représentant la coupe d'une plaine, d'un plateau, etc., dans le genre de la figure ci-jointe.

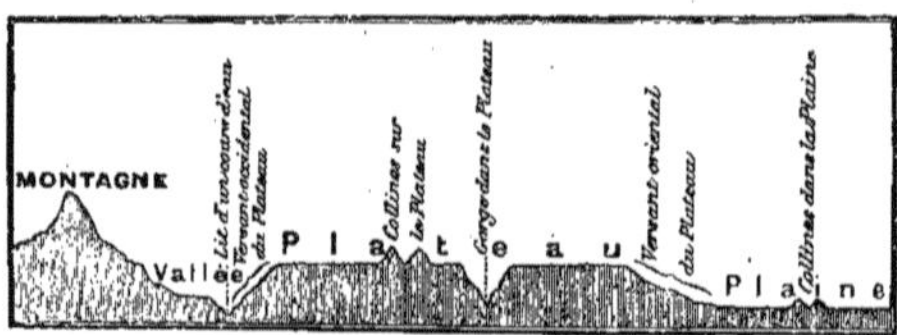

Le maître s'apercevra par expérience que les élèves ne peuvent répondre qu'après un commentaire aux questions qu'il a paru nécessaire de poser pour l'intelligence de la géographie, et au besoin, il donnera brièvement ce commentaire en se servant des questions et des réponses insérées ici.

Questionnaire. — D. Quels sont les trois grands aspects sous lesquels se présente le relief du sol? — R. *L'aspect de régions de montagnes, celui de régions de plateaux, celui de régions de plaines.*

D. Comment définissez-vous une montagne? — R. *Une montagne est une partie du sol très élevée au-dessus des parties voisines et ayant des pentes longues et fortement accentuées.*

D. Un talus de chemin de fer est-il une montagne? — R. *Non; la pente d'un talus de chemin de fer peut être très accentuée; mais elle n'est pas longue et le talus n'est pas assez élevé pour être une montagne.*

D. La pente d'une même montagne est-elle toujours accentuée de la même manière? — R. *Non. Elle est rarement uniforme; elle est ordinairement plus rapide dans la partie supérieure que dans la partie inférieure.*

D. Qu'entend-on par paroi? — R. *C'est une partie de montagne à peu près droite comme une muraille.*

D. Ne dit-on pas dans ce cas que la montagne est escarpée ou coupée à pic? — R. *Oui.*

D. Comment nomme-t-on la partie basse qui termine la montagne? — R. *On la nomme le pied de la montagne.*

D. Montrez le haut d'une montagne sur le relief. Comment le nomme-t-on? — R. *On le nomme cime ou sommet.*

D. Ne donne-t-on pas différents noms aux sommets? — R. *Oui.*

D. Qu'est-ce qu'une crête? — R. *Une crête est un sommet qui se prolonge par une ligne continue de hauteurs.*

D. Qu'est-ce qu'un dôme? — R. *C'est un sommet arrondi.*

D. Quelle différence faites-vous entre une crête et un dôme? — R. *On peut marcher longtemps sur une crête sans descendre et en restant toujours au sommet de la montagne; dans quelque direction que l'on marche, en quittant le sommet d'un dôme, on ne tarde pas à descendre.*

D. N'applique-t-on pas aussi le nom de dôme au sommet de certaines églises, quand il est de forme arrondie? — R. *Oui.*

D. Les montagnes qu'on désigne sous le nom de ballons sont-elles toutes rondes comme un ballon? — R. *Non; le sommet seulement a une forme à peu près arrondie comme un ballon.*

D. De même, quand on dit aiguille, parle-t-on d'une montagne faite comme une aiguille à coudre? — R. *Non; on veut dire une partie de montagne pointue.*

D. Une dent n'est-elle pas une montagne qui, par son escarpement et sa crête, rappelle la forme d'une grosse dent? — R. *Oui.*

D. Où y a-t-il des ballons? — R. *Dans les Vosges.*

D. Qu'est-ce qu'un volcan? — R. *C'est une montagne d'où jaillissent des matières enflammées, des gaz ou de la boue.*

D. Par où jaillissent ces matières? — R. *Par un cratère.*

D. Qu'est-ce qu'un cratère? — R. *C'est un trou qui est ordinairement de forme à peu près ronde et par lequel ces matières sortent.*

Nous avons dit que le maître devrait accompagner l'interrogation d'explications propres à rendre plus claires ou plus précises les notions préliminaires. Ainsi, à propos des volcans, il pourra ajouter : Vous n'avez jamais vu de volcans en activité en France; il n'y a que des volcans éteints, c'est-à-dire des volcans qui ont cessé depuis un très grand nombre de siècles d'être en activité. Mais il y a en Europe des volcans qui vomissent quelquefois des matières enflammées : c'est ce qu'on appelle une éruption du volcan. Le Vésuve a de fréquentes éruptions.

D. Qu'est-ce qu'une chaîne de montagnes? — R. *C'est une suite de montagnes réunies les unes aux autres.*

D. Avez-vous vu une chaîne de montagnes? — R. .....

D. Montrez sur la figure 5 de l'Atlas-scolaire la représentation d'une chaîne de montagnes. — R. .....

D. Comment nomme-t-on la crête d'une chaîne de montagnes? — R. *La ligne de faîte.*

D. Qu'est-ce qu'un versant? — R. *C'est une des pentes de la montagne ou de la chaîne de montagnes.*

D. Combien y a-t-il de versants principaux dans une chaîne de montagnes? — R. *Il y en a deux; ce sont les deux côtés de la chaîne.*

D. A quoi pouvez-vous les comparer? — R. *Au toit d'une longue maison.*

D. La comparaison est-elle tout à fait exacte? — R. *Non; parce qu'un toit a deux pentes régulières des deux côtés de la crête, et que les pentes d'une montagne ou d'une chaîne de montagnes sont irrégulières.*

D. Les chaînes de montagnes n'ont-elles qu'une crête? — R. *Non; elles peuvent en avoir beaucoup.*

D. Comment nomme-t-on les crêtes secondaires? — R. *On les appelle chaînes secondaires quand elles sont très importantes; quand elles le sont moins, on les appelle ramifications, rameaux, contreforts.*

D. Qu'est-ce qu'une colline? — R. *Une montagne très peu élevée.*

D. Avez-vous vu des collines? — R. .....

D. Qu'est-ce qu'un col? — R. *C'est une dépression dans la crête d'une chaîne de montagnes.*

D. Que signifie dépression? — R. *Cela signifie une partie de la crête plus basse que les parties voisines.*

D. Qu'est-ce qu'un défilé? — R. *C'est une fente étroite dans une chaîne de montagnes ou dans un plateau.*

D. Quelle différence y a-t-il entre un défilé et un col? — R. *Il n'est pas nécessaire de monter pour franchir un défilé, tandis qu'il faut monter, puis descendre pour franchir un col.*

La figure 17 représente le versant septentrional du col dit mont Cenis, légèrement modifié afin d'être plus visible.

D. Qu'entend-on par plateau? — R. *C'est une partie du sol élevée au-dessus du niveau général de la région et présentant une surface à peu près unie.*

D. Quelle différence y a-t-il donc entre un plateau et des montagnes? — R. *C'est que les montagnes n'ont pas, comme les plateaux, de grandes surfaces à peu près unies.*

D. N'y a-t-il pas cependant quelquefois sur le sommet ou dans certaines parties des montagnes des surfaces unies? — R. *Oui.*

D. Dans ce cas, que sont ces surfaces unies? — R. *Ce sont de petits plateaux sur les montagnes.*

D. Ne peut-il pas y avoir, d'autre part, des collines et même des montagnes sur des plateaux? — R. *Oui.*

D. Quelle ressemblance y a-t-il entre un plateau et une plaine? — R. *L'un et l'autre ont une surface à peu près unie.*

D. Et quelle différence y a-t-il? — R. *Les plateaux sont élevés au-dessus des régions environnantes; les plaines ne sont pas élevées au-dessus des régions environnantes.*

D. Où est le plateau et où est la plaine sur la figure n° 19? — R. *Le plateau est à droite, la plaine est à gauche et dans le fond.*

D. Qu'est-ce qu'il y a entre les deux sur la figure 19? — R. *La montée qui relie le plateau à la plaine.*

D. Quand on est sur un plateau dont on ne voit pas l'extrémité ou dans lequel on n'aperçoit pas un défilé, peut-on reconnaître si on est sur un plateau ou dans une plaine? — R. *Non.*

D. Comment nomme-t-on la pente par laquelle on monte sur un plateau ou par laquelle on descend dans une vallée? — R. *On la nomme côte ou coteau.*

D. Qu'est-ce qu'une terrasse? — R. *C'est une série de petits gradins naturels disposés à peu près comme les marches d'un escalier.*

D. Qu'est-ce qu'une vallée? — R. *C'est une partie creuse du sol, encadrée entre deux lignes de hauteurs.*

D. Quelle différence y a-t-il entre une vallée et un défilé? — R. *Un défilé est toujours étroit et a des parois ordinairement escarpées; une vallée peut être très large et bordée de pentes douces.*

LES EAUS

Méthode et commentaire. — Pour expliquer le régime des eaux, comme pour expliquer le relief, le maître se servira, avec grand profit, des sources, ruisseaux et cours d'eau qui peuvent exister dans sa commune. S'il habite une ville, il se servira même des ruisseaux des rues. Il saura y trouver des exemples d'affluents, de confluents, de rive droite et de rive gauche, d'eau courante et d'eau stagnante. Il saura mettre à profit les moindres circonstances ; par exemple, il montrera aux élèves, après un orage, les petits ravins que la pluie aura creusés dans le sable de la cour, la manière dont l'eau y forme des lacs, entoure des îles, descend sur les pentes en minces filets qui se réunissent les uns après les autres pour former dans les parties basses de larges ruisseaux. Il leur expliquera comment ils ont ainsi sous les yeux une image des fleuves, de leurs affluents et des bassins.

S'il ne peut expliquer les choses à l'aide des phénomènes mêmes de la nature, il en montrera du moins la représentation sur le *Relief topographique*. Il pourra employer aussi quelques autres moyens dont se sont servis avec succès certains instituteurs, comme de faire couler de l'eau sur un relief d'argile muni de rigoles en pente.

Il intéressera ses élèves en leur expliquant que la chaleur solaire pompe en quelque sorte l'eau qu'elle réduit en vapeur ; il exposera au soleil une assiette couverte d'une légère couche d'eau qu'un peu plus tard il leur présentera sèche, afin de donner une démonstration expérimentale. Il ne poussera pas plus loin dans la crainte de s'engager dans des théories qui dépasseraient la portée d'intelligences enfantines.

Mais il dira que l'eau de mer présente à l'évaporation une surface immense, que cette évaporation est surtout active dans les pays chauds ; que, comme le vent du sud-ouest est en France celui qui a traversé les plus grands espaces de mer, c'est aussi le vent qui apporte le plus de nuages et de pluie.

Si l'instituteur habite un pays de montagnes, il ne manquera pas de faire comprendre aussi expérimentalement l'effet de la persistance des neiges sur les cours d'eau.

En quelque lieu qu'il soit, il pourra faire comprendre que l'eau glisse sur les surfaces imperméables et s'infiltre dans un sol perméable. Il ajoutera que cette infiltration est une condition de la fertilité, parce que l'humidité est nécessaire à la végétation : les contrées entièrement privées d'eau sont des déserts.

En expliquant ce qu'est un système fluvial, il pourra le comparer aux racines et au tronc d'un arbre. La sève pénètre par les radicelles dans les racines, puis, par les racines, dans le tronc où elle afflue de toutes parts pour nourrir l'arbre. Il y a pourtant dans cette comparaison une importante différence à noter, c'est que la sève monte dans l'arbre en vertu d'une certaine force végétative, tandis que l'eau descend dans les cours d'eau en vertu de la seule pesanteur pour aboutir au niveau de la mer où elle se perd.

La source d'un fleuve est quelquefois difficile à fixer quand plusieurs ruisseaux à peu près égaux se réunissent à l'origine du cours d'eau ou quand deux grandes rivières confluent pour former le fleuve.

Fleuve est l'expression géographique qui convient à un cours d'eau se jetant directement dans la mer ; encore faut-il qu'il soit suffisant

pour mériter ce titre. Faute de quoi, on le désignera sous le nom de ruisseau ou de rivière ; c'est ainsi qu'on nomme rivière de Morlaix et rivière d'Auray deux petits cours d'eau de la Bretagne qui se jettent directement dans la mer. La distinction n'est pas nettement tranchée.

De chaque côté de l'embouchure d'un grand fleuve, il y a presque toujours de petits cours d'eau qui, comme lui, se rendent directement à la mer et qui seraient peut-être devenus ses affluents, si la vallée du fleuve s'était étendue plus loin. Ceux qui méritent le nom de fleuve sont dits *fleuves côtiers* ; ils occupent des *bassins côtiers* ou *bassins secondaires* par rapport au bassin principal. Il y a d'ailleurs des rivières (comme l'Allier) qui ont un cours plus long que des fleuves côtiers (comme la Canche).

Pour mieux expliquer les lignes de partage, rivières, etc., le maître tracera au tableau noir, en se servant, s'il le peut, de craie de deux couleurs, une figure comme celle qui est donnée ci-dessus.

Questionnaire. — D. Comment sont formés les nuages ? — R. *Par la vapeur d'eau qui est dans l'air.*

D. Les neiges et les glaciers des régions montagneuses ne forment-ils pas des ruisseaux et des torrents ? — R. *Oui.*

D. Par quoi sont formées les sources ? — R. *Par l'eau de pluie qui a pénétré dans le sol.*

D. Qu'est-ce qu'un cours d'eau ? — R. *C'est de l'eau qui coule.*

D. Quels sont les noms les plus usités pour désigner les diverses espèces de cours d'eau ? — R. *Ruisseau, torrent, rivière, fleuve.*

D. Qu'est-ce que le lit d'un cours d'eau ? — R. *C'est la partie creuse du sol que le cours d'eau remplit d'ordinaire.*

D. Qu'est-ce que représente la figure 23 ? — R. *Le lit d'un cours d'eau en temps ordinaire.*

D. Et la figure 25 ? — R. *Le même lit quand il y a très peu d'eau.*

D. Qu'est-ce qu'un torrent ? — R. *C'est un petit cours d'eau très rapide.*

D. Pourquoi trouve-t-on la plupart des torrents dans les montagnes ? — R. *Parce que les pentes du sol y sont très rapides.*

La figure 27 représente le Breda, torrent des Alpes du Dauphiné.

D. Qu'est-ce qu'une cascade ? — R. *C'est la chute que fait l'eau d'un cours d'eau lorsque le lit est coupé à pic.*

La cascade représentée par la figure 26 se trouve dans le terrain d'une Université des Etats-Unis, dite Cornell University.

D. Qu'entend-on par descendre un cours d'eau ? — R. *C'est aller dans le sens même où coule l'eau.*

D. Où commence un cours d'eau ? — R. *A sa source.*

D. Où se termine-t-il ? — R. *A son confluent avec un autre cours d'eau ou à son embouchure.*

Le maître peut ajouter qu'il y a quelquefois des cours d'eau qui se perdent en terre sans avoir réellement d'embouchure ni dans la mer, ni dans un lac ; c'est ce qui arrive aux cours d'eau du Sahara.

D. Quelle différence y a-t-il entre un marais et un lac ? — R. *Un marais est de l'eau stagnante ayant très peu de profondeur ; un lac est de l'eau stagnante d'grande étendue et de grande profondeur.*

D. Où trouve-t-on de beaux lacs ? — R. *Dans les Alpes.*

D. Qu'est-ce qu'un confluent ? — R. *C'est le point où deux cours d'eau se réunissent.*

D. L'affluent n'est-il pas celui des deux qui se jette dans l'autre et dont la suite du cours d'eau cesse de porter le nom ? — R. *Oui.*

D. Avez-vous vu un confluent ? — R. .....

Le maître peut expliquer que quelquefois les deux cours d'eau perdent leur nom, soit parce qu'ils se réunissent pour former un fleuve, comme le rio de la Plata, en Amérique, formé par la réunion du Parana et de l'Uruguay, soit parce que le fleuve prend un nouveau nom, comme la Gironde qui est la continuation de la Garonne.

D. Qu'est-ce qu'un fleuve ? — R. *Un fleuve est un cours d'eau d'une certaine importance qui se jette directement dans la mer.*

D. Qu'est-ce qu'un estuaire ? — R. *C'est une embouchure très large.*

D. Nommez en France des exemples d'estuaire et de delta. — R. *L'estuaire de la Gironde ; le delta du Rhône.*

D. Un lac peut-il recevoir des affluents ? — R. *Oui.*

D. Nommez un fleuve qui entre dans un lac à une extrémité et en sorte à l'autre extrémité ? — R. *Le Rhône qui forme le lac de Genève.*

D. Qu'entend-on par système fluvial ? — R. *C'est l'ensemble des eaux, eaux courantes et eaux stagnantes, qui se réunissent dans un même fleuve.*

D. Comment appelle-t-on le territoire arrosé par un système fluvial ? — R. *On l'appelle bassin fluvial.*

D. Ne peut-on pas dire que le fleuve draine les eaux de son bassin, c'est-à-dire qu'il leur fournit un écoulement ? — R. *Oui.*

D. Comment appelle-t-on la limite d'un bassin ? — R. *On l'appelle ceinture du bassin.*

D. Une ceinture de bassin n'est-elle pas toujours une ligne de partage des eaux ? — R. *Oui.*

D. Est-elle toujours formée par une chaîne de montagnes ? — R. *Non ; elle peut être formée aussi par le dos d'un plateau ou d'une plaine.*

D. Citez l'exemple d'un dos de plateau servant de culture ? — R. *Le dos de la Beauce est la limite des bassins de la Loire et de la Seine.*

D. Où se trouvent les lignes de partage secondaires ? — R. *Entre les cours d'eau d'un même bassin.*

D. Peut-il y avoir de hautes montagnes dans les lignes de partage secondaires ? — R. *Oui ; les Vosges, par exemple.*

L'ENSEIGNEMENT DE LA GÉOGRAPHIE

DANS L'ÉCOLE PRIMAIRE

CONFÉRENCE FAITE A LA SORBONNE

Aux Instituteurs délégués à l'Exposition universelle de 1878

C'est une des *Conférences pédagogiques* que le Ministre de l'Instruction publique avait demandé à des pédagogues autorisés de faire sur divers sujets relatifs à l'enseignement primaire devant les instituteurs délégués à Paris pendant l'Exposition. Ces conférences, au nombre de dix, ont été faites dans l'ordre suivant : l'enseignement de la géographie dans l'école primaire par M. E. Levasseur ; l'enseignement de la langue maternelle par M. B. Berger ; l'enseignement de l'histoire dans l'école primaire par M. Brouard ; les conférences d'instituteurs et les bibliothèques pédagogiques par M. G. Jost : l'enseignement des sciences physiques et naturelles dans les écoles primaires par M. Maurice Girard ; l'enseignement de la langue française par M. Michel Bréal : l'hygiène de l'école par M. le Dr Riant ; le chant dans les écoles par M. Dupaigne ; la chimie élémentaire par M. Liès-Bodard ; l'enseignement intuitif par M. Buisson. Elles ont été réunies en un volume.

Nous donnons ici la conférence sur l'enseignement de la géographie, parce qu'elle complète et développe la méthode qui est employée dans le texte de l'Atlas scolaire.

La disposition typographique du livre du maître, dont les pages doivent être partout en concordance avec celles du livre de l'élève, n'a pas permis de placer immédiatement les unes après les autres les pages de cette conférence. Les deux premières pages se trouvent ici, portant les numéros de pagination IV et V (les pages I, II et III, étant consacrées à la partie historique et à la préface), les deux pages suivantes portant les nos VI et VII viennent après la page 24 du livre du maître (correspondant à la page 24 du livre de l'élève), les deux suivantes portant les nos VIII et IX viennent après la page 40, les dernières viennent après la page 48.

MESSIEURS,

M. le Sous-Secrétaire d'Etat vient de vous dire, au nom du Ministre de l'Instruction publique et en son propre nom, quel était le caractère des réunions qui s'ouvrent en ce moment, quel était aussi le profit que vous, instituteurs, vous devez en retirer et que l'État tout entier par suite doit en recueillir. Il résultera, Messieurs, du contact que vous allez avoir ensemble, de l'examen comparé des objets que l'Exposition offre à votre étude, des leçons que vous entendrez ici, et il se traduira, j'espère, pour beaucoup d'entre vous, par la connaissance des meilleures méthodes employées aujourd'hui pour l'instruction populaire et par la ferme volonté de les pratiquer, peut-être même par le désir de les améliorer encore.

Le Directeur de l'enseignement primaire a qualifié avec justesse cette réunion du nom de *retraite pédagogique*.

Déjà, il y a onze ans, un Ministre qui déployait un zèle ardent pour l'instruction primaire avait profité de l'Exposition de 1867 pour réunir à Paris un grand nombre d'instituteurs. Aujourd'hui le gouvernement de la République française a voulu, dans une circonstance semblable et plus solennelle encore, que vous prissiez part à la fête de 1878, et, grâce à la pensée d'intérêt public qui a dicté sa détermination, vous formez ici une réunion d'instituteurs et de pédagogues plus nombreuse qu'on n'en avait vu jusqu'ici dans notre pays.

Sous tous les gouvernements, Messieurs, dans le temps présent, l'instruction primaire est une condition de richesse et de progrès. Sous une république, elle est de plus une nécessité politique (*Applaudissements*), et elle a besoin d'être à la fois universelle, solide et éclairée, plus encore qu'étendue, parce que, comme vous l'a dit en termes excellents M. le Sous-Secrétaire d'Etat, il faut non-seulement qu'elle ne laisse personne échapper à ses leçons, mais qu'elle prépare des citoyens assez éclairés pour participer aux affaires publiques dans la mesure que la Constitution leur assigne.

Sous le gouvernement du suffrage universel, nous avons tous des devoirs comme hommes et des devoirs comme citoyens, et il faut, sous peine de déchéance de la nation, que nous soyons capables d'accomplir les uns et les autres. (*Vifs applaudissements.*)

Je parle ici d'instruction primaire ; mais je me garde bien de dire que l'instruction primaire doive être le seul souci d'une République. Je suis convaincu du contraire. C'est à tous les degrés, primaire, secondaire, technique, supérieur, qu'il importe de développer l'enseignement, parce que la richesse et la civilisation se font par le travail de l'homme et que le travail de l'homme vaut ce que valent son intelligence et sa moralité. On ne saurait trop cultiver les intelligences d'élite, afin que le niveau des connaissances s'élève, et que la science se déverse en inventions et en bienfaits de tout genre sur la masse de la société. Mais, plus cette société est éclairée, plus elle est capable de profiter des directions que la science lui donne. Pour faire une bonne armée, il faut de bons généraux et de bons soldats.

Pour qu'il y ait des généraux obéis, il faut qu'il y ait des soldats capables de leur obéir en les comprenant. (*Applaudissements.*)

Nous nous occupons ici de la formation des soldats. De leurs rangs il sortira peut-être des généraux ; mais, avant tout, nous avons, dans ces réunions, à songer au gros de l'armée. Le Ministre de l'Instruction publique vous a conviés pour cet objet ; vous avez répondu avec empressement à son appel. Nous vous en remercions, et, pour que chacun accomplisse ici son devoir, je me hâte de commencer le pre-

mier entretien de cette retraite pédagogique dans laquelle nous apportons tous, auditeurs, organisateurs, professeurs, un même sentiment : le zèle pour l'instruction populaire et la conviction des bons effets qu'il produit.

Je vous parlerai de l'enseignement de la géographie. Je n'ai pas la prétention de vous tracer en une heure un programme complet et d'embrasser le sujet dans toutes ses parties. Je me propose seulement de vous donner un certain nombre de conseils sur le but que le maître doit se proposer en donnant cet enseignement, et sur la méthode la plus convenable pour atteindre ce but.

Le but de presque tout enseignement est double. Le maître doit se proposer d'*enseigner* à ses élèves *un objet déterminé* : la géographie, par exemple, ou l'histoire, ou la grammaire. Mais il doit aussi se proposer de *développer l'intelligence* des élèves auxquels il s'adresse. Presque tout enseignement, je le répète, a ce double but : une notion particulière à faire pénétrer dans la mémoire de l'enfant, et la formation de l'intelligence à laquelle cette notion doit contribuer pour une certaine part.

Cherchons comment il convient d'appliquer à l'enseignement géographique ce principe général de pédagogie. Je ferai mieux comprendre ma pensée en vous disant d'abord ce qu'il faut éviter ; je vous dirai ensuite ce qu'il faut faire.

Il faut éviter que la leçon, — et je comprends en ce moment par ce mot la leçon que l'élève apprend dans le livre aussi bien que la leçon orale que fait le maître, — ne soit une nomenclature sèche, une série de noms propres s'adressant exclusivement à la mémoire, ou même une suite de définitions qu'on fait apprendre à l'élève à un âge où il saisit mal de pareilles abstractions, et qu'il répète le plus souvent sans les avoir comprises. Or, ce que l'enfant n'a pas compris ne saurait profiter à son intelligence, vous le savez. Il est utile que la mémoire soit un dépôt bien garni d'où l'enfant, plus tard l'homme, puisse tirer facilement des notions et des faits, à mesure qu'il en a besoin ; mais une éducation qui se bornerait à enrichir ce garde-meuble de l'intelligence, sans exercer l'intelligence elle-même à en employer et les matériaux et les outils, ferait des hommes bien médiocres.

Nous avons beaucoup à faire, non seulement en géographie, mais dans la plupart des branches de l'enseignement primaire, pour atteindre le double but que je vous marquais tout à l'heure. Ajoutons que nous avons déjà fait de grands efforts dans le sens du développement de l'intelligence, par les méthodes de l'intuition et du raisonnement, et qu'il ne manque en France ni de pédagogues pour les tracer (1) ni d'instituteurs pour les appliquer.

Ajoutons aussi que, s'il nous reste beaucoup à faire, nous ne sommes pas le seul peuple qui soit aujourd'hui dans une telle situation. Les États-Unis d'Amérique peuvent compter assurément au nombre des peuples qui portent le plus d'intérêt à l'enseignement populaire ; on n'en saurait douter quand on sait qu'ils y consacrent plus de quatre cents millions de francs par année. Eh bien, les États-Unis ont à faire et font les mêmes efforts que nous ; un pédagogue lutte, — et luttera longtemps encore, — pour débarrasser l'enseignement de ce qu'on appelle en Amérique le *text-book*, c'est-à-dire le manuel, le livre appris par cœur, disposé de manière à permettre à l'enfant, — voire même au maître, — de répéter mot pour mot une leçon sans avoir pris la peine d'en approfondir le sens et ayant pour résultat de donner la lettre plus que l'esprit d'un enseignement. Luttons donc contre le *text-book* : c'est là, je le répète, une œuvre à laquelle s'appliquent, des deux côtés de l'océan Atlantique, les pédagogues qui cherchent à donner un fondement solide à leur enseignement primaire. Il y a quelques peuples, en Europe, qui sont plus avancés que nous à cet égard ; il n'y en a aucun qui n'ait à faire des efforts nouveaux pour généraliser cette méthode et des efforts constants pour maintenir dans cette voie la pratique de l'enseignement.

Si donc il convient de bannir la pure nomenclature, quelle méthode faut-il y substituer ? Il faut s'attacher à l'esprit plus encore qu'à la lettre, puisqu'il y a certaines choses qui doivent se fixer dans la mémoire d'une manière précise, comme les noms propres : mais il faut expliquer ces noms, donner en quelque sorte une âme aux mots par le commentaire du maître et les rendre intéressants en les rendant vivants ou du moins sensibles.

Par conséquent, la méthode consiste surtout dans l'explication de chaque chose et, autant que possible, dans la vue même de la chose. Il n'est pas toujours possible de faire voir ce qu'on veut démontrer ; mais, chaque fois qu'au lieu de décrire ou de définir, on peut montrer, on peut être persuadé qu'il y a avantage à le faire. Essayez d'expliquer d'une manière abstraite la différence qui existe entre le bleu, le jaune et le vert, vous échouerez ; montrez trois objets, un bleu, un jaune et un vert, en disant : « voici les trois couleurs », vous serez immédiatement compris. Dans un enseignement secondaire ou supérieur, la vue de la chose est toujours une forme utile de la démonstration, bien que l'analyse scientifique ait souvent plus d'importance. Dans

(1 Je citerai, entre autres, la dernière publication qui ait paru en France sur ce sujet et qui résume les améliorations pédagogiques introduites dans les écoles de Paris par M. Gréard, membre de l'Institut et Directeur de l'enseignement primaire du département de la Seine : *l'Instruction primaire dans le département de la Seine, de 1867 à 1878.*

l'enseignement primaire, où l'élève est peu préparé aux notions abstraites, elle est d'ordinaire l'élément principal de la connaissance; elle abrège de beaucoup le commentaire et le remplace quelquefois complètement.

Que l'explication d'ailleurs se fasse par la vue de la chose même, par celle de son image, ou par un commentaire oral, elle doit toujours exercer une double influence : influence sur la mémoire dans laquelle le nom se trouve mieux gravé, parce que l'explication et les idées circonstancielles qu'elle éveille ont fait une empreinte plus profonde et plus large; influence sur le développement général de l'intelligence. Ce sont précisément les deux buts à atteindre.

Ainsi traitée, la leçon de géographie paraît presque se confondre avec ce genre d'enseignement dont on a parlé beaucoup depuis quelques années avec éloge et qu'on désigne sous le nom de *leçon de choses*. Elle lui ressemble en effet à certains égards; elle s'en distingue à d'autres.

Quand le maître donne une leçon de choses, il prend un objet, il l'explique, il le retourne, il le commente : c'est l'objet qui fournit le texte de la leçon. Il en est autrement dans l'enseignement géographique : le maître a une explication à donner; il trouve une chose dont la vue aide à cette explication : il s'en sert. Dans la leçon de choses, l'objet montré est le principal; dans la leçon de géographie, il n'est qu'un moyen démonstratif employé dans une série régulière de démonstrations et de faits qui s'enchaînent et dont l'ensemble embrasse tout le programme géographique.

Savez-vous quand le but est atteint? Il ne l'est pas quand les élèves peuvent répéter des leçons qu'ils ont apprises par cœur; il l'est quand ils ont l'intelligence géographique suffisamment développée pour comprendre les choses de la géographie, même celles qu'ils n'ont pas apprises. Plus tard, si vos élèves voyagent, comme soldats ou à quelque autre titre, ils auront peut-être à traverser des rivières dont ils ne vous auront jamais entendu prononcer le nom. Qu'importe?

Vous ne pouvez pas, vous ne devez pas avoir la prétention de leur enseigner le nom de toutes les petites rivières de France ; j'ajouterai même que plus vous avez à donner de temps au commentaire, plus il est nécessaire d'être sobres dans l'énumération des noms propres. Un bon enseignement primaire — disons un bon enseignement en général, — consiste non pas à savoir beaucoup de mots, mais à bien savoir un certain nombre de choses. Ce qui importe donc, c'est d'une part que vos élèves sachent les faits très-importants, par exemple qu'ils sont dans le département du Lot lorsqu'ils sont à Cahors, qu'ils passent de France en Espagne quand ils franchissent les Pyrénées en se dirigeant vers le sud, que le Danube coule en grande partie en Allemagne, puis dans l'Autriche-Hongrie ; c'est d'autre part, et surtout, qu'ils aient l'esprit suffisamment ouvert pour que, voyant un ruisseau, ils comprennent qu'il doit y avoir une vallée, qu'en voyant le cours du ruisseau ils se rendent compte de la pente du terrain.

Si vous leur avez donné des notions élémentaires bien précises et, de plus, l'intelligence des choses de la géographie, vous avez assez fait.

Il en est de même pour beaucoup d'autres enseignements. Si un élève qui sort du lycée après y avoir appris la chimie, entre dans l'industrie, il aura presque toujours à faire des manipulations toutes différentes de celles qui lui ont été enseignées sur les bancs ; ce que l'enseignement secondaire lui aura donné, c'est l'intelligence générale des lois de la chimie : c'est assez pour qu'avec un peu de pratique il s'y retrouve aisément et pour qu'il ait des chances de dépasser bientôt ceux des employés de la même usine qui ont la pratique sans la théorie.

La comparaison dont je me sers vous aidera à comprendre ce que je demande à l'enseignement géographique. (*Marques d'assentiment.*)

J'ai vu, Messieurs, des élèves me réciter, sans broncher, les sous-préfectures de n'importe quel département de France, — ce que je ne serais pas bien sûr de pouvoir faire moi-même, — et, cependant, ces élèves étaient absolument incapables, quand je les mettais en face d'une carte, de me montrer à quel endroit était le chef-lieu du département. Ces élèves ne savaient pas la géographie.

Je me souviens d'avoir vu autrefois un livre, composé à l'usage des écoles primaires, qui m'a paru le comble du ridicule en ce genre : les départements et les sous-préfectures y étaient mis en vers français.

J'espère vous avoir fait bien saisir ma pensée. Je la résume encore une fois, afin que nul ne s'y méprenne. Il faut faire apprendre par cœur aux élèves certains noms et certaines choses déterminées en géographie ; il ne faut pas chercher à leur en faire apprendre un très grand nombre. Mais, par le commentaire du maître durant la leçon, il faut d'abord aider à la fixation de ces noms dans la mémoire de l'élève, et ensuite atteindre le second but, plus important encore que le premier, qui est le développement général de l'intelligence de l'élève par l'intelligence particulière des choses géographiques. Il faut enfin, comme consécration, que l'élève interrogé puisse non seulement répéter le nom exactement, mais reproduire à peu près, et en termes clairs qui lui soient propres, le commentaire relatif à ce nom. C'est ce qu'exprime à sa façon cette maxime générale de saine pédagogie : *apprendre peu et bien apprendre.*

Le but étant indiqué, quelle est la méthode par laquelle on l'atteindra le mieux?

Je vous disais tout à l'heure qu'il faut autant que possible, — je dirais volontiers qu'il faut absolument, — bannir les définitions abstraites. Ne commencez pas, avec un petit enfant de huit à dix ans, par donner les définitions théoriques de mer, de lac, de rivière, et de fleuve. Non. Vous lui présenteriez ainsi les débuts de la géographie sous un aspect rebutant : vous risqueriez de le dégoûter et vous n'atteindriez certainement pas le but. Mettez-le immédiatement en présence de la réalité. Trouverez-vous dans la réalité visible pour vos élèves, c'est-à-dire dans les choses et les phénomènes géographiques qui sont sous vos yeux, toutes les définitions dont vous aurez plus tard besoin? Non certes. Ne vous inquiétez pas, les définitions viendront au fur et à mesure que chaque chose se présentera dans l'enseignement. Il vous sera toujours plus facile de définir d'une manière intelligible après qu'avant, c'est-à-dire lorsque l'élève aura déjà commencé à connaître la chose par des exemples, sinon par la vue.

Il est cependant, au début, un petit nombre de notions préliminaires que l'enfant doit avoir et de termes géographiques dont il doit comprendre le sens.

Vous avez sous la main tout ce qui est nécessaire pour donner ce premier enseignement par la méthode des leçons de choses. Le territoire de votre commune vous le fournit, et l'enseignement lui-même, vous le connaissez déjà tous, si tous vous n'avez pas encore pu le pratiquer, on l'appelle *étude de la commune*. De l'autre côté du Rhin, où il est en usage depuis assez longtemps, on l'appelle *Heimatskunde*.

L'enfant connaît aussi bien que vous, instituteurs, les rues de son village, les cours d'eau ou les ruisseaux, — et il n'est pas de commune qui n'ait au moins quelque ruisseau sur son territoire ou dans son voisinage, — la montagne, la colline ou la butte qu'il a souvent gravie ; s'il n'a jamais vu de lac, il connaît au moins l'étang ou la mare. S'il n'y a pas de ruisseau qui se jette dans une rivière, il y a au moins, les jours de pluie, deux ruisseaux qui se réunissent à un coin de rue : c'est assez pour fournir l'exemple d'un confluent. J'ai cité plus d'une fois ce qui m'a été rapporté à ce sujet dans la ville de Chicago. Chicago est une ville des États-Unis, située sur le bord d'un grand et beau lac, où débouche une rivière canalisée, mais dont la campagne est tellement plate qu'il est impossible d'y apercevoir une colline. Cependant plusieurs institutrices y profitaient des jours d'orage pour faire étudier par la fenêtre la distribution de l'eau sur la surface bombée et quelque peu ravinée de la cour de l'école, et montrer à leurs élèves des versants, des lignes de partage des eaux, des confluents, des bassins, des îles. Vous avez donc toujours dans votre commune le moyen de faire comprendre en faisant voir, et par conséquent, d'atteindre le but.

Commencez en partant de la salle de votre classe. Prenez la craie, comme je la prends moi-même. Dessinez au tableau noir le plan de cette classe, comme je dessine le plan de la salle de la Sorbonne (Voir la figure représentant le plan de la classe, aux Notions préliminaires, page 1 de ce volume). Indiquez par des traits les quatre murs ; marquez l'emplacement de la porte et des fenêtres, indiquez les bancs et la table du maître.

Expliquez chaque ligne au fur et à mesure que vous la tracez.

Je connais telle institutrice qui fait plus encore : elle mesure avec un mètre chaque chose en se faisant aider par ses élèves, — et, dans ce cas, ce sont les élèves de la division supérieure qui doivent servir d'aides ; — puis elle reporte au tableau d'après une échelle déterminée, le dixième, par exemple, de la grandeur réelle. Les élèves s'intéressent davantage à un travail auquel ils participent ; ils y prennent même plaisir et ils y acquièrent une certaine notion de la manière dont on lève un plan.

Quand le tracé est achevé et bien compris, — ce qui exige peut-être plusieurs leçons, — interrogez l'enfant : Qu'est-ce que ceci ? — L'enfant qui a compris répondra : C'est un banc. — Quel banc? — Le premier, le second, le troisième. — Qu'est-ce que cela ? — C'est une fenêtre. — Quelle fenêtre? — Celle-ci. Si, par hasard, l'élève interrogé disait : C'est celle-là, et montrait une autre fenêtre, soyez bien sûrs que plus d'un camarade s'empresserait de le reprendre et qu'il ne tarderait pas lui-même à reconnaître son erreur : il est plus facile qu'on ne pense de donner à des enfants de dix ans la rectitude de coup d'œil et de jugement nécessaire pour ces premiers exercices. Après quelques leçons de ce genre, vos enfants sauront distinguer sur un plan la droite de la gauche, le haut du bas : il n'y aura plus qu'un pas à faire pour leur montrer comment sur une carte on distingue le nord et le sud, l'est et l'ouest, c'est-à-dire comment on s'oriente et comment les lignes tracées en noir ou en couleur peuvent représenter diverses choses, telles qu'une côte, un cours d'eau. Or, sans carte, il n'y a pas d'enseignement de la géographie, et il faut d'abord que l'enfant soit capable de lire, très sommairement sans doute, mais de lire quelque chose sur une carte.

Le *plan de la classe* constitue la première série d'exercice. La seconde série est relative à *l'étude de la commune* : elle commence dès que les élèves savent s'orienter et elle se fait également au tableau, par explications du maître et par interrogations. Tracez non plus le plan intérieur de la classe, mais le plan même du bâtiment de l'école ou simplement la position indiquée par un carré ou par un

(*Voir la suite de la conférence à la page VI qui se trouve après la page 28 du volume.*)

5

LA MER ET LES CÔTES. — LA GÉOGRAPHIE POLITIQUE

Méthode et commentaire. — A des enfants qui habitent un port, le maître n'a pas besoin de donner aucune explication pour faire connaître la mer : ils la voient tous les jours. A des enfants qui habitent dans l'intérieur des terres, il est difficile de faire bien comprendre cette étendue qu'on peut dire immense : car nous ne pouvons jamais la mesurer directement tout entière, et c'est seulement à l'aide de calculs faits sur les cartes que nous en apprécions la superficie.

Les vagues soulevées par les tempêtes n'ont pas la même origine et le même caractère que les vagues dues au gonflement et à l'affaissement alternatif de la surface de la mer que l'on nomme marée. Ce n'est que dans le voisinage des côtes que les vagues produites par le mouvement de la marée se brisent avec bruit.

Le maître peut enseigner à ses élèves que le sel que nous employons est en grande partie extrait de l'eau de mer et que celui même qui vient des mines y a été déposé, dans des temps très reculés, par la mer qui a successivement couvert les diverses parties du globe.

Aux explications données dans l'Atlas-scolaire, le maître peut ajouter ce qui suit sous forme de lecture d'explication ou de dictée.

Lectures. — 1re LECTURE. — *La mer.* — « Quand on est sur le bord de la mer, on ne voit, à perte de vue, devant soi, que de l'eau. Lorsqu'on navigue et qu'on est loin des côtes, on n'aperçoit tout autour de soi que de l'eau jusqu'à l'extrême limite où le ciel semble se confondre avec la mer. Le navire occupe toujours le centre d'un vaste cercle dont l'horizon détermine la circonférence ; il fait route pendant des jours entiers, pendant des semaines et quelquefois des mois, sans offrir aux passagers d'autre spectacle, parce que, tout en avançant sur cette immense plaine liquide partout semblable à elle-même, il reste toujours le centre d'un cercle d'eau qui a partout la même étendue. Dans ce cercle passe de temps à autre un navire, qui apparaît d'un côté de l'horizon tout petit d'abord et ne laissant voir que ses voiles : puis qui grandit à mesure qu'il s'approche et disparaît en se rapetissant d'un autre côté de l'horizon. Parfois aussi, si l'on fait route près d'une île ou d'un continent, une ligne de côtes, incertaine et brumeuse : d'abord, se dessine au-dessus du plan d'eau ; elle devient nette et laisse voir les détails du terrain, si le navire la longe par un temps clair.

« Ce spectacle de la mer, imposant par sa grandeur, mais uniforme, est cependant varié par les aspects divers que prend la surface des eaux. Tantôt elle est d'un bleu intense, tantôt d'un vert glauque, ou d'une couleur sombre comme l'ardoise, suivant la manière dont le soleil l'éclaire et dont les nuages s'y reflètent. Elle est quelquefois aussi unie que la surface d'un étang ; plus souvent, elle est ondulée par une suite de vagues dont les crêtes et les creux se succèdent comme les sillons dans une terre labourée ; mais ce sont des sillons gigantesques qui, pendant les tempêtes, atteignent plusieurs mètres de hauteur, se brisent avec fracas sur les côtes et mettent en péril les plus gros navires. »

Questionnaire. — D. Qu'est-ce que la mer? — R. *Une immense étendue d'eau salée qui couvre la plus grande partie de la Terre.*

D. Une grande partie du sel que nous connaissons n'est-il pas extrait de l'eau de mer? — R. *Oui.*

D. Que représente la figure 30? — R. *Une mer agitée.*

D. Qu'est-ce qu'une mer agitée? — R. *C'est une mer sur laquelle il y a de grosses vagues.*

D. Combien de fois la marée monte-t-elle et descend-elle dans les 24 heures? — R. *Elle monte et elle descend deux fois.*

D. Comment nomme-t-on les grandes divisions de la mer? — R. *On les nomme océans.*

D. Les mers secondaires ne font-elles pas partie des océans dont elles sont des subdivisions? — R. *Oui.*

D. Connaissez-vous une mer qui ne communique pas avec l'Océan? — R. *Oui ; la mer Caspienne.*

D. Comment appelle-t-on le bord de la mer? — R. *On l'appelle côte.*

D. Toutes les côtes ont-elles le même aspect? — R. *Non.*

D. Quelle différence y a-t-il entre une plage et une falaise? — R. *Une plage est basse ; une falaise est haute et escarpée.*

D. Qu'est-ce que des dunes? — R. *Des monticules de sable sur la côte.*

D. Qu'est-ce qu'un cap? — R. *Une partie de côte s'avançant en pointe dans la mer.*

Tous les caps ne sont pas escarpés en forme de falaise comme celui de la figure 31 : il y a des caps en forme de plage, des caps rocheux. La tour qui est au-dessus du cap est un phare ; le phare renferme une lampe à huile ou une lampe électrique, qui, éclairée la nuit, se voit de très loin comme un point lumineux et avertit les navigateurs que la côte est voisine.

D. Connaissez-vous le nom d'un des caps importants de la France? — R. *Le cap de la Hague.*

Si l'école est près de la mer, le maître substituera comme exemple, au cap de la Hague, le cap le plus important du voisinage. Le maître agira de même, dans cette partie de l'interrogation, comme dans les précédentes, à propos de chaque objet à définir.

D. Qu'est-ce qu'une île? — R. *C'est une terre entourée d'eau de tous côtés.*

D. Une île est-elle toujours entourée d'eau salée? — R. *Non ; puisqu'il y a des îles dans les cours d'eau et dans les lacs, comme en mer.*

D. Avez-vous vu une île? — R. .....

Toutefois le maître fera observer que les îles des rivières ne sont pas comparables pour l'étendue à la plupart des îles de la mer ; car, en mer, il y a des îles qui sont plus grandes que la France. Il fera remarquer que la figure 32 ne représente qu'une très petite île, élevée et rocheuse.

D. Comment nomme-t-on un groupe d'îles? — R. *Archipel.*

D. Qu'est-ce qu'un détroit? — R. *C'est une partie de mer étroite, resserrée entre deux terres.*

Le maître pourra faire remarquer que le détroit représenté par la figure 33 est le détroit de Messine, situé entre l'Italie et la Sicile.

D. Qu'est-ce qu'un isthme? — R. *C'est une partie de terre étroite, resserrée entre deux mers.*

D. Un isthme est donc précisément l'opposé d'un détroit? — R. *Oui.*

D. Qu'est-ce qu'un golfe? — R. *Une partie de mer qui s'avance dans la terre et qui est entourée de terre de plusieurs côtés.*

D. Quels noms donne-t-on à des golfes petits ou très petits? — R. *On les nomme baie, anse, havre.*

D. Qu'est-ce qu'une presqu'île? — R. *Une partie de terre qui s'avance dans la mer.*

D. Entre un golfe et une presqu'île n'y a-t-il pas la même opposition qu'entre un détroit et un isthme? — R. *Oui.*

Le maître pourra faire remarquer que la figure 35 représente la baie de Villefranche, près de Nice ; la figure 36 la presqu'île de Monaco.

D. Qu'est-ce que la géographie physique? — R. *C'est la description de la Terre telle que l'a faite la nature.*

D. De quoi traite la géographie économique? — R. *Elle traite de la production agricole et industrielle, du commerce et de la population.*

D. Qu'entend-on par État? — R. *On entend par État un territoire soumis à un même gouvernement.*

D. Y a-t-il différentes formes de gouvernement? — R. *Oui ; il y a des gouvernements monarchiques, des gouvernements républicains.*

D. Un gouvernement monarchique n'est-il pas celui où il y a un souverain nommé ordinairement roi ou empereur? — R. *Oui.*

D. Un gouvernement républicain n'est-il pas celui où la nation, se gouvernant elle-même, n'a que des chefs électifs et choisis pour un temps déterminé? — R. *Oui.*

D. Quel est le gouvernement de la France? — R. *C'est un gouvernement républicain.*

D. Qu'est-ce qu'une frontière? — R. *C'est la limite qui sépare un État d'un autre État.*

D. Quand dit-on que la frontière est naturelle? — R. *Quand elle est formée par une montagne ou par un cours d'eau.*

D. N'y a-t-il pas une frontière naturelle entre la France et l'Espagne? — R. *Oui ; il y a les Pyrénées.*

D. Comment nomme-t-on les grandes divisions administratives de la France? — R. *On les nomme départements.*

D. Et les subdivisions des départements? — R. *Arrondissements.*

D. Dans quel département sommes-nous? — R. .....

D. Dans quel arrondissement? — R. .....

D. Dans quel canton est située notre commune? — R. .....

D. Quel chemin faut-il prendre pour se rendre au chef-lieu de canton? — R. .....

D. Comment se nomme notre commune? — R. *Elle se nomme.....*

Au sujet de la commune, le maître, sans entrer dans beaucoup de détails, peut donner quelques renseignements sur la commune, dire le nombre d'hectares du territoire, le nombre d'habitants, nommer les principaux hameaux, s'il y en a, les communes limitrophes, et indiquer quelques-uns des points où se trouve la limite.

L'étude de la commune pourra revenir plus tard avec l'étude du département pour les élèves plus avancés. Au début, les notions sur la commune doivent être bornées à des indications très simples et servir surtout d'exemples pour la démonstration des définitions géographiques.

En faisant apprendre la partie intitulée Géographie politique, le maître peut enseigner à ses élèves qu'on représente sur les cartes les frontières des États et les limites des circonscriptions administratives par des croix ou par des points et leur montrer que dans l'Atlas-scolaire les limites des États sont figurées par des croix + + + +, celles des États subordonnés ou unis les uns aux autres, comme dans l'Empire allemand, par des croix et des points + ··· + , celles des départements par des points allongés — — —.

LA GÉOGRAPHIE ÉCONOMIQUE

Méthode et commentaire. — Dans cette section, comme dans les précédentes, le maître doit faire comprendre les définitions en expliquant chaque chose. Il prendra, autant que possible, ses exemples dans la commune pour faciliter les explications ; il y a peut-être dans le voisinage un canal, probablement un chemin de fer, certainement des routes et des chemins, des cultures ou des industries qu'il pourra citer.

I. — 1° Il faut bien moins de force pour déplacer un bateau sur l'eau que pour déplacer une charrette du même poids sur terre. C'est ainsi que deux chevaux suffisent pour remorquer un chaland dont la charge remplirait un grand nombre de charrettes et emploierait par conséquent un grand nombre de chevaux ; là où 1 cheval suffit pour la traction sur un lac, il faudrait au moins 16 chevaux pour la traction sur une route. C'est pourquoi le grand commerce dans l'intérieur des terres s'est fait autrefois principalement par les cours d'eau. Les cours d'eau sont encore souvent aujourd'hui, pour la même raison, les moyens de transport les moins coûteux.

Les *endiguements* sont des travaux en terre ou en maçonnerie faits pour empêcher le débordement des cours d'eau. Les *chemins de halage* sont des chemins tracés le long de la rive d'un cours d'eau et destinés aux animaux ou aux hommes qui remorquent les bateaux. Le *draguage* est une opération par laquelle on creuse, en employant ordinairement un bateau dragueur, le lit d'un cours d'eau dont la profondeur ne suffit pas à la navigation. Les *barrages* facilitent la navigation en arrêtant le courant et en élevant le niveau de l'eau.

2° On creuse un *canal* comme on creuse un fossé d'écoulement. On lui donne une très faible pente afin de dépenser le moins d'eau possible et de faciliter la remonte. On retient l'eau non par des barrages, mais par des *écluses* ; on emploie d'ailleurs aussi les écluses pour les cours d'eau naturels. Le maître s'appliquera à expliquer clairement les figures de l'Atlas scolaire représentant les deux niveaux successifs d'un bateau dans une écluse ; il pourra s'aider de la figure théorique ci-jointe.

Quand on construit un canal de jonction, on cherche pour le tracer la dépression la plus favorable dans la ligne de partage qui sépare les deux bassins qu'on veut joindre. Cette dépression, qui est ordinairement un col, constitue elle-même la partie la plus élevée du canal : c'est là qu'est le *bief de partage* et qu'à l'aide de réservoirs et de rigoles on amène l'eau provenant des hauteurs voisines. Une partie de cette eau est dépensée à chaque éclusée et descend d'un

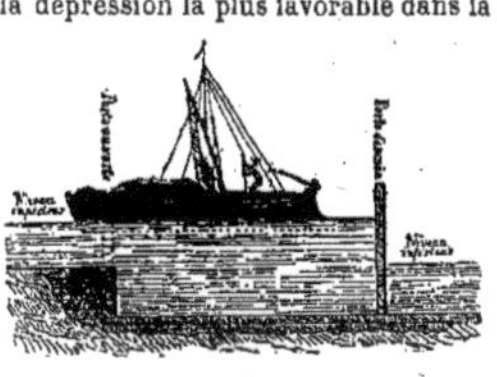

côté ou de l'autre du bief. Dans les parties basses, on trouve plus facilement à alimenter les canaux à l'aide des rivières.

3° Les *routes* sont les voies de communication les plus ordinaires. Les bonnes routes sont en chaussée avec des fossés latéraux pour faciliter l'écoulement des eaux ; elles sont revêtues de pavés, de dalles, plus souvent de cailloux cassés et foulés avec du sable qui constituent le macadam. Il y a des routes, plus ou moins nombreuses et plus ou moins bien entretenues, partout où il existe des groupes suffisamment nombreux d'hommes civilisés. Les peuples sauvages ne sont pas assez industrieux pour construire des routes ; ils ne font que de frayer des sentiers. Les routes de caravanes dans les déserts ne sont pas de véritables routes, mais de simples directions que suivent d'ordinaire les voyageurs pour se rendre d'un puits ou d'une oasis à l'autre.

Pour donner une idée de l'importance de bonnes voies de communication, le maître dira : Chargez 11 charrettes de foin ; 33 chevaux, c'est-à-dire 3 chevaux par charrette, suffiront à traîner le fardeau sur une bonne route plane, convenablement empierrée. Passez de là sur un chemin de terre sans macadam, il faudra environ 7 chevaux par charrette, en tout environ 230 chevaux. Si l'on plaçait la charge des 11 charrettes sur des wagons, dont les roues de fer roulent avec très peu d'adhérence sur des rails d'acier posés horizontalement, 7 chevaux traîneraient sans peine le tout. Une commune procure donc une grande économie à ses habitants en dépensant de l'argent pour avoir de bonnes routes.

4° Les *chemins de fer*, qui sont, après les voies d'eau, le mode de transport le plus économique et qui sont de beaucoup le plus rapide, ont largement contribué aux progrès que le commerce a faits depuis un demi-siècle, parce qu'ils ont rendu les transports plus rapides, moins coûteux et partant plus faciles. Ils sont aujourd'hui le principal mode employé pour les transports lointains sur terre. Il y a dans le monde plus de 350,000 kilomètres de chemins de fer, dont la construction a coûté plus de 100 milliards de francs ; la France, avec l'Algérie, a environ 25,000 kilomètres de chemins de fer.

Les chemins de fer ne datent que de 1830. C'est seulement à cette époque qu'un ingénieur anglais, George Stephenson, employant un système de chaudière qu'un Français, M. Seguin, avait imaginé, construisit la première locomotive capable de traîner des wagons avec rapidité : cette locomotive, qui a longtemps fonctionné sur le chemin de fer de Manchester, s'appelait la Fusée.

Les chemins de fer coûtent beaucoup à construire, parce que, pour établir une voie à peu près plane, il faut de grands travaux d'art, remblais ou viaducs dans les terrains bas, tranchées ou tunnels dans les terrains élevés. Le plus long tunnel de France (ou du moins sur la frontière de France et d'Italie), celui de Modane ou du col de Fréjus, mesure 12 kilomètres $1/_2$; on met près d'une demi-heure à le traverser.

II. — Suivant les régions, le maître donnera quelques brèves explications sur les cultures, sur les industries, sur le commerce de la localité.

Questionnaire. — D. Quels sont les cours d'eau navigables ? — R. *Ce sont ceux qui permettent la navigation en bateau.*

D. Un cours d'eau sur lequel un bateau ne peut aller qu'entre deux barrages de moulin est-il considéré comme navigable ? — R. *Non.*

D. Les cours d'eau navigables et flottables sont-ils classés au nombre des voies de communication ? — R. *Oui.*

D. Qu'est-ce qu'un canal ? — R. *C'est un cours d'eau artificiel, c'est-à-dire creusé de main d'homme.*

D. Qu'est-ce qu'un canal de jonction ? — R. *C'est un canal qui réunit deux cours d'eau.*

D. Pourquoi creuse-t-on un canal de jonction ? — R. *Pour faire communiquer, par une ligne de navigation non interrompue, deux bassins ou deux cours d'eau d'un même bassin.*

D. Comment alimente-t-on à sa partie la plus élevée un canal qui traverse une ligne de partage ? — R. *Avec des réservoirs et des rigoles qui amènent l'eau des hauteurs voisines.*

D. A quoi sert une écluse ? — R. *A faire monter ou descendre les bateaux en faisant monter ou descendre le niveau de l'eau.*

D. Dans quel état sont l'écluse et le bateau sur la figure 31 ? — R. *La porte ouverte est celle qui communique avec la partie inférieure du canal ; le bateau qui vient de cette partie inférieure entre dans l'écluse.*

D. Citez un canal à écluses ? — R. *Le canal de Bourgogne.*

D. Qu'est-ce qu'une route nationale ? — R. *C'est une grande route entretenue aux frais de l'État par les ingénieurs des ponts et chaussées.*

D. Citez une route nationale, une route départementale. — R. . . . . .

D. Qu'est-ce qui entretient les chemins vicinaux ? — R. *Les communes.*

D. N'est-il pas très important pour la richesse d'un pays et pour la commodité des habitants d'avoir de bonnes routes ? — R. *Oui.*

D. Les chemins de fer ne sont-ils pas aujourd'hui au nombre des voies de communication les plus importantes ? — R. *Oui.*

D. Qu'est-ce qu'un tunnel ? — R. *C'est un souterrain percé pour faire passer un chemin de fer sous une montagne ou un plateau.*

D. Qu'est-ce qu'un viaduc ? — R. *C'est un grand pont construit pour faire traverser une vallée à un chemin de fer.*

D. Pourquoi emploie-t-on des viaducs et des tunnels pour des chemins de fer plutôt que pour des routes ? — R. *Parce que les chemins de fer ne peuvent pas avoir des pentes aussi rapides que les routes et que leur voie doit être à peu près plane.*

D. La poste nous rend-elle de grands services ? — R. *Oui ; c'est elle qui apporte dans chaque commune tous les jours, de toutes les parties de la France et du monde, les lettres et les journaux.*

D. En quoi consiste le télégraphe électrique ? — R. *En un fil métallique qui transmet les dépêches instantanément et à n'importe quelle distance.*

D. Qu'est-ce qu'un port ? — R. *C'est un lieu destiné à abriter les navires et à en faciliter le chargement et le déchargement.*

D. Qu'est-ce qu'un bassin à flot ? — R. *C'est un bassin muni d'écluses dans lequel les navires restent à flot, même à la marée basse.*

Le maître peut faire observer que, sur la Méditerranée, la marée étant à peu près insensible, les ports n'ont pas besoin de bassins à flot.

D. Montrez-moi une figure sur laquelle se trouve un phare. — R. (*L'élève doit montrer la figure 29 ou la figure 31.*)

D. Quel est le principal port de France ? — R. *Marseille.*

D. N'avons-nous pas dit ce qui produit les déserts ? — R. *L'aridité du sol, causée d'ordinaire par l'absence de pluie.*

D. Nommez un désert. — R. *Le Sahara.*

D. Qu'est-ce qu'une steppe ? — R. *C'est une région où il y a de l'herbe dans la saison humide et qui est aride le reste de l'année.*

D. Pourquoi les habitants sont-ils d'ordinaire nomades dans les steppes ? — R. *Parce qu'il faut qu'ils changent de résidence pour nourrir leurs troupeaux dans la saison où une contrée devient aride.*

D. Que tire-t-on principalement des carrières ? — R. *Des pierres.*

D. Et des mines ? — R. *De la houille et des métaux.*

D. Citez une grande ville manufacturière ? — R. *Lille.*

D. Qu'est-ce que le commerce ? — R. *A transporter et à vendre les produits de l'agriculture et du commerce.*

D. Qu'est-ce que le commerce extérieur ? — R. *C'est le commerce que les habitants d'un pays font avec les pays étrangers.*

INTERROGATION SUR LA CARTE MUETTE DE LA TERRE

Méthode. — L'Atlas-scolaire est disposé de manière à ce qu'à chaque partie corresponde une carte muette contenant exactement les mêmes choses que la carte écrite, moins les noms, et accompagnée d'un questionnaire et de devoirs. La carte muette est elle-même placée avant ou après le texte correspondant, à une page d'où l'élève ne puisse pas apercevoir ce texte. Le maître se servira de la carte muette pour l'interrogation après que la leçon aura été expliquée par lui sur la carte écrite et apprise par les élèves. Ceux-ci montreront sur cette carte muette les choses à mesure qu'il leur demandera de les nommer.

La carte muette de la Terre est dressée sur la projection de Mercator : c'est une des projections les plus usitées pour représenter la Terre sur une carte, c'est-à-dire sur une surface plane. On l'emploie toujours pour les cartes marines. Elle a l'avantage de présenter l'image de la Terre sans la couper en deux comme les projections par hémisphères, et de présenter tous les lieux dans leur véritable rapport d'orientation, parce que les degrés de longitude et les degrés de latitude y sont figurés par les lignes droites, se coupant à angle droit : ainsi tous les lieux situés sous un même méridien sont bien, comme sur le globe, placés directement les uns au-dessus des autres sur la même ligne. Mais il n'est pas de système de représentation d'une sphère sur un plan qui n'ait des inconvénients. Celui de la projection de Mercator est de grossir considérablement les régions voisines des pôles par rapport aux régions voisines de l'équateur ; c'est ainsi que le Grœnland paraît presque aussi grand que l'Afrique, quoiqu'en réalité il soit quatorze fois plus petit. (Voir p. xi la *construction des cartes*.)

Il est facile de se rendre compte de cette exagération des parties polaires. Puisqu'on représente les méridiens par des lignes parallèles, on leur donne partout le même écartement, quoique, dans la réalité, ils soient disposés comme les côtes d'un melon, ayant leur plus grand écartement au centre, c'est-à-dire à l'équateur et se rapprochant vers les extrémités jusqu'à se réunir en un même point aux pôles. Pour ne pas altérer la forme des contrées, la projection de Mercator écarte dans la même proportion les degrés de latitude : de là un agrandissement dans un sens et dans l'autre.

Aussi un planisphère dressé sur la projection de Mercator n'a-t-il pas une échelle uniforme. Celui de l'Atlas-scolaire est à l'échelle du 10,000,000ᵉ à l'équateur, c'est-à-dire qu'un millimètre y représente 100 kilomètres, tandis qu'au 80ᵉ degré, l'échelle est environ du 7,100,000ᵉ, c'est-à-dire qu'un millimètre n'y représente plus que 7 kilomètres 1/10.

Le maître ne doit entrer dans aucune de ces explications avec des commençants. Il se contentera de dire qu'aucune projection de la sphère n'est parfaite ; que, sur un planisphère dressé dans le système de Mercator, il ne faut jamais oublier que les régions polaires sont relativement trop grandes ; que d'ailleurs les élèves peuvent corriger cette impression en regardant les deux hémisphères de l'Atlas-scolaire qui ont un inconvénient d'un autre genre, celui de présenter disposés en demi cercle, à la circonférence de chaque hémisphère, des lieux qui sont en ligne droite les uns à la suite des autres en allant du sud au nord.

Questionnaire. — **19ᵉ leçon.** — D. Quelle est la forme de la Terre ? — R. *La Terre est ronde.*
D. Quelle est la seule manière de la représenter exactement ? — R. *C'est de la représenter par un globe.*
D. Qu'arrive-t-il quand on la représente sur une carte ? — R. *Il arrive toujours qu'on en altère d'une manière ou d'une autre la forme.*
D. N'est-il pas nécessaire cependant de la représenter par des cartes dites mappemondes ou planisphères et ceux qui connaissent ces altérations inévitables n'sont-ils pas de ces cartes sans inconvénient ? — R. *Oui.*
D. En combien de temps la terre tourne-t-elle sur elle-même. — R. *En 24 heures.*
D. A quelle division du temps correspondent les 24 heures ? — R. *A un jour.*
D. Faites tourner le globe (ou une boule quelconque) dans le sens où tourne la Terre. — R. .....
D. Montrez sur le globe le pôle nord. — R. .....
D. Pouvez-vous montrer les pôles sur la mappemonde en deux hémisphères ? — R. *Oui.*
D. Pouvez-vous les montrer sur un planisphère Mercator ? — R. *Non ; les pôles n'y sont pas représentés.*
20ᵉ leçon. — D. Qu'est-ce que l'équateur ? — R. *C'est un grand cercle également distant des deux pôles, qui partage la Terre en deux parties égales.*
D. Ce cercle qu'on voit tracé sur le globe peut-il être figuré par une ligne droite sur une carte ? — R. *Oui ; il est figuré par une ligne droite sur les cartes de la Terre dans l'Atlas-scolaire.*
D. Que signifie le mot hémisphère ? — R. *Moitié de la sphère.*
D. Comment la première carte insérée dans le texte de l'Atlas-scolaire représente-t-elle la Terre ? — R. *En deux hémisphères.*
D. Pourquoi sont-ils nommés hémisphère occidental et hémisphère oriental ? — R. *Parce que dans l'un sont les régions situées à l'occident de l'Europe ; dans l'autre, les régions situées vers l'orient.*
D. Qu'entend-on par hémisphère boréal ? — R. *La moitié de la Terre située au nord de l'équateur.*
D. Par hémisphère austral ? — R. *La moitié de la Terre située au sud de l'équateur.*
D. Que signifie le mot torride ? — R. *Il signifie brûlant.*

D. Pourquoi appelle-t-on zone torride les régions voisines de l'équateur ? — R. *Parce que la chaleur solaire y est très grande.*
D. Quelles sont les limites de la zone torride au nord et au sud ? — R. *Le tropique du Cancer au nord, le tropique du Capricorne au sud.*
D. Où est située la zone glaciale du nord ? — R. *Au nord du cercle polaire.*
D. Pourquoi dit-on zones glaciales ? — R. *Parce qu'il y fait très froid.*
D. Où est placée la zone tempérée du nord ? — R. *Entre la zone torride et la zone glaciale du nord.*
D. Montrez l'équateur sur le globe. — Montrez-le sur le planisphère. — R...
D. Montrez les deux zones glaciales sur le globe et sur le planisphère. — R...
D. Montrez les zones tempérées sur les figures 41 et 42. — R. .....
D. Pourquoi les zones ne sont-elles pas semblables sur les deux figures ? — R. *Parce qu'elles représentent les hémisphères sous des aspects différents.*

Le maître pourra faire remarquer que l'équateur est la circonférence des hémisphères sur la figure 41 et en est le diamètre sur la figure 42.

D. La mer occupe-t-elle sur la surface du globe plus de place que la terre ? — R. *Oui ; la mer occupe près des trois quarts de la surface.*
21ᵉ leçon. — D. Combien y a-t-il d'océans ? — R. *Il y en a cinq.*
D. Où est situé l'océan Glacial du nord ? — R. *Dans la zone glaciale du nord.*

Le maître peut faire observer que le froid s'étendant plus loin dans le sud que dans le nord, l'océan Glacial du sud se prolonge au delà de la zone glaciale (jusque vers le 60ᵉ degré de latitude), tandis que l'océan Glacial du nord ne s'avance pas partout jusqu'au cercle polaire.

D. Par quel océan est formée la mer Blanche ? — R. *Par l'océan Glacial du nord.*
D. Nommez les mers et le principal golfe à l'est de l'océan Atlantique. — R. *La mer du Nord, la mer Baltique, la Méditerranée, le golfe de Guinée.*
22ᵉ leçon. — D. Entre quels continents est le Grand océan ? — R. *Entre le continent américain à l'est, l'ancien continent et le continent austral à l'ouest.*
D. Quel est le détroit qui le fait communiquer avec l'océan Glacial du nord ? — R. *Le détroit de Béring.*
D. Par quel océan sont formées la mer de Chine et la mer du Corail ? — R. *Par le Grand océan.*
D. De quel océan dépend la mer Rouge ? — R. *De l'océan Indien.*
D. Quelles mers le canal de Suez fait-il communiquer ? — R. *La Méditerranée et la mer Rouge.*
D. Montrez sur le globe et sur la carte muette le golfe de Bengale, la mer des Antilles, le détroit de Bal-el-Mandeb, etc. — R. .....
D. Dites et montrez sur la carte muette la route que suivrait un navire venant de l'océan Glacial du nord par le détroit de Béring pour se rendre dans l'océan Indien. — R. *Il passerait par le Grand océan et le détroit de Malacca.*
23ᵉ leçon. — D. Qu'est-ce qu'un continent ? — R. *C'est une vaste étendue de terre entourée d'eau de tous côtés.*
D. Quelle différence y a-t-il entre une île et un continent. — R. *Une île est une étendue de terre plus petite, mais également entourée d'eau de tous côtés.*
D. Si l'on compare une île à un lac, à quoi peut-on, dans le même genre, comparer un continent ? — R. *A un océan.*
D. Montrez sur la carte muette et nommez les continents. — R. ..... *Ancien continent, continent Américain, continent Austral.*
D. Ne donne-t-on pas un autre nom au continent Américain ? — R. *Oui, celui de Nouveau continent.*
D. N'est-ce pas parce qu'il a été découvert longtemps après que l'Ancien continent était civilisé ? — R. *Oui.*
D. Pourquoi le continent Austral porte-t-il ce nom ? — R. *Parce qu'il est situé dans l'hémisphère austral.*
D. Nommez et montrez sur la carte les cinq parties du monde. — R. *L'Europe, l'Afrique, l'Asie, l'Océanie, l'Amérique.*
D. Le canal de Suez, qui est un canal creusé de main d'homme, empêche-t-il que l'Afrique fasse partie de l'Ancien continent ? — R. *Non.*
D. Pourquoi l'Océanie porte-t-elle ce nom ? — R. *Parce qu'elle se compose, outre le continent Austral, d'îles semées dans le Grand océan.*
24ᵉ leçon. — D. Nommez les plus grandes plaines de l'Europe. — R. *L'Allemagne du nord et la Russie.*
D. De l'Asie. — R. *La Sibérie et le Bas-Turkestan.*
D. Où sont situées les Pampas ? — R. *En Amérique.*
D. Où est situé le Caucase ? — R. *Sur la limite de l'Europe et de l'Asie.*
D. Quelle est, en dehors du Caucase, la plus haute montagne de l'Europe ? — R. *Le mont Blanc.*
D. Quelle est la plus haute chaîne de la Terre ? — R. *L'Himalaya, en Asie.*
D. Quelle en est la plus haute montagne et quelle hauteur a-t-elle ? — R. *Le Gaurisankar, qui a 8840 mètres.*
D. Quelle est la plus longue suite de chaînes de montagnes sur la Terre ? — R. *C'est la Cordillère qui s'étend du nord au sud de l'Amérique.*
D. Qu'est-ce que le Grand massif central de l'Asie ? — R. *C'est une vaste région composée de plusieurs plateaux dont le plus élevé est le Tibet.*
25ᵉ leçon. — D. Nommez les fleuves de l'Afrique. — R. *Le Nil, le Niger et le Congo.*
D. Où se jette le Yang-tsé-Kiang ? — R. *Dans le Grand océan.*
D. Quels sont les principaux fleuves tributaires de l'océan Atlantique ? — R. *Niger, Congo, St-Laurent, Mississipi, Amazone, rio de la Plata.*

Devoirs. — Écrire sur une carte muette de la Terre, sans regarder la carte écrite, les noms des océans, des principales mers, des principaux golfes et détroits qu'ils forment. (Écrire les noms des océans en grosses lettres ; les autres noms en lettres plus fines.)

Écrire sur une carte muette de la Terre, sans regarder la carte écrite, les noms des continents et des parties du monde.

Écrire sur une carte muette de la Terre les noms des grandes plaines, des grandes chaînes de montagnes, des principaux plateaux et des principaux cours d'eau.

LA TERRE

Méthode et commentaire. — *Forme générale de la Terre.* — Cette étude générale de la Terre doit être faite avec un globe, parce que c'est seulement à l'aide d'un globe que les enfants se graveront exactement dans la mémoire la forme véritable, la grandeur et la position relatives des parties de la Terre. Le maître doit avoir également dans sa classe une carte murale ; les élèves auront sous les yeux les cartes de l'Atlas-scolaire. Dans l'Atlas-scolaire il y a un planisphère écrit et le même planisphère dressé d'après la projection de Mercator, et une petite mappemonde en deux hémisphères dressée d'après la projection stéréographique. (Voir à la fin du livre du maître (pages x, xi, xii) la notice sur la *construction des cartes.*) Le maître montrera successivement les mêmes choses sur le globe et sur les cartes, afin d'habituer les enfants à mieux comprendre une carte en s'habituant à comparer les différents modes de représentation.

En étudiant les grands et les petits cercles, le maître fera observer que ce sont des lignes idéales que les géographes ont tracées d'après les lois de la géométrie, qu'elles n'existent nulle part matériellement sur la Terre, et qu'on ne saurait les voir, comme on voit les côtes, les fleuves, les montagnes ; mais qu'elles sont nécessaires pour déterminer la position des lieux et qu'il serait impossible de dresser un globe ou une carte sans la connaissance des méridiens (degrés de longitude) et des parallèles (degrés de latitude).

Les mots *hémisphère boréal* et *hémisphère austral* ont un sens précis, parce que leur limite, qui est l'équateur, est elle-même précise. Il n'en est pas de même des mots *hémisphère oriental* et *hémisphère occidental* qui sont relatifs. Pour les habitants de Paris, tout ce qui est à l'ouest du méridien de Paris, qui, étant le méridien initial, est le 0 degré, appartient à l'hémisphère occidental jusqu'au 180° degré, tout ce qui est à l'est jusqu'au 180° degré appartient à l'hémisphère oriental ; mais il n'en est pas de même pour les habitants de Sydney, en Australie, qui ont l'océan Indien à l'ouest et tout le Grand océan à l'est. Sur la petite mappemonde de l'Atlas-scolaire, les deux hémisphères sont divisés au 20° degré de longitude occidentale, un peu à l'ouest de l'Afrique, de manière à présenter l'ancien continent presque entier (moins l'extrémité orientale de l'Asie) dans un hémisphère et toute l'Amérique dans l'autre.

Le maître pourra appeler l'attention des élèves sur l'extrême différence des climats dans la zone glaciale et dans la zone torride.

Le maître apprendra aux élèves qu'il n'est pas nécessaire d'aller de la zone glaciale à la zone torride pour trouver les climats les plus différents. Le climat d'un lieu est subordonné non seulement à la latitude, c'est-à-dire à la distance de ce lieu à l'équateur, mais à la direction ordinaire des vents, à la proximité de la mer, et surtout à l'altitude, autrement dit à l'élévation du lieu au-dessus du niveau de la mer. En effet, à mesure que l'altitude augmente, la température s'abaisse et le climat change. Ceux qui habitent dans le voisinage d'une montagne le savent bien ; pendant qu'au pied on voit des moissons et de la vigne, on ne voit sur les pentes que des arbres d'abord, des châtaigniers et des chênes, puis des sapins, plus haut on ne trouve que de l'herbe ; plus haut encore, si la montagne est assez élevée, la végétation cesse, la température s'abaisse au-dessous de zéro et il y a des neiges perpétuelles. Si la montagne est dans la zone torride, il suffit d'une montée de quelques kilomètres pour passer de la végétation tropicale qui caractérise la zone torride au climat de la zone glaciale.

Océan. — Pour cette partie, le maître se bornera à enseigner les noms qui sont dans l'Atlas-scolaire. Il ne faut pas surcharger d'abord la mémoire ; chaque chose viendra en son temps.

Il doit s'attacher à faire comprendre l'immensité de l'océan et l'importance des ressources qu'il fournit à l'homme ; il ne doit même pas craindre de revenir, à ce propos, sur les explications qu'il aurait pu déjà donner dans les notions préliminaires.

Le maître peut ajouter quelques mots sur les deux grands canaux maritimes de la Terre dont l'un est en activité et l'autre en construction : ce sont deux grandes entreprises du génie moderne qui ont une importance considérable pour la circulation maritime sur le globe. Le maître montrera que, dans l'ancien continent, un isthme, large de 117 kilomètres, réunit l'Afrique à l'Asie ; qu'il séparait la Méditerranée de la mer Rouge et par conséquent l'océan Atlantique de l'océan Indien ; une compagnie, dont M. de Lesseps a été le promoteur et le directeur, a creusé, de 1856 à 1869, un canal maritime par lequel les navires passent d'une mer et d'un océan dans l'autre. Il montrera que, dans le nouveau continent, un isthme de 53 kilomètres de large réunit les deux Amériques et sépare l'océan Atlantique et le Grand océan à leur partie centrale : on y creuse un canal.

Lectures.—2ᵉ LECTURE.— *Le climat du pôle nord.*—« L'expédition qui a le plus approché jusqu'ici du pôle est celle que les Anglais ont faite en 1876 et qui était commandée par le capitaine Nares (prononcer Nerse). Elle était composée de deux navires qui se sont avancés, non sans de grandes difficultés, à travers les glaces flottantes, jusqu'au nord-ouest du Grœnland (prononcer Greunelande) et qui y ont passé un hiver et la plus grande partie de l'été suivant. Celui des deux navires qui a été le plus loin dans le nord, l'*Alert* (prononcer *Alerte*) fut arrêté par 82°27′ de latitude, à une distance d'environ 750 kilomètres du pôle, et emprisonné, le 1ᵉʳ septembre 1875, dans la banquise, c'est-à-dire dans l'épaisse couche de glace qui se forme, à l'arrière-saison, sur toute la surface de la mer dans cette région. Le soleil cessa de se montrer sur l'horizon dans le commencement du mois d'octobre et ne reparut que le 1ᵉʳ mars 1876 ; la nuit avait duré 142 jours. Le froid fut si vif que, pendant treize jours, le thermomètre resta à 50 degrés au-dessous de zéro et qu'il descendit au-dessous de 58 degrés le 1ᵉʳ mars 1876. Par une température semblable, non seulement toute la mer était uniformément couverte par la banquise, mais le vin et le mercure gelaient. Cependant le navire était bien aménagé et, grâce à l'activité des hommes, qui est une condition de santé dans ces parages, l'équipage ne souffrit pas. En été, le soleil reste longtemps sur l'horizon et il y a une journée polaire aussi longue qu'a été la grande nuit polaire ; mais il ne s'élève pas assez pour échauffer le sol et la température de l'air au mois de juin n'était guère que de 1 degré au-dessus de zéro. Il n'y a presque aucune végétation dans de pareilles contrées et les animaux, excepté les animaux marins, sont rares. »

3ᵉ LECTURE. — *Les routes de l'Océan.* — « L'Océan unit plus qu'il ne sépare les peuples, malgré l'obstacle qu'il semble opposer aux communications. Il est presque toujours le chemin le meilleur pour se rendre d'une partie du monde dans une autre. Aujourd'hui les chemins de fer sont un mode de transport plus rapide. Mais il n'y a pas de mode plus économique que la mer, parce qu'un léger effort, soit du vent qui ne coûte rien, soit de la vapeur, suffit pour y déplacer une cargaison d'un poids considérable ; il n'y en a pas de plus direct, parce qu'un navire, quand il n'est pas contrarié par les vents ou par les courants, fait route en ligne droite sans avoir à se préoccuper, comme une voiture, des détours nécessaires pour franchir les vallées ou tourner les montagnes. Aussi les côtes de l'Amérique sont-elles beaucoup plus fréquentées par le commerce européen et beaucoup plus faciles à visiter que l'intérieur de l'Afrique et que le Grand massif central de l'Asie.

« Cette immense étendue d'eau salée, qui couvre près des trois quarts de la surface du globe, et dont la surface est régulièrement soulevée chaque jour deux fois par la marée et irrégulièrement agitée par les vents, auteurs des tempêtes, offre des routes sans nombre toujours ouvertes dans toutes les directions aux navires qui la sillonnent ; elle porte les hommes et les marchandises d'une extrémité du monde à l'autre et d'un port quelconque à tous les autres ports. On court sans doute des dangers sur mer ; mais les dangers ne sont rien en comparaison des avantages. Il n'y a pas de nation faisant un grand commerce qui ne soit une nation maritime. »

4ᵉ LECTURE. — *Les canaux maritimes des deux isthmes.* — « Toutes les grandes transformations de l'outillage des transports, canaux, vapeur, chemins de fer, percement d'isthmes, que notre siècle a vues s'accomplir, sont des services éminents dont l'humanité doit se montrer reconnaissante.

« Il y a une quinzaine d'années, en parlant du canal de Suez, alors inachevé, dans un discours prononcé à la distribution des prix du Lycée Henri IV, je rappelais le souvenir classique d'Hercule. Les anciens avaient personnifié dans ce demi-dieu les bienfaits de la force défendant l'homme contre les fléaux de la nature ; lorsque, s'étant avancés jusqu'à l'extrémité occidentale de la Méditerranée, ils trouvèrent un passage qui conduisait dans l'immensité de l'océan, leur admiration leur fit croire à l'intervention d'un génie bienfaisant dont la main puissante avait volontairement écarté les montagnes pour ouvrir la route, et ils donnèrent au détroit le nom de colonnes d'Hercule. Je disais aux élèves que notre siècle allait voir se réaliser ce que la fable avait autrefois imaginé.

« En effet, c'est la nature qui a uni la Méditerranée occidentale à l'Atlantique ; mais c'est bien le génie de l'homme qui a ouvert les colonnes d'Hercule de la Méditerranée orientale, et c'est lui qui se prépare à ouvrir les colonnes d'Hercule de l'Amérique.

« Derrière les obstacles que l'ingénieur devra vaincre et les combinaisons financières qui sont nécessaires au succès, il y a évidemment dans une pareille œuvre un grand bienfait pour l'humanité. L'humanité serait ingrate si elle n'honorait pas ceux qui accomplissent une telle mission d'Hercule, et les hommes manqueraient de clairvoyance si, indépendamment même des calculs de la statistique, ils ne voyaient pas, avec les seules lumières du bon sens, les semences de richesse répandues sur une grande partie du globe terrestre par l'union des deux océans et la récolte abondante qui se lèvera ensuite au profit du genre humain. » (Conclusion du *Rapport de la commission de statistique au congrès du canal interocéanique.*)

(*Voir le commencement de la conférence plus haut, entre les pages* 4 *et* 5 *du volume.*)

point. Tracez la rue où se trouve cette école, puis les rues voisines, la place du marché, l'église, telle ferme ou telle propriété particulière, et demandez à l'enfant : Comment vas-tu chez toi ? — qu'est-ce que représente ceci ? — quelles sont les deux routes qui se croisent ici ? — montre-moi la place de l'église.

Si vos leçons ont été bien conduites, soyez sûrs que presque tous vos enfants ne tarderont pas à répondre convenablement à ces questions, car elles ne dépassent pas le niveau de leur intelligence. Ils seront contents pour deux raisons : contents d'avoir bien répondu et contents d'étudier des choses qu'ils comprennent. La leçon donnée dans de pareilles conditions aura de l'entrain, et le maître aura fait faire à ses élèves un pas de plus.

Ce n'est déjà plus un plan, c'est une carte que vous dressez, sans sortir du cercle des choses que l'enfant voit lui-même tous les jours. Vous aurez procédé du connu, qui est le terrain, à l'inconnu, qui est la représentation du terrain sur la carte, et vous aurez fait, non pas, à proprement parler, comme vous le voyez, une leçon de choses, mais une leçon appuyée sur des choses bien connues de l'enfant et de vous-mêmes.

Toute commune, comme je vous le disais, quelque peu accidenté que soit son territoire, vous fournit des eaux courantes, des eaux stagnantes, des ondulations du sol. Ne craignez pas d'insister sur ces traits particuliers. Les eaux stagnantes sont des images des lacs, elles vous donnent l'occasion de parler de rives, souvent de cours d'eau tributaires ; une source sert à expliquer l'origine des rivières et le mouvement général des eaux qui, apportées de l'Océan par les nuages, pénètrent dans la terre par la pluie et en sortent par les sources. Un ruisseau a une rive droite, une rive gauche, des îles probablement, un bassin ou du moins une portion de bassin connue des enfants : autant de faits à faire observer et à commenter, et autant de notions acquises. La moindre colline ou le simple encaissement au fond duquel le ruisseau coule, me paraît bien préférable à toute définition abstraite pour faire comprendre ce qu'on entend par pente, versant, sommet, crête, précisément parce que l'enfant peut avoir les choses mêmes sous les yeux ou que, du moins, il peut se les représenter à l'esprit quand le maître lui en parle. Là, comme partout, je veux qu'on profite des choses qui tombent sous le sens de la vue, pour épargner à un enfant l'effort de comprendre une abstraction. L'effort risque de demeurer stérile, tandis que, si le maître et l'élève traitent d'une chose que l'un et l'autre ont vue, ils parlent en quelque sorte le même langage : ils s'entendront.

En décrivant le territoire de la commune, vous êtes sortis du village ; car il n'y a que les villes dont toute la superficie soit couverte d'habitations, et en décrivant les accidents naturels, vous avez pu maintes fois indiquer utilement la raison des œuvres de l'homme dans leurs rapports avec le sol et, par conséquent, avec la géographie : pourquoi il existe des vignes sur ce versant, tandis qu'on n'en a pas planté sur le versant opposé ; pourquoi des prairies dans ce fond ; pourquoi on a pu installer un moulin sur ce cours d'eau ou pourquoi on a dû faire contourner telle colline au chemin de fer.

Sortez maintenant du territoire de votre commune et tracez, toujours au tableau noir, les communes qui avoisinent la vôtre et les chemins qui les relient. Ce sont encore des choses que vos élèves ont vues et sur le détail desquelles vous pouvez invoquer à chaque instant leurs souvenirs ; mais, comme vous ne représentez plus le village que par un gros point, vous leur présentez la carte sous un aspect nouveau et vous les mettez en état de lire dans un atlas ordinaire. Vous comprenez aisément qu'une pareille étude, toujours nécessaire, est susceptible d'un développement variable suivant les lieux, suivant les élèves et suivant le goût même de l'instituteur. Elle peut être très sommaire comme elle peut être étendue de manière à laisser des notions diverses et très précieuses aux élèves. Dans ce dernier cas, — et c'est celui que je préfère, — les élèves de la division supérieure y prendront part comme ceux de la division inférieure.

On a été quelquefois trop loin dans l'application de cette méthode. Elle n'est profitable qu'autant que les choses représentées ou expliquées sont familières aux enfants ; car ce qu'on se propose n'est pas de faire connaître la chose même, mais d'employer la chose déjà connue à faire comprendre le mode de représentation ou la raison d'être. Si la chose n'est pas bien connue des enfants, tout avantage disparaît ; le maître ne peut plus invoquer le témoignage des sens. Il n'ira donc pas beaucoup au delà des communes avoisinantes. Étudier ainsi tout le département, puis les départements les plus proches, et s'étendre peu à peu à toute la France, c'est un procédé factice qui n'a d'autre effet que de jeter la confusion dans l'esprit.

Sans doute, il importe de rattacher la commune à une unité administrative supérieure : cette unité est le *département*. Faites-le donc, mais faites-le brièvement ; dites à l'élève que sa commune est une des communes du département de…. et que ce département a pour chef-lieu… ; il n'est pas sans en avoir entendu parler, et de toute façon il est bon qu'il le sache.

Ce n'est pas que je regarde comme superflu une étude détaillée, — dans une certaine mesure, — du département. J'ai à cet égard prêché par le conseil et par l'exemple, et je crois cette étude indis-

pensable dans un bon système d'enseignement primaire de la géographie. Car j'estime que, d'une part, il est avantageux que des enfants connaissent avec certain détail le département dans lequel ils ont des chances pour passer la plus grande partie de leur vie, — la majorité des Français continuent, en effet, à habiter jusqu'à leur mort le département dans lequel ils sont nés, — et que, d'autre part, une étude suffisamment précise et approfondie de la géographie physique, administrative et économique d'une région déterminée et peu étendue forme l'esprit à l'intelligence générale de la géographie. Mais ce n'est pas avec l'élève de la division inférieure qu'il faut entrer dans ces détails. Vous y reviendrez plus tard utilement dans les leçons données à la division supérieure. Or, en ce moment, je m'occupe des débuts de votre enseignement et je vous engage à passer vite ; quand vos élèves sauront que la commune qu'ils ont étudiée est une partie de tel département, qui est lui-même une partie de la France, leur patrie, allez droit à la Terre.

Là encore prenez modèle sur la leçon de choses. Évitez les définitions et montrez un globe, comme je vous en montre un moi-même. — Voici la Terre ou plutôt voici la forme de la Terre. Vous pouvez difficilement, mes enfants, vous faire une idée de sa grandeur ; songez toutefois que notre commune entière n'est que la 36000ᵉ partie de la France, et voyez quelle petite place la France occupe sur le globe terrestre. — Je souhaite que vous ayez tous un globe dans votre école pour faire une pareille démonstration, sensible aux yeux. Elle n'est guère accessible à l'intelligence de vos enfants que par cette voie. Combien d'hommes sont à cet égard comme les enfants, et ne parviennent pas à se faire une idée vraie de la forme de la Terre, faute d'avoir reçu dans leur première éducation une impression juste !

Aucun planisphère ne peut donner cette impression. On y voit ordinairement sur une feuille plane deux cercles, si la projection est orthographique ou stéréographique ; un rectangle, si elle est dans le système de Mercator. Quel effort ne faut-il pas pour reconstruire par la pensée le globe et pour retrouver les relations de nord et de sud dans les courbes des degrés des projections orthographiques et stéréographiques, ou la proportion de grandeur des régions polaires et des régions équatoriales dans le système de Mercator ! J'aime mieux, en général, pour la carte murale la projection de Mercator, parce que, tous les degrés se coupant à angle droit, l'orientation est toujours facile et exacte ; mais je ne comprends pas plus qu'on se serve d'un planisphère de ce genre que d'un autre pour donner à des enfants les premières notions sur la Terre.

Un enfant est presque toujours incapable de l'effort dont nous parlons ; vous croyez qu'il vous comprend, parce que vous comprenez vous-mêmes : vous vous abusez.

Prenez donc un *globe*. Mieux vaut un globe bien fait qu'un globe mal fait ; mais ce qui importe avant tout, c'est d'avoir un globe quelconque ; car vous devez encore donner là un enseignement très sommaire, et montrer non pas les détails à propos de la représentation desquels des erreurs peuvent se produire, mais la forme générale et la position relative des continents et des mers. Vous y reviendrez plus tard, comme pour le département, lorsque vos élèves auront suffisamment étudié la France. En ce moment, c'est assez de leur faire apprendre, en les leur faisant voir, la place, la forme et la grandeur relatives de chacune des cinq parties du monde et de chacun des cinq océans, de bien montrer leurs relations avec la France, et de leur faire remarquer quelques-uns des traits les plus caractéristiques de la configuration, comme le cap Horn et le cap de Bonne-Espérance. Quand l'impression sera faite dans la mémoire de vos élèves, elle y restera. Il n'est pas plus difficile de faire une impression vraie qu'une impression fausse ; ce qui est difficile, c'est de détruire l'impression, quand une fois elle existe : de là l'intérêt qu'il y a à donner tout d'abord aux enfants des idées simples et justes.

Vous pourrez ensuite étudier sans danger la géographie des quatre parties du monde autres que l'Europe sur le planisphère mural. L'esprit de l'enfant reviendra toujours aisément à sa première notion de globe. S'il n'avait pas commencé par là, il ne l'aurait peut-être jamais acquise bien nettement, parce qu'il n'aurait jamais eu peut-être la force d'esprit nécessaire pour chasser l'image fausse qui se serait logée dans son cerveau. (*Applaudissements.*)

Commençons maintenant l'étude de la *France*. Nous avions hâte d'y arriver, parce que la place est dans l'école primaire le fond principal de l'enseignement géographique. Vous pouvez l'aborder avec assurance, car vos élèves possèdent maintenant les connaissances préliminaires qui leur permettront d'en profiter : ils viennent d'apprendre la place qu'occupe la France sur la terre, ils savent déjà se servir d'une carte, et ils comprennent déjà le sens des principaux termes de géographie dont vous allez vous servir, en leur parlant des montagnes et des rivières de la France.

Comment donner cet enseignement de la géographie de notre patrie ? Ici encore vous me dispenserez de longs développements ; je ne puis vous faire un cours de géographie. Je me propose seulement de vous indiquer la méthode que je regarde comme la meilleure.

Cherchez toujours à intéresser les yeux de vos élèves : c'est le moyen le plus sûr de fixer leur attention. Ne donnez donc jamais, je vous en supplie, une leçon de géographie sans vous placer vous-mêmes devant

(*Voir la page* V *placée avant la page* 5 *du volume*).

la carte murale, et sans avoir à la main une baguette pour indiquer, à mesure que vous expliquez une chose, où cette chose est située, quels sont sa forme, sa longueur, son rapport avec les autres choses de la carte. N'oubliez pas que trois notions doivent entrer en même temps par les sens et par l'entendement dans l'esprit des élèves et y rester : le nom de la chose, la forme de la chose et l'intelligence de la chose. Or, il n'y a que la carte, uniquement la carte, qui puisse donner l'impression de la forme. Ajoutez que cette forme, à son tour, sert souvent beaucoup à l'intelligence de la chose.

Je ne fais aucune comparaison entre le maître qui donne sa leçon devant la carte murale et celui qui parle de sa chaire avec un atlas sous les yeux, en supposant même que tous ses élèves, — ce qui n'a pas toujours lieu, — aient le même atlas entre les mains. La dernière méthode peut suffire à la rigueur quand on n'en a pas d'autre à sa disposition ; mais la première est toujours préférable. Je dirai que seule elle est bonne, parce que l'attention de l'enfant est plus exposée à des distractions quand il suit sur un atlas. Au contraire, lorsque le maître, tout en parlant, montre sur la carte murale la ville, le département, le cours d'eau dont il parle, en dessine en quelque sorte le contour ou en marque les sinuosités avec la baguette, il s'assure plus aisément que tous les yeux sont tournés vers lui ; il les retient plus fortement sur l'objet qu'il désigne, et, par conséquent, l'impression de la forme par l'image se fait beaucoup mieux. C'est donc en face de la *carte murale* et toujours sur la carte murale que l'enseignement doit être donné.

J'attache une telle importance à cet usage dans l'enseignement de la géographie que je veux quelque chose de plus encore que la carte murale. J'insiste beaucoup pour que l'instituteur emploie le tableau noir et y dessine chaque fois les choses qui font l'objet de sa leçon, et rien que ces choses. Il y a un grand nombre d'instituteurs qui le font déjà ; je les engage tous à le faire.

Comment le maître s'y prendra-t-il ? Quand il trace au tableau un dessin, dessin d'un système de montagnes, d'un bassin fluvial, d'un département, d'une province, il peut le faire de deux manières : avant la classe ou pendant la classe. Avant la classe, il y a tout d'abord une objection pratique. Vous la connaissez tous : la vie de l'instituteur est très occupée, et celui-ci n'a pas toujours le temps, avant sa classe de géographie à laquelle succèdent bien d'autres classes, de tracer sur le tableau noir le cadre de la leçon qu'il va faire.

Aurait-il assez de zèle et de loisir pour trouver ce temps, il ne tirerait encore de sa peine qu'un demi-profit. Une carte tracée par avance ne fait pas sur l'esprit des enfants la même impression qu'une carte tracée au moment même où le maître explique la chose. L'enfant qui voit faire un dessin, saisit beaucoup mieux que celui qui voit un dessin tout fait et qui peut n'y apporter qu'une attention distraite. J'aime donc beaucoup mieux que la carte soit faite pendant la classe qu'avant la classe.

Mais la carte faite pendant la classe offre des difficultés particulières. Elle absorbe trop l'attention du maître, qui, pendant ce temps, se possède moins lui-même pour donner sa leçon orale ou pour veiller à la discipline ; elle est presque toujours très imparfaite, à cause de la double préoccupation qu'a, dans le même moment, celui qui la dessine et qui manque de points de repère pour donner aux lignes leur direction et leurs proportions véritables. L'image est inexacte dans l'ensemble, bien que souvent tous les détails s'y trouvent ; elle donne une impression fausse aux uns et prête à rire aux autres : grave inconvénient d'un côté comme de l'autre. Je connais par expérience quelques-unes des difficultés de ces tracés à main levée esquissés pendant la leçon ; j'en ai fait souvent et j'en ferai encore ; car dans tout enseignement, il y a certaines leçons pour lesquelles on ne saurait se dispenser du tracé au tableau. Dans l'enseignement secondaire et dans l'enseignement supérieur, où l'on a le plus souvent à faire comprendre des détails géographiques ou même topographiques, comme le plan d'une bataille ou les raisons d'un tracé de chemin de fer, il faut absolument dessiner soi-même de toutes pièces la carte au tableau : car il n'y a pas de carte muette à une échelle assez grande pour qu'on puisse y représenter de pareils détails.

Quant à vous, instituteurs, vous êtes à cet égard dans une condition différente. En dehors de la commune, vous n'avez pas de détails à étudier ; vous devez même les éviter, en vous pénétrant bien de ce principe que vous donnez non pas un enseignement complet pour votre satisfaction personnelle, mais un enseignement primaire et partant sommaire pour la plus grande utilité des enfants que vous avez à diriger. Par conséquent, le *tableau-carte muette* dont je vais vous parler peut toujours vous convenir : le tableau-carte muette de la France, lorsque vous étudiez la France ; le tableau-carte muette de l'Europe ou celui de la Terre, lorsque vous étudiez l'Europe ou la Terre. Il supprime les difficultés du tracé à main levée sur le tableau noir ordinaire : c'est la première des raisons pour lesquelles je le préfère.

Il y a déjà longtemps qu'on a imaginé de peindre, d'après un système quelconque, une carte muette sur un tableau noir : un des grands éditeurs de Paris m'écrivait, il y a quelques années, que, dès 1834, il trouvait un tableau de ce genre porté sur son catalogue. Mais, entre l'idée d'un auteur et la pratique de l'enseignement, il y a souvent une longue distance : jusqu'à présent l'usage du tableau-carte muette est peu répandu. Essayons de faire comprendre le parti qu'on en peut tirer, en employant le tableau-carte muette que j'ai fait

(*Voir la page* VIII *placée après la page* 16 *du volume*).

placer ici et qui, sur un fond noir, contient seulement les limites des départements et la position des chefs-lieux peints en blanc : ce sont des points de repère (1).

Je suppose que vous étudiez en ce moment dans votre classe les fleuves de France et particulièrement la Garonne, et je me mets à votre place pour faire la leçon.

« La Garonne ne prend pas sa source en France ; elle naît dans les Pyrénées, au val d'Aran qui appartient à l'Espagne... »

En parlant, comme vous le voyez, je marque sur le tableau-carte muette avec la craie bleue la source du fleuve et son cours dans le val d'Aran.

« Puis elle entre en France, tout en coulant encore dans une région de montagnes... »

Ajoutez ou n'ajoutez pas, suivant le détail qu'il vous plaît de donner : « au Pont-du-Roi » ; mais arrêtez un instant votre trait de crayon à la frontière française ; puis continuez :

« La Garonne coule vers le nord-est en traversant le département de la Haute-Garonne où elle baigne Toulouse... »

Et, au moment où vous prononcez le nom de Toulouse, votre trait de crayon doit arriver au point qui représente cette ville.

« Parvenue à Toulouse, la Garonne, qui a coulé du sud-ouest au nord-est, change à cet endroit la direction de son cours. Jusque-là, elle descendait vers le nord-est en suivant la pente générale des Pyrénées ; à partir de là, elle subit l'influence du Massif central de la France dont les dernières pentes forment une barrière qu'elle ne peut franchir, et dont elle longe le pied en se dirigeant du sud-est au nord-ouest, à travers une plaine fertile. »

Vous voyez que, tout en suivant le cours du fleuve et en le dessinant, je m'applique à donner la raison des principaux phénomènes ; première direction du sud-ouest au nord-est, seconde direction du sud-est au nord-ouest ; de même que je passe sous silence les autres détails d'explication, je supprime à dessein aussi le détail des sinuosités pour mieux laisser apparaître les directions principales, et à mesure que mon trait de crayon avance, je nomme les départements et les villes.

« La Garonne passe dans le département de Tarn-et-Garonne, dans celui de Lot-et-Garonne, arrose Agen, et enfin, en suivant toujours la même direction, elle atteint le département de la Gironde, Bordeaux, puis le Bec-d'Ambès où elle reçoit la Dordogne et prend un nom nouveau, celui de la Gironde. Elle a, en effet, depuis ce confluent, un aspect tout nouveau ; c'est presque un bras de mer, qui appartient à la navigation maritime et non plus à la navigation fluviale. La navigation maritime commence même avant le Bec-d'Ambès, la marée remontant dans la Garonne jusqu'à Bordeaux et par delà. C'est précisément ce qui a permis de faire de cette ville un des principaux ports de France, de même qu'on a fait, à peu près à la même distance, un port moins important sur la Dordogne, à Libourne ; dans le pays, on désigne sous le nom d'Entre-deux-Mers la petite langue de terre voisine du Bec-d'Ambès, qui est en réalité entre deux rivières animées par le flux et le reflux qui aident les navires à descendre et à remonter. »

Quand vous avez ainsi expliqué le cours de la Garonne par un tracé aussi simple et par un commentaire aussi bref, — et je n'ai certainement pas mis cinq minutes à vous l'expliquer moi-même, — vous avez fait tout autre chose que d'apprendre un nom propre à vos élèves. Vous avez, en premier lieu, tracé une image qui, dessinée à mesure que vous parliez, laisse dans l'esprit de l'enfant une impression plus vive ; vous avez, en second lieu, expliqué à l'enfant les principales choses qu'il doit comprendre et qui feront que la Garonne ne sera pas pour lui seulement un mot ni même une simple image, mais la connaissance géographique de phénomènes soumis à certaines lois ; il connaît les raisons de trois phénomènes de ce genre : direction du sud-ouest au nord-est ; direction du sud-est au nord-ouest ; navigation maritime.

Je n'en ai pas indiqué d'autres, et dans beaucoup de cours de l'enseignement primaire il convient de n'en pas dire davantage. (*Applaudissements.*)

Sur le tableau-carte muette, l'œil de l'enfant est tout préoccupé et uniquement préoccupé du cours de la Garonne. Sur les cartes murales, ce cours est mêlé à beaucoup d'autres images, ce qui fait que l'impression, étant complexe, est moins précise et moins profonde. Cette raison suffirait à expliquer pourquoi il y a profit à représenter, au moment même de la leçon, la chose dont on parle, ainsi que je viens de le faire.

J'ajouterai qu'à l'aide de ce procédé vous apprenez à l'enfant deux choses : d'abord le cours de la Garonne même, ensuite certaines relations de la géographie physique et de la géographie politique. Il a fallu que je suivisse le fleuve de département en département,

(*Voir la suite de la conférence à la page* VIII *qui se trouve après la page* 16 *du volume.*)

(1) Le tableau-carte muette dont se servait le professeur est dressé à l'échelle du 600,000ᵉ, soit un millimètre sur 600 mètres. Nous reproduisons ici sur une petite carte muette portant les mêmes points de repère et dressée à l'échelle du 7,000,000ᵉ, ou d'un millimètre pour 7 kilomètres (et par conséquent environ 11 fois plus petite en longueur et en largeur) les croquis tels que le professeur les a rapidement esquissés pendant sa leçon avec le crayon bleu et le crayon bistre. Voir la reproduction en petit de cette carte à la page VIII (après la page 16 du volume.)

LA TERRE

Océans et continents. — L'Annuaire du Bureau des longitudes donne un tableau de la superficie des océans et de la superficie et population des cinq parties du monde. Voici ce tableau :

SUPERFICIE ET POPULATION PROBABLES DES OCÉANS ET DES PARTIES DU MONDE					
GRANDES DIVISIONS de la Terre.	SUPERFICIE exprimée en millions de kilomètres carrés.	RAPPORT à la superficie totale de la Terre.	POPULATION ET DENSITÉ		
			POPULATION exprimée en millions d'habitants.	DENSITÉ par kilomètre carré.	RAPPORT à la population totale exprimée par 100.
Océan Glacial du nord.....	11,0 ?	2,1			
Océan Glacial du sud (avec les terres polaires du sud).	20,0 ?	3,9			
Océan Atlantique.........	100,0 ?	19,6			
Océan Indien............	68,0 ?	13,3			
Gr. océan ou océan Pacifique.	175,5 ?	34,4			
Les cinq océans.........	374,5	73,3			
Europe..............	9,9	1,8	326	32,9	23
Afrique.............	30,8	6,0	209	6,8	14
Asie...............	42,0	8,2	799	19,0	55
Océanie.............	11,1	2,1	37	3,3	2
Amérique { du nord	24,1	4,8	70	2,9	4
Amérique { du sud	17,6	3,8	28	1,5	2
Les cinq parties du monde	135,5	26,7	1469	10,8	100
Total et rapport........	510,0	100,0			

Le maître se gardera bien de faire connaître ces détails à ses élèves ; mais il est bon qu'il les ait lui-même sous les yeux pour répondre au besoin à une question. A notre carte murale de la Terre (Terre avec la statistique figurative) nous avons joint une figure représentant la superficie relative des parties du monde et des océans. Si notre carte murale complète est dans l'école, le maître fera bien de se servir de cette figure pour fixer par une image dans la mémoire des élèves l'idée des relations de grandeur, celle de l'Atlas-scolaire étant beaucoup plus petite.

L'Europe est la plus petite des cinq parties du monde ; mais, par les mers intérieures et les golfes qui la baignent, elle est celle qui possède, relativement à sa superficie, la plus grande étendue de côtes. Cette disposition y a facilité le développement de la navigation et n'est pas étrangère au progrès de la civilisation européenne. Au contraire, l'Afrique est la partie du monde dont les côtes sont le moins découpées ; c'est aussi celle qui est restée le plus barbare.

Relief général du sol. — Si la carte murale porte des teintes hypsométriques, le maître s'en servira pour donner aux élèves une idée sommaire de la situation des grandes régions de plaines et de plateaux.

Il fera remarquer que la grande plaine de Russie se lie sans interruption à l'ouest avec la plaine de l'Allemagne du nord, des Pays-Bas et de la Belgique se prolongeant jusque dans la Flandre française, et à l'est, se lie à la grande plaine de la Sibérie et du Turkestan dont elle n'est séparée que par l'épaisseur, peu considérable, des monts Oural. Dans cette vaste étendue qui est au moins égale à l'étendue de l'Europe entière, il y a des collines, des plateaux, des vallées encaissées, des ondulations de terrain, mais aucune montagne, à l'exception de l'Oural : on peut aller en chemin de fer de Lille à Moscou et à Orenbourg sans passer sous un seul tunnel.

Dans l'Amérique du sud, la plaine de l'Amazone n'est pas moins remarquable ; elle se lie, au nord, à la plaine du bassin de l'Orénoque, et, au sud, aux Pampas qui occupent presque tout le bassin du rio de la Plata, de sorte qu'au pied de la longue chaîne des Andes règne une non moins longue suite de plaines.

Le maître montrera ces plaines, ainsi que toute chose, sur le globe ou sur la carte murale, même si les teintes hypsométriques n'y sont pas.

Hauteur approximative des montagnes : M¹ Blanc 4,810 m., Caucase 5,647 m. à l'Elbrouz, Kilima-Ndjaro 5,705 m., massif d'Abyssinie 5,060 m. au m¹ Ouocho ; Gaurisankar 8,840 m. ; Popocatepetl 5,410 m. ; Aconcagua 6,834 m.

Il y a plusieurs de ces montagnes dont on n'a jamais gravi le sommet : on en mesure néanmoins la hauteur par des procédés géométriques.

Principaux cours d'eaux. — Les plus grands fleuves du monde n'ont pas tous une égale importance. Les fleuves d'Afrique qui coulent, à l'exception du Nil inférieur, dans des contrées habitées par des nègres sauvages ou à demi civilisés, servent peu au commerce ; d'autre part, le tributaire de l'océan Glacial, l'Iénisséi, traverse une région trop froide et aboutit à une mer trop peu propre à la navigation pour être animé par un commerce actif. Les deux principaux, au point de vue de la navigation et de la richesse des cultures de leur bassin, sont le Yang-tsé-kiang qui, dans son cours moyen et son cours inférieur, traverse de l'ouest à l'est, toute la Chine centrale, et le Mississipi qui, avec ses nombreux affluents, occupe tout le centre des États-Unis.

Le plus important par l'abondance de ses eaux est l'Amazone ; mais la contrée tropicale qu'il arrose est en partie occupée par des sauvages.

Longueur probable des cours d'eau : Nil 6,500 kil., Iénisséi 5,500 kil., Amour 4,500 kil., Yang-tsé-kiang 5,200 kil., Mé-kong 3,500 kil., Saint-Laurent 3,300 kil., depuis l'extrémité du lac Supérieur, Mississipi 5,000 kil., et 7,200 kil., depuis la source du Missouri, Amazone 6,200 kil., rio de la Plata 4,000 kil., depuis la source du Parana.

Lectures. — 5ᵉ LECTURE. — *L'Himalaya.* — « L'Himalaya n'offre pas la variété et les oppositions qui rendent les Alpes si pittoresques, parce que les vallées en sont trop longues pour n'être pas monotones, que les eaux y sont rares, et que les glaciers n'y pénètrent pas, comme en Suisse, jusque dans la région des cultures. Il ne laisse pas cependant de satisfaire le besoin d'émotions par des spectacles imposants, et d'offrir un grand intérêt par la succession des climats les plus divers, depuis les forêts touffues de bambous, de palmiers et d'autres végétaux de la zone tropicale qui tapissent ses pentes inférieures, jusqu'aux neiges perpétuelles qui couvrent les solitudes inexplorées de sa crête.

« De Darjiling, station sanitaire que les Anglais ont fondée dans le Sikkim, au centre de la chaîne, et qui, malgré l'altitude de 2230 mètres, est cependant encore entourée de bois et de plantations de thé, le voyageur embrasse un des panoramas les plus grandioses qu'il soit donné à l'homme de contempler : sous ses pieds, à une profondeur de 1800 mètres, il voit le Rungeet (prononcer Roundjite) couler dans son étroite vallée ; devant lui, dans la direction du nord, une vaste région verdoyante au premier plan, âpre et accidentée de rocs et de précipices au second ; puis derrière, au dernier plan, une crête gigantesque, toute blanche de neige, tantôt doucement ondulée, tantôt dentelée de pics. Cette crête, distante d'environ 80 kilomètres, se dresse à une hauteur de 5000 mètres au-dessus de la tête du spectateur et ferme l'horizon ; le milieu est occupé par le double sommet du Kinchindjounga ; du côté de l'orient, le Narsing, bien que moins haut, attire le regard par ses escarpements abrupts ; du côté de l'occident, apparaît dans le lointain, par delà la chaîne du Singalila, la masse énorme des croupes neigeuses du Nepâl dominée par le Gaurisankar, la plus gigantesque de toutes ces montagnes géantes qu'égalerait à peine la plus haute cime des Pyrénées dressée sur le dôme du mont Blanc. »

6ᵉ LECTURE. — *L'Amazone.* — « Le fleuve des Amazones ou par abréviation l'Amazone, dont le cours sinueux dépasse 6000 kilomètres, c'est-à-dire six fois la longueur de la France, doit son nom à la croyance que sur ses bords habitaient des tribus de femmes guerrières. Il est formé par la réunion de deux longs cours d'eau, qui coulent rapidement vers le nord dans des gorges profondes, sur le haut plateau du Pérou : l'un est l'Apurimac qui sort d'un petit lac considéré généralement comme la source de l'Amazone et qui a 1300 kilomètres de cours ; l'autre, plus puissant, est l'Ucayali. Il sort de la région montagneuse par un défilé profond et très étroit.

« A partir du confluent, l'Amazone est un majestueux cours d'eau qui a déjà plus d'un kilomètre de largeur. Les dernières pentes des Andes le guident vers l'est à travers une grande plaine de plus de 3000 kilomètres de longueur ; il y coule en tourbillonnant et en enveloppant de longs chapelets d'îles dans son immense nappe d'eau de couleur cendrée. Sur la surface unie de cette plaine, le fleuve décrit un grand nombre de sinuosités et envoie une partie de ses eaux se perdre dans un dédale infini de branches latérales et de lagunes toutes couvertes de plantes aquatiques ; il coule au milieu d'immenses et impénétrables forêts vierges, qu'il ronge et dont on voit flotter çà et là les arbres enlacés en forme de radeaux.

« Les nombreuses rivières qui arrosent cette plaine et dont le cours est plus étendu que celui de la plupart des fleuves de l'Europe sont ses tributaires ; dans son lit, devenu large de 4 à 5 kilomètres et profond de 80 mètres au plus, elles déversent les unes après les autres leurs eaux noires ou blanchâtres qui ne se mêlent que lentement à la masse des eaux cendrées du fleuve. L'Amazone verse à la mer plus de 70000 mètres cubes d'eau par seconde, trente fois plus que le Rhône, le cours d'eau le plus considérable de France. Chaque année, ses crues sont considérables ; elles causent dans la partie supérieure de la plaine une immense inondation qui transforme les forêts en un étang presque aussi vaste que la mer Méditerranée ; aussi les Brésiliens nomment-ils avec orgueil leur fleuve « la Méditerranée américaine ».

« Le bassin de l'Amazone, qui est le plus vaste du monde entier, est plus grand que la moitié de l'Europe ; la longueur totale des voies de navigation accessibles aux bateaux à vapeur sur le fleuve, sur ses affluents et ses lacs, est d'environ 40000 kilomètres ; la marée, qui se fait sentir à près de 1000 kilomètres de l'embouchure, et les vents, qui soufflent presque constamment de l'est, facilitent la remonte. Ce bassin serait le plus beau réseau de navigation intérieure du globe, si les marécages, les forêts et la chaleur tropicale n'avaient opposé des obstacles presque insurmontables jusqu'ici à la colonisation par la race européenne. »

III. — L'EUROPE

Méthode et commentaire. — *La carte d'Europe.* — A l'étude générale
de l'Europe correspondent deux cartes écrites et une carte muette. Les
trois cartes sont dressées à l'échelle au 30,000,000°, c'est-à-dire d'un
millimètre pour 30 kilomètres. On sait qu'un degré de latitude vaut
111 kilomètres et que, par conséquent, 5 degrés font 555 kilomètres. Or,
$\frac{555}{30} = 18,5$; les degrés de latitude étant marqués de 5 en 5 sur la carte
d'Europe, leur écartement moyen doit être de 18 millimètres 1/2. C'est ce
que le maître peut vérifier lui-même et faire vérifier par quelques-uns
de ses élèves les plus avancés, en considérant toutefois qu'une carte très
exactement gravée sur la planche a rarement la même exactitude ri-
goureuse après l'impression, parce que le papier mouillé et comprimé
joue presque toujours un peu sous la presse. L'écartement des degrés
de longitude ne peut pas servir aussi facilement au contrôle de l'é-
chelle, parce qu'il diminue à mesure qu'on se rapproche du pôle.

Le maître peut habituer les élèves à dessiner une carte d'Europe en
s'appuyant sur les degrés. Pour cela, il leur apprendra que l'Europe,
du nord au sud, s'étend à peu près du 70° degré, qui coupe la Norvège
septentrionale et l'île Kalgouiev au nord-est de la Russie, au 35° degré,
qui coupe la côte méridionale de la Crète et passe au sud de Malte et
de Gibraltar ; que, mesurée de l'ouest à l'est, elle s'étend au delà du
10° degré de longitude occidentale qui traverse l'Irlande et le Portugal
(en faisant abstraction de l'Islande qui s'étend au delà du 25° degré)
et du 60° degré de longitude orientale qui coupe l'Oural septentrional.

Toutefois, il sera plus simple de montrer d'abord aux élèves encore
peu exercés à dessiner de mémoire, sur le papier ou sur le tableau noir,
à l'aide d'une figure géométrique très simple qui fournisse des points
de repère. La figure ci-jointe indique ce mode de construction.

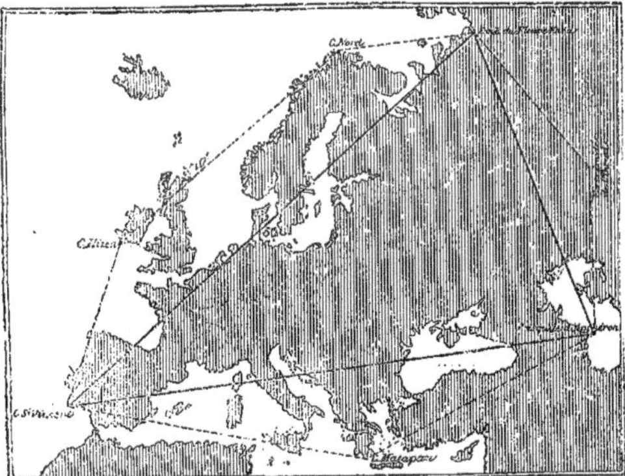

On commence par construire un triangle presque isocèle dont le petit
côté ou base a à peu près la moitié de la longueur des deux autres. La
base, légèrement inclinée vers le nord-ouest, marque à ses deux extrémités la presqu'île d'Apchéron et l'embouchure du Kara ; le sommet
du triangle est le cap Saint-Vincent. Un triangle isocèle très surbaissé,
élevé sur la base de ce premier triangle, marque par son sommet l'extrémité méridionale de la chaîne de l'Oural ; un autre triangle, également
isocèle et surbaissé, élevé sur le côté méridional du premier triangle,
marque la position du cap Matapan ; un trapèze, régulier et également
surbaissé, indique par ses deux angles le cap Nord et le cap Mizen.

Quand cette figure géométrique est dressée, il est facile de dessiner
à main levée les contours de l'Europe en regardant sur la figure ci-jointe
les rapports de ces contours avec les côtés des triangles et du trapèze.

Contours, côtes, îles. — L'Europe constitue la partie nord-ouest de
l'ancien continent. Elle semble être un prolongement occidental de
l'Asie ; sa plaine orientale rappelle la plaine de Sibérie et du Turkestan,
dont elle n'est séparée que par la chaîne médiocrement haute de l'Oural ;
et l'Europe, qui est massive à l'est comme l'Asie, s'amincit et se termine en péninsules vers le sud et l'ouest.

Quoique étant la plus petite des parties du monde, elle est aujourd'hui
la plus importante, non seulement à notre point de vue, parce que
nous en sommes les habitants, mais à un point de vue général, parce
qu'elle est, à considérer l'ensemble de sa population, la plus civilisée
et la plus riche.

330 millions d'habitants environ sur une superficie de 10 millions

de kilomètres carrés donnent une densité de 33 habitants en moyenne
par kilomètre ; aucune autre partie du monde n'a une densité aussi
forte (voir le tableau inséré plus haut au chapitre de la Terre dans le
Livre du Maître). Ces nombres ne sont pas d'une exactitude absolue, car
on ne connaît que d'une manière approximative la superficie, des
parties du monde ; même pour l'Europe où la plupart des États font
des recensements périodiques, les données sur la population ne sont
pas exemptes d'erreur : c'est pourquoi les auteurs, même les plus cons-
ciencieux et les plus autorisés, diffèrent quelquefois sur ce point.

A propos de l'océan Glacial du nord, le maître peut dire que la mer
ne gèle jamais jusqu'au cap Nord, à cause d'un courant d'eau relativement chaude qui vient de l'océan Atlantique, et qu'en hiver la barrière
de glaces, variables suivant les années, commence seulement à quelque distance à l'ouest de la mer Blanche ; l'océan Glacial est donc loin
de s'étendre sur la côte jusqu'au cercle polaire. Mais à quelques centaines de kilomètres au nord du cap Nord, on se trouve dans une mer
qui mérite véritablement le nom d'océan Glacial. Le rivage qui baigne
l'océan Glacial est désert et la mer Blanche elle-même, quoique pénétrant beaucoup au sud du cercle polaire, est inhospitalière ; le seul port
qu'elle possède, Arkhangel, n'est libre de glaces et ouvert à la navigation que pendant les deux mois les plus chauds de l'année.

Novaïa Zemlia sont deux mots russes qui signifient nouvelle terre, les
géographes ont traduit d'une manière inexacte par Nouvelle-Zemble.

Les côtes 1°, 2°, 3°, 4° décrites dans l'étude des contours de l'Europe
correspondent à la figure géométrique qui sert à en dresser la carte.

Le maître fera remarquer la forme des côtes profondément découpées de l'Europe, et par suite celle de ses mers, parce que cette forme
n'a pas été étrangère au grand développement du commerce de cette
partie du monde. Il n'y a pas de région continentale dans laquelle on
trouve autant de détroits et de mers secondaires. Parmi ces détroits,
plusieurs sont très importants : les détroits de la Baltique sont le débouché de la navigation de la Suède, de la Russie occidentale et de la
Prusse, le Pas de Calais est un des passages les plus fréquentés du
monde dans lequel le jour des voiles et des traînées de fumée sont toujours en vue, et la nuit, vingt-cinq phares ou feux de ports jalonnent
le chenal ; le détroit de Gibraltar, que l'antiquité avait nommé les colonnes d'Hercule, était, avant le percement de l'isthme de Suez, la
seule voie de communication des contrées méditerranéennes avec
le reste du monde ; le détroit des Dardanelles est, avec le Bosphore,
le canal par lequel doit passer tout le commerce de Constantinople et
de la Russie méridionale.

Relief du sol. — La carte de l'Europe physique porte deux teintes qui
servent à distinguer du premier coup les terrains hauts et les terrains
bas ou médiocrement élevés : c'est ce que l'on nomme des *teintes hypsométriques*, c'est-à-dire des teintes indiquant la mesure des hauteurs.
Les deux teintes ont pour limite la courbe de 500 mètres, c'est-à-dire
la série des points où le sol atteint une altitude de 500 mètres au-dessus
du niveau de la mer. Sans entrer dans aucun détail sur la construction
d'une courbe de ce genre, le maître peut faire comprendre d'une manière générale à ses élèves l'hypsométrie par l'hypothèse de l'inondation ; il dira que, si le niveau de la mer venait, par une crue subite,
à monter de 500 mètres au-dessus de son niveau actuel, la mer inon-
derait les terres et ne s'arrêterait que là où le sol aurait une élévation
supérieure à 500 mètres. La courbe dessine donc le rivage qu'aurait la
mer ainsi débordée ; toute la partie teintée en jaune serait inondée.

Cette partie, que nous désignons sous le nom de terrains hauts, ne renferme que des collines et des plateaux de médiocre élévation. On voit
tout d'abord qu'elle comprend une très vaste étendue : toute l'Europe
orientale, l'est de la Péninsule scandinave, le nord de l'Allemagne,
l'ouest de la France, la plus grande partie de l'Angleterre, la plaine
du Pô et une partie de la vallée du Danube.

L'autre partie, que nous désignons sous le nom de terrains hauts et
où le sol a plus de 500 mètres au-dessus du niveau de la mer, comprend d'une part, les trois régions isolées du Caucase, de l'Oural et des
Alpes Scandinaves ; d'autre part, une partie considérable du midi de
l'Europe centrale et des trois péninsules de l'Europe méridionale.

Il y a des cartes murales de l'Europe qui sont coloriées en teintes
hypsométriques et qui ont un plus grand nombre de teintes, figurant
une série de plans d'inondation à des hauteurs diverses : c'est ainsi
qu'est coloriée notre carte murale complète de l'Europe au 4,000,000°.

Notre carte en relief de l'Europe, dressée par E. Levasseur et
C. Kleinhaus, donne une idée de la répartition des hauteurs et des plaines ; elle présente une image qui fait sur de jeunes élèves une impression plus vive et plus juste qu'une carte imprimée ; le maître ne manquera pas de faire usage si l'école la possède.

Quand on étudie le relief du sol d'une contrée, c'est surtout à l'énumération et à la description des chaînes de montagnes qu'on s'attache ;

2

on a raison, mais il importe d'en marquer sur la carte partout où il y en a, et de n'en marquer que là. D'autre part, il ne faut pas apprendre exclusivement les montagnes ; les élèves doivent avoir aussi une notion des plateaux et des plaines, de manière à se rendre compte de la configuration générale d'un pays. C'est une partie de notre méthode.

Suite du relief du sol. — Les Alpes sont le système de montagnes le plus important de l'Europe par sa position dans la région centrale, par ses nombreuses ramifications et par son élévation ; aussi est-ce sur les Alpes que le maître doit surtout concentrer son commentaire.

Le mont Blanc étant le plus haut sommet des Alpes, il est bon d'en donner la description sous une des trois formes que nous conseillons : explication verbale, lecture ou dictée. Il existe de bons reliefs du mont Blanc, entre autres celui de M. Bardir et celui de M. Drivet ; si l'école en possède un, assurément le maître intéressera ses élèves en leur montrant ce qu'est une grande montagne. Celle-ci mesure 4,810 mètres au-dessus du niveau de la mer ; mais on ne voit jamais se dresser toute cette hauteur, parce qu'on contemple le mont Blanc d'une des vallées qui sont à ses pieds et que la principale de ces vallées, celle de Chamonix, est elle-même à un millier de mètres d'altitude. L'œil ne mesure donc qu'une hauteur d'environ 3,800 mètres. Mais comme ce sommet dépasse tous les sommets environnants, on l'aperçoit non seulement de Genève, mais de Lyon et du plateau de Langres, à une distance de 255 kilomètres.

Lecture. — « Il faut se représenter les Alpes non comme une chaîne unique, mais comme un système composé d'un grand nombre de chaînes, les unes parallèles à l'axe principal, les autres transversales, séparées par de longues et profondes vallées dans lesquelles coulent des torrents alimentés par les neiges, les glaciers, les petits torrents descendant avec fracas des hautes vallées latérales.

« Dans les fonds, on voit les cultures de seigle ou d'orge, les jardins, les prairies, les villages groupés tantôt sur une petite éminence, afin d'être à l'abri des inondations, tantôt derrière une paroi de rocher qui les garantit contre les avalanches ; sur les premiers coteaux et même plus haut dans la montagne, des chalets disséminés au milieu des pâturages ou à la lisière des bois.

« Dans les hauteurs, vers 1,500 ou 2,000 mètres d'altitude, les pentes deviennent plus raides ; la température est plus basse, d'abord les pins, plus rares et plus rabougris, cèdent ensuite la place aux tiges rampantes des rhododendrons et à l'herbe fine que paissent dans la belle saison les nombreux troupeaux de vaches de la Suisse ; le roc perce çà et là, présentant ici une muraille abrupte, se dressant là hardiment en forme d'aiguille ou formant un chaos de blocs confusément amoncelés.

« En hiver, tout le paysage est souvent revêtu d'une enveloppe uniforme de neige ; mais, en été, la neige, persistant sur les plus hauts sommets, fait un contraste pittoresque avec les tons sombres des rochers et la verdure des pentes inférieures. »

Lecture. — 8ᵉ LECTURE. — *Ascension du mont Blanc par Saussure.* — « Le Genevois Saussure, ayant appris qu'un montagnard de Chamonix, Jacques Balmat, était parvenu au sommet du mont Blanc, voulut tenter à son tour l'entreprise, qu'il désirait depuis longtemps exécuter. Il partit accompagné de dix-neuf guides parmi lesquels était Balmat et muni de provisions, d'échelles, d'instruments de physique. Il gravit sans difficulté le flanc de la montagne à la côte à travers les bois et les prairies et, le lendemain matin, il aborda, vers la moitié de sa hauteur, le glacier des Bossons sur lequel il avait fait préparer une petite cabane abritée par les rochers qu'on nomme les Grands-Mulets.

« Saussure, pensant qu'il était de trop bonne heure pour s'y arrêter, décida, non sans peine, ses compagnons à le suivre plus haut et, vers le soir, parvenu à quelque distance au-dessous d'un cirque désigné sous le nom de Grand-Plateau, il fit dresser la tente au milieu de monticules semés par les avalanches et près des crevasses profondes produites par les craquements de la glace ; ces crevasses étaient rendues plus dangereuses par la neige qui les recouvrait. Le lendemain, 3 août 1787, s'étant mis en route de grand matin, il gravit la pente escarpée des Rochers-Rouges, dont la glace a l'aspect d'une cascade ou d'une mer tout à coup congelée et où la troupe courait le danger d'être engloutie tout entière par une avalanche, ou précipitée, par suite du glissement de la neige sur une surface polie, dans l'abîme d'une crevasse. Mais, dit Saussure, je ne m'occupais absolument pas du danger ; mon parti était pris ; j'étais décidé à aller en avant tant que mes forces me le permettraient. Lorsqu'il eut atteint l'étroite crête de glace qui forme un des épaulements du sommet, il eut encore à lutter non seulement contre les difficultés du terrain, mais contre la raréfaction de l'air qui, gênant la respiration, obligeait les voyageurs à faire de fréquentes haltes. Cependant, à onze heures du matin, il mettait enfin le pied sur le Dôme.

« Le Dôme, ou cime du mont Blanc, est une crête de neige, longue

d'environ 70 mètres, présentant une surface allongée et arrondie qui l'a fait comparer à une moitié de poire d'Angleterre posée à plat ; il change d'ailleurs quelque peu de forme d'une année à l'autre selon les vents et la température.

« Saussure eut le temps de faire ses expériences et de contempler le magnifique panorama dont on jouit de cette hauteur qui domine toutes les hauteurs. Autour de lui, il avait d'immenses nappes de neige d'où sortaient les aiguilles et les parois rocheuses du massif ; plus loin, les deux vallées de Chamonix et de Courmayeur, au fond desquelles son regard se perdait dans la brume ; plus loin encore, des centaines de sommets, assemblée de géants de granit qui ne sont au premier coup d'œil qu'une foule confusément pressée, mais dans lesquelles un examen plus attentif distingue bientôt des lignes régulières, comme celles d'une armée rangée en bataille. Saussure trouva la récompense de sa persévérance, et, en montrant le chemin aux touristes, il fut un des premiers à propager, avec le sentiment des beautés de la nature, le goût des voyages de montagnes. »

États. — Les États de l'Europe énumérés dans le texte de l'Atlas scolaire sont au nombre de 25. Le maître pourra faire remarquer qu'il y en a trois qui sont de si petite étendue qu'on pourrait les négliger : Andorre, Monaco, Saint-Marin, Lichtenstein, dont la population n'est pas indiquée au tableau ci-joint parce qu'elle est inférieure à 100,000 habitants. Il reste donc 21 États ; de ces 21 États, plusieurs, la Suède et la Norvège, les Pays-Bas et le Luxembourg, ont le même roi, et la Bulgarie, vassale de la Turquie, est un État subordonné ; d'autre part, il y a des États composés eux-mêmes de plusieurs États ou cantons qui conservent certaines attributions de la souveraineté : l'Empire allemand, l'Autriche-Hongrie et la Suisse.

L'Europe occidentale est la partie où la population est la plus dense et la plus riche.

La Russie, à elle seule, occupe plus de la moitié de la superficie de l'Europe et possède le quart des habitants de cette partie du monde.

Voici un tableau qui est inséré dans l'*Annuaire du Bureau des Longitudes*, et qui indique la superficie, la population et la densité des États de l'Europe : ce sont des chiffres que le maître peut avoir besoin de consulter, mais qu'il ne doit pas reproduire dans sa leçon.

SUPERFICIE, POPULATION, DENSITÉ DE LA POPULATION PAR ÉTATS.

ÉTATS ET RÉGIONS	SUPERFICIE exprimée en kilom. car.	POPULATION probable en 1882, exprimée en millions d'habitants.	DENSITÉ PROBABLE. (Nombre d'habitants par kilom. carré en 1882)	Nᵒˢ D'ORDRE.
Royaume-Uni de Grande-Bretagne et d'Irlande	314952	35,6	113	1
Pays-Bas	32968	4,2	127	2
Grand-Duché de Luxembourg	2587	0,2	78	3
Belgique	29455	5,8	197	4
France	528401	37,7	71	5
Monaco	15	»	380	6
Europe occidentale	908378	38,5	92	
Heligoland (à l'Angl.)	0,5	»	13820	1 *bis*
Empire allemand	530737	45,6	85	7
Suisse (avec lacs)	41390	2,8	68	8
Liechtenstein	157	»	58	9
Autriche-Hongrie	622832	39,4	63	10
Europe centrale	1204116	88,0	73	
Andorre	495	»	20	11
Portugal	89619	4,4	47	12
Espagne	499764	16,8	31	13
Gibraltar (à l'Angl.)	5	»	5043	1 *ter*
Italie	296322	28,9	97	14
San-Marino (Saint-Marin)	61	»	120	15
Malte (à l'Angl.)	340	0,1	294	1 *quater*
Grèce	62211	1,9	31	16
Turquie (d'Europe)	261027	6,2	24	17
Bulgarie	63863	1,9	30	18
Monténégro	9475	0,3	21	19
Serbie	48657	1,6	31	20
Roumanie	128470	5,4	42	21
Europe méridionale	1460909	67,5	46	
Russie ou Europe orientale	5385656	80,0?	15	22
Suède	442818	4,8	11	23
Norvège	318195	2,0	6	24
Danemark	141984	2,1	14	25
Spitzberg et autres îles, Jean Mayen, île aux Ours, etc.	70500	»	»	»
Europe septentrionale	973497	8,8	9	
Europe	9932596	329,7	33	

Le maître n'entrera d'ailleurs dans aucun détail sur les États de l'Europe : l'étude de la géographie politique de l'Europe viendra après l'étude de la France.

INTERROGATIONS SUR LA CARTE MUETTE DE L'EUROPE

Méthode. — Les explications données plus haut relativement à l'interrogation sur la carte muette de la Terre s'appliquent aussi à l'interrogation sur la carte muette d'Europe. Cette interrogation doit toujours avoir un double but : s'assurer que l'élève a appris et qu'il a compris.

Afin de faire mieux comprendre, le maître ajoutera, au besoin, à la question qu'il pose ou à la réponse de l'élève quelque commentaire dont profitera la classe entière. Tous les élèves devront suivre l'interrogation sur la carte muette de leur Atlas scolaire, prêts eux-mêmes à répondre s'ils sont interrogés individuellement. Souvent le maître procédera par interrogation simultanée, procédé qui ne permet pas de se rendre aussi bien compte du développement intellectuel de l'enfant, mais qui a le grand avantage d'entraîner toute la classe dans le mouvement; dans ce cas, non-seulement les élèves répondront de vive voix, mais ils devront tous marquer du doigt sur leur carte muette le lieu demandé; si le maître s'aperçoit que quelques-uns se trompent, il montrera lui-même le lieu sur la carte murale; les élèves le montreront à leur tour sur leur carte muette.

Questionnaire. — 29ᵉ leçon. — D. De quel continent l'Europe fait-elle partie? — R. De l'ancien continent.

D. Pourquoi l'appelle-t-on ancien continent? — R. Parce qu'il est le plus anciennement connu.

D. Qu'est-ce que l'Europe? — R. C'est une des cinq parties du monde.

D. Quelle différence y a-t-il entre continent et partie du monde? — R. Un continent est une très grande étendue de terre entourée d'eau; une partie du monde est une des cinq grandes divisions de la Terre.

D. Savez-vous s'il existe un continent qui n'est qu'une portion de partie du monde? — R. Oui; le continent austral.

D. A l'aide de quelle figure géométrique peut-on commencer à dessiner une carte d'Europe? — R. A l'aide d'un triangle.

D. Pouvez-vous faire la figure? — R...

D. Quelle est la superficie de l'Europe? — R. 10 millions de kilom. carrés.

D. Qu'entend-on par un kilomètre carré? — R. Un carré dont chaque côté a un kilomètre de longueur.

D. Combien le territoire de notre commune a de kilomètres carrés? — R...

D. Par quoi l'Europe est-elle la partie du monde la plus importante? — R. Par la richesse et l'activité de sa nombreuse population.

D. Combien y a-t-il d'habitants en Europe? — R. 330 millions.

D. Montrez le cap Nord. — R...

D. De quel océan dépend la mer Blanche? — R. De l'océan Glacial.

D. Qu'est-ce que la Novaïa Zemlia? — R. C'est la principale île de l'océan Glacial en Europe.

D. L'océan Glacial s'étend-il jusqu'au cap Nord? — R. Non; la mer ne gèle pas au cap Nord.

D. Quelles sont les limites orientale et occidentale de la mer du Nord? — R. La péninsule Scandinave et la presqu'île du Jutland à l'est, la Grande-Bretagne à l'ouest.

D. Nommez et montrez sur la carte les principaux détroits de l'Europe. — R. Les détroits de la Baltique, le pas de Calais, le détroit de Gibraltar, les Dardanelles et le Bosphore.

D. Par quelle mer et quels détroits un navire passe-t-il pour aller de la mer du Nord dans la mer Noire? Nommez et montrez sur la carte muette. — R. Par le pas de Calais, l'océan Atlantique, le détroit de Gibraltar, la mer Méditerranée, la mer Egée, les Dardanelles, la mer de Marmara, le Bosphore.

D. Où est situé le cap Finisterre? — R. Dans la péninsule Ibérique.

D. Quelles sont les trois grandes péninsules de l'Europe méridionale? — R. La péninsule Ibérique, l'Italie, la péninsule Pélasgique.

Le maître peut expliquer le sens de ces qualificatifs : ibérique vient des Ibères, une des races les plus anciennes qui ont peuplé la péninsule; pélasgique, des Pélasges, regardés comme les premiers habitants du sud-est de l'Europe. Les Hellènes ou Grecs ne sont venus qu'après eux et n'ont jamais dominé sur toute la péninsule jusqu'au Danube.

D. Quel est le cap le plus méridional de l'Europe continentale? — R. Le cap Matapan.

D. Quelle est la position de la Sicile par rapport à la Sardaigne? — R. La Sicile est au sud-est de la Sardaigne.

D. Où est située Malte? — R. Dans la Méditerranée, au sud de la Sicile.

D. Quelles sont les limites de l'Europe à l'est? — R. La mer Caspienne, le fleuve Oural, les monts Ourals, et la Kara.

30ᵉ leçon. — D. Quel est le système de montagnes le plus important de l'Europe? — R. Les Alpes.

D. Les Alpes forment-elles une seule chaîne? — R. Non; elles se composent de plusieurs chaînes.

D. Par quoi sont séparées les chaînes des Alpes? — R. Par des vallées.

D. Puisque vous savez qu'il y a beaucoup de neiges perpétuelles dans les Alpes, qu'en concluez-vous relativement à leur hauteur? — R. Qu'elles sont très hautes.

D. Quelles sont les trois grandes divisions des Alpes? — R. Alpes occidentales, Alpes centrales, Alpes orientales.

D. Quels sont les deux plus hauts sommets des Alpes? — R. Le mont Blanc et le mont Rose.

D. Pourriez-vous raconter l'ascension du mont Blanc par Saussure? — R...

D. Quelles sont les chaînes situées immédiatement au nord des Alpes? — R. Le Jura, les Vosges, la Forêt-Noire, le système Hercynien.

D. Où sont situées les Karpathes? — R. A l'est des Alpes.

D. Nommez et montrez la plaine qu'elles enveloppent. — R. La plaine de Hongrie.

D. Quelles sont, au nord et au sud, les limites de la plaine de la Basse-Allemagne? — R. La mer du Nord, la mer Baltique et le système Hercynien.

D. Quelle est la principale chaîne de la Grande-Bretagne? — R. Les Grampian.

D. Où sont les Alpes scandinaves? — R. Dans la péninsule Scandinave.

Le maître expliquera que ce sont les géographes qui leur ont donné le nom d'Alpes par analogie avec la véritable chaîne des Alpes. Elles n'ont cependant pas l'aspect des Alpes; elles sont composées surtout de plateaux, creusées de gorges profondes; moins hautes que les Alpes, quoiqu'elles aient de très vastes étendues de neiges perpétuelles, parce qu'elles sont plus au nord.

D. Qu'est-ce qui constitue la partie centrale de la péninsule Ibérique? — R. Le plateau de Castille.

D. Nommez les principaux volcans de l'Europe. — R. L'Etna et le Vésuve.

D. Rappelez ce qu'on entend par volcan. — R. Une montagne qui, par une ouverture appelée cratère, lance de la fumée et des matières enflammées.

D. Où est situé le Tchar dagh? — R. Dans la péninsule Pélasgique.

D. Quelle est la chaîne qui traverse, de l'est à l'ouest, presque toute la péninsule Pélasgique? — R. Les Balkans.

D. Quelle est la presqu'île qui termine la péninsule Pélasgique? — R. Le Péloponnèse.

D. Quel espace occupe la plaine de Russie? — R. Toute la moitié orientale de l'Europe.

D. Quelles sont les mers qui la baignent au nord et au sud? — R. L'océan Glacial au nord, la mer Noire, la mer d'Azov et la mer Caspienne au sud.

D. Pourquoi beaucoup de grands cours d'eau ont-ils leur source dans les Alpes? — R. Parce que les Alpes constituent le principal relief de l'Europe centrale.

D. Quel est le lac que forme le Rhône? — R. Le lac de Genève.

D. Montrez et suivez sur la carte le cours du Rhin. — R...

D. Pourquoi le Danube peut-il être considéré comme dépendance du système alpestre? — R. Parce qu'il reçoit des Alpes la plupart de ses grands affluents.

D. Quelles capitales d'Etat arrose-t-il? — R. Vienne, Budapest, Belgrade.

D. Où se jette-t-il? — R. Dans la mer Noire.

D. Dans quelle direction coule le Pô? — R. Dans la direction de l'est.

D. Indiquez et montrez la direction des quatre grands fleuves qui servent d'écoulement aux eaux des Alpes. — R. Le Rhin au nord-ouest, le Rhône au sud-ouest, le Danube au nord-est et à l'est, le Pô au sud.

D. L'Adige ne peut-il pas être considéré comme une dépendance du bassin du Pô? — R. Oui.

D. Tous les quatre ne se terminent-ils pas par un delta? — R. Oui.

D. Rappelez ce qu'on entend par delta. — R. C'est une embouchure de fleuve composée de plusieurs branches que séparent des îles basses.

D. Nommez et montrez sur la carte les fleuves de l'Europe centrale qui sont à l'ouest du Rhin. — R. La Garonne, la Loire, la Seine, la Meuse.

D. Quelle est la direction de leurs cours? — R. La direction nord-ouest, comme celle du Rhin.

D. Quelle ville arrose la Vistule? — R. Varsovie.

D. Quel est le principal cours d'eau de la Grande-Bretagne? — R. La Tamise.

D. Où est situé le lac Wenern? — R. Dans la péninsule Scandinave.

D. Où est situé le Tage? — R. Dans la péninsule Ibérique.

D. Quel est le fleuve qui arrose Rome? — R. Le Tibre.

D. Quel est le fleuve qui arrose Paris? — R. La Seine.

D. Qu'est-ce que le lac Ladoga? — R. C'est le plus grand lac de l'Europe.

D. N'y a-t-il pas d'autres lacs dans cette région? — R. Oui, il y a le lac Onéga; il y a aussi beaucoup de lacs en Finlande.

D. A quel lac la Néva sert-elle de débouché? — R. Au lac Ladoga.

D. Dans quelles mers se jettent les deux plus grands fleuves de l'Europe? — R. Dans la mer Noire, le Danube; dans la mer Caspienne, le Volga.

D. Pourquoi y a-t-il en Russie des cours d'eau plus longs qu'en Grande-Bretagne? — R. Parce que la plaine de Russie est beaucoup plus vaste que la Grande-Bretagne.

D. Tous les cours d'eau de la Russie ont-ils leur source dans les montagnes? — R. Non; il y en a qui prennent leur source dans les monts Ourals et dans les Karpathes, mais les plus importants viennent de collines situées dans la plaine.

Pour amener les élèves à faire cette réponse, le maître leur montrera que presque toute la Russie, et particulièrement la région où naissent les grands fleuves, est dans la partie basse de l'Europe, c'est-à-dire la partie qui n'atteint pas 500 mètres d'altitude; c'est à dessein que nous n'avons pas nommé sur la carte les Hauteurs de Valdaï, leur élévation étant trop peu considérable.

31ᵉ leçon. — D. Enumérez les Etats de l'Europe occidentale. — R. Le Royaume-Uni de Grande-Bretagne et d'Irlande, les Pays-Bas et le Luxembourg, la Belgique, la France et Monaco.

D. Montrez sur la carte la Suisse, la Serbie. — R...

D. Quelle est la capitale de l'Empire allemand? — R. Berlin.

D. Sur quel fleuve est située la capitale du Portugal? — R. Sur le Tage.

D. Quels sont les cours d'eau qui arrosent l'Empire allemand? — R. Le Rhin, l'Elbe, l'Oder, la Vistule, le Niémen, le Danube.

D. Dans quels Etats ou sur les limites de quels Etats sont les Karpathes? — R. L'Autriche-Hongrie et la Roumanie.

D. Quels sont les Etats qu'arrose le Danube? — R. L'Empire allemand, l'Autriche-Hongrie, la Serbie, la Roumanie, la Bulgarie.

D. Où est située la Suède? — R. Dans la péninsule Scandinave.

D. Nommez les Etats arrosés par la mer Baltique. — R. La Suède, la Russie, l'Empire allemand, le Danemark.

D. A quel Etat appartiennent la Sicile et la Sardaigne? — R. A l'Italie.

D. Par quels Etats passe-t-on et quels fleuves traverse-t-on pour aller en ligne droite d'Amsterdam à Constantinople? — R. Les Pays-Bas, l'Empire allemand, deux fois le Danube, l'Autriche-Hongrie la Roumanie, la Bulgarie, encore le Danube et la Turquie.

Devoirs. — Écrire sur une carte muette les noms des océans, mers, golfes et détroits de l'Europe.

Écrire sur une carte muette portant les cours d'eau, les noms des cours d'eau de l'Europe tributaires de la Méditerranée et de la Caspienne.

Faire, sur une carte muette d'Europe sans montagnes, le dessin des chaînes de montagnes, en écrire les noms sur la même carte, placer ensuite les noms des Etats et leur capitale.

INTERROGATIONS SUR LA CARTE MUETTE DE FRANCE

Méthode. — La carte muette de France est dressée d'après la projection de Flamsteed modifiée, qui est la projection employée pour la carte d'état-major. Elle est à l'échelle de 5,000,000^e, c'est-à-dire qu'un millimètre y représente une longueur de 5 kilomètres, un centimètre une longueur de 50 kilomètres. Toutes les cartes de France de l'Atlas scolaire (à l'exception des petites cartes économiques et administratives dont l'échelle sera indiquée plus loin) sont à cette même échelle ; c'est aussi l'échelle des cartes écrites de l'Algérie et des colonies. Cette uniformité permet de se rendre compte plus aisément de la grandeur relative des pays.

On peut construire une carte de France, comme toute autre carte, en s'appuyant sur les degrés et en observant que le territoire actuel de la France s'étend, par la Bretagne, un peu au delà du 7e degré de longitude occidentale et, par les Alpes, au delà du 5e degré de longitude orientale; il s'étend, d'autre part, au nord par delà le 51e degré de latitude et, au sud, presque jusqu'au 42e degré.

On peut construire aussi la carte de France, comme celle d'Europe, à l'aide d'une figure géométrique très simple. On trace une ligne droite figurant le méridien de Paris et l'on peut immédiatement placer comme repère le point de Paris, aux $^4/_7$ de la longueur de cette ligne. Du haut de cette ligne prise comme sommet, on mène les deux côtés d'un triangle isocèle, en ayant le soin de les faire un peu plus courts que la première ligne et de donner à celui de droite un peu plus d'obliquité qu'à celui de gauche. La base du triangle coupe ainsi le méridien obliquement et se trouve un peu plus longue à droite qu'à gauche de ce méridien. Les trois sommets du triangle marquent la position de Dunkerque et les deux extrémités de la frontière méridionale de la France. Sur le côté sud du triangle pris comme base, on élève un triangle à peu près isocèle, très surbaissé, dont le sommet marquera le cap de Creus ; sur le côté occidental, on élève un autre triangle isocèle ayant une hauteur presque triple du précédent : le sommet marquera l'île d'Ouessant. Sur le côté oriental, on élève un triangle dont la hauteur ne dépasse pas beaucoup le triangle méridional et dont le côté sud soit un peu plus long que le côté nord ; le sommet marquera le point où la frontière de France quitte les Vosges. Il sera facile ensuite, en ayant sous les yeux un modèle dans le genre de celui dont nous donnons ici la figure, de faire le tracé des côtes et des frontières qui se trouvent presque entièrement inscrites dans l'hexagone ainsi tracé.

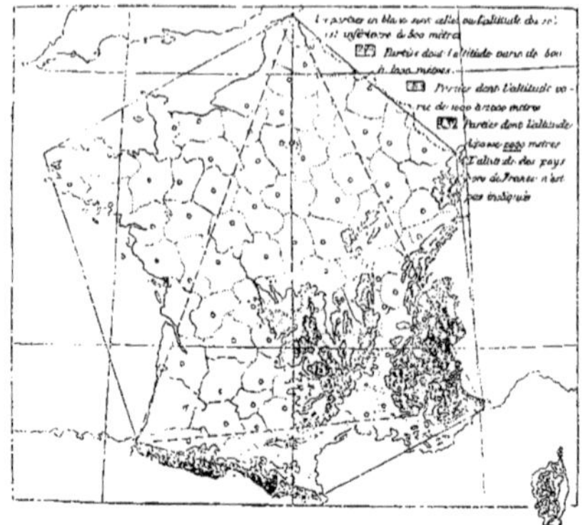

Questionnaire. — **32e leçon.** — D. Qu'est-ce que la France? — R. *La France est un des États de l'Europe occidentale ; c'est notre patrie.*

D. Par quelle figure géométrique peut on faciliter le dessin d'une carte de France? — R. *En dressant un triangle et sur ce triangle une figure à six côtés.*

D. Quelle est la superficie de la France ? — R. *528,000 kilomètres carrés.*

D. Quelle est la population ? — R. *37 millions d'habitants.*

D. Quel est à peu près le rapport de la population de la France à la population de l'Europe? — R. *A peu près le neuvième.*

D. Par quoi est baigné le côté nord-ouest de la France? — R. *Par la mer du Nord, le pas de Calais et la Manche.*

D. Quelles sont les baies formées par la Manche? — R. *La baie de la Seine, la baie de Saint-Malo, la baie de Saint-Brieuc.*

D. Où est le cap dit Gris-Nez? — R. *Dans le pas de Calais.*

D. Quels sont les caps à l'extrémité du Cotentin? — R. *La pointe de Barfleur et le cap de la Hague.*

D. Où est le Morbihan? — R. *Au sud de la Bretagne, dans l'océan Atlantique.*

D. Quelles sont les îles voisines de la côte de Bretagne ? — R. *Ouessant, Glenans, Groix, Belle-Ile, Noirmoutier.*

D. Où est le golfe du Lion ? — R. *Dans la Méditerranée.*

D. Quel est l'aspect général de la Corse? — R. *La Corse est une île montagneuse.*

D. Des six côtés du contour de la France quels sont ceux que baigne la mer? — R. *Le côté nord-ouest, le côté ouest et le côté sud-est.*

33e leçon. — D. Quelles montagnes séparent la France de l'Espagne ? — R. *Les Pyrénées.*

D. A quelle époque la France a-t-elle perdu l'Alsace? — R. *En 1870.*

D. Quels sont les États limitrophes de la France? — R. *L'Espagne, l'Italie, la Suisse, l'Empire allemand, le Grand-Duché de Luxembourg, la Belgique.*

D. La France peut-elle être regardée comme un pays très montagneux? — R. *Non ; les plaines y occupent plus d'espace que les montagnes.*

D. N'y a-t-il pas cependant de hautes montagnes? R. *Oui, puisqu'on y trouve une partie des Alpes.*

D. Quelles sont les parties élevées ? — R. *Le centre, le sud et l'est.*

D. Le Jura est-il plus élevé que le plateau de Langres? — R. *Oui.*

D. Qu'est-ce que le Massif central ? — R. *C'est une vaste région de plateaux et de montagnes.*

D. Quelles sont après les Alpes les montagnes les plus hautes de France? — R. *Les Pyrénées.*

34e leçon. — D. Quelles sont les limites du versant de la Méditerranée? — R. *Les Cévennes, le Plateau de Langres et le sud des Vosges.*

D. Quelle est la direction la plus générale des eaux qui se rendent à l'Océan? — R. *Le nord-ouest.*

D. Combien y a-t-il de grands bassins en France? — R. *Cinq.*

D. Qu'est-ce qu'un bassin fluvial ? — R. *C'est une région dont les eaux se rendent à la mer par un même fleuve.*

D. Quelle est la ceinture du bassin de la Loire? — R. *L'arête du Massif central, le Morvan, des coteaux et le dos des hautes plaines qui sont entre ce bassin et celui de la Seine.*

D. Un bassin a-t-il une pente générale? — R. *Oui, puisque toutes les eaux finissent par se rendre au fleuve et ensuite à la mer.*

D. Toutes les pentes y sont-elles dans le sens de la pente générale? — R. *Non, puisque tous les cours d'eau n'y coulent pas dans le même sens.*

D. Quel est le principal affluent de la Garonne? — R. *L'Allier.*

D. Qu'est-ce qu'un affluent? — R. *C'est un cours d'eau qui se jette dans un autre cours d'eau.*

D. Nommez les fleuves tributaires de la mer du Nord. — R. *L'Escaut, la Meuse et le Rhin.*

D. Dans la chaîne principale, comment se divisent les Alpes occidentales? — R. *Dans la chaîne principale, en Alpes Maritimes, Alpes Cottiennes, Alpes Graies, Mont Blanc. Dans les massifs situés à l'ouest de la chaîne principale, en Alpes de Savoie, Alpes du Dauphiné, Alpes de Provence.*

D. Quels sont les principaux massifs des Alpes de Savoie? — R. *Le massif de la Vanoise et celui de la Grande-Chartreuse.*

D. Par où passe le chemin de fer de France en Italie? — R. *Par le tunnel du Fréjus.*

D. Où est situé le massif du Pelvoux? — R. *Dans les Alpes du Dauphiné.*

D. Décrivez le Jura. — R. *C'est un vaste plateau terminé à l'ouest par une ligne de coteaux, à l'est par une crête de montagnes.*

D. Pourquoi la Trouée de Belfort est-elle importante? — R. *Parce qu'elle fournit un passage facile de l'Alsace dans la plaine de la Saône.*

D. Où commencent les Cévennes méridionales ? — R. *Au mont Lozère.*

D. Quelles sont les deux principales directions du Rhône? — R. *Ouest et sud.*

D. Pourquoi ne continue-t-il pas à couler vers l'ouest ? — R. *Parce qu'à Lyon les Cévennes l'arrêtent.*

D. D'où vient le principal affluent du Rhône? — R. *Du nord.*

D. Qu'est-ce que le Drac? — R. *Un affluent de l'Isère et un sous-affluent du Rhône.*

D. Quels sont les affluents de la Saône? — R. *Le Doubs, l'Ouche, la Dheune.*

D. Nommez les fleuves côtiers à l'est du Rhône. — R. *L'Arc, l'Argens, le Var, la Roya.*

D. Quelle est la plus haute montagne des Pyrénées? — R. *La Maladetta qui a 3,404 mètres.*

D. Est-elle bien moins élevée que le mont Blanc? — R. *Elle est moins élevée de 1,406 mètres.*

D. Quels sont les principaux sommets des monts d'Auvergne? — R. *Le Plomb du Cantal et le mont Dore.*

D. Qu'est-ce que les Causses? — R. *Ce sont de vastes plateaux en partie stériles, situés dans la partie méridionale du Massif central.*

D. Expliquez pourquoi la Garonne coule d'abord vers le nord. — D. *Parce que la pente des Pyrénées porte les eaux vers le nord.*

D. Pourquoi incline-t-elle vers le nord-est? — R. *Parce qu'elle tourne au pied de la région des coteaux d'Armagnac.*

Devoirs. — Écrire sur une carte muette physique les noms des grands fleuves de France et de leur principal affluent.

Dessiner et écrire sur une carte muette par départements les grands fleuves et leur principal affluent.

Dessiner et écrire sur une carte muette par départements les cours d'eau, dessiner les montagnes de France et mettre les noms.

LA FRANCE

Méthode et commentaire. — *Étendue et population.* — Le maître ne manquera pas de dire au début de cette partie que l'étude de la géographie de la France est la plus importante, non seulement parce que la France est un grand pays, mais parce qu'elle est notre patrie. Il en est ainsi partout; c'est surtout à la géographie de la patrie que l'enseignement et particulièrement l'enseignement primaire doit s'attacher.

Lectures. — 9ᵉ LECTURE. — *La patrie.* — « La patrie, c'est le territoire du pays où nous sommes nés, et dont nous sommes en quelque sorte les enfants, le territoire de la nation dont chacun est ou sera, à sa majorité, citoyen. Nous avons des devoirs à remplir envers la patrie, comme nous en avons envers Dieu, envers notre famille et envers nous-mêmes. La patrie comprend à la fois le sol national et l'ensemble de nos compatriotes, auxquels nous sommes unis par la même langue, par une longue suite de destinées communes, par les souvenirs de notre histoire, par le même gouvernement, par tous les intérêts généraux d'une société civilisée. C'est la patrie qui donne l'instruction à la plupart de ses enfants, qui veille à la sécurité de tous, qui rend la vie plus commode ou plus agréable par les travaux publics et qui fait rendre à chacun bonne justice. Nous devons aimer notre patrie ; nous devons la servir, hommes, en défendant son territoire et son honneur contre les entreprises de l'étranger ou contre les désordres intérieurs, tous, hommes ou femmes, en payant nos contributions qui sont nécessaires à l'État ou à la commune pour l'accomplissement des services sociaux, et en nous efforçant à pratiquer les préceptes de la morale. Pour la mieux aimer, il importe de la bien connaître : c'est pourquoi il faut s'appliquer à l'étude de la géographie nationale. »

Longueur exacte de la France, du nord (frontière sur la mer du Nord) au sud (Pyrénées-Orientales) : 973 kil. 200 m. Superficie de la France : 528 401 kilomètres carrés. Cette superficie est celle qui est donnée dans l'Annuaire du bureau des longitudes; certaines parties de la France n'ayant pas été cadastrées, il y a encore quelques incertitudes sur la superficie exacte de deux départements et par suite sur la superficie totale de la France ; toutefois les nombres donnés par la plupart des administrations ne présentent que de légères différences.

Population de la France, au recensement fait en décembre 1881 : 37,321,186 habitants. Le recensement est fait tous les cinq ans ; au premier recensement, qui a eu lieu en 1801, le territoire français,|comprenant en moins la Savoie et Nice et en plus l'Alsace-Lorraine, avait une population de 27 millions d'individus.

Côtes. — Les trois côtés de côtes et les trois côtés de frontières de terre correspondent aux six côtés de l'hexagone qui sert à construire de mémoire une carte de France.

En parlant des côtes, le maître décrira leurs divers aspects.

Lectures — 10ᵉ LECTURE. — *La falaise.* — « Dans la partie septentrionale de la Manche jusqu'à l'embouchure de la Seine, les falaises dominent. La terre est généralement élevée, en manière de plateau, et se termine brusquement sur le rivage par une paroi escarpée, haute quelquefois de 100 mètres et plus. La mer, dont les lames battent incessamment cette muraille, en ronge le pied qui se creuse ; le sommet surplombe, de temps à autre, se fend et s'écroule sous son propre poids, amoncelant à sa base des débris qui font un rempart à la falaise. La vague enlève peu à peu ces débris, terres et cailloux, puis roule, arrondit et jette sur quelque plage voisine les cailloux transformés en galets. »

La plage. — « Sur d'autres points, particulièrement dans la baie de la Seine, près de l'embouchure de la Loire et dans le voisinage des îles de Ré et d'Oléron, la côte se présente en pente très douce. Derrière, il y a tantôt une plaine, tantôt un coteau ou une rangée de dunes ; mais le rivage lui-même, formé d'un sable jaune ou d'un limon de teinte ardoisée, est bas et uni. Quand le vent ne soulève qu'une grosse mer, la vague se brise au loin sur les bas fonds, elle fait entendre, plusieurs fois par minute, son ronflement dont la cadence monotone n'est pas sans son charme ; elle dresse sur toute la largeur de la plage sa crête écumeuse et vient expirer doucement en étalant sa nappe mince et transparente. »

Les rochers. — « Plus durs que le calcaire des falaises de la Normandie, les granits et les schistes de la Bretagne résistent mieux à l'effort des vagues qui les usent et les polissent peu à peu, mais qui parviennent rarement à les miner. A une mer souvent agitée ils opposent une barrière qui l'irrite encore davantage. Ils ne présentent pas un front uniforme et blanc comme la falaise, mais des masses sombres, de nombreuses anfractuosités, et en avant des groupes de récifs postés en sentinelles comme pour avertir et écarter les navigateurs ou quelquefois pour indiquer la route du port. »

Les dunes. — « La dune est une petite colline de sable apporté par la mer et chassée par le vent sur le rivage où elle s'amoncelle. Il y en a en divers points de la côte de France, sur la mer du Nord, dans la baie de la Seine et surtout dans les Landes, où elles forment une chaîne presque ininterrompue de l'embouchure de la Gironde à celle de l'Adour. Les dunes sont, le plus souvent, formées d'un sable blanchâtre et fin, dans lequel le pied enfonce, ondulées par le vent comme les vagues de la mer ou comme le sable du désert, arides aussi comme le désert ou couvertes seulement çà et là de maigres touffes d'une herbe sèche et dure. Elles abritent quelquefois l'intérieur du rivage contre la brise du large, mais en même temps, sous l'influence de cette brise, elles l'envahissent peu à peu, gagnent du terrain et menacent les cultures. On a fait, surtout depuis les travaux de l'ingénieur Brémontier, au XVIIIᵉ siècle, des efforts heureux pour fixer les dunes des Landes, et protéger le pays contre leurs envahissements en y semant des pins qui sont devenus des forêts. »

11ᵉ LECTURE. — *Le relief du sol français.* — « Dans le second volume de son Histoire, un de nos grands écrivains, Michelet, se place en imagination au sommet du Suchet, dans le Jura, pour promener de là son regard sur toute la France et décrire les populations et le sol de nos anciennes provinces. Plaçons-nous de préférence au sommet du mont Dore, point culminant des monts d'Auvergne : c'est un observatoire plus convenable aux études du géographe.

« De ce volcan éteint, on domine le Massif central, ses montagnes coniques, ses plateaux monotones, ses gorges pittoresques. On se reporte volontiers au temps où ce Massif était une grande île, à peu près circulaire, bordée par le bourrelet des Cévennes, flanquée au nord d'une petite île qui est le Morvan et battue par les vagues de l'Océan qui couvrait toutes les plaines subjacentes. Au pied du mont, deux ruisseaux se réunissent en donnant naissance à la Dordogne et, un peu plus loin, les torrents se précipitent vers la fertile Limagne pour grossir l'Allier ; on est sur la limite de deux bassins. Il y en a un troisième, celui du Rhône, dont on aperçoit la ceinture à l'horizon et on peut, par la pensée, suivre tous les cours d'eau qui coulent du Massif dans les plaines et divergent en formant les branches d'un immense éventail.

« Au delà, la pensée supplée à la vue et devine les plaines qui s'étendent et se prolongent pour ainsi dire sans fin, les rivières qui y descendent, coulant les unes vers le nord-ouest, les autres vers l'ouest, et viennent successivement se perdre dans le lit de la Loire ou de la Garonne. Par delà la Loire, les plaines se prolongent encore, entrecoupées de rangées de collines ou de coteaux, de plateaux secs, de fraîches vallées, et égayées par la diversité des cultures.

« A l'est des Cévennes, se creuse un fossé profond de plusieurs centaines de mètres, assez large au nord pour former une belle plaine, étroit au sud comme une vallée resserrée : la Saône et le Rhône y coulent.

« Sur le revers oriental du fossé, se dresse la masse imposante des Alpes, n'offrant de loin au regard qu'un chaos de sommets et de crêtes confusément enchevêtrées et étagées les unes derrière les autres ; puis, au nord des Alpes, le large plateau du Jura doucement incliné vers la Saône et, au delà de cette plaine, les croupes arrondies des Vosges.

« Au sud, le Massif central est bordé par un autre fossé moins profond et moins long : c'est le passage de Naurouse, route naturelle de la Méditerranée au bassin de la Garonne. Derrière, la haute muraille dentelée des Pyrénées, soutenue par de puissants contreforts, sert de cadre au tableau que l'imagination du géographe peut seule contempler et dont la variété aide à comprendre la diversité des climats et celle des cultures de la France. »

Bassins. — Le maître fera remarquer que la limite du versant méditerranéen est la même que la ceinture du bassin du Rhône dont il est parlé plus loin : limite dont il importe de bien fixer la position et la nature. Ce n'est qu'une plaine haute à la Trouée de Belfort, où aucun accident sensible du sol ne sépare les eaux qui se rendent au Rhin et celles qui vont à la Saône ; c'est ensuite la croupe terminale des Vosges, puis des collines, désignées sous le nom de monts Faucilles, puis un plateau, le Plateau de Langres, où les eaux ont pour ligne de partage non pas même la pente rapide qui descend sur la vallée de la Saône, mais le dos presque insensible du plateau qui est situé plus à l'ouest : c'est

là en effet que naissent, en divergeant, les ruisseaux qui coulent dans les vallons. (Voir la figure ci-jointe qui représente une coupe de ce terrain ; les deux parties ombrées indiquent la pente de deux vallons, l'un de la Seine, l'autre de la vallée de la Saône ; la ligne supérieure marque la surface du plateau, la ligne inférieure 0,0′ le niveau de la mer.)

La ligne de partage qui passe à l'ouest de la Côte-d'Or (voir carte n° 7, bassin physique du Rhône) est encore plus abaissée en cet endroit qu'au Plateau de Langres. Elle est ensuite, depuis le canal du Centre jusqu'au passage de Naurouse, formée par une véritable crête montagneuse, les Cévennes.

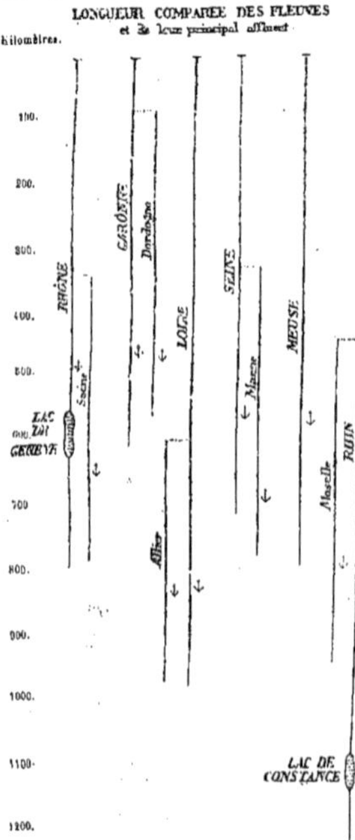

Le maître expliquera qu'on entend par bassin secondaire ou bassin côtier le bassin de tous les fleuves situés entre l'embouchure de deux grands fleuves. On n'est pas toujours fixé sur le grand bassin auquel appartient un bassin secondaire.

Le maître pourra reproduire au tableau la figure ci-jointe, qui indique la longueur relative de ces cours d'eau.

Lectures. — 12ᵉ LECTURE. — *Le mont Saint-Michel.* — « Le mont Saint-Michel est un énorme rocher conique, isolé sur une grève qui, à mer basse, se prolonge sur presque toute l'étendue de la baie ; une digue, récemment construite le relie aujourd'hui à la terre ferme. Auparavant, les fortes marées deux fois par jour en faisaient une île et deux fois la laissaient à sec. Le voyageur partait et peut partir encore en bateau, quelquefois par une forte houle et non sans danger. Il aborde au rocher ; il visite l'ancien monastère, et, au retour, il est étonné de trouver une voiture qui l'attend là où quelques heures auparavant il avait vu un port et qui le ramène au rivage en roulant un sable limoneux, sillonné de petits ruisseaux. Tout est pittoresque dans ce lieu : la position et la forme du roc de granit, les remparts du moyen âge, la rue qui monte en colimaçon et par escaliers autour du cône, l'église ogivale qui le couronne, la hardiesse de ses assises, la majestueuse ordonnance de son architecture, enfin la mer, tantôt à peine visible à l'horizon comme une ligne d'écume ou comme un sillon de lumière et tantôt battant avec force le pied des fortifications. C'est que le flot de marée resserré dans cet enfoncement y acquiert une puissance terrible ; dans les marées d'équinoxe, la mer se retire quelquefois à une distance de quinze kilomètres du rivage ; quand elle remonte, reprenant tout le terrain qu'elle avait abandonné, elle s'y précipite avec fracas et avec une effrayante rapidité, et peut s'élever ainsi à une hauteur de 10 à 15 mètres au-dessus de son niveau le plus bas. Aussi le mont Saint-Michel est-il considéré comme une des localités de la France les plus curieuses à visiter. »

Frontières de terre. — Le maître indiquera les frontières naturelles et les frontières purement politiques.

Les Pyrénées sont une frontière naturelle, et la plus difficile à franchir de toutes les frontières de France ; cependant, par une bizarrerie que l'histoire et la politique expliquent en partie, la crête de la chaîne n'est pas partout la limite de la France et de l'Espagne. C'est ainsi que le val d'Aran, dans lequel la Garonne, fleuve du versant septentrional, a sa source, appartient à l'Espagne et que la Sègre, rivière espagnole dont le maître n'aura pas à faire apprendre le nom à ses élèves, prend naissance sur le territoire français.

La crête des Alpes est une frontière naturelle ; cependant le traité de 1860, qui a cédé le comté de Nice à la France, a réservé à l'Italie les deux côtés de la crête, afin de lui montrer que la France ne songeait pas à prendre une position d'où elle pût envahir l'Italie.

Le Jura est une frontière naturelle, mais la Suisse possède sur une grande étendue les deux côtés de la crête.

Depuis les Vosges jusqu'à la mer du Nord, la frontière est toute artificielle. Avant la malheureuse guerre de 1870, la France avait le Rhin pour frontière naturelle au nord-est.

Relief général du sol. — La carte nº 5 est une carte hypsométrique. La première teinte jaune clair indique les parties basses, celles dont l'altitude est inférieure à 200 mètres et correspond à la région des plaines, avec leurs légers accidents de terrain. La teinte jaune foncée comprend les parties de 200 à 500 mètres d'altitude et, par conséquent, presque toute la région des plateaux. Le bistre indique les parties hautes, plateaux élevés et montagnes ; le bistre clair, les montagnes peu élevées et les plateaux de 500 à 1,000 mètres ; le bistre moyen, les montagnes de 1,000 à 2,000 mètres ; le bistre foncé, les hautes montagnes de plus de 2,000 mètres, qu'on ne rencontre que dans les Alpes et les Pyrénées. L'échelle qui est au-dessous du bistre donne la valeur de ces teintes. Il est facile, à l'aide de cette carte, de montrer comment les teintes hypsométriques complètent les hachures qui n'indiquent que les pentes longues et très accentuées et par conséquent que les montagnes et certaines collines, sans pouvoir donner cette image des plateaux, et de faire comprendre aux élèves la distribution des parties basses et des parties hautes du sol français.

Il fera voir que le nord-ouest et l'ouest de la France sont des parties basses, puisqu'elles sont dans la teinte jaune clair, sauf quelques petites régions comme la Normandie et la Bretagne, le Bocage vendéen, qui elles-mêmes ne dépassent pas l'altitude du jaune foncé. Si l'on mène à travers la France une diagonale allant du cours moyen de la Meuse au cours moyen de l'Adour, presque toute la partie située à l'ouest de cette ligne a une altitude inférieure à 200 mètres, et presque toute la partie située à l'est a une altitude supérieure à 200 mètres.

La figure ci-jointe donne l'altitude et indique la hauteur proportionnelle du plus haut sommet de chacun des groupes de montagnes, de plateaux ou de collines nommés dans le texte.

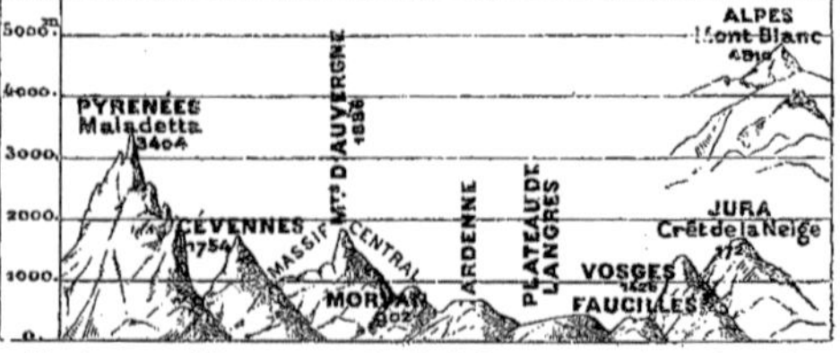

Lectures. — 13ᵉ LECTURE. — *La côte de Provence.* — « Le navire qui va d'Ajaccio à Marseille longe les côtes escarpées de la Provence. Le roc n'y revêt pas la teinte sombre du granit de Bretagne ; c'est un calcaire, quelquefois noirci par le temps, plus souvent éclatant de blancheur et resplendissant au soleil, rarement paré de verdure, mais majestueux dans son austère nudité. Les tons en sont chauds ; les arêtes s'en détachent vigoureusement sur le fond bleu du ciel, pendant que la base plonge dans l'azur de la mer plus foncé encore que le ciel : paysage tout méridional, qu'on ne saurait comprendre quand on le voit enveloppé de la brume qui estompe si souvent les paysages maritimes de la Manche. »

« L'une des premières terres que l'on distingue est le cap Sicié avec ses escarpements de plus de 300 mètres qui, en laissant entrevoir derrière lui la crête du Faron, fait deviner Toulon et sa rade. Sur la route du navire, s'ouvrent successivement les baies gracieuses de Saint-Nazaire, et de la Ciotat dont la verdure sombre tranche sur l'aridité des rocs blancs et au fond desquelles des villages apparaissent au milieu des cultures et des oliviers. A l'horizon, une crête lointaine dont la Sainte-Baume et la montagne Sainte-Victoire marquent les sommets, se profile sur le ciel. Cependant les maisons de la Ciotat ont disparu derrière le cap dit Bec de l'Aigle ; le port de Cassis est en vue ; puis ce petit coin de verdure disparaît à son tour derrière la haute ligne blanche de rochers qui forme le trait caractéristique de toute la côte, et déjà le navire rase les îlots rocheux de Riou et de Maire. »

« Bientôt on aperçoit au loin le phare du Planier, perdu dans les flots ; plus près, les îles de Pomègues et de Ratonneau qu'un môle réunit, le célèbre château d'If ; à droite, la côte des Catalans, avec ses fabriques ; devant soi, tout à coup on embrasse le panorama de Marseille, que domine l'église de Notre-Dame de la Garde. Les mâts des navires dans le port et les maisons de la ville, couvrant confusément le fond du tableau, se détachent peu à peu à mesure qu'on approche ; la houle, arrêtée par la digue des îles, s'est apaisée, et ceux que le mal de mer tenait abattus reprennent leurs sens et leur gaîté : on touche au port. »

BASSIN DU RHÔNE

Méthode. — Il était utile de donner d'abord par une leçon générale une idée du relief du sol et de la direction des cours d'eau, de manière à fixer les rapports de position dans l'esprit des élèves et à leur faire comprendre que les montagnes et les plateaux sont autre chose que les ceintures de bassins ; c'est ce qui a été fait dans les Notions générales sur la France. Dans un enseignement secondaire, le professeur peut même étudier le détail du relief avant d'aborder les cours d'eau, afin de ne pas détruire, en la morcelant, l'unité des systèmes montagneux qui font partie de plusieurs bassins. Mais, dans un enseignement primaire, il est commode d'employer la division par bassins et de décrire la ceinture et les montagnes de l'intérieur de chaque bassin, en traitant des eaux. C'est la méthode suivie dans l'Atlas scolaire.

Nous rappelons à la fin de la géographie des côtes, afin que les élèves apprennent ou revoient par bassins toute la géographie physique.

Les quatre cartes physiques des bassins sont à l'échelle du 3,500,000°, c'est-à-dire d'un millimètre pour 3 kilomètres ¹/₂ et d'un centimètre pour 35 kilomètres ; c'est l'échelle de la carte de France de notre Atlas national. Elles sont dressées d'après la même projection que les autres cartes de France de l'Atlas scolaire.

Les mêmes cartes par bassins se trouvent plus loin, dans la partie politique, pour servir à l'étude des départements.

Le maître ne craindra donc pas d'insister un peu sur le détail, sans toutefois faire apprendre plus de noms propres que n'en contient le texte de l'Atlas scolaire. Il ne faut jamais perdre de vue le but qui est, non de surcharger la mémoire, mais de faire bien apprendre un certain nombre de faits en les faisant comprendre.

On peut enseigner à dresser par des procédés géométriques les cartes de bassins, comme on dresse la carte de France. Nous n'insistons pas, parce que nous croyons qu'il suffit d'apprendre aux élèves à tracer de mémoire une carte générale de France pour leur donner une idée nette des relations de position. Cependant le maître pourra faire remarquer que le bassin du Rhône, se prolongeant au nord à quelque distance au delà du 48° degré de latitude, a sa limite un peu au-dessous du sommet du petit triangle oriental. Quand il fera faire à ses élèves une carte de bassin, il mettra avec profit entre leurs mains des cartes muettes de bassin sur lesquelles ceux-ci écriront les noms.

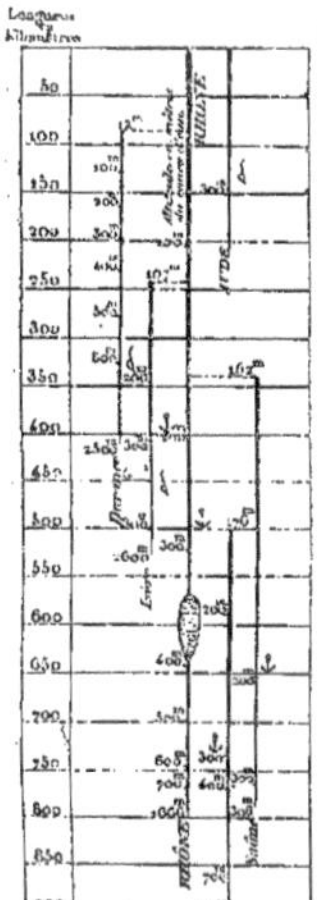

Renseignements relatifs au relief du sol. — La Trouée de Belfort a 344 mètres d'altitude au seuil de Valdieu où est le trait de partage du canal du Rhône au Rhin. Le maître insistera sur l'importance de cette trouée qui laisse, entre le Jura et les Vosges, un passage de plain-pied conduisant d'Alsace en Bourgogne. C'est un chemin que les invasions allemandes ont souvent suivi depuis l'antiquité ; un corps d'armée est entré par là en 1814 ; en 1870, les Allemands y ont passé également et ont investi Belfort qui leur a opposé une résistance victorieuse. L'importance de ce passage explique les fortes défenses dont on a entouré Belfort.

Renseignements relatifs aux cours d'eau. — La figure ci-jointe indique la longueur comparative des cours d'eau du bassin du Rhône ayant plus de 200 kilomètres.

Le maître insistera sur la formation d'un lac tel que le lac de Genève. Le lit est un fond de vallée que, dans des temps très anciens, un glacier, qui n'existe plus aujourd'hui, a profondément creusé. Quand le fleuve a coulé, il a rempli ce vaste fossé et le lac s'est formé. Mais à l'extrémité de la vallée, le trop plein des eaux a trouvé son écoulement ; le fleuve s'est créé un nouveau lit et a continué son cours. Ce lac est donc en quelque sorte qu'un élargissement du fleuve et un réservoir de ses eaux.

Le Rhône coule d'abord de l'est à l'ouest, parce qu'il est encadré entre deux hautes chaînes dont il descend la vallée. Au sortir du lac de Genève, il continue à suivre la pente générale du terrain situé au pied de cette partie des Alpes et il contourne ou traverse, en faisant plusieurs crochets, des défilés du Jura ; sa direction est vers le sud-ouest. Le fleuve aurait continué son cours s'il ne venait se heurter, à l'endroit où Lyon a été bâti, contre le môle continu de hautes terres qu'on appelle les Cévennes. Il faut nécessairement que le fleuve change de direction et, comme la pente de ce côté est nord-sud en même temps qu'elle est est-ouest, descend vers le sud en inclinant, autant que possible, vers l'ouest, c'est-à-dire en longeant les Cévennes dont ses détours dessinent la base.

Les affluents venus des Alpes ont une direction générale conforme à la pente des Alpes, c'est-à-dire vers le sud-ouest ou l'ouest. Les affluents venus de la plaine de la Saône ont leur direction la plus générale du nord-est au sud-ouest. Les affluents venus des Cévennes sont des torrents qui descendent vers le sud-est.

Lectures. — 14° LECTURE. — *Le Massif de la Grande-Chartreuse.* — « L'excursion de la Grande-Chartreuse est une des plus agréables que l'on puisse faire dans les Alpes. De Saint-Laurent-du-Pont au monastère, la route, taillée dans le flanc de la montagne, remonte le torrent qui coule profondément encaissé dans une gorge longue et étroite. Les pentes sont partout abruptes, tantôt coupées à pic et étonnant le regard par la hauteur de leur muraille, tantôt couvertes de sapins touffus dont les uns montent vers le ciel, pendant que, du fond de l'abîme, d'autres élèvent leur tête effilée sans atteindre le niveau de la route et cachent le torrent que le voyageur entend gronder entre les blocs entassés ; çà et là, la muraille surplombe ou une aiguille de calcaire, détachée de la masse, se dresse comme pour barrer le passage.

« Au sortir de cette gorge est le monastère, construction massive, dont l'architecture est en harmonie avec la sévérité du paysage ; il est situé au milieu d'un vallon en forme de cirque, dont les prairies occupent le fond et qu'enveloppe une couronne de montagnes. Il faut gravir, non sans quelque peine, ces montagnes jusqu'au sommet du Grand-Som, à 2,033 mètres d'altitude, pour jouir du panorama des Alpes.

« Autour de lui, le spectateur voit les sommets, les pâturages et les gorges de la Grande-Chartreuse ; un peu plus loin, dans la direction de l'est, la longue coupure de la vallée de l'Isère ; au delà de la vallée, les nappes de neige qui pendent de la crête dentelée de Belledonne ; puis, derrière Belledonne, le sommet des Grandes-Rousses, la chaîne de la Vanoise et enfin, à l'horizon, les Alpes Graïes et la masse imposante des neiges et des glaciers du mont Blanc, des centaines de cimes, dont les lignes onduleuses ou brisées ressemblent à une mer moutonneuse et qui forment une suite de plans merveilleusement éclairés au déclin du soleil. »

15° LECTURE. — *La source du Rhône.* — « La vallée supérieure du Rhône se termine par une gorge étroite, d'un aspect sévère, bordée de parois rocheuses, de pentes de gazon, de ravins pierreux et de sombres sapinières dans lesquelles les avalanches ont ouvert de larges tranchées en semant leur route de troncs dépouillés. Un des glaciers les plus imposants des Alpes en occupe le fond ; il ne présente pas une surface hérissée d'aiguilles comme la mer de glace du mont Blanc, mais une vaste nappe blanche arrondie en croupe, coupée de quelques crevasses transversales, sillonnée par de petits ruisseaux qui vont s'abîmer dans les crevasses. Sur la muraille gigantesque de roc qui enserre le glacier se dressent des pics énormes que domine le Galenstock, visible de très loin dans le bas de la vallée. Du front du glacier sort avec fracas un large torrent. Ce torrent est-il l'origine première du fleuve ou faut-il le chercher dans quelqu'un des ruisseaux qui descendent des parois de la montagne et s'engouffrent sous le glacier ? Peu importe ; c'est la fonte de la glace qui nourrit le torrent, et c'est à la grotte de glace, formée et souvent minée par l'impétueux courant, que le voyageur va contempler la véritable source du Rhône. »

Complément du questionnaire. — D. Quels sont les principaux passages des Alpes occidentales ? — R. *Le petit Saint-Bernard, le mont Cenis, le tunnel du Fréjus, le mont Genèvre, le col de Larche, le col de Tende.*

D. Quelle est la hauteur du mont Blanc ? — R. *4,810 mètres.*

D. Où sont situées les Alpes de Savoie ? — R. *Au nord-ouest de la chaîne principale.*

D. Où est située la Grande-Chartreuse ? — R. *A l'extrémité méridionale des Alpes de Savoie.*

D. Pourquoi les Alpes du Dauphiné portent-elles ce nom ? — R. *Parce qu'elles sont situées dans l'ancienne province du Dauphiné.*

D. Forment-elles une seule chaîne ou se composent-elles de plusieurs chaînes et massifs ? — R. *Elles se composent de plusieurs chaînes et massifs.*

D. Les communications ne sont-elles pas plus difficiles dans une région de montagnes que dans une région de plaines ? — R. *Oui.*

D. Les communications se font-elles par les crêtes ou par les vallées ? — R. *Par les vallées.*

D. Comment passe-t-on d'une vallée dans une autre ? — R. *Par des cols.*

D. De quel côté sont les pentes les plus rapides du plateau de Langres ? — R. *Du côté de la Saône.*

D. Entre quels cols s'étendent les Cévennes ? — R. *Entre le col par lequel passe le canal du Centre et le col par lequel passe le canal du Midi.*

D. Nommez les chaînes des Cévennes méridionales ? — R. *Les Cévennes proprement dites, les Garrigues, la Montagne noire.*

Devoirs. — Écrire sur la carte muette les noms des cours d'eau du bassin du Rhône et des villes qu'ils arrosent.

Écrire sur la carte muette les noms des chaînes et des montagnes des Alpes.

Haute-Garonne, Tarn-et-Garonne, Lot-et-Garonne, Gironde; l'élève suit en même temps que le maître, et il retient les deux notions intimement liées l'une à l'autre, comme les deux images qui en réalité n'en font qu'une dans sa mémoire.

Ces rapports entre la géographie physique et la géographie politique, qui s'établissent nécessairement sur le tableau-carte muette, sont à la fois un soutien et un embarras, je le sais bien. Voici comment. Si, sur un tableau noir ordinaire, on dessine mal le cours de la Garonne, on a la ressource de rejeter la défec-

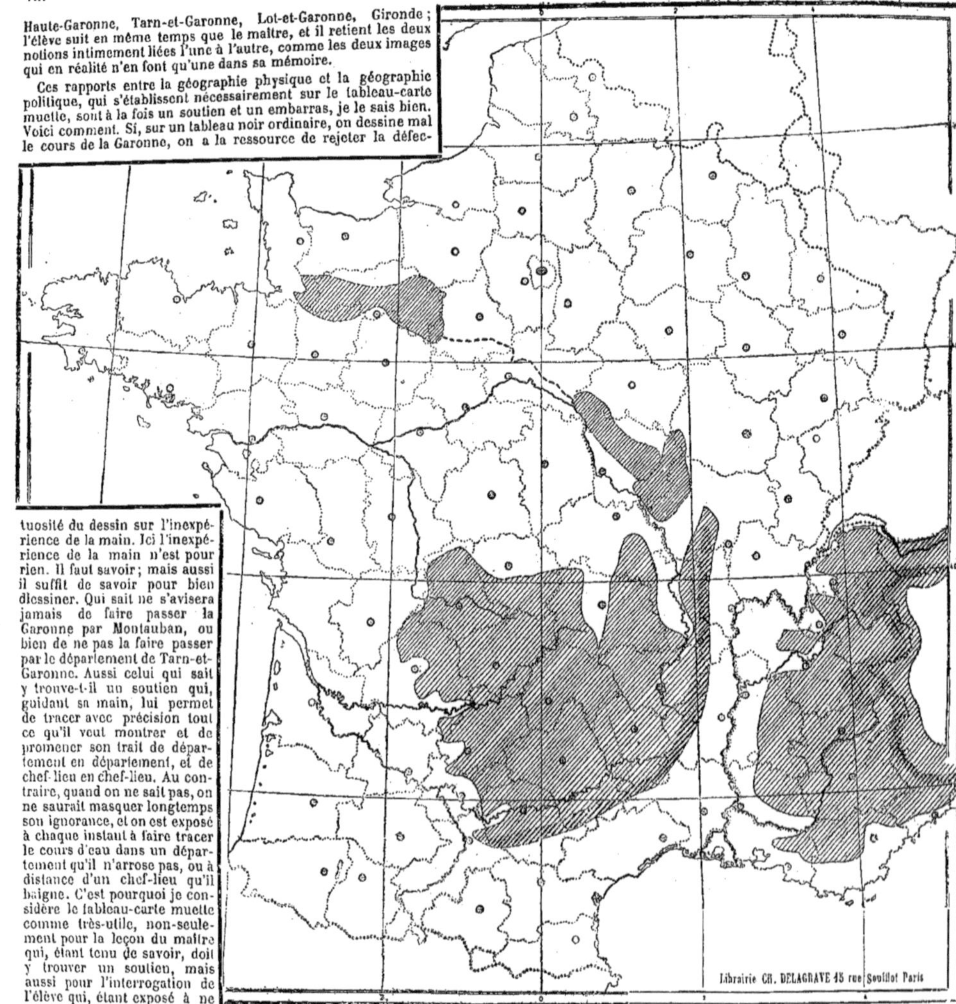

tuosité du dessin sur l'inexpérience de la main. Ici l'inexpérience de la main n'est pour rien. Il faut savoir; mais aussi il suffit de savoir pour bien dessiner. Qui sait ne s'avisera jamais de faire passer la Garonne par Montauban, ou bien de ne pas la faire passer par le département de Tarn-et-Garonne. Aussi celui qui sait y trouve-t-il un soutien qui, guidant sa main, lui permet de tracer avec précision tout ce qu'il veut montrer et de promener son trait de département en département, et de chef-lieu en chef-lieu. Au contraire, quand on ne sait pas, on ne saurait masquer longtemps son ignorance, et on est exposé à chaque instant à faire tracer le cours d'eau dans un département qu'il n'arrose pas, ou à distance d'un chef-lieu qu'il baigne. C'est pourquoi je considère le tableau-carte muette comme très-utile, non-seulement pour la leçon du maître qui, étant tenu de savoir, doit y trouver un soutien, mais aussi pour l'interrogation de l'élève qui, étant exposé à ne pas savoir, peut être très justement mis dans l'embarras par ce procédé accusateur.

Envoyez un élève devant ce tableau et dites-lui : « Tracez le cours de la Seine. » S'il sait avec précision, tout va bien. S'il sait imparfaitement, il mettra peut-être la source de la Seine dans le département de l'Yonne, et il fera passer le fleuve dans le département de l'Oise; le tableau-carte muette décèlera immédiatement son erreur et donnera au maître l'occasion de la lui faire rectifier. Sur un tableau noir ordinaire, aucun point de repère n'eût permis cette correction, à moins que l'élève n'eût commis la faute plus grossière de dire : « La Seine prend sa source dans le département de l'Yonne. » Mais l'élève peut précisément avoir appris le mot *Côte-d'Or* dans son livre sans être capable de désigner l'emplacement de la source sur la carte et sans distinguer du premier coup d'œil le département de l'Yonne de celui de la Côte-d'Or. S'il eût fait un dessin incorrect sur le tableau ordinaire, le maître ne l'aurait probablement pas repris, pourvu qu'il eût placé les grandes villes arrosées et les affluents dans leur ordre; il n'en saurait demander davantage, et il serait resté dans l'incertitude de savoir si l'incorrection est dans l'intelligence ou dans la main de l'élève.

Je voudrais indiquer encore un avantage particulier que le tableau-carte muette offre à l'enseignement. Pendant que le maître y dessine les traits ou y marque les lieux relatifs à la leçon, l'élève peut avoir devant lui, à côté de son atlas, une petite carte muette portant exactement les mêmes points de repère et reproduire exactement le tracé du tableau. Ce sont pour lui des notes aussi faciles à prendre que précises, et, si le maître veut s'assurer du degré d'attention que les élèves lui ont prêté, il peut le faire d'un coup d'œil en examinant les cartes muettes. Le procédé ne serait pas, dans l'état actuel, toujours applicable dans l'école communale, parce qu'il serait trop coûteux. Mais il peut dès aujourd'hui et il devrait être employé journellement dans les écoles normales primaires; les élèves se constitueraient ainsi, sans avoir à dépenser tout le temps qu'ils consacrent à copier et à peindre des cartes, une sorte d'atlas analytique de la France qui correspondrait à chacune des leçons de l'école normale et qu'ils pourraient ensuite reproduire, en le simplifiant, dans l'école primaire.

(*Voir la page VII placée avant la page 9 du volume*).

Je recommande à plusieurs titres l'usage de ces cartes muettes. Il m'est arrivé plus d'une fois de m'en servir pour des inspections. Je remettais à chaque élève une carte muette, et je posais de vive voix un certain nombre de questions. Par exemple : « Tracez les canaux qui réunissent le bassin de la Seine aux bassins voisins. — Dessinez le cours du Rhin. — Dessinez les Cévennes. » Les élèves faisaient leur tracé ; c'est l'affaire de quelques minutes. Le difficile n'est pas tant de faire une réponse que de faire une réponse exacte, c'est-à-dire de mettre chacun des traits dans les départements où ils doivent être. Ensuite, en moins d'une demi-heure, quand on a l'habitude de la carte, on peut examiner les réponses d'une classe de cinquante élèves, juger de l'ensemble et même classer chaque élève avec une précision que ne donne jamais l'interrogation orale.

Quelque fructueux que soit l'emploi du tableau-carte muette, je ne conseille pas cependant au maître de donner ses leçons sur la France exclusivement avec ce tableau. Il faut toujours, suivant moi, que le maître ait aussi une carte murale ou une carte en relief (je n'aurai pas le temps de vous parler aujourd'hui de l'emploi des reliefs, que je regarde comme de puissants auxiliaires de l'enseignement par intuition), parce qu'à côté de l'objet particulier que le tableau-carte muette met seul en lumière, il faut que l'élève puisse se faire une idée de relation de cet objet avec l'ensemble même du pays. Le maître ne parlera peut-être pas de la carte ; mais l'élève la verra et cette vue suffira pour le garantir d'une erreur et pour l'aider à classer à sa place la notion qu'il reçoit, à côté de celles qu'il a déjà reçues. Le maître doit, à la fin du cours de géographie, avoir produit un effet tel que l'élève ait la carte de France gravée dans sa mémoire, à peu près dans la mesure où le maître lui a expliqué la France.

Voilà, sur ce point, la méthode et ses principaux effets. Afin de vous en bien pénétrer, je prendrai un second exemple, celui du cours de la Loire.

« La Loire prend sa source dans le département de l'Ardèche... »
Je marque avec la craie bleue le point où est cette source, et je continue. Je puis dire : « Elle prend sa source au Gerbier-de-Jonc. » J'aime mieux : « Elle prend sa source au pied d'une des nombreuses montagnes volcaniques du Vivarais, qu'on appelle le Gerbier-de-Jonc... » En ajoutant ainsi quelques mots, je donne, au lieu d'un nom propre, une description qui intéresse et qui instruit davantage.

« La Loire entre dans le département de la Haute-Loire ; elle passe presque au milieu de la ville du Puy ; elle passe ensuite dans le département de la Loire sans arroser Saint-Étienne ; de là, dans le département de Saône-et-Loire, puis sur la limite des départements de Saône-et-Loire et de l'Allier. Dans la première partie de son cours, la Loire, quoique à sa naissance elle ait commencé par descendre vers le sud le versant méridional du Gerbier-de-Jonc, coule dans la direction du sud au nord, en se conformant à la pente générale du terrain dans la moitié septentrionale du Massif central ; elle n'en dévie que par quelques crochets sans importance ; elle est d'abord étroitement encaissée entre des terrains montagneux dont les hauteurs s'écartent seulement sur quelques points pour élargir sa vallée ; ce n'est qu'après être sortie du département de la Loire qu'elle commence à couler dans une région de plaines.

« Cependant, parvenue dans le département de la Nièvre, elle rencontre un massif considérable de montagnes qui n'ont pas une très-grande élévation, mais qui lui opposent une barrière infranchissable ; c'est le massif du Morvan. Elle est détournée de sa direction septentrionale, et s'infléchit vers le nord-ouest en coulant au pied du Morvan, puis des collines du Nivernais, et en arrosant Nevers. Elle coule ensuite sur la limite des départements de la Nièvre et du Cher et dans le département du Loiret, en descendant jusqu'à Orléans dans cette même direction du sud-est au nord-ouest. Orléans est situé au point le plus septentrional de son cours. »

A mesure que je parle, je trace, comme vous venez de le voir, le cours du fleuve en observant exactement chacune des particularités que j'indique. Remarquez aussi que j'ai dit que la Loire descendait jusqu'à Orléans ; n'oubliez pas qu'un cours d'eau descend toujours, qu'il aille au sud, au nord, à l'est ou à l'ouest, et qu'il importe, surtout lorsqu'on s'adresse à des enfants, de n'employer que des expressions justes.

J'ai dit aussi : « Orléans est situé au point le plus septentrional du cours de la Loire. » C'est en effet un point de repère important qu'il faut noter. C'est aussi l'occasion de donner en passant une notion utile : il ne faut pas la négliger. J'ajoute alors : « Le point le plus septentrional du cours de la Loire est aussi celui où ce fleuve est le plus voisin du bassin de la Seine ; les bateaux qui remontaient le cours inférieur de la Loire et ceux qui descendaient le cours supérieur, apportant des marchandises destinées à Paris, s'arrêtaient naturellement à cet endroit et, de bonne heure, il a dû se créer à cette place un port qui est devenu une grande ville. »

C'est ainsi que Toulouse, dont nous parlions tout à l'heure, a été bâti à la partie la plus orientale du cours de la Garonne, en face du passage de Naurouse, c'est-à-dire à l'endroit où les communications avec les bords de la Méditerranée étaient le plus voisines et le plus faciles. Comme la Méditerranée a été une région de commerce très-importante avant le bassin de la Seine, Toulouse était une cité considérable bien avant qu'Orléans fût une grande ville, quoiqu'il y eût, dès l'antiquité gauloise, une ville à l'endroit où est aujourd'hui Orléans.

Je continue et je dis, comme si l'un de vous faisait la leçon à ses élèves :

« A partir de la ville d'Orléans, le cours de la Loire subit une troisième influence : celle des collines de Normandie et des coteaux du Perche, d'où tant de cours d'eau descendent dans des directions divergentes et dont les dernières pentes, presque insensibles, font quelque peu dévier la Loire vers le sud-ouest. C'est ainsi qu'elle arrose la partie occidentale du Loiret, qu'elle traverse le Loir-et-Cher en baignant Blois, et l'Indre-et-Loire en baignant Tours. »

Je trace toujours, au fur et à mesure, le cours du fleuve sur le tableau-carte muette, et je m'applique à le faire passer près de la position des chefs-lieux, de manière à bien indiquer sur quelle rive ils se trouvent.

« Au delà de Tours, près de Saumur, la Loire, rencontrant sur sa rive gauche les terrains anciens du Bocage vendéen, se recourbe légèrement vers le nord-ouest et décrit de Saumur à Nantes un arc de cercle dont la convexité est dirigée vers le nord, sans qu'elle atteigne cependant Angers. Elle arrose les départements de Maine-et-Loire et de la Loire-Inférieure. A Nantes pour la Loire, comme à Bordeaux pour la Garonne, commence un régime nouveau, celui de la navigation maritime, parce que la marée remonte jusque-là. »

C'est ainsi qu'en donnant des explications peu nombreuses, mais choisies de manière à mettre en lumière les principaux faits que la mémoire doit retenir, et en traçant toujours la carte au tableau, vous enseignez d'une manière sensible et rationnelle la géographie de la Loire. (Applaudissements.)

Les seules raisons que j'aie données du cours de la Garonne et de la Loire sont la pente du sol qui fait couler l'eau et l'obstacle d'un relief qui fait dévier le cours. En effet, le cours des eaux est étroitement subordonné aux mouvements du terrain ; vous le savez bien, mais vos élèves ne le savent pas toujours, et il importe de leur bien faire comprendre cette notion fondamentale.

Oui, les eaux sont subordonnées ; c'est le relief du sol qui est leur maître, qui les arrête en manière de lacs et d'étangs ou qui les dirige sous forme de torrents, de rivières et de fleuves. Le relief du sol et le cours des eaux sont deux aspects distincts de la géographie : le premier existe par lui-même et est indépendant ; le second est le résultat du premier et ne peut être compris qu'autant que le premier est déjà connu.

Il y a donc un inconvénient pour un bon enseignement géographique, c'est-à-dire pour un enseignement qui, voulant expliquer les choses afin de les faire comprendre, s'applique à rattacher les effets à leur cause, il y a, dis-je, un inconvénient à ne pas faire connaître dans l'étude d'un pays le système général du relief de son sol avant de parler du cours de ses eaux. J'ai toujours pensé qu'il était bon de commencer par le relief, qui peut être expliqué indépendamment de toute autre considération dans l'école primaire, — car, dans l'enseignement secondaire, il est utile de remonter jusqu'à la géologie pour expliquer les formes du terrain. — Quand l'élève a étudié le modelé général du terrain, c'est-à-dire les grandes chaînes de montagnes, ou même les rangées de collines caractéristiques, comme les collines de Normandie, les régions hautes composées de chaînes ou de plateaux, les régions de plaines et les directions principales des pentes du sol, le maître peut aborder l'étude des cours d'eau.

Les élèves et, je dirai même, les maîtres acquerront-ils une idée suffisante de ce modelé par l'ancienne méthode, qui est encore aujourd'hui la plus suivie et qui fait du relief du sol le premier paragraphe de l'étude d'un fleuve, sous la dénomination de ceinture du bassin ? Je ne le pense pas. Vous connaissez le procédé. On étudie la géographie physique bassin par bassin ; en commençant chacun des bassins, on en indique la ceinture, que trop souvent, par une malheureuse expression, on nomme la ceinture de montagnes. Or vous savez qu'il est absolument faux de dire que chaque bassin soit séparé des bassins voisins par des montagnes ; il peut l'être par des montagnes comme par des collines, comme par des plateaux ou même par des plaines.

On s'imagine que ce procédé donne plus d'ensemble à la géographie physique en présentant un bassin entier sous sa double forme orographique et hydrographique. On se trompe : loin d'avoir une vue d'ensemble, on morcelle ce qui ne devrait jamais être séparé, et on porte par suite la confusion dans l'esprit de l'élève.

La ceinture du bassin est presque forcément réduite à une nomenclature sèche, parce que, si l'on peut par quelques mots de description donner le caractère d'une chaîne, on ne décrit guère dans des leçons élémentaires un fragment de chaîne ou versant ; or, ce n'est jamais une chaîne entière, mais un versant qu'on rencontre d'un côté de la ligne de partage des eaux. Tous les noms propres énumérés à la suite risquent ainsi d'avoir pour les enfants la même importance et d'évoquer la même image : c'est la ceinture. Dans la ceinture du bassin de la Loire, ils trouvent la Margeride et la Beauce, comme dans la ceinture du bassin de la Garonne, les Pyrénées et les Landes ; des formes de terrain qui n'ont aucun rapport s'associent de cette façon dans leur mémoire et revêtent le même aspect dans leur imagination. Le bassin tout entier leur apparaît

(Voir la page x placée après la page 32 du volume).

17

BASSIN DE LA GARONNE

Méthode et commentaire. — Même méthode que pour le bassin précédent.

Renseignements relatifs au relief du sol. Pyrénées. — Le maître pourra faire remarquer que, quoiqu'elles soient moins élevées que les Alpes, elles forment une barrière plus difficile à franchir, parce que, la crête ayant moins de dépressions, les cols de la partie centrale des Pyrénées sont plus élevés que les cols des Alpes, et parce que les vallées qui conduisent à ces cols, étant moins longues et moins déclives, rapprochent moins de la crête à franchir.

Le *Vignemale* (3,298 mètres) est le plus haut sommet des Pyrénées sur le territoire français. La *Maladetta* (3,404 mètres) ou pic d'Anéthou, est le point culminant des Pyrénées. Le massif de la Maladetta étant situé au sud du val d'Aran, est en Espagne. Le nom signifie monts maudits ; il témoigne de l'effroi et de la répulsion que ces monts stériles et en partie couverts de neige inspiraient aux habitants de la vallée.

On entend par *arête du Massif central*, la partie culminante du massif, qu'on peut comparer à l'arête d'un toit extrêmement surbaissé et d'où les eaux prennent des directions divergentes. Les *Monts d'Auvergne* doivent leur nom à la province d'*Auvergne* ; ils forment plusieurs massifs orientés du nord au sud et composés de chapelets de cônes volcaniques ; ce sont d'anciens volcans qui ont cessé d'être en activité avant les temps historiques ; une petite portion seulement des monts d'Auvergne fait partie de la ligne de partage des eaux. Le maître a déjà probablement fait connaître à ses élèves le mont Dore par la lecture sur le relief général de la France ; il rappellera que dans toute la France on ne trouve de sommets plus élevés que dans les Alpes et les Pyrénées ; le Jura même et les Vosges sont moins élevés que le mont Dore (1,886 mètres).

Causses signifie région calcaire ; ce sont des plateaux pierreux, de 800 à 1,000 mètres d'altitude, secs, en partie stériles ou couverts seulement d'un peu d'herbe, très peu peuplés. Les cours d'eau y coulent resserrés dans d'étroites et profondes vallées.

Le Poitou est une ancienne province au nord du bassin de la Garonne ; le bassin de la Garonne n'est séparé de ce côté ni par les montagnes ni même par les collines du bassin de la Loire. Aussi les armées envahissantes ont-elles passé souvent par là, comme par la Trouée de Belfort.

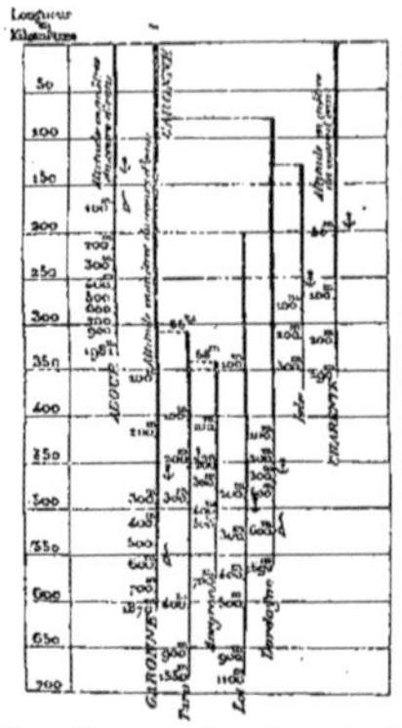

Renseignements relatifs aux cours d'eau. — La figure ci-jointe indique la longueur des cours d'eau ayant plus de 200 kilomètres.

La Garonne coule d'abord en torrent, dans une vallée étroite, entre deux hauts contreforts des Pyrénées qui dirigent sa course vers le nord-ouest. En sortant des montagnes, le fleuve rencontre la masse des terres désignées sous le nom de plateau d'Armagnac et disposées en éventail ; il longe le pied oriental de ce plateau et coule au nord-est. La direction générale depuis sa source est le nord, parce qu'il tend à s'éloigner des Pyrénées. Une autre cause modifie la direction de son cours depuis le point où a été bâti Toulouse : ce sont les dernières pentes du Massif central qui l'arrêtent et forcent à incliner vers l'ouest le fleuve qui prend alors et conserve jusqu'à son embouchure la direction nord-ouest.

Le maître fera remarquer que Toulouse, comme Lyon sur le Rhône, Orléans sur la Loire, est bâti au coude le plus accentué du fleuve, parce que c'est le point où la navigation du fleuve se trouve le plus facilement en communication avec un bassin voisin et par conséquent un lieu propice pour le commerce. Toulouse est en communication avec la plaine du Languedoc, Lyon avec la plaine de la Saône, Orléans avec le bassin de la Seine.

Les affluents de la rive gauche coulent vers le nord en suivant la pente des Pyrénées. Les affluents de la rive droite coulent vers l'ouest et le sud-ouest en suivant la pente du Massif central ; ces derniers sont presque tous encaissés dans de profondes vallées.

Lectures. — 16ᵉ LECTURE. — *Une vue des Pyrénées.* — « Quand on voyage dans les Pyrénées, on a rarement l'occasion de jouir du panorama de la chaîne, parce que, pour dominer la crête principale et ses contreforts, il faudrait gravir des sommets d'un accès difficile ; on le contemple plus aisément de Tarbes ou de Pau. La place Henri IV, à Pau, est un excellent observatoire ; l'œil embrasse presque toute la partie occidentale de la chaîne, de Bagnères-de-Bigorre au pic d'Anie. Le gave roule en grondant au pied de la ville ; derrière le gave, des vignobles et des jardins couvrent la croupe du coteau de Jurançon ; derrière le coteau, un, deux, trois, et même quatre plans successifs de montagnes : le premier boisé et vert, les derniers décharnés et arides. Les montagnes se dressent les unes, en forme de muraille, présentant une crête droite ou inclinée en manière de glacis ; d'autres, en plus grand nombre, élevant des sommets aigus qui dessinent sur le ciel les dents ébréchées d'une scie gigantesque.

« Les plans se confondent à l'est et à l'ouest, vers l'horizon, en laissant voir toutefois distinctement les grands sommets, comme le pic du Midi de Bigorre ou le pic d'Orhy. Mais, en face, le regard pénètre avec netteté entre les hauteurs de la vallée d'Ossau jusque vers Gabas et voit se dresser isolément, d'une hauteur immense au-dessus de tous les pics environnants, la pyramide escarpée du Pic du Midi avec sa double pointe. Le voyageur sensible aux beautés de la nature revient bien des fois à la même place, admirer ce panorama également grandiose le jour, lorsqu'il est éclairé par le soleil, la nuit, quand la pleine lune brille dans un ciel pur. »

17ᵉ LECTURE. — *La source de la Garonne.* — « Les géographes considèrent d'ordinaire le massif quadrangulaire qui enveloppe le val d'Aran et qui renferme au sud la plus haute montagne de toute la chaîne, comme la soudure des Pyrénées orientales et occidentales.

« Sur le côté oriental, au milieu d'un vaste et beau pâturage peuplé de nombreux troupeaux, dit Pla de Beret, près du col qui est situé à 1,872 mètres d'altitude, une petite source naît entre l'herbe et les pierres : c'est la Garonne, à laquelle se réunit bientôt une autre petite source. Le maigre ruisseau qu'elles forment descend avec rapidité, puis, avant d'atteindre Viella, la principale bourgade du val d'Aran, se grossit de six autres torrents qui débouchent des vallons latéraux et qui, ayant un cours plus long et plus abondant que le sien, lui disputent l'honneur d'être l'origine du fleuve. Un peu au delà de Viella, la Garonne reçoit le plus considérable des cours d'eau du val, la Garonne de Jouéou, qui est improprement appelée gave de la Picade, mais qui mériterait d'être nommée Garonne occidentale. C'est l'écoulement des grands glaciers de la Maladetta ; leur eau tombe en torrent et s'abîme avec fracas dans le trou de Toro ; puis, 600 mètres plus bas, elle sort en bouillonnant par plusieurs trous du rocher désigné sous le nom de Goueil de Jouéou. et, à l'époque de la fonte des neiges, elle tombe en cataracte dans le lit de la Garonne orientale, en rejaillissant sur les blocs entassés et en couvrant les sapins de poussière d'eau.

« A l'extrémité septentrionale du val d'Aran, s'ouvre une brèche, d'une profondeur de plus de 1,000 mètres. Une route est creusée dans la paroi verticale du roc et traverse l'abîme sur le pont du Roi ; c'est par cette étroite ouverture que la Garonne entre en France. »

Complément du questionnaire. — D. Nommez les principales montagnes des Pyrénées occidentales. — R. *Le pic du Midi d'Ossau, le Vignemale, le pic du Midi de Bigorre, la Maladetta.*

D. Suivant quelle direction les avez-vous nommées ? — R. *De l'ouest à l'est.*

D. Citez une ville d'où l'on voit un beau panorama des Pyrénées. — R. *De Pau.*

D. Quelle est la forme du pic du Midi d'Ossau ? — R. *C'est une pyramide à deux pointes.*

D. Que trouve-t-on sur beaucoup de plateaux du Limousin ? — R. *Des pâturages.*

D. Les monts d'Aubrac font-ils partie de la ceinture du bassin de la Garonne ? — R. *Non.*

D. Citez une partie de plaine qui fasse partie de la ceinture d'un grand bassin. — R. *Une partie de la plaine du Poitou.*

D. Où est situé le Bocage Vendéen ? — *Dans la partie nord-ouest de la ceinture du bassin de la Garonne.*

D. Où la Garonne prend-elle sa source ? — R. *Au val d'Aran.*

D. N'y reçoi-telle pas plusieurs torrents ? — R. *Oui.*

D. D'où vient le plus important ? — R. *Des glaciers de la Maladetta.*

D. Pouvez-vous décrire les sources de la Garonne jusqu'au pont du Roi ? — R...

D. Pourquoi la Garonne change-t-elle la direction de son cours à Toulouse ? — R. *Parce qu'elle rencontre les dernières pentes du Massif central.*

D. Qu'est-ce que le bec d'Ambez ? — *C'est la pointe de terre qui sépare la Garonne et la Dordogne à leur confluent.*

D. Qu'est-ce que l'Ariège ? — *Un torrent venu des Pyrénées qui se jette dans la Garonne.*

D. Sur quelle rive se jette le Lot ? — R. *Sur la rive droite.*

D. Quelle est la rivière qui passe à Tulle ? — R. *La Corrèze.*

D. Nommez les affluents du Tarn. — R. *L'Agout et l'Aveyron.*

D. Quelles villes arrose le Lot ? — R. *Mende et Cahors.*

D. Nommez les deux caps qui se trouvent à l'embouchure de la Gironde. — R. *La pointe de Grave et la pointe de la Coubre.*

Devoirs. — Marquer sur la carte muette les noms du relief du sol formant la ceinture du bassin de la Garonne.

Faire la carte de la chaîne des Pyrénées (Pyrénées orientales et Pyrénées occidentales).

BASSIN DE LA LOIRE

Méthode et commentaire. — Même méthode que pour les bassins précédents.

Renseignements relatifs au relief du sol. — Le *Morvan* est un des anciens pays de France ; c'est une région montagneuse (902 mètres au point culminant), très boisée, qui peut être comparée en petit au Massif central, et qui forme, comme lui, un massif isolé.

La *Beauce*, pays de France, fertile en blé, ne dépassant pas 152 mètres d'altitude, est une haute plaine ou plateau dont les pentes sont à peu près insensibles. Le centre du plateau est très sec ; les cours d'eau naissent à une certaine distance du centre, dans des plis du terrain.

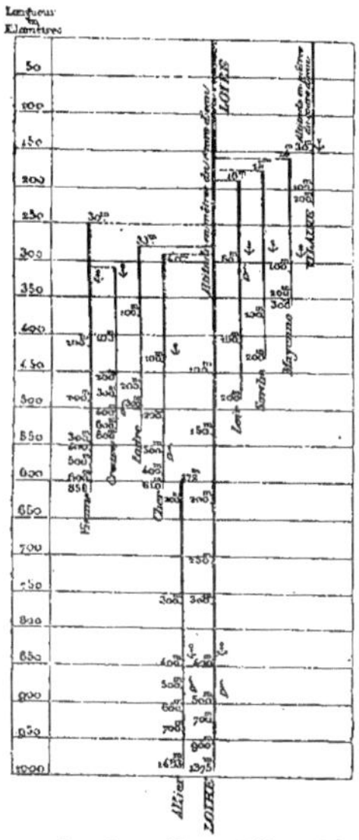

Renseignements relatifs aux cours d'eau. — La figure ci-jointe indique la longueur des cours d'eau ayant plus de 200 kilomètres.

La Loire coule d'abord vers le nord, parce que les deux chaînes qui enserrent sa vallée commandent cette direction. Parvenue au pied du Morvan, au confluent de l'Arroux, elle doit nécessairement dévier et elle coule vers le nord-ouest, c'est-à-dire que, suivant la pente générale du Massif Central, elle se porte au nord autant que le lui permet la barrière du Morvan et des collines du Nivernais qu'elle rase : aussi, dans cette partie de son cours, trouve-t-on plus souvent sur la rive droite que sur la rive gauche de hauts coteaux bordant sa vallée. Le vaste plateau de la Beauce, étant élevé au-dessus de son lit de plus de cinquante mètres, l'arrête et la force, depuis Orléans, à s'incliner au sud-ouest et à couler au pied des coteaux qui terminent les plaines hautes de cette région. Les coteaux du Perche marquent l'autre extrémité de ces plaines et le Loir y a un cours parallèle à celui de la Loire. Aussi les coteaux les plus saillants de la vallée sont-ils encore sur la rive droite. Au confluent de la Vienne, les hauteurs du Saumurois arrêtent le fleuve. Nouveau détour ; la Loire se porte au nord-ouest et les coteaux les plus saillants sont sur la rive gauche. Depuis le confluent de la Maine, la Loire coule vers l'ouest en décrivant une légère courbe pour contourner des terrains accidentés de la Vendée.

Les affluents de la rive gauche ont tous la direction nord et nord-ouest, qui est celle de la pente du versant septentrional du Massif central. La Loire, qui contourne l'extrémité des plaines dépendantes de ce massif, en recueille les eaux.

Les seuls affluents importants de la rive droite viennent de la région des collines de Normandie et en suivent la pente vers le sud.

Lectures. — 18ᵉ LECTURE. — *Le Puy de Dôme* — « L'ascension du Puy de Dôme est une des plus faciles qu'on puisse faire. La montagne a la forme d'un cône dont la base aurait un diamètre à peu près double de la hauteur ; elle repose sur un large plateau volcanique, en partie recouvert de coulées de lave. De Clermont-Ferrand, on peut aller en voiture jusqu'au pied de ce cône et monter la pente, par une petite route en spirale ; partout un tapis épais de gazon, quelques arbustes ; aucun rocher qui menace ou étonne le voyageur. Sur le sommet, jadis nu ou gazonné comme les pentes, on voit, à côté de l'observatoire météorologique, les fondements récemment découverts d'un temple que les Romains avaient élevé à Mercure du Dôme.

« Le panorama est d'une immense étendue ; près du spectateur, sur le plateau, la chaîne des dômes rangés comme une série de taupinières gigantesques, avec leurs cratères régulièrement creusés en bassins circulaires ; plus loin, vers l'est, au delà de Clermont, la riche plaine de la Limagne que l'Allier coupe de son filet blanchâtre et derrière laquelle se dresse à l'horizon la crête continue des monts du Forez ; vers l'ouest, la plaine, fertile aussi, mais plus étroite, où serpentent la Sioule et le Sioulet et, par delà, les plateaux et les sommets écrasés du Limousin. Au sud, la vue est bornée par la masse élevée du mont Dore qui domine le paysage. Le voyageur peut reporter sa pensée jusqu'aux âges primitifs où ces nombreux volcans en éruption soulevaient le sol et contribuaient à former ce grand massif dont la nature a fait en quelque sorte la forteresse centrale de la France. »

19ᵉ LECTURE. — *La descente de la Loire.* — « La Loire a été pendant de longs siècles une des plus grandes voies de commerce de la France : c'était le temps où les routes étaient peu nombreuses, mal entretenues, peu sûres et où, malgré les difficultés de la navigation, il y avait beaucoup plus d'avantages à transporter les marchandises et même les voyageurs par eau que par terre. Elle a beaucoup perdu depuis la construction des chemins de fer, parce qu'elle est très irrégulière dans le débit de ses eaux : tantôt, après les crues, violente et dangereuse pour le batelier par la rapidité de son cours, plus dangereuse encore pour les riverains par ses inondations ; tantôt, dans la saison d'été, laissant presque à sec son large lit d'où émergent d'innombrables bancs de sable.

« Ses bords n'en sont pas moins restés pittoresques. D'Orléans à Tours, le voyage est long, quelque peu monotone peut-être, mais presque partout gracieux ; nulle part de hautes montagnes ne sont en vue ; mais la rive droite est bordée d'un coteau presque continu, tout garni de vignes, de bouquets d'arbres et de constructions qui égayent le regard ; Blois, bâti en amphithéâtre et couronné par son château, en est le principal ornement. Sur la rive gauche, des prairies et une plaine basse dans laquelle l'horizon est borné par des rideaux de peupliers ; de ce côté aussi sont quelques villages coquets, et Amboise avec la haute muraille crénelée et les deux tours massives de son château, dont le style rappelle à la fois Moyen Age et la Renaissance. Tours est la plus grande ville et la capitale de cette région que la douceur du climat et la fertilité d'une terre abondamment arrosée ont fait surnommer le jardin de la France. »

20ᵉ LECTURE. — *La source du Loiret.* — « A sept kilomètres au sud d'Orléans, le Loiret prend naissance dans le parc d'un vieux château qui a reçu le nom de château de la Source. Le site est gracieux ; de beaux arbres ombragent la pelouse sur laquelle s'ouvrent deux bassins à peu près circulaires : ce sont les deux sources du Loiret, distantes d'une trentaine de mètres l'une de l'autre ; le Bouillon, ainsi nommé, parce que l'eau qui sort monte en gros bouillons à la surface, et l'Abîme dont on croyait autrefois la profondeur insondable. Ces sources ne sont pas moins remarquables par la limpidité de leur eau azurée que par leur abondance ; elles versent, à l'époque des hautes eaux, environ trente mètres cubes d'eau par minute et donnent naissance à une rivière qui n'a que douze kilomètres de long, mais qui est en toute saison navigable pour des batelets dès son origine ; à peine formée, elle reçoit d'autres sources et une petite rivière, le Dhuis, qui traverse un gouffre avant d'unir dans le même lit son eau brune aux belles eaux bleues du Loiret.

« La science a expliqué l'existence de ces sources puissantes par une infiltration des eaux de la Loire qui, pénétrant à travers une couche de terrains perméables en amont d'Orléans, s'y filtrent, s'y rafraîchissent et s'y renouvellent en quelque sorte pour sortir ensuite par de larges puits qu'elles ont probablement percés par leur propre effort et pour rendre à la Loire ce qui appartenait à la Loire. »

Complément du questionnaire. — D. Quelles montagnes séparent l'Allier et la Loire ? — R. *Les monts du Velay, du Forez et de la Madeleine.*

D. Quelle est la grande ville voisine du Puy de Dôme ? — R. *Clermont-Ferrand.*

D. Qu'est-ce que le Morvan ? — R. *C'est un massif important, couvert de bois et de pâturages, sur la limite des bassins de la Seine et de la Loire.*

D. Les monts de Bretagne sont-ils plus hauts que les collines de Normandie ? — R. *Ils sont moins hauts.*

D. Quelle est à peu près la longueur du cours de la Loire ? — R. *Environ 1,000 kilomètres.*

D. Où la Loire prend-elle sa source ? — R. *Au mont Gerbier-de-Jonc.*

D. Pourquoi la Loire se détourne-t-elle vers le nord-ouest après le confluent de l'Arroux ? — R. *Parce que le massif du Morvan la force à se détourner.*

D. Quelles sont les grandes villes qu'arrose la Loire ? — *Nevers, Orléans, Blois, Tours, Nantes.*

D. Par quoi le Loiret est-il remarquable ? — R. *Par ses sources.*

D. Quel est le cours d'eau qui arrose Angers ? — R. *La Maine.*

D. Où se jette l'Aulne ? — R. *Au fond de la rade de Brest.*

D. Nommez les îles situées au sud de la Bretagne. — R. *Belle-Ile, l'île de Groix, les îles de Glenans.*

Devoirs. — Marquer sur la carte muette la position et le nom des villes arrosées par un des cours d'eau du bassin de la Loire (avec ses bassins secondaires).

Dessiner la carte des cours d'eau du bassin de la Loire (avec les bassins secondaires).

BASSIN DE LA SEINE ET BASSINS DE LA MER DU NORD

Méthode et commentaire. — Même méthode que pour les bassins précédents.

Renseignements relatifs au relief du sol. — Le maître dira que le bassin de la Seine n'est pas montagneux et qu'à l'exception du Morvan, dont le point culminant est à 902 mètres, on n'y trouve que des collines, des plateaux peu élevés et des plaines.

Les Vosges sont la seule chaîne importante dans le nord de la France; elles forment une crête arrondie et à peu près continue, avec des contreforts épais : Ballon d'Alsace, 1,250 mètres; Ballon de Guebwiller, 1,426 mètres; Donon, 1,010 mètres. Le passage de Saverne est un défilé qui conduit à Strasbourg et qui appartenait à la France avant la guerre de 1870.

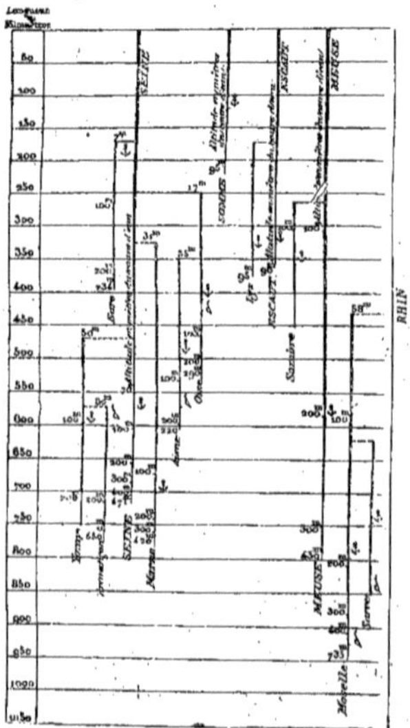

Renseignements relatifs aux cours d'eau. — La figure ci-jointe indique la longueur des cours d'eau ayant plus de 200 kilom.

Le maître dira les principales causes qui déterminent le cours du fleuve. Sa première direction, vers le nord-ouest, est celle de la pente générale de toute cette partie de la France. Lorsqu'il rencontre les coteaux de la Brie Champenoise, il ne trouve pas, comme la Marne, une ouverture formant une vallée continue par laquelle il puisse passer; il est forcé de contourner par le sud le pied du plateau : de là, sa seconde direction, vers le sud-ouest. Il reprend ensuite, après le confluent de l'Yonne, sa direction nord-ouest qu'il conserve jusqu'à la mer. Il forme des méandres parce que les deux rangées de coteaux qui le bordent sont espacées et que, dans sa large vallée, il serpente en allant presque toujours se heurter contre une des rangées et, repoussé de là, se replier sur l'autre rangée.

Jusqu'au Loing et à l'Aisne, les premiers affluents ont pour la plupart la même direction vers le nord-ouest. Depuis l'Eure, les affluents de la rive gauche suivent la pente de la région des coteaux du Perche.

Lectures. — 21ᵉ LECTURE. — *La source de la Seine.* — « Sur un plateau couvert de moissons et de bouquets de bois que les géographes considèrent comme l'extrémité méridionale du plateau de Langres, la nature a creusé des sillons dans lesquels se forment et coulent les ruisseaux.

« Un de ces sillons, profond d'une cinquantaine de mètres, long de deux kilomètres et demi environ, tout verdoyant d'arbres qui en tapissent les flancs et de prairies qui en occupent le fond, est situé à la sortie du bois des Lâviers : c'est là que sont les sources de la Seine. Rien ne les distinguait autrefois des autres sources; le grand fleuve était à sa naissance comme les plus humbles ruisseaux de la contrée.

« La ville de Paris a acheté le terrain et y a élevé, en 1867, ainsi que le rappelle une inscription, un monument aux sources du fleuve qui a donné son nom au département de la Seine et auquel Paris doit son antique prospérité.

« Au fond d'un petit jardin coquettement aménagé, elle a fait construire en ciment un bassin à fond plat de cinq mètres de diamètre environ et de quarante centimètres à peine de profondeur; au milieu, un bloc de pierres sert de piédestal à la statue de la Seine; une grotte artificielle, dont l'architecture rappelle celle du Bois de Boulogne, recouvre le tout. Le fleuve est représenté par une nymphe à demi couchée, tenant d'une main des raisins et des épis, appuyée de l'autre sur une urne d'où s'échappe le filet d'eau de la première source. Lorsque je l'ai vue, au mois de juin, elle était si peu abondante qu'elle ne parvenait pas, sans doute à cause des infiltrations, à remplir son bassin,

et pas une goutte n'en sortait pour aller, à deux ou trois mètres de là, par les cinq canivaux creusés à travers l'allée du jardin, alimenter un petit étang circulaire, tout couvert de joncs, qui paraît aussi avoir été creusé de main d'homme.

« En sortant de l'enceinte du jardin, on rencontre à droite, sur un espace d'une trentaine de mètres, trois autres sources, dont deux sont encadrées de petits bassins de pierres et dont la dernière, désignée sous le nom de Douix, qui signifie source dans le patois du pays, est la plus abondante. En réunissant toutes trois leurs eaux à celles des premières sources, elles ne forment qu'un faible ruisseau, disparaissant entièrement derrière les herbes et sous les joncs de la prairie tourbeuse. D'autres sources, suintant des flancs du vallon, descendent plus loin se joindre à lui dans les prairies. La Seine a déjà près d'un kilomètre de cours à l'endroit où une grosse dalle, supportée par deux socles de pierre, forme le premier pont sous lequel elle passe; sa largeur, en été, n'y est guère que d'un mètre et sa profondeur de cinq à six centimètres.

« A l'issue du vallon, le moulin Gralland possède la première roue que la Seine fasse tourner. Le ruisseau seul ne suffirait pas à cette tâche si deux barrages en pierre n'en arrêtaient les eaux et n'amassaient ainsi, par une retenue de toute l'année, la force nécessaire pour la saison de la mouture.

« Au delà de ce moulin et du pont qui le borde en donnant passage à une route, le vallon élargi n'offre plus que des pentes labourées comme la surface du plateau et quelques rideaux d'arbres : le paysage n'a plus d'intérêt. Mais, avant d'arriver au moulin, entre les deux barrages, le voyageur peut encore embrasser d'un dernier coup d'œil l'ensemble de ce frais vallon. Il s'en trouve sans doute beaucoup d'aussi verts et d'aussi gracieux; mais il y en a peu d'où sorte un cours d'eau aussi important dans l'histoire du monde. C'est ainsi qu'on va visiter avec recueillement la chaumière où un grand homme est né et qu'on s'attache à connaître les moindres détails d'une enfance qui avait passé inaperçue.

« La ville de Paris a bien fait de consacrer par un monument l'origine du fleuve auquel elle doit en effet une partie de sa grandeur; elle aurait fait peut-être preuve d'un meilleur goût si le monument eut respecté la source au lieu de la transfigurer. »

22ᵉ LECTURE. — *La basse Seine.* — « J'ai descendu en bateau à vapeur la Seine de Rouen au Havre. J'avais alors quatorze ans et mon père me faisait faire mon premier voyage. Tout était nouveau pour moi et j'admirais. Entre deux rangées de hauts coteaux, la Seine serpente et dessine cinq courbes gracieuses en se rapprochant ou en s'éloignant successivement de l'une ou de l'autre des lignes de hauteurs qui encadrent sa vallée, verdoyante de bois, de vergers et de prairies. Sans être très varié, le paysage se renouvelle et soutient l'attention du voyageur; de temps à autre, au milieu de la verdure apparaît une chaumière, un village dont le clocher perce au-dessus des peupliers, même une petite ville, telle que Caudebec penché sur son coteau, un vieux monument qui réveille un souvenir historique, comme l'abbaye de Jumièges ou le château de Tancarville.

« Depuis Quillebœuf, le spectacle change tout à coup; les coteaux s'écartent et l'horizon s'élargit : la Seine ressemble moins à un fleuve qu'à une baie; on entre dans l'estuaire et la vague commence à se faire sentir. A la marée montante, le flot de la haute mer, se précipitant dans cet entonnoir, se gonfle devant l'obstacle que lui opposent l'eau du fleuve et ses berges et met en péril les bateliers imprudents; à marée basse, de larges bancs de sable, souvent déplacés par les courants, se découvrent.

« Aujourd'hui, un chenal plus praticable a été tracé par les ingénieurs; cependant le voyageur n'a toujours devant lui que la vue sans limite de la mer. Le navire fait escale devant Honfleur, puis, par une navigation d'une quinzaine de kilomètres, il traverse l'estuaire et entre dans le port du Havre. Il est sorti de l'embouchure; mais il peut voir encore au loin la traînée jaunâtre des eaux fluviales qui, jusqu'au delà de Villerville, tranche sur les eaux vertes de la Manche. »

Complément du questionnaire. — D. Quels bassins l'arête du plateau de Langres sépare-t-elle? — R. *Le bassin du Rhône et le bassin de la Seine.*
D. Qu'est-ce que l'Ardenne? — R. *Un plateau dont l'extrémité occidentale fait partie de la ceinture du bassin de la Seine.*
D. Par quoi le bassin de la Meuse est-il séparé du bassin de la Seine? — R. *Par des rangées de coteaux et de collines. La partie septentrionale de ces collines s'appelle Argonne.*
D. Qu'est-ce que le pays de Caux? — R. *Un plateau dont la crête sépare le bassin inférieur de la Seine des bassins secondaires.*
D. Quelles sont les grandes villes que la Seine arrose? — R. *Troyes, Paris, Rouen, le Havre.*
D. Où coule l'Orne? — R. *En Normandie.*
D. Quels sont les affluents de l'Escaut? — R. *La Scarpe et la Lys.*
D. Dans quelle direction coule la Meuse? — R. *Vers le nord.*
D. Quel est le caractère de son bassin? — R. *Il est étroit; la Meuse, après Mézières, traverse l'Ardenne par un long défilé.*
D. Depuis quand le Rhin ne coule-t-il plus sur la frontière de France? — R. *Depuis la guerre de 1870.*

Devoirs. — Faire de mémoire la carte du bassin de la Seine et des bassins secondaires avec le relief du sol.

PROVINCES ET DÉPARTEMENTS

Méthode et commentaire. — Par l'étude qu'il a faite de la géographie physique, l'élève connaît le contour de la France et le dessin des bassins. Cette connaissance l'aidera à fixer dans sa mémoire la position relative des départements. Toutefois, avant d'aborder le détail des départements par bassins, il est bon qu'il fasse une étude sommaire des départements groupés par provinces et par régions.

Les anciennes provinces ne correspondent pas aux bassins; cependant il importe de les apprendre, d'abord pour elles-mêmes, ensuite parce qu'elles constituent des cadres commodes pour classer les départements. La carte porte d'ailleurs les grands cours d'eau ; le maître ne manquera pas de le faire remarquer aux élèves et s'en servira quelquefois pour l'interrogation. Il leur apprendra même à trouver à peu près la position d'un département par celle des cours d'eau ou des montagnes dont il porte le nom. Ainsi, il leur fera remarquer que le département de la Seine Inférieure est nécessairement près de l'embouchure de la Seine et, par conséquent, voisin de la Manche et situé au nord-ouest de la France; que le département des Vosges est au nord-est de la France, que le département d'Eure-et-Loir est entre le bassin de la Seine et celui de la Loire, etc. De tels rapprochements gravent les choses dans la mémoire et exercent l'intelligence.

L'interrogation sera toujours faite sur la carte murale, et mieux encore sur le tableau carte muette ou sur la carte muette de l'Atlas scolaire.

Avec les commençants le maître n'insistera pas sur les anciennes provinces de France et sur leur réunion au domaine royal ou national ; c'est un sujet à traiter dans le cours supérieur.

Il dira quelques mots des divisions administratives et des fonctions des principaux administrateurs, maire, sous-préfet, préfet, en prenant ses exemples dans son département; il dira même quelques mots des grands pouvoirs de l'État, de manière à donner une première idée de l'organisation administrative à des enfants qui n'auront peut-être pas d'autre occasion de recevoir une leçon de ce genre.

Les élèves apprendront en trois ou quatre leçons le tableau des départements avec les chefs-lieux. Afin de faciliter le classement dans la mémoire, les départements y sont groupés par provinces, et les provinces par régions.

Les départements n'ayant pas été calqués sur les provinces, les limites des unes et des autres ne coïncident pas toujours. Sur l'Atlas scolaire le coloris montre les limites des départements qui sont pour les élèves la notion importante à retenir; des croix en noir indiquent les limites de provinces. Nous donnons, à l'usage du maître et en face de la carte de l'élève, la même carte coloriée par provinces. Le maître fera remarquer à ses élèves d'une manière générale le défaut de coïncidence ; il se gardera d'y insister.

Lectures. — 23ᵉ LECTURE. — *La division de la France en départements.* — « Au commencement de la Révolution française, l'Assemblée nationale, qui donnait à la France une constitution nouvelle, fondée sur les trois principes de l'unité, de la liberté et de l'égalité, ne pouvait laisser subsister la diversité des divisions administratives de l'ancien régime, avec les privilèges particuliers des provinces, des villes et des seigneuries. Conformément aux décrets du 4 août qui abolissaient le régime féodal et les privilèges, l'Assemblée, après avoir discuté plusieurs systèmes, entre autres celui de la division en carrés de même superficie, lequel, sous l'apparence de l'égalité et de la simplicité, cachait une grande inégalité et de nombreuses difficultés, l'Assemblée adopta, par le décret du 22 décembre 1789, le principe de la division en départements au nombre de 75 à 85, des départements en districts, des districts en cantons composés de municipalités. Elle arrêta ensuite, le

15 janvier, par un décret que le roi sanctionna le 4 mars 1790, le nombre des départements à 83, et elle les groupa par provinces, sans s'astreindre toutefois à suivre partout les limites des anciennes circonscriptions.

« Un économiste distingué, qui avait été ami de Turgot, Dupont de Nemours, lut le rapport général sur cette question dans la séance du 15 février. Il s'exprimait ainsi : « Dans les démarcations qui vous ont été proposées, messieurs, soit par les députés des différents départements, soit par vos commissaires, on a pris autant que possible pour bases les limites physiques, les rivières, les chemins, les crêtes de montagnes et leurs eaux pendantes. Quelquefois aussi, on a tiré des lignes purement conventionnelles... Ainsi, lorsque, sur les cartes déposées à vos archives et qui feront titre dans toute la France, des lignes de ce genre ont été tirées, ces lignes doivent être regardées comme simplement indicatives des chefs-lieux, comme idéales quant aux finages et aux territoires ».

« La première constitution politique qu'ait eue la France et qui fut promulguée en 1791, consacra l'institution nouvelle : « Article 1er. Le royaume est un et indivisible ; son territoire est divisé en 83 départements, chaque département en districts, chaque district en cantons. »

« Les 83 départements, auxquels on ne voulut pas donner le nom des chefs-lieux, dans la crainte de reconstituer, comme disait le député Target, une nouvelle aristocratie de villes, sont demeurés à peu près tels qu'à l'époque de leur création. Cependant le Vaucluse a été ajouté, en 1791, à l'époque de la réunion du comtat Venaissin à la France ; le département de Rhône-et-Loire a été divisé, en 1793, en département du Rhône et département de la Loire ; le département de Tarn-et-Garonne a été formé, en 1808, aux dépens du territoire des départements voisins : ce qui, sans compter les conquêtes de la Révolution française et de l'Empire perdues en 1814 et en 1815, portait à 86 le nombre total des départements français. Le traité de 1860 nous a donné les trois nouveaux départements de la Savoie, de la Haute-Savoie et des Alpes-Maritimes. Mais la guerre funeste de 1870, en nous enlevant l'Alsace et le nord de la Lorraine, a retranché de notre territoire le département du Haut-Rhin, moins Belfort, le département du Bas-Rhin tout entier, un canton du département des Vosges et nous a obligés à réunir, sous le nom de la Meurthe-et-Moselle, les parties des départements de la Meurthe et de la Moselle que nous laissait le traité de Francfort. Le nombre des départements a été ramené par cette douloureuse séparation à quatre-vingt-six, plus un territoire.

« La subdivision en districts n'a pas subsisté. Au commencement du consulat, la loi du 28 pluviôse an VIII leur a substitué les arrondissements, qui étaient en général d'une plus grande étendue, et a confié l'administration à des préfets et à des sous-préfets, avec des conseils généraux et des conseils d'arrondissement, qui ne sont devenus des corps électifs que trente-sept ans plus tard.

« Le baron Mounier, qui avait été député à l'Assemblée nationale constituante et qui, en 1837, était à la Chambre des pairs le rapporteur d'une loi nouvelle sur les conseils généraux, caractérisait en ces termes l'organisation administrative que la Révolution française a donnée au territoire français : « Alors, au milieu de la fermentation des passions, le sentiment désintéressé d'un noble patriotisme animait la nation. On reconnaissait, sur tous les points du royaume, que s'il est des gouvernements où les privilèges sont d'utiles barrières, il ne doit point en exister sous un gouvernement libre ; chacun doit y jouir de tous les droits compatibles avec l'intérêt général, et nul ne doit y jouir d'un droit qui lui serait contraire... On ne saurait contester que, si cette grande mesure a pu froisser des sentiments respectables, elle n'a pas moins produit un bien immense. Les blessures qu'elle a faites sont cicatrisées ; le bien qu'elle a produit est durable. Avant d'être français, on était breton, provençal. Maintenant on est français et rien que français. »

« La division en départements, que le temps a aujourd'hui consacrée, a été en effet une des conditions de l'unité française. »

24e LECTURE. — *Le gouvernement de la République.* — « Le gouvernement de la République est fondé sur le principe de l'élection. Tous les citoyens majeurs, jouissant de leurs droits politiques, sont électeurs. Ils nomment directement les conseils municipaux qui administrent les affaires de la commune, les conseils d'arrondissement et de département qui administrent celles de l'arrondissement et du département ; la Chambre des députés qui, de concert avec le Sénat, élu par un autre mode de suffrages, administre les affaires de l'État. Les élus sont ainsi les représentants de leurs concitoyens ; ils expriment par leurs votes la volonté nationale et donnent à la politique une direction conforme au sentiment général de la majorité de la nation, en étudiant et en décidant chaque question avec leurs propres lumières et suivant leur conscience.

« Les corps délibérants ne sont pas propres à l'action. Il importe de constituer partout un pouvoir exécutif qui ait une assez forte autorité pour accomplir son œuvre, mais qui soit lié par les lois qu'il a mission de faire respecter et qu'il doit respecter lui-même. Le pouvoir exécutif de l'État est confié au Président de la République, qui est élu pour sept ans par le Sénat et la Chambre de députés réunis en Assemblée nationale.

« Le Président nomme les ministres, qui sont chargés, chacun dans leur ministère, d'une des branches de l'administration générale de la France ; mais, comme les ministres sont responsables devant les Chambres et ne peuvent gouverner qu'autant que celles-ci les soutiennent par des votes favorables, le Président ne peut constituer ou conserver un ministère que si ce ministère est disposé à pratiquer une politique conforme à celle des représentants de la nation.

« Dans le département, dans l'arrondissement, dans la commune, il y a, comme dans l'État, un pouvoir exécutif et un pouvoir délibérant : le préfet à côté du conseil général, le sous-préfet à côté du conseil d'arrondissement, le maire à côté du conseil municipal. Le préfet et le sous-préfet sont des fonctionnaires représentant le gouvernement, nommés par le Président de la République. Le maire est aussi considéré comme un fonctionnaire subordonné au préfet et au sous-préfet, mais il est en même temps l'élu du conseil municipal et le défenseur des intérêts de sa commune. »

Questionnaire. — R. Comment la France était-elle divisée avant 1789 sous le rapport militaire? — R. *En gouvernements ou provinces.*

D. Quelles sont les provinces que la France a acquises ou perdues depuis 1815? — R. *Elle a acquis la Savoie et le comté de Nice ; elle a perdu l'Alsace et le nord de la Lorraine.*

D. Combien y a-t-il aujourd'hui de départements en France? — R. *86 départements et 1 territoire.*

D. Qu'est-ce qu'une commune? — R. *Une commune est une partie du territoire français administrée par un conseil municipal et par un maire.*

D. Comment le maire est-il nommé? — R. *Il est élu par le conseil municipal dans la plupart des communes.*

D. Qu'est-ce qu'un arrondissement? — R. *Un arrondissement est une partie de département composée de plusieurs cantons et administrée par un conseil d'arrondissement et un sous-préfet.*

D. Combien y a-t-il d'arrondissements? — R. 362.

D. Par qui est administré le département? — R. *Par le conseil général qu'élisent les citoyens et par le préfet que nomme le gouvernement.*

D. Quels sont les pouvoirs qui composent le gouvernement de la République? — R. *Le Sénat et la Chambre des députés qui font les lois et votent les impôts ; le Président de la République qui exerce le pouvoir exécutif.*

D. Nommez et montrez sur la carte les départements formés par l'ancienne province de l'Ile-de-France. — R. *Seine-et-Oise, Seine, Seine-et-Marne, Oise, Aisne.*

D. Dans quelle province était compris le territoire de la Somme? — R. *Dans la Picardie.*

D. Quel est le plus septentrional des deux départements de la Manche et de la Loire-Inférieure? — R. *La Manche.*

D. Pourquoi? — R. *Parce que le cours de la Loire est plus au sud que la Manche.*

D. Quel est le chef-lieu du département du Nord? — R. *Lille.*

D. De quel département Caen est-il le chef-lieu? — R. *Du Calvados.*

D. Dans quelle province était le Mans? — R. *Dans le Maine.*

D. Montrez sur la carte muette et nommez les anciennes provinces de la région du nord-est. — R. *La Champagne, la Lorraine, l'Alsace, la Franche-Comté, la Bourgogne.*

D. Nommez les départements et les chefs-lieux de l'ancienne province du Dauphiné. — R. *L'Isère, chef-lieu Grenoble ; la Drôme, chef-lieu Valence ; les Hautes-Alpes, chef-lieu Gap.*

D. De quel département Annecy est-il le chef-lieu? — R. *De la Haute-Savoie.*

D. Nommez les départements qui sont en partie couverts par les Alpes. — R. *La Savoie, la Haute-Savoie, l'Isère, la Drôme, les Hautes-Alpes, les Basses-Alpes, le Vaucluse, les Bouches-du-Rhône, le Var, les Alpes-Maritimes.*

D. Montrez et nommez les départements riverains de la Méditerranée, en allant de l'ouest à l'est. — R. *Les Pyrénées-Orientales, l'Aude, l'Hérault, le Gard, les Bouches-du-Rhône, le Var, les Alpes-Maritimes.*

D. Nommez le chef-lieu de la Lozère. — R. *Mende.*

D. La Lozère est-elle plus au sud que la Côte-d'Or? — R. *Oui.*

D. Pourquoi? — R. *Parce que la montagne de la Lozère qui donne son nom au département est à l'extrémité méridionale des Cévennes septentrionales, et que la Côte-d'Or est au nord de la même chaine.*

D. Nommez les chefs-lieux des départements riverains du golfe de Gascogne, des Pyrénées à la Gironde. — R. *Pau, chef-lieu des Basses-Pyrénées ; Mont-de-Marsan, chef-lieu des Landes ; Bordeaux, chef-lieu de la Gironde.*

D. Quels sont les cours d'eau qui doivent leur nom à la Charente? — R. *La Charente et la Charente-Inférieure.*

D. Quels sont les chefs-lieux des départements du Poitou? — *La Roche-sur-Yon, ch.-l. de la Vendée ; Poitiers, ch.-l. de la Vienne ; Niort, ch.-l. des Deux-Sèvres.*

D. Montrez sur la carte et nommez les départements de la région du centre. — R. *Indre-et-Loire, Loir-et-Cher, Eure-et-Loir, Loiret, Cher, Indre, Creuse, Haute-Vienne, Corrèze, Cantal, Puy-de-Dôme, Allier, Nièvre.*

Devoirs. — Marquer sur une carte muette par départements les noms et les chefs-lieux des départements de la région du nord et du nord-ouest, et colorier la carte par départements.

Sur une carte muette physique de France, dessiner les limites des provinces et des départements et mettre la position et le nom des chefs-lieux.

DÉPARTEMENTS ET VILLES DU BASSIN DU RHÔNE

Méthode et commentaire. — Lorsque les élèves commencent l'étude des départements par bassins, ils ont déjà étudié d'une manière sommaire la France par provinces et par départements ; ils doivent donc connaître le nom de chaque département avec son chef-lieu et le groupement général des départements par régions (région du nord et du nord-ouest, région du nord-est, etc.). Le maître a pu même les exercer à distinguer les départements des régions montagneuses, ceux de la région côtière, ceux que chaque fleuve arrose.

L'étude des départements par bassins a pour objet d'enrichir et de compléter ce premier fonds, d'y ajouter la connaissance des chefs-lieux d'arrondissement ou sous-préfectures, des autres villes importantes et des localités célèbres par quelque grand fait économique ou historique, et de leur bien faire comprendre la relation de la géographie politique avec la géographie physique et surtout avec l'hydrographie. C'est pourquoi les quatre cartes de départements par bassins portent deux espèces de lettres : des lettres grasses ou avec pleins qui servent aux noms de la géographie politique que l'élève apprend, et des lettres maigres qui, en reproduisant les noms inscrits sur les bassins physiques, lui rappellent la géographie physique qu'il a déjà apprise. L'élève verra ainsi le rapport des deux branches de la géographie ; l'une l'aidera à retenir l'autre et à se fixer dans la mémoire la position des lieux.

Les noms de départements sont en lettres grasses ; les chefs-lieux de département sont en capitales, les chefs-lieux d'arrondissement sont en romaines ; les autres localités sont en italiques.

Pour faciliter la comparaison, les quatre cartes de départements sont au 3,500,000e (1 millimètre pour 3 kilomètres ¹/₂ ou 1 centimètre pour 35 kilomètres), c'est-à-dire à la même échelle que les cartes physiques des bassins. Les noms de la géographie physique ont même été écrits, autant que possible, à la même place que sur les cartes physiques. Les hachures qui figurent les montagnes sur les cartes physiques n'ont pas été reproduites sur les cartes de départements, afin d'éviter la confusion.

Il y a des départements qui appartiennent en partie à un bassin et en partie à un autre. Ils ont été classés, pour le texte et pour la carte, dans le bassin où se trouve la plus grande partie de leur territoire et ils sont coloriés sur la carte. La limite des bassins est d'ailleurs marquée sur la carte par une ligne pointillée.

Le maître suivra l'ordre de l'Atlas-scolaire pour apprendre la suite des départements à ses élèves. Il montrera la position de chaque département, celle du chef-lieu du département et des chefs-lieux d'arrondissement, n'oubliant pas qu'il y a toujours en géographie, — sans parler de l'intelligence à développer — deux notions à fixer dans la mémoire des élèves : celle du nom propre et celle de la position du lieu.

Il pourra tracer de toutes pièces au tableau noir la carte du bassin, comme il a pu tracer celle de la France. Toutefois nous répétons ici que c'est là un exercice difficile, exigeant une grande habitude, beaucoup de temps et que de bons maîtres de géographie peuvent souvent n'y pas réussir. Or, il vaudrait mieux ne pas le tenter que de mettre sous les yeux des élèves un dessin très imparfait, qui laisserait dans leur mémoire une image très inexacte et qui pourrait prêter à leurs critiques malignes.

Si le maître le tente, il aura le soin de dessiner d'abord le cours du fleuve ; cette ligne lui servira de directrice pour placer les villes arrosées par ce fleuve et pour dessiner approximativement les départements qu'il traverse. Il fera de même ensuite pour chacun des affluents.

Nous regardons comme préférable l'emploi d'un tableau-carte portant les limites des départements et la position des chefs-lieux de département. Il existe plusieurs tableaux de ce genre ; nos tableaux-cartes, l'un au 1,000,000e, l'autre au 800,000e, édités par la librairie Delagrave, le tableau du frère Alexis, le tableau de M. Suzanne, édité par la librairie Hachette, etc. Sur ces tableaux figurent exactement les limites des départements. Le maître y tracera, avec facilité et sûreté, le cours du fleuve ; puis il marquera dans chaque département la position des chefs-lieux d'arrondissement, avec les noms ou seulement les initiales du nom. Il procédera de même pour les affluents, et la carte se remplira ainsi peu à peu sous les yeux des élèves : ce qui laisse dans l'esprit des élèves une impression plus vive.

Pendant ce temps, les élèves regarderont en suivant sur la carte de leur Atlas-scolaire. Ils pourront aussi être munis d'une carte muette par départements, sur laquelle ils placeront, comme leur maître, au fur et à mesure, les positions et les noms. C'est un exercice très profitable, qui oblige les élèves à suivre avec une attention soutenue et qui permet au maître de s'assurer à chaque instant s'il est réellement suivi.

Nous donnons ici, à titre d'exemple, quelques renseignements sur les départements et les villes. Le maître s'en servira pour commenter le texte de l'Atlas-scolaire pendant la leçon ou pendant l'interrogation ; mais il ne le fera que quand l'occasion sera opportune, par exemple, quand les élèves ne comprendront pas ou ne sauront pas et qu'il lui paraîtra nécessaire d'insister. De toute façon, le maître se gardera bien de répéter aux élèves à propos de chaque ville le commentaire que nous lui fournissons ; il ne ferait que jeter la confusion dans l'esprit des élèves par la multiplicité des détails qui, s'appliquant uniformément à tout, ne donneraient de relief à rien. Or il n'y a que les choses principales qu'il faille mettre en relief.

Renseignements relatifs aux départements et aux villes. — Quatorze départements tirent leur nom des cours d'eau du bassin. Les autres doivent leur nom, six au relief du sol (Côte-d'Or, Jura, Hautes-Alpes, Basses-Alpes, Alpes-Maritimes, Pyrénées-Orientales), quatre à des noms de ville ou de province (Haute-Savoie, Savoie, Territoire de Belfort, Corse).

Haute-Saône signifie département arrosé par le cours supérieur de la Saône ; Saône-et-Loire département arrosé par la Saône et par la Loire, etc.

Haute-Savoie signifie celui des deux départements de la Savoie dans lequel sont les plus hautes montagnes ; on y trouve en effet le mont Blanc ; cependant l'ensemble des massifs montagneux, comme des géographes l'ont fait remarquer, est plus élevé dans la Savoie que dans la Haute-Savoie. Dans les Hautes-Alpes au contraire, les montagnes sont plus élevées que dans les Basses-Alpes. Le Jura s'étend sur plusieurs départements ; le département du Jura est celui où la chaîne atteint sa plus grande élévation.

Le département du Var a reçu ce nom, à l'époque de la création des départements, parce que le Var, qui formait alors la frontière de la France et de l'Italie, coulait à la limite de ce département. Cet état de choses a changé à la suite de la guerre de 1859, lorsque le roi de Sardaigne, victorieux des Autrichiens et maître du Milanais, grâce à l'appui des armes françaises, céda, en reconnaissance de ce service, la Savoie et le comté de Nice à la France. Comme le comté de Nice était trop petit pour former un département, l'arrondissement de Grasse fut détaché du département du Var et annexé au nouveau département, qui reçut le nom d'Alpes-Maritimes ; mais il se trouve que le Var, qui coulait à l'est de l'arrondissement de Grasse, traverse les Alpes-Maritimes et ne borde plus le département du Var. Des géographes ont proposé de substituer le nom de département de l'Argens à celui de département du Var ; cette proposition est logique et mériterait d'être prise en considération.

Le Rhône et les Bouches-du-Rhône sont les deux départements du bassin où la densité de la population est la plus grande dans le bassin du Rhône, parce que ce sont ceux qui ont l'industrie la plus active et qu'ils renferment Lyon et Marseille, les deux plus grandes villes de France après Paris. Les Hautes et les Basses-Alpes, situées dans une région toute montagneuse, sont les deux départements où la densité est le plus faible.

Dans le bassin du Rhône, il y a treize villes dont la population était supérieure à 30,000 habitants au recensement de 1881 et sur lesquelles le maître peut attirer particulièrement l'attention des élèves ; ce sont : *Dijon* (53,899 hab.), *Besançon* (57,039 hab.), *Lyon* (372,887 hab.), *Grenoble* (50,254 hab.), *Avignon* (38,469 hab.), *Nîmes* (62,549 hab.), *Montpellier* (61,873 hab.), *Cette* (34,137 hab.), *Béziers* (42,135 hab.), *Perpignan* (32,995 hab.), *Marseille* (357,530 hab.), *Toulon* (69,474 hab.), *Nice* (78,156 hab.). Nous indiquons ainsi pour chaque bassin les villes dont la population dépasse 30,000 habitants ; mais le maître, qui pourra se servir de ce renseignement pour son commentaire, se gardera bien de faire apprendre ces nombres aux élèves.

Dans le livre de l'élève se trouve indiquée la population de toutes les villes de France ayant plus de 50,000 habitants.

Lectures. — 25e LECTURE. — *Lyon.* — « Il faut gravir la colline de Fourvières pour avoir l'ensemble du panorama de Lyon et de la campagne : un petit chemin de fer, construit en manière de montagne russe et désigné vulgairement sous le nom de « ficelle de Fourvières, » y porte le voyageur en quelques minutes sans fatigue. Quoique la colline ne domine guère la ville que de cent vingt mètres, la vue y porte sur une immense étendue ; quand le temps est clair, elle s'étend quelquefois jusqu'aux Alpes et au mont Blanc, par delà la vaste et fertile plaine du Viennois. Le Rhône s'y déroule au loin et se perd à l'horizon dans la brume au pied des derniers coteaux du Jura. »

« Immédiatement au-dessous du spectateur, se dressent les flèches et le toit de la cathédrale de Saint-Jean, et s'allonge le lit étroit de la Saône, bordé de hautes maisons, coupé de nombreux ponts et sillonné de petits bateaux à vapeur. Au delà, entre les deux cours d'eau, un amas de toits pressés les uns contre les autres et de façades alignées sur des rues dont on ne distingue que les étages supérieurs. A peine si quelques grandes lignes se dégagent dans cette confusion de cheminées et de pignons ; cependant la place Bellecour, dont la statue de Louis XIV occupe le milieu, la rue Nationale, le débarcadère du chemin de fer, la longue suite des quais du Rhône avec les belles constructions neuves qui le bordent du côté des anciens faubourgs de la rive gauche, et les maisons à six et sept étages, uniformes comme des casernes, qui s'élèvent les unes au-dessus des autres sur la pente de la Croix-Rousse, donnent à la vue un cachet particulier. »

« La plupart des grandes villes, vues d'une éminence, présentent un amas semblable ; mais toutes ne sont pas, comme Lyon, enveloppées de verdure et traversées de deux cours d'eau dont la réunion forme un des fleuves les plus majestueux de l'Europe, et toutes n'abritent pas sous leurs toits tant de richesses variées et d'activité industrielle. »

26e LECTURE. — *Marseille.* — « A Marseille, comme à Lyon, il y a une colline d'où l'on jouit mieux que de tout autre lieu du panorama de la ville et de sa banlieue : c'est Notre-Dame de la Garde. La verdure que les grands arbres du Prado conservent fraîche pendant presque tout l'été, et l'agglomération de maisons qui couvrent un cirque d'environ huit kilomètres de développement, ne sont pas les traits les plus saillants du panorama, quoique la cathédrale, placée sur la colline où était la cité romaine, soit d'un effet imposant, et que le regard puisse, par delà la Cannebière et l'avenue de Noailles, deviner plutôt que distinguer le Château-d'Eau, une des œuvres les plus remarquables de l'architecture contemporaine. »

« Ce qui est surtout grandiose dans ce paysage, ce sont les arêtes vives et nues des montagnes calcaires de la Provence qui forment un des côtés du cadre et qui limitent l'horizon de leur ligne continue ; c'est, de l'autre côté, l'immense nappe azurée de la Méditerranée d'où émergent les îlots rocheux de la rade et sur laquelle se détachent au loin les voiles blanches des pêcheurs ou la traînée de fumée des bateaux à vapeur ; c'est entre la ville et la mer, la multitude des navires pressés sur plusieurs rangs dans le vieux port ou alignés derrière l'abri du môle dans la suite des bassins neufs, depuis le port de la Joliette jusqu'au cap Pinède, dressant leurs mâts qui s'enchevêtrent et qui font penser à une armée de lances ; c'est l'atmosphère sèche et le soleil ardent du midi qui avivent les couleurs, accusent les ombres, et dessinent vigoureusement les lignes du tableau en donnant à l'ensemble une teinte chaude, caractéristique des paysages de la Provence. »

27e LECTURE. — *Nice et ses environs.* — « Nice est un lieu de plaisance. Depuis Hyères jusque par delà la frontière italienne, les Alpes bordent de près la Méditerranée ; elles abritent la côte contre les vents froids du nord et elles forment comme un gigantesque mur d'espalier exposé au midi, recevant directement les rayons du chaud soleil de la

Nice.

Provence et favorisant la végétation de plantes qu'on ne voit nulle part ailleurs en France, excepté dans quelques parties du Roussillon également favorisées. L'orange et le citron y mûrissent et sont, avec l'olivier, les principales cultures arborescentes ; le palmier-dattier même y pousse ; ses fruits n'arrivent pas souvent à une entière maturité, mais ses belles palmes flexibles ornent les promenades et les jardins, à côté des aloès et des eucalyptus. »

« Pendant l'été la chaleur est lourde et la terre desséchée : ce n'est pas la saison ou la campagne de Nice se présente sous son plus séduisant aspect. Il faut la voir en hiver et au printemps, lorsque le froid, la neige où la pluie attristent les régions de la France centrale et septentrionale et que le soleil brille sur la côte de la Méditerranée, éclairant les champs couverts de verdure et de fleurs. C'est alors que les malades et les voyageurs affluent dans les villas et dans les hôtels, que Nice a ses jours de fête et que les sites délicieux qui bordent cette partie de la côte, Hyères, Cannes, Monaco et Monte Carlo, Menton, offrent, comme Nice, les charmes réunis d'une belle nature et d'une société élégante. »

Nous ne donnons pas de lecture pour Toulon, mais nous donnons

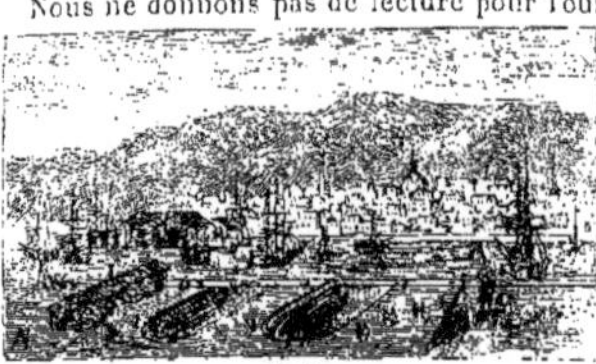

Toulon.

la vue du port militaire avec les cales, au fond la ville et les montagnes de Provence. Le maître pourra se servir de cette figure pour dire quelques mots de commentaire.

28e LECTURE. — *Les monuments romains du midi de la France.* — « Quand les Romains pénétrèrent en Gaule, ils s'établirent d'abord dans le bassin de la Méditerranée. C'est là que leur influence s'est fait le plus sentir, que leurs mœurs, leurs institutions, leur langue se sont le mieux conservées au moyen âge et qu'on retrouve aujourd'hui le plus de souvenirs de leur civilisation et de monuments de leur architecture. L'arc de triomphe d'Orange et son théâtre, qui existe encore presque tout entier, le théâtre et les vastes arènes d'Arles, les arènes de Nîmes, qui l'emportent sur celles d'Arles par l'élégance de leur revêtement extérieur et où l'on donne encore quelquefois des représentations, la Maison-Carrée, qui est justement considérée comme un bijou de l'art antique, le pont du Gard, qui supporte un aqueduc sur trois étages d'arcades imposantes par leur masse correcte et élégante, témoignent de la grande richesse et du nombre considérable des habitants de la Gaule méridionale sous l'Empire romain. De notre temps, ils sont un des ornements de cette région et ils attirent le savant qui les étudie et le voyageur qui les admire. »

Questionnaire. — D. Combien y a-t-il de départements dans le bassin du Rhône ? — R. *Vingt-trois.*

D. Quels sont les départements baignés par le fleuve et situés sur sa rive droite ? — R. *La Haute-Savoie, la Savoie, l'Isère, la Drôme, le Vaucluse, les Bouches-du-Rhône.*

D. Quel est le chef-lieu du département de l'Ain ? — R. *Bourg.*

D. Sur quel cours d'eau et dans quel département est situé Trévoux ? — R. *Sur la Saône, dans le département de l'Ain.*

D. Où se trouve Lyon ? — R. *Au confluent de la Saône et du Rhône.*

D. Quelle est l'importance de la position de Lyon ? — R. *Elle commande les routes qui conduisent du nord de la France dans la vallée du Rhône et en Italie*

D. Qu'est-ce que Fourvières ? — R. *Un faubourg de Lyon.*

D. Montrez-le sur la figure. — R.....

D. Quels sont les chefs-lieux d'arrondissement du département de la Savoie ? — R. *Albertville, Moutiers, Saint-Jean-de-Maurienne.*

D. Où est situé Montélimar ? — R. *Sur le Rhône, dans le département de la Drôme.*

D. Quels sont les départements que la Saône arrose (dans le bassin du Rhône) ? — R. *Haute-Saône, Côte-d'Or, Saône-et-Loire, Ain, Rhône.*

D. Quelles sont les préfectures et sous-préfectures qu'elle arrose ? — R. *Gray, Chalon-sur-Saône, Mâcon, Villefranche, Trévoux, Lyon.*

D. Quels sont les départements que l'Isère traverse ? — R. *La Savoie, l'Isère, la Drôme.*

D. Sur quel cours d'eau sont Briançon, Embrun et Sisteron ? — R. *Sur la Durance.*

D. Qu'est-ce que Thonon ? — R. *Un chef-lieu d'arrondissement du département de la Savoie.*

D. Dans quels départements se trouve le Jura ? — R. *Dans les départements de l'Ain, du Jura et du Doubs.*

D. Dans quel département est le col du mont Genèvre ? — R. *Dans le département des Hautes-Alpes.*

D. Nommez la préfecture et les sous-préfectures des Bouches-du-Rhône. — R. *Préfecture, Marseille ; sous-préfectures, Arles et Aix.*

D. Quelle est l'importance de Marseille ? — R. *Marseille a toujours été un grand port ; c'est le principal débouché de la France sur la Méditerranée.*

D. Montrez sur le plan de Marseille Notre-Dame de la Garde. — R.....

D. Quel est le port militaire de la France dans la Méditerranée ? — R. *C'est Toulon, sous-préfecture du département du Var.*

D. De quel département Nice est-il le chef-lieu ? — R. *Des Alpes-Maritimes.*

D. Quels sont les départements baignés par la Méditerranée ? — R. *Les Alpes-Maritimes, le Var, les Bouches-du-Rhône, le Gard, l'Hérault, l'Aude et les Pyrénées-Orientales.*

D. Sur quel cours d'eau est Carcassonne ? — R. *Sur l'Aude.*

D. Dans quels départements sont les Corbières ? — R. *Dans les Pyrénées-Orientales et l'Aude.*

D. A quoi le département de Saône-et-Loire doit-il son nom ? — R. *A la Saône et à la Loire qui l'arrosent.*

D. Le département de la Côte-d'Or est-il tout entier dans le bassin du Rhône ? — R. *Non ; toute la partie nord-ouest est dans le bassin de la Seine.*

D. Nommez les départements de l'ancienne Bourgogne qui sont dans le bassin du Rhône. — *Côte-d'Or, Saône-et-Loire, Ain.*

Devoirs. — Dessiner sur la carte muette physique du bassin du Rhône les départements, mettre leur nom, ainsi que le nom et la position des chefs-lieux de département.

Sur une carte muette des départements du bassin du Rhône, écrire de mémoire les noms des départements et des chefs-lieux de département et d'arrondissement.

Sur une feuille de papier blanc, dessiner la carte physique et politique de la Provence.

DÉPARTEMENTS ET VILLES DU BASSIN DE LA GARONNE

Méthode et commentaire. — Nous rappelons que l'échelle des huit cartes de bassins de l'Atlas-scolaire est de 1/3,500,000ᵉ, c'est-à-dire de 1 millimètre pour 3 kilomètres ¹/₂. (Voir pour la méthode, le bassin du Rhône.)

Sur vingt départements que comprend le bassin, quinze tirent leur nom des cours d'eau ; quatre doivent leur nom au relief du sol (Hautes-Pyrénées, Basses-Pyrénées, Lozère, Cantal) ; un le doit à la nature du sol (Landes).

Haute-Garonne signifie département arrosé par le cours supérieur de la Garonne ; Tarn-et-Garonne signifie département arrosé par la Garonne et par le Tarn ; Charente-Inférieure signifie département arrosé par le cours inférieur de la Charente, etc.

La population est moins nombreuse dans le bassin de la Garonne que dans celui du Rhône. La Haute-Garonne est le département où la densité de la population est la plus grande dans ce bassin. La Lozère, le Cantal, le Gers et les Landes sont au nombre des départements de la France dont la population est le moins dense.

Aussi le nombre des villes au-dessus de 30,000 habitants y est-il seulement de trois, tandis qu'il est de 13 dans les bassins de l'Atlantique et de la Méditerranée, et de 11 dans le bassin de la Manche, qui ont, il est vrai, une grande superficie. Ces trois villes sont : *Toulouse* (136,627 hab.), *Bordeaux* (220,955 hab.), *Angoulême* (32,287 hab.).

Lectures. — 29ᵉ LECTURE. — *Toulouse*. — « Toulouse ne doit pas sa grandeur au hasard. Au coude de la Garonne s'étend une plaine formée en grande partie par les alluvions du fleuve et propice à la culture. Cette position commande le fleuve qui, d'un côté, fournit un chemin pour remonter jusque dans les hautes vallées Pyrénéennes et qui, de l'autre, conduit presque sans obstacle, à travers un pays plantureux, vers Bordeaux et la mer. De là aussi on atteint par le défilé de Naurouse la plaine du Bas-Languedoc et on peut être maître du passage de l'Océan à la Méditerranée. Un homme de génie, Riquet, a su se servir de ce passage, dont l'altitude ne dépasse pas 190 mètres au-dessus du niveau de la mer, pour tracer, au XVIIᵉ siècle, le canal des deux mers ; c'est par le même passage que nous avons, de nos jours, tracé le chemin de fer du Midi. Dans ce lieu favorable une

Toulouse.

ville fut bâtie ; elle était déjà si riche du temps des Gaulois que le premier général romain, qui, un demi-siècle avant la conquête de Jules César, s'en empara, y fit un butin immense. »

« Sous la domination romaine, elle grandit non seulement par le commerce, mais par les arts et les lettres. » Plus tard, pendant la période féodale, ses comtes furent, jusqu'à la guerre des Albigeois, les plus puissants seigneurs de la France méridionale et, durant tout le moyen âge, elle resta la grande cité du Midi, fière de conserver les libertés et les institutions des municipalités romaines et d'être le foyer le plus actif des choses littéraires et juridiques. »

« C'est encore aujourd'hui une des grandes cités de la France moderne. Assise sur les deux rives de la Garonne, elle rappelle au voyageur la construction du moyen âge par quelques-unes de ses rues étroites et tortueuses, et les gloires du passé par sa vieille église de Saint-Sernin, une des œuvres les plus renommées de l'architecture romaine, et par la rare collection d'antiquités que renferme son musée. Elle fait briller aussi le génie moderne avec la statue de Riquet, avec ses usines et ses fabriques, son canal, ses voies ferrées. »

« La campagne n'est pas très pittoresque. Cependant, lorsque du haut de la colline où Soult livra en 1814 un dernier combat à l'armée anglaise, on embrasse le panorama de la ville, des cultures environnantes, des vergers, des vignobles, des grandes voies de communication par eau et par terre qui convergent en ce point, on comprend la durée continue, sous des régimes différents, de la prospérité de Toulouse. »

30ᵉ LECTURE. — *Bordeaux*. — « C'est en parcourant le quai de la Garonne que le voyageur peut se faire une idée de l'importance de Bordeaux et de l'activité de son commerce. La ville a été bâtie dans l'antiquité à un coude de la Garonne ; elle s'est étendue dans les temps modernes en aval et en amont, mais en conservant la forme générale d'un croissant. Le pont de pierre, avec ses dix-sept arches, et le pont du chemin de fer traversent le fleuve, qui mesure près de 800 mètres de largeur et font communiquer la ville avec le faubourg de la Bastide. »

Bordeaux.

« Sur la rive gauche, le quai s'étend avec une longueur de plus de huit kilomètres, depuis la gare maritime jusqu'au delà des docks. Il est encombré de sacs et de tonneaux, de matériaux divers, fermé çà et là de palissades avec des bureaux en planches, des bâches dressées en manière de tente ou jetées sur les ballots de marchandises ; la file des navires, le flanc accoté à ce quai, s'allonge depuis le pont de pierre jusque vers l'extrémité des faubourgs, pendant que d'autres navires manœuvrent au milieu du courant pour arriver avec la marée montante ou pour partir avec la marée descendante. »

« Le dessin des grandes lignes de la ville, qui comprend le quai, la place des Quinconces, les allées de Tourny, a été fait largement, et donne à Bordeaux un aspect de grandeur imposant ; cependant, malgré le luxe et le nombre des voitures, malgré l'activité commerciale des habitants, il est si ample que le mouvement d'une population de 200,000 âmes suffit à peine à le remplir. »

Questionnaire. — D. Quels sont les départements arrosés par la Garonne ? — R. *La Haute-Garonne, le Tarn-et-Garonne, le Lot-et-Garonne, la Gironde.*

D. Pourquoi le département des Hautes-Pyrénées est-il ainsi nommé ? — R. *Parce qu'il occupe une région où sont quelques-unes des plus hautes montagnes des Pyrénées.*

D. Où est situé Toulouse ? — R. *Sur les deux rives de la Garonne, au coude que fait le fleuve lorsqu'il commence à se diriger vers le nord-ouest.*

D. Montrez sur la carte et nommez les sous-préfectures du département de la Haute-Garonne. — R. *Saint-Gaudens, Muret, Villefranche.*

D. Qu'est-ce que Libourne ? — R. *C'est un port sur la Dordogne et une sous-préfecture du département de la Gironde.*

D. Quel est le chef-lieu des Hautes-Pyrénées ? — R. *Tarbes.*

D. Par quels cours d'eau est arrosé le département du Gers ? — R. *Par le Gers, la Baïse, l'Adour.*

D. Quels sont les sous-préfectures arrosées par la Baïse ? — R. *Mirande, Condom, Nérac.*

D. Quel est le cours d'eau qui arrose Cahors ? — R. *Le Lot.*

D. Décrivez le département de la Dordogne en montrant chaque chose sur la carte muette. — R. *Le département de la Dordogne est arrosé par la Dordogne, la Vézère et l'Isle ; il a pour chef-lieu Périgueux, sur l'Isle ; pour sous-préfectures Nontron, Riberac, Sarlat et Bergerac, sur la Dordogne.*

D. Nommez et montrez les départements des bassins de la Méditerranée et du golfe de Gascogne qui bordent les Pyrénées. — R. *Les Pyrénées-Orientales qui appartiennent au bassin de la Méditerranée ; l'Ariège, la Haute-Garonne, les Hautes-Pyrénées, les Basses-Pyrénées qui appartiennent au bassin du golfe de Gascogne.*

D. Nommez les départements des bassins secondaires situés au nord de la Garonne. — R. *Charente, Charente-Inférieure, Deux-Sèvres, Vendée.*

D. D'où vient le nom de Deux-Sèvres ? — R. *De la Sèvre Niortaise et de la Sèvre Nantaise.*

D. Quelles sont les sous-préfectures du département de la Vendée ? — R. *Les Sables-d'Olonne et Fontenay-le-Comte.*

D. De quel département dépendent l'île de Ré et l'île d'Oléron ? — R. *De la Charente-Inférieure.*

D. Quelles sont les villes de plus de 100,000 habitants situées dans le bassin de la Garonne ? — R. *Toulouse et Bordeaux.*

D. Sur quel fleuve sont-elles situées ? — R. *Sur la Garonne même.*

D. Pouvez-vous dire quelle est la raison de l'importance de ces deux villes ? — R. *Toulouse est dans une situation favorable au commerce, parce qu'elle est sur le fleuve, en face du passage de Naurouse qui conduit sur les bords de la Méditerranée et elle a été la capitale du midi. Bordeaux est le grand port maritime du bassin.*

Devoirs. — Dessiner sur la carte muette physique du bassin les départements qui bordent la côte et la frontière d'Espagne.

Dessiner sur la carte muette physique du bassin les départements que la Garonne arrose ; marquer les chefs-lieux et les sous-préfectures.

Placer sur la carte muette politique du bassin les noms des départements du bassin de la Garonne avec ceux des chefs-lieux et des sous-préfectures.

DÉPARTEMENTS ET VILLES DU BASSIN DE LA LOIRE

Méthode et commentaire. — Nous rappelons que l'échelle des huit cartes de bassins (4 bassins physiques et 4 bassins politiques) de l'Atlas-scolaire est de 1/3,500000°, c'est-à-dire 1 millimètre pour 3 kilomètres ²/₃. (Voir pour la méthode le bassin du Rhône.)

Sur vingt départements que comprend le bassin de la Loire, dix-sept tirent leur nom des cours d'eau. Les autres le doivent, un à une montagne (Puy-de-Dôme), un à un golfe (Morbihan), un à sa position à l'extrémité du continent (Finistère). Pour ce dernier département, il serait plus correct d'écrire Finisterre ; mais on ne peut songer à changer une orthographe consacrée depuis près d'un siècle.

Les lectures ci-jointes serviront au maître pour le commentaire relatif aux villes les plus importantes. Nous nous contentons d'ajouter ici, comme nous l'avons fait pour les autres bassins, la population des villes ayant au recensement de 1881 plus de 30,000 habitants. *Saint-Étienne* (120,120 hab.), *Clermont-Ferrand* (43,187 hab.), *Orléans* (57,314 hab.), *Bourges* (39,988 hab.), *Limoges* (63,126 hab.), *Poitiers* (35,710 hab.), *Tours* (52,510 hab.), *Le Mans* (55,347 hab.), *Angers* (65,225 hab.), *Nantes* (121,965 hab.), *Rennes* (60,392 hab.), *Lorient* (37,822 hab.), *Brest* (64,599 hab.) : en tout 13 villes.

Lectures. — 31ᵉ LECTURE. — *Saint-Étienne.* — « La ville de Saint-Étienne, qui n'offre rien de curieux à l'amateur exclusif de beaux monuments ou de beaux paysages, est digne d'intéresser ceux qui se préoccupent de l'industrie humaine. C'était aux siècles passés une bourgade perdue dans une contrée peu fertile, loin des grandes routes de commerce ; cependant elle avait dû au voisinage de Lyon l'introduction du tissage des rubans de soie. Mais le sol renfermait d'abondants dépôts de charbon de terre et, depuis que la vapeur est devenue le moteur principal de la grande industrie et que la houille a servi à fabriquer la fonte, à affiner le fer et même à produire directement l'acier, le bassin houiller de la Loire s'est couvert d'usines et de fabriques, et la petite ville de Saint-Étienne est devenue une grande cité de plus de cent mille habitants qui, malgré les crises commerciales qui l'ont souvent éprouvée, a conquis sa prospérité par son travail et qui montre avec orgueil ses noires mines de charbon, ses bruyants ateliers de machines et de chaudronnerie, ses tissages de rubans, sa belle manufacture d'armes. »

32ᵉ LECTURE. — *Orléans.* — « Orléans n'offre aujourd'hui au voyageur qu'un médiocre intérêt. Ses remparts ont fait place à des boulevards ; sa cathédrale, que les protestants avaient détruite au seizième siècle, est un monument moderne qui manque de grâce ; ses rues droites et larges n'ont rien de remarquable ; la Loire, qu'on franchit sur un pont de pierre pour gagner le faubourg Saint-Marceau, remplit rarement son lit en été et ne donne pas toujours l'idée d'un grand fleuve ; la place du Martroy, dont la statue équestre de Jeanne d'Arc occupe le milieu, et quelques maisons anciennes attirent seules la curiosité. »

« Mais les souvenirs historiques abondent. Bâti sur la rive droite du fleuve, au point le plus septentrional de la Loire et le plus voisin de Paris, Orléans a été la tête de pont de la France centrale et l'entrepôt du commerce de la capitale avec la Loire : la construction des chemins de fer, qui ont fait en partie abandonner les routes d'eau, a changé cette destinée. C'était déjà une ville importante du temps des Romains : elle doit son nom à l'empereur Aurélien. Elle a été le dernier rempart de la France contre les Anglais durant la guerre de Cent ans, et le grand nom de Jeanne d'Arc est intimement lié à son nom. Elle a été un des champs de bataille des guerres de religion, et elle a été deux fois prise et reprise pendant l'invasion des Allemands en 1870 et 1871. »

33ᵉ LECTURE. — *Les châteaux de la Loire.* — « Les rois de France du quinzième et du seizième siècle, depuis Charles VII jusqu'à Henri IV,

Château d'Amboise.

se sont plu à habiter les bords de la Loire : la douceur du climat les y invitait. C'était le temps de la Renaissance où, sous l'influence de l'Italie, les arts se renouvelaient en France et où l'architecture, renonçant peu à peu au style ogival, aux murailles nues et aux lourdes tours crénelées des forteresses féodales, cherchait à imiter l'antique, créait une ornementation délicate et élevait de gracieuses habitations. »

« La Touraine et l'Orléanais possèdent encore plusieurs châteaux qui ont été construits à cette époque par les rois ou par les seigneurs et qui sont au nombre des chefs-d'œuvre de l'art français : Blois, Chambord, Amboise, Chenonceaux et Azay-le-Rideau. Amboise et Chambord conservent encore quelques-unes des formes de la construction du moyen âge ; mais les murailles sont percées de fenêtres qui répandent la lumière dans l'intérieur et ornées de délicieux détails ; Azay-le-Rideau, Chenonceaux et la majeure partie du château de Blois appartiennent plus complètement au style nouveau ; la richesse de l'ornementation et la délicatesse des sculptures y donnent une idée complète du goût de la Renaissance. »

34ᵉ LECTURE. — *Nantes.* — « Nantes est, comme Bordeaux, un port qui date de l'antiquité et qui doit son existence à la commodité de la marée, aidant à la remonte des navires ; elle était établie à une coude de la Loire, sur la rive droite, au confluent de l'Erdre, en face d'un groupes d'îles verdoyantes qui rendaient facile la traversée du fleuve. Sa position a beaucoup contribué à sa fortune. »

« Elle a été au moyen âge la capitale de la Bretagne, qui était alors un État presque indépendant ; l'ancien château des ducs, avec ses tours massives et la cathédrale, bâtie au quinzième siècle, attestent son ancienne grandeur. Elle a été, dans les temps modernes, le principal entrepôt du commerce français avec les colonies d'Amérique, et elle reste encore une de nos principales villes de commerce, quoique le peu de profondeur de la Loire oblige la grande navigation à s'arrêter à Saint-Nazaire. L'industrie, surtout celle des conserves alimentaires et de la raffinerie du sucre, y est active. La ville possède quelques monuments modernes remarquables, entre autres son théâtre, et des promenades dont la plus agréable est sans contredit le jardin botanique, paré, grâce à la douceur du climat, d'une grande variété d'arbres exotiques. Les bords de l'Erdre et la suite des ponts de la Loire sont cités au nombre des curiosités qu'elle renferme. »

« L'activité commerciale se concentre sur le quai de la Fosse, qui mesure deux kilomètres, de la Bourse à la colline de l'Ermitage ; les navires amarrés les uns derrière les autres aux anneaux du parapet, les marchandises amoncelées sur le pavé, le chemin de fer qui passe sur la chaussée d'une extrémité de la ville à l'autre sans qu'aucune barrière ne le sépare des voitures et des piétons, la foule des gens affairés, le mouvement des voiliers et des bateaux à vapeur qui montent ou descendent le fleuve, donnent un cachet particulier à ce quai : c'est là qu'il faut chercher l'aspect caractéristique de Nantes. »

Nous ne donnons pas de lecture pour Brest ; mais nous donnons la vue de l'entrée du port militaire, avec le beau pont tournant en fer et, au fond, les ateliers de la marine. Le maître pourra se servir de cette figure pour dire quelques mots de commentaire.

Brest.

Questionnaire. — D. Combien y a-t-il de départements dans le bassin de la Loire ? — R. *Vingt.*

D. Remontez la Loire sur la carte muette et nommez les départements qu'elle arrose. — R. *Loire-Inférieure, Maine-et-Loire, Indre-et-Loire, Loir-et-Cher, Loiret, Cher et Nièvre, Allier et Saône-et-Loire, Loire, Haute-Loire, Ardèche.*

D. Nommez et montrez les chefs-lieux de département et d'arrondissement que la Loire arrose. — R. *Elle passe au pied du Puy ; elle arrose Roanne, Nevers, Cosne, Gien, Orléans, Blois, Tours, Saumur, Ancenis, Nantes, Paimbœuf et Saint-Nazaire.*

D. Les trois sous-préfectures de la Nièvre sont-elles dans le bassin de la Loire ? — R. *Non ; Château-Chinon et Clamecy sont dans le bassin de la Seine.*

D. Quels sont les cours d'eau qui arrosent le département d'Indre-et-Loire ? — R. *La Loire, l'Indre, le Cher, la Vienne, la Creuse.*

D. Décrivez le département de Maine-et-Loire. — R. *Le département de Maine-et-Loire est arrosé par la Loire, par le Loir, la Sarthe et la Mayenne qui forment la Maine ; il a pour chef-lieu Angers sur la Maine, pour sous-préfectures Segré, Baugé, Saumur sur la Loire, Cholet.*

D. Qu'est-ce que Nantes ? — R. *C'est l'ancienne capitale de la Bretagne, aujourd'hui le chef-lieu de la Loire-Inférieure, un grand port de commerce sur la Loire.*

D. L'ancienne province d'Auvergne est-elle tout entière dans le bassin de la Loire ? — R. *Non, le département du Cantal appartient au bassin de la Garonne ; la plus grande partie du département du Puy-de-Dôme appartient à celui de la Loire.*

D. Nommez et montrez les départements que baigne la Creuse. — R. *La Creuse, l'Indre, la Vienne et l'Indre-et-Loire qu'elles séparent.*

D. Combien y a-t-il de ports militaires dans le bassin de la Loire ? — R. *Deux : Lorient dans le Morbihan et Brest dans le Finistère.*

Devoirs. — Sur une carte muette de France par départements, dessiner de mémoire le cours de la Loire et de ses affluents avec les noms de ces affluents.

Faire la carte des cinq départements de la Bretagne sur une carte muette physique du bassin et mettre les noms de la géographie physique et de la géographie politique.

DÉPARTEMENTS ET VILLES DES BASSINS DE LA MANCHE ET DE LA MER DU NORD.

Méthode et commentaire. — L'échelle des huit cartes de l'Atlas scolaire est de 1/3 500,000ᵉ, 1 millmètre pour 3 kilomètres ¹/₂.

Voir pour la méthode le bassin du Rhône.

Sur 23 départements compris dans ces bassins, seize tirent leur nom des cours d'eau ; deux le doivent au relief du sol (Ardennes, Vosges), quatre à la mer ou à la côte (Côtes-du-Nord, Manche, Calvados, Pas-de-Calais), un à sa position géographique (Nord).

Dans le bassin de la Manche, les villes ayant au recensement 1881 plus de 30,000 habitants, sont : *Troyes* (45,824 hab.), *Reims* (93,344 hab.), *Paris* (2,225,910 hab.), *Saint-Denis* (43,265 hab.), *Versailles* (48,324 hab.), *Rouen* (104,721 hab.), *Le Havre* (102,615 hab.), *Saint-Quentin* (45,021 hab.), *Amiens* (73,630 hab.), *Caen* (41,322 hab.), *Cherbourg* (35,333 hab.) : en tout 11 villes. Dans le bassin de la mer du Nord les villes sont : *Dunkerque* (36,644 hab.), *Lille* (177,943 hab.), *Roubaix* (90,572 hab.), *Tourcoing* (50,268 hab.), *Boulogne* (44,085 hab.), *Nancy* (71,991 hab.) : en tout 6 villes.

Lecture. — 35ᵉ LECTURE. — *Paris.* — « Paris est la seconde ville de l'Europe par l'étendue de son territoire et le chiffre de ses habitants ; il est le première par le nombre de ses monuments, de ses musées, de ses promenades, de ses établissements publics, de ses théâtres, par l'activité de son industrie et par la variété des plaisirs qui y attirent les étrangers.

« La Seine, qui se courbe en arc de cercle sur une longueur de 8 kilomètres, forme l'île Saint-Louis, l'île de la Cité et, plus loin, l'île des Cygnes ; elle divise la ville en deux parties inégales, rive droite et rive gauche, qui sont reliées par de nombreux ponts. Au temps des Romains et au commencement du moyen âge, toute la ville était contenue dans la Cité qui est occupée aujourd'hui presque entièrement par des bâtiments publics : Notre-Dame, une des œuvres les plus parfaites de l'art ogival et une des plus belles cathédrales de l'Europe ; le Palais de Justice, la Sainte-Chapelle, la Préfecture de police, le Tribunal de commerce, l'Hôtel-Dieu, des casernes.

« La rive gauche est toujours restée, comme au moyen âge, la cité des écoles : c'est là que sont la Sorbonne, les Facultés, l'École normale supérieure, l'Ecole Polytechnique, l'Observatoire, l'Institut. Le jardin et le palais du Luxembourg où siège le Sénat, le Jardin des Plantes, le Palais du Corps Législatif, les Invalides, le Champ de Mars, l'École militaire sont sur cette rive, avec le Panthéon, le Val-de-Grâce, Saint-Sulpice, Saint-Germain-des-Prés, la plus ancienne des églises de Paris et le parc de Montsouris en sont les promenades les plus fréquentées et les monuments les plus intéressants ; le boulevard Saint-Michel, au centre, la rue Monge à l'est, les rues de Rennes, de Sèvres et de Grenelle à l'ouest, en tout, avec les anciens boulevards extérieurs et le boulevard Saint-Germain, en sont les principales avenues.

« La rive droite est, dans sa partie centrale, le grand foyer du commerce et de l'industrie. Elle est ornée de beaux monuments. Plusieurs bordent le quai : l'Hôtel de ville, rebâti après l'incendie de 1871, le Louvre avec les inestimables richesses de ses musées, les Tuileries et leur jardin, la place de la Concorde qu'orne un obélisque apporté d'Égypte sous le règne de Louis-Philippe et à laquelle font suite l'avenue grandiose des Champs-Élysées et l'Arc de triomphe de l'Étoile, monument élevé aux victoires du second et du premier Empire ; le Trocadéro et ses musées. Parmi les autres édifices remarquables à des titres divers sur cette rive sont les Halles centrales, le Palais Royal, construit par Richelieu ; la Bourse, l'Opéra, une des œuvres les plus originales de l'architecture contemporaine ; l'Élysée, résidence du Président de la République ; on y voit de belles églises, comme Saint-Eustache, œuvre de transition entre le style ogival et celui de la Renaissance ; la Madeleine, imitation moderne du style grec, de grands établissements publics, comme la Bibliothèque nationale et le Conservatoire des arts et métiers. Il y a deux grands jardins, le parc Monceau, et le parc des Buttes Chaumont. Deux cimetières, Montmartre et le Père-Lachaise, sont situés de ce côté ; le cimetière Montparnasse est sur la rive gauche.

« La rue de Rivoli, qui, continuée par la rue Saint-Antoine et par la rue du Faubourg-Saint-Antoine, coupe la ville parallèlement à la Seine ; les boulevards intérieurs qui dessinent un grand arc de cercle de la Bastille à la Madeleine et qu'animent la variété et l'élégance des boutiques, l'active circulation des voitures, la foule des gens affairés et des promeneurs oisifs ; les anciens boulevards extérieurs qui enveloppent de leur arc concentrique le vieux Paris, les grandes voies qui forment en quelque sorte les rayons de cette vaste demi-lune, telles que la rue Saint-Honoré, le boulevard Malesherbes, l'avenue de l'Opéra, la rue Montmartre, la rue Turbigo, la rue Saint-Denis, le boulevard Sébastopol, la rue Saint-Martin, la rue du Temple et leurs prolongements au delà des boulevards intérieurs, donnent de faciles débouchés aux quatorze arrondissements de la rive droite.

« Cinq grands réseaux de chemins de fer, l'Ouest, l'Orléans, Paris-Lyon-Méditerranée qui ont chacun deux gares, l'Est et le Nord y ont leur tête de ligne et sont reliés par le chemin de fer de ceinture. Une enceinte bastionnée que protège plusieurs lignes de forts détachés enveloppe la ville. Elle est flanquée à l'extérieur de deux beaux parcs, le bois de Vincennes à l'est et le bois de Boulogne à l'ouest.

« Ce n'est pas par un effet du hasard que la petite bourgade de Lutèce est devenue une cité de plus de deux millions d'habitants. Elle doit une partie de sa fortune à sa situation près du confluent de la Marne, non loin de celui de l'Oise et même de celui de l'Yonne, à peu près au centre de routes d'eau convergentes qui conduisent l'une vers la riche plaine de la Flandre, d'autres vers la Saône et par suite vers la Méditerranée, pendant que le fleuve descend vers la mer et que la plaine du sud, facile à traverser, est le plus court chemin pour gagner la Loire : la position était favorable pour le commerce. Les carrières du voisinage fournissaient de bons matériaux pour la construction : elles ont facilité l'agrandissement et les embellissements de la ville. Paris, résidence des ducs de France, est devenu la capitale du royaume depuis l'avènement des Capétiens, et sa grandeur politique a dès lors contribué à sa prospérité : la ville s'est accrue à mesure que la puissance et l'administration se concentraient entre les mains du roi. Le progrès de l'industrie, surtout depuis la Révolution française et la construction des chemins de fer dont tous les grands réseaux, moins ceux du Midi et de l'État, aboutissent à Paris, ont à leur tour exercé une influence pour accumuler dans la grande ville les forces productives de la nation.

« Aussi Paris dans la grande ville n'est-il pas seulement, comme capitale, le siège de toutes les grandes administrations, le foyer le plus actif de science et d'étude, et, comme ville de plaisirs, le rendez-vous des gens riches ; c'est aussi le centre le plus important de la petite industrie et du commerce, et même, depuis une trentaine d'années, de la grande industrie. »

36ᵉ LECTURE. — *Rouen.* — « Rouen, situé à 120 kilomètres de la mer, est le port de la Seine, comme Nantes et Bordeaux sont les ports de la Loire et de la Garonne : la marée montante y porte les navires ; elle monte même aujourd'hui plus haut qu'autrefois, à cause des endiguements du fleuve. Aussi, dès l'antiquité, Rouen a-t-il été, comme Bordeaux et Nantes, un port de commerce ; il était abrité dans un méandre du fleuve, au pied de coteaux rapides. Depuis que la ville, capitale de la Normandie et siège d'un archevêché, a grandi, grâce à son importance politique, à la navigation maritime et à la fabrication des toiles, puis des cotonnades, elle s'est trouvée à l'étroit sur son territoire primitif ; elle s'est allongée dans les vallons voisins, du côté de Darnetal et de Deville ; elle a traversé la Seine et porté ses fabriques dans le faubourg de Saint-Sever, auquel l'unissent plusieurs ponts.

« C'est du sommet de la montagne Sainte-Catherine qu'il faut embrasser le panorama de la ville. On voit la Seine couler majestueusement entre les peupliers qui bordent ses rives et qui couvrent une longue île, puis entre les quais de la ville qui ont un développement de plus de deux kilomètres, et le long desquels se pressent les lourds chalands et les bâtiments à voiles ou à vapeur. Trois ponts la traversent, celui du chemin de fer qui passe au pied même de la montagne, le pont de pierre qui porte la statue de Corneille et le pont suspendu dont le tablier s'ouvre pour laisser passer les navires.

« Sur la rive gauche, au delà du cours de la Seine et du Jardin des Plantes, l'œil n'est guère attiré que par les nombreuses et hautes cheminées de brique des manufactures et usines de Saint-Sever, de Sotteville et de Quevilly : c'est un des groupes importants de l'industrie rouennaise. Non moins importants d'ailleurs sont, sur la rive droite, le groupe situé au pied de la montagne Sainte-Catherine, et celui de Darnetal qu'un pli de terrain dérobe à la vue.

« Ce qui charme le regard sur cette rive, c'est la masse même de la ville encadrée dans un amphithéâtre de coteaux, ce sont ses rues étroites et tortueuses, et ses maisons qui surplombent dans la partie, encore debout, de la vieille ville ; ce sont les beaux boulevards de la ville neuve, et les admirables monuments de l'art gothique que Rouen possède en plus grand nombre qu'aucune autre ville.

« La cathédrale dresse au-dessus de tous les autres édifices ses deux tours et sa flèche de fonte dont la lourdeur contraste avec les sculptures finement découpées du monument ; près de là est l'église Saint-Ouen, une des œuvres les plus parfaites de l'ogive flamboyante.

« De loin, on ne saurait admirer, comme elle le mérite, cette architecture, quelquefois un peu surchargée, plus souvent exquise par la fécondité d'imagination des artistes et par les délicatesses de leur ciseau ; c'est de près qu'il faut aller étudier les vieilles églises de Rouen et ses édifices civils, tels que le Palais de Justice, l'Hôtel de ville, qui perpétuent à Rouen les grands souvenirs du moyen âge, pendant que l'activité de l'industrie cotonnière dans les faubourgs et le mouvement du commerce sur le port et dans quelques grandes rues y représentent plus particulièrement le génie moderne. »

37ᵉ LECTURE. — *Le Havre.* — « Le Havre est situé à droite de l'embouchure de la Seine. Une anse naturelle qu'abritent contre les vents du nord le coteau d'Ingouville et le cap de la Hève lui a donné naissance ; la commodité qu'offre pour l'entrée et la sortie des navires la mer qui y reste plusieurs heures dans son plein et sa situation à l'entrée du fleuve qui conduit à Rouen et à Paris ont fait sa fortune. Les commencements datent de François Iᵉʳ ; mais il a fallu beaucoup de travaux et des dépenses considérables pour en faire un grand port. Le sol a été bouleversé plusieurs fois ; la tour François Iᵉʳ et l'ancienne citadelle ont été démolies pour faciliter l'accès de l'avant-port ou pour creuser les bassins à écluses qui pénètrent jusqu'aux extrémités de la ville. Ces bassins donnent au Havre un aspect particulier ; de presque toutes les rues, on aperçoit les cheminées des bateaux à vapeur, les mâts et les vergues des voiliers, et on débouche sur un quai où des ouvriers travaillent au chargement et au déchargement.

« Vue de la mer, la ville ne manque pas d'un certain charme pittoresque. Elle montre tout d'abord les deux musoirs de ses jetées et son port rempli de navires, dont les mâtures se dressent au-dessus des maisons ; au premier plan, les bains de mer de Frascati et les chantiers de construction ; au fond, les coquettes maisons de campagne cachées dans la verdure du coteau d'Ingouville et de Sainte-Adresse, et, sur l'extrême gauche, le cap de la Hève, qui, avec son double phare, ressemble à la proue d'un navire gigantesque muni de son éperon. »

38ᵉ LECTURE. — *La cathédrale de Reims.* — « Reims, célèbre à la fois par ses manufactures de laine, par ses fabriques de vin de Champagne et par ses églises, renferme deux chefs-d'œuvre de l'art du moyen âge : l'église Saint-Rémi et la cathédrale.

« Cette cathédrale, dont la construction a duré deux siècles et dans laquelle étaient sacrés les rois de France, a 138 mètres de longueur et 38 mètres de hauteur à la clef de voûte de la nef ; le sommet des tours s'élève à 81ᵐ,50. C'est une des plus vastes basiliques de France ; c'est aussi une des plus richement ornées à l'extérieur. Le portail, composé de trois arcades ogivales qui forment un avant-corps presque entièrement détaché du reste de la construction, est découpé en sculptures curieusement fouillées et même quelque peu alourdies par la profusion des détails. Deux magnifiques roses placées, l'une au-dessus de la porte principale, l'autre plus grande, au-dessus dû portail, ornent la façade. Une large galerie, portant les statues colossales de quarante-deux rois de France, termine l'édifice que surmontent les deux tours formées de croisées étroites et de colonnettes menues.

« L'intérieur est plus simple, mais plus grandiose et plus imposant peut-être que l'extérieur. La maîtresse voûte étonne par la hardiesse de son élévation et par l'élégance de sa courbe ; dans les bas-côtés, des tapisseries d'un grand prix couvrent le bas des murailles ; de grandes et riches verrières remplacent presque partout la pierre et versent ce demi-jour coloré et discret qui sied si bien aux églises gothiques.

« Les monuments de l'art ogival, dont on trouve de si beaux types à Reims, à Paris, à Chartres, à Rouen, à Coutances, à Amiens, à Laon et jusqu'à Bourges, sont un des traits caractéristiques de la France du nord, comme les ruines romaines caractérisent la région du midi et les châteaux de la Renaissance la région des bords de la Loire. »

39ᵉ LECTURE. — *Lille.* — « Quoique Lille soit une des villes de France les plus grandes et les plus riches, une de celles dont le nom évoque le plus de souvenirs historiques, il offre peu d'intérêt au visiteur ; les nombreux sièges qu'il a subis en ont détruit les monuments anciens. Ils n'ont guère respecté que la Bourse, élégante construction espagnole au XVIIᵉ siècle, et quelques églises.

« La ville, enveloppée d'une enceinte triangulaire de fortifications, dont un des côtés est flanqué par la citadelle, est située dans une plaine dont aucun relief n'agrémente le paysage et qui ne fournit aucun point de vue. Lille est une ville toute d'industrie et de commerce ; c'est dans ses filatures de lin et de coton, dans ses tissages, dans ses ateliers de construction qu'il faut voir à l'œuvre le génie de ses habitants et leur activité. La cité ne suffit plus depuis longtemps à contenir sa laborieuse population, et les manufactures se sont élevées autour d'elle, à Five, à la Madeleine, à Loos. »

Questionnaire. — D. Quels sont les cours d'eau qui arrosent le département de l'Aube ? — R. *La Seine et l'Aube.*

D. Quel est le cours d'eau qui arrose le chef-lieu de Seine-et-Marne ? — R. *La Seine.*

D. Nommez et montrez sur la carte muette les sous-préfectures du département de Seine-et-Oise. — R. *Pontoise, Corbeil, Mantes, Rambouillet, Étampes.*

D. Qu'est-ce que Saint-Denis ? — R. *Une ville du département de la Seine, célèbre par son église et par ses usines.*

D. Dans quelle île était contenu Paris au commencement du moyen âge ? — R. *Dans l'île de la Cité.*

D. N'est-ce pas dans cette île qu'est la cathédrale de Paris ? — R. *Oui.*

D. En combien d'arrondissements Paris est-il divisé ? — R. *En vingt arrondissements.*

D. Montrez les Tuileries sur le plan de Paris. — R.....

D. Sur quel cours d'eau est Evreux ? — R. *Sur l'Iton.*

D. Nommez et montrez le chef-lieu et les sous-préfectures de la Seine-Inférieure. — R. *Chef-lieu, Rouen ; sous-préfectures : Dieppe, Neufchâtel, Yvetot, le Havre.*

D. Qu'est-ce que le Havre ? — R. *Le Havre est le port de commerce le plus important de la France après Marseille ; il est situé à l'embouchure de la Seine.*

D. Près de quel cap ? — R. *Près du cap de la Hève.*

D. N'y a-t-il pas d'autres localités à citer dans le département de la Seine-Inférieure ? — R. *Oui ; il y a Eu, célèbre par son château ; le Tréport, par ses bains de mer ; Fécamp, par son port ; Elbeuf, par ses fabriques de draps.*

D. Nommez et montrez sur la carte muette les départements, les chefs-lieux de département et d'arrondissement que la Seine arrose. — R. *Châtillon-sur-Seine, dans le département de la Côte-d'Or ; Bar-sur-Seine, Troyes, Nogent-sur-Seine, dans l'Aube ; Melun, dans Seine-et-Marne : Corbeil, Mantes dans Seine-et-Oise, et, avant Mantes, Paris dans la Seine ; Rouen et le Havre dans la Seine-Inférieure.*

D. Quels sont les ports du bassin de la Manche et de la mer du Nord depuis Granville jusqu'à Dunkerque ? — R. *Granville, Cherbourg, Caen, port sur l'Orne, Trouville, le Havre, Fécamp, Dieppe, le Tréport, Boulogne, Calais, Dunkerque.*

NOTA. Cabourg est un bain de mer qui n'a pas de port ; mais il y a un petit port contigu à Cabourg, celui de Dives, à l'embouchure de la rivière du même nom.

D. Qu'est-ce que Saint-Dizier ? — R. *Une localité du département de la Haute-Marne, importante par ses usines à fer.*

D. Nommez les départements que la Marne arrose. — R. *Haute-Marne, Marne, Aisne, Seine-et-Marne, Seine-et-Oise, Seine.*

D. Par quoi la ville de Reims est-elle importante ? — R. *Par sa cathédrale et par ses fabriques de lainage et de vin de Champagne.*

D. Pouvez-vous dire à quel genre d'architecture appartient la cathédrale de Reims ? — R. *Au style ogival.*

D. Y a-t-il beaucoup de cathédrales du style ogival en France ? — R. *Oui, surtout dans le nord.*

D. Qu'est-ce que la digue de Cherbourg ? — R. *C'est une épaisse muraille qui abrite la rade.*

D. Quelle est l'importance de Cherbourg ? — R. *C'est le port militaire de la France sur la Manche.*

D. D'où vient au département du Calvados son nom ? — R. *Des rochers du Calvados.*

D. Combien y a-t-il de départements dans les bassins de la mer du Nord ? — R. *Six.*

D. Qu'est-ce que Calais ? — R. *C'est un port du pas de Calais en communication journalière avec l'Angleterre.*

D. Nommez, en allant de l'ouest à l'est et en indiquant leur rang administratif, les villes du département du Nord. — R. *Dunkerque et Hazebrouck, sous-préfectures ; Armentières, Lille, chef-lieu du département ; Tourcoing, Roubaix, Douai et Cambrai, sous-préfectures ; Denain, Valenciennes, sous-préfectures ; Maubeuge, Avesnes, sous-préfecture.*

D. Quelles sont les chaînes de montagnes du département des Vosges ? — R. *Les Vosges et les Faucilles.*

D. Quelles sont la préfecture et les sous-préfectures de ce département ? — R. *Préfecture, Épinal ; sous-préfectures ; Neufchâteau, Mirecourt, Saint-Dié, Remiremont.*

D. La France avait-elle, avant 1870, des départements dans la vallée du Rhin ? — R. *Oui, les départements du Haut-Rhin et du Bas-Rhin.*

D. Possède-t-elle encore une partie de l'Alsace ? — R. *Oui, le Territoire de Belfort ; mais il n'est pas dans le bassin du Rhin.*

Devoirs. — Faire la carte des cinq départements de la Normandie, en mettant sur la carte muette les noms de la géographie physique et politique.

Sur une carte muette par départements tracer les cours d'eau des bassins de la Manche et de la mer du Nord avec les noms des localités qu'ils arrosent.

Faire, à l'aide d'une carte muette, la carte complète des bassins de la Manche et de la mer du Nord.

Sur une carte muette de France par départements placer tous les noms de la géographie politique dans les départements côtiers.

INTERROGATIONS SUR LA CARTE MUETTE DE LA FRANCE

Méthode. — La carte muette de l'Atlas scolaire est à l'échelle du 5,000,000e, soit 1 millimètre pour 5 kilomètres, comme les cartes générales de France qui précèdent. Elle doit servir à l'interrogation de la géographie politique (provinces et départements, départements par bassins) qui occupe les huit pages précédentes, de la géographie économique (agriculture, industrie, voies de communication, commerce, population) et de la géographie administrative, qui occupent les quatre pages suivantes. Cette carte contient toutes les positions de villes, les chemins de fer, les canaux qui se trouvent dans les cartes de la géographie politique, économique et administrative, lesquelles sont à diverses échelles. Elle porte aussi les limites de département, mais non les limites des autres circonscriptions administratives.

Questionnaire. — Ce questionnaire général correspond à celui qui se trouve au bas de la carte muette de l'Atlas scolaire. Le livre du maître contient en outre un questionnaire particulier et plus détaillé pour chaque partie de la géographie politique et économique et pour la géographie administrative.

35e à 45e leçons. — D. Qu'entend-on par les anciennes provinces de France? — R. On entend les gouvernements militaires tels qu'ils existaient avant 1789.

D. Quelles divisions administratives y a-t-il entre le département et la commune? — R. Il y a l'arrondissement et le canton.

D. Montrez sur la carte et nommez les provinces du nord et du nord-ouest. — R. La Flandre, l'Artois, la Picardie, la Normandie, la Bretagne, l'Anjou, le Maine, l'Ile-de-France.

D. Quels sont les départements formés de l'ancienne Bretagne? — R. Ille-et-Vilaine, Côtes-du-Nord, Finistère, Morbihan, Loire-Inférieure.

D. Quel est le chef-lieu du département de l'Aisne? — R. Laon.

D. De quel département Troyes est-il le chef-lieu? — R. De l'Aube.

D. Nommez les départements riverains de la Manche en allant du nord au sud. — R. Le Pas-de-Calais, la Somme, la Seine-Inférieure, le Calvados, la Manche, l'Ille-et-Vilaine, les Côtes-du-Nord, le Finistère.

D. Dans quelle province était l'Allier? — R. Dans le Bourbonnais.

D. Quels sont les départements traversés par le Doubs? — R. Haute-Saône, Jura, Saône-et-Loire.

D. Quels sont le chef-lieu et les sous-préfectures du département de Saône-et-Loire? — R. Chef-lieu, Mâcon; sous-préfectures, Autun, Charolles, Châlon-sur-Saône, Louhans.

D. Y a-t-il d'autres localités importantes dans le département? — R. Oui; il y a Le Creusot, la plus importante usine à fer de France, et Cluny où est l'école normale de l'enseignement secondaire spécial.

D. Toutes les sous-préfectures du département de Saône-et-Loire sont-elles dans le bassin du Rhône? — R. Non; Autun et Charolles sont dans le bassin de la Loire.

D. Nommez et montrez sur la carte muette le chef-lieu et les sous-préfectures du département de l'Isère. — R. Chef-lieu, Grenoble; sous-préfectures, la Tour-du-Pin, Vienne, Saint-Marcellin.

D. Quels sont les départements arrosés par le Lot? — R. Lozère, Aveyron, Lot, Lot-et-Garonne.

D. D'où vient le nom de département du Tarn-et-Garonne? — R. Des deux principaux cours d'eau qui l'arrosent, la Garonne et le Tarn.

D. Nommez et montrez sur la carte muette la préfecture et les sous-préfectures des Basses-Pyrénées. — R. Pau, Orthez, Oloron, Mauléon, Bayonne.

D. Montrez sur la carte muette et nommez les villes arrosées par le Tarn. — R. Florac, Millau, Albi, Gaillac, Castelsarrasin.

D. Nommez la préfecture et les sous-préfectures du département d'Indre-et-Loire. — R. Tours, Loches et Chinon.

D. De la Sarthe? — Le Mans, Mamers, Saint-Calais, la Flèche.

D. Sur quel cours d'eau sont le Mans et Laval? — R. Le Mans est sur la Sarthe, Laval sur la Mayenne.

D. Dans quel département est Romorantin? — R. Dans le Loir-et-Cher.

D. Quel est le chef-lieu que l'Indre arrose? — R. Châteauroux.

D. Nommez et montrez les départements que la Seine arrose depuis sa source. — R. La Côte-d'Or, l'Aube, la Seine-et-Marne, la Seine-et-Oise, la Seine, l'Eure, la Seine-Inférieure.

D. Quels sont les cours d'eau qui arrosent la Haute-Marne? — R. La Marne, l'Aube, la Meuse.

D. Quels sont les départements du bassin de la Manche dont une partie appartient au bassin de la Seine? — R. L'Yonne pour une très petite partie, l'Eure-et-Loir, l'Orne, la Manche pour une très petite partie.

D. Sur quel cours d'eau est Auxerre? — R. Sur l'Yonne.

D. Quelles autres villes y a-t-il sur l'Yonne dans le bassin de la Seine? — R. Joigny et Sens.

D. Qu'est-ce qu'Avesnes? — R. Une sous-préfecture du département du Nord.

46e, 47e, 48e leçons. — D. Nommez les climats de la France. — R. Le climat armoricain au nord-ouest, le climat séquanien, le climat vosgien au nord-est; le climat rhodanien au sud-est; le climat méditerranéen au sud; le climat girondin au sud-ouest; le climat central au centre.

D. Quel est le caractère du climat armoricain? — R. C'est d'être tempéré et très humide.

D. Quelles sont les céréales cultivées en France? — R. Le froment, l'avoine, le seigle, l'orge, le sarrasin et le maïs.

D. A quoi sert principalement la betterave et où la cultive-t-on? — R. Elle sert à faire du sucre; on la cultive surtout dans la région du nord.

D. Nommez les grandes régions de vignobles. — R. La Bourgogne, la vallée du Rhône, le Midi, la Guyenne et Gascogne, la Champagne.

D. Dans quelle partie de la France les pommiers à cidre sont-ils nombreux? — R. Dans le nord-ouest.

D. Où trouve-t-on le plus de chevaux? — R. Dans la Normandie, le Perche et généralement le nord-ouest et dans le nord.

D. Quelles sont les régions et les localités les plus importantes par leurs eaux thermales et minérales? — R. Les Pyrénées où sont les Eaux-Bonnes, Barèges, Cauterets, Bagnères.

D. Citez une région où l'on exploite beaucoup de marbres. — R. Les Pyrénées.

D. Où est situé le bassin houiller de la Loire? — R. Dans le département de la Loire, entre le cours supérieur de la Loire et le Rhône.

D. Qu'est-ce que le bassin de Montluçon? — R. C'est un bassin houiller du centre de la France dans le département de l'Allier.

D. Quels sont les principaux centres de l'industrie de la soie? — R. Lyon, Saint-Etienne, Nîmes, Tours.

D. Pourquoi l'industrie de la soie est-elle exercée principalement à Lyon et dans les départements voisins? — R. Parce que c'est dans le bassin de la Méditerranée que le mûrier est cultivé.

49e, 50e, 51e, 52e leçons. — D. Montrez le canal des Ardennes et dites quels cours d'eau il fait communiquer. — R. Il fait communiquer l'Aisne, sous-affluent de la Seine, et la Meuse.

D. Qu'est-ce que le canal du Centre? — R. C'est un canal qui fait communiquer la Loire et la Saône, en passant par la dépression qui est au nord des Cévennes.

D. Nommez les chefs-lieux de département que dessert le réseau de l'est. — R. La ligne de Paris à Strasbourg dessert Châlons-sur-Marne, Bar-le-Duc, Nancy; celle de Paris à Mulhouse dessert Troyes, Chaumont, Vesoul, Belfort; celle de Mézières dessert Mézières.

D. Quels sont les chemins de fer qui aboutissent à Cette? — R. Une ligne du réseau du Midi et une ligne du réseau de Paris-Lyon-Méditerranée.

D. Quels chemins de fer prendrez-vous et par quels chefs-lieux passerez-vous pour aller du Havre à Marseille? — R. Le plus court est de prendre la ligne de Paris au Havre qui passe par Rouen, et la ligne de Paris à Marseille qui passe par Melun, Dijon, Mâcon, Lyon, Valence, Avignon.

D. Qu'est-ce que le cabotage? — R. C'est la navigation dans le voisinage des côtes.

D. Où est situé le port de Bayonne? — R. Sur l'Adour, au fond du golfe de Gascogne.

D. Quels sont les deux principaux ports de la Loire? — R. Saint-Nazaire et Nantes.

D. Quelle est la valeur totale du commerce français? — R. Neuf milliards et demi de francs.

53e, 54e leçons. — D. Quelles sont les régions militaires situées au nord de la Loire? — R. Lille, Amiens, Rouen, Orléans, le Mans, Châlons-sur-Marne, Rennes, une partie de la région de Nantes et de celle de Tours.

D. Quel est le chef-lieu de la 17e division territoriale? — R. Toulouse.

D. Regardez sur la carte écrite et dites quels sont les corps d'armée dont la circonscription s'étend jusqu'à Paris. — R. Le 2e, le 3e, le 4e et le 5e corps d'armée.

D. Qu'est-ce qu'un arrondissement maritime? — R. C'est une circonscription sur les côtes de laquelle le préfet exerce l'autorité au nom du ministre de la marine.

D. Qu'est-ce que Cherbourg? — R. C'est une sous-préfecture du département de la Manche et un des cinq ports militaires, chef-lieu d'un arrondissement maritime.

D. Quelles sont les attributions du juge de paix? — R. Il exerce une sorte de justice de famille; il concilie les différends et juge les petits procès.

D. Regardez sur la carte écrite et nommez les départements qui sont du ressort de la Cour d'appel de Paris. — R. Seine, Seine-et-Oise, Eure-et-Loir, Seine-et-Marne, Yonne, Aube, Marne.

D. De quelle Cour d'appel ressortit le département de la Vendée? — R. De la Cour d'appel de Poitiers.

D. Nommez les académies qui sont situées en totalité ou en partie dans le bassin de la Garonne. — R. Les académies de Bordeaux, de Toulouse, de Montpellier et de Limoges, même une partie de l'académie de Clermont.

D. Nommez les archevêchés dont les provinces s'étendent jusque sur la frontière nord et nord-est de la France. — R. Les archevêchés de Cambrai, de Reims et de Besançon.

D. Quels sont les départements compris dans la province de Chambéry? — R. Les départements de la Savoie et de la Haute-Savoie.

Devoirs. — Sur une carte muette portant les limites des départements et les positions des chefs-lieux, mettre les noms des provinces, des départements et des chefs-lieux; colorier la carte par provinces.

Sur une carte muette physique, dessiner les départements que la Loire arrose, marquer les préfectures et sous-préfectures.

Faire sur une carte muette physique, la carte des vignobles.

Sur une carte muette portant les limites départementales, la position des villes, marquer les régions et les localités importantes de l'industrie textile, et indiquer l'espèce d'industrie exercée.

Sur une carte muette par départements, faire la carte des régions territoriales militaires en mettant les noms des chefs-lieux et en coloriant par régions.

Sur une carte muette de France par départements, écrire les noms des chefs-lieux des grandes circonscriptions administratives autres que celles de l'administration départementale, à savoir les chefs-lieux des régions territoriales, des arrondissements maritimes, les sièges de Cour d'appel, les chefs-lieux d'académie et les archevêchés.

3*

GÉOGRAPHIE ÉCONOMIQUE. — AGRICULTURE ET INDUSTRIE.

Méthode et commentaire. — Le maître rappellera la définition de la géographie économique qui « traite de la production agricole et industrielle, du commerce, de la population ». L'importance de cette partie de la géographie est d'autant plus grande que la richesse produite par le travail d'une population est plus abondante.

Dans l'étude de la géographie politique ou administrative, les énumérations sont précises et complètes : ainsi on nomme tous les États, tous les départements. Il n'en est pas de même pour la géographie physique où l'on ne nomme ni tous les cours d'eau, ni toutes les montagnes. L'énumération est encore moins complète dans la géographie économique ; car on ne saurait nommer, par exemple, tous les lieux où les céréales sont cultivées, puisqu'elles le sont, à peu d'exceptions près, dans les 36,000 communes de France. Il faut citer seulement les régions et les localités où chaque genre de production a une importance toute particulière : le but est de donner une idée sommaire, mais juste, de la répartition des forces productives dans un pays. Cette idée aide les élèves à comprendre de bonne heure les ressources de leur patrie et leur donne une première notion de la diversité des travaux d'une société et de l'harmonie de l'ensemble.

Le maître s'appliquera à mettre beaucoup de clarté dans cette partie de son enseignement. Il y réussira surtout par des exemples choisis dans la contrée même qu'il habite ; il les empruntera à certaines cultures s'il est à la campagne, à certaines industries s'il est à la ville.

Nous avons évité d'insérer dans l'Atlas-scolaire des chiffres qui surchargeraient la mémoire des enfants. Il est bon cependant que le maître ait à cet égard quelques données pour commenter le texte.

	SUPERFICIE CULTIVÉE (Nombre d'hectares).	RENDEMENT MOYEN (Nombre d'hectol. par hectare).	PRODUCTION (Récolte de 1877.) (Nombre d'hectol.).
Froment.........	6,948,154	14.5	100,804,000
Méteil...........	435,114	15	6,512,000
Avoine..........	3 291,940	20	65,735,000
Seigle...........	1,858,781	14	26,258,000
Orge............	1,149,561	15.4	17,708,000
Sarrasin.........	652,884	15.5	10,110,000
Maïs et Millet.....	651,651	17.7	11,529,000
Pommes de terre.	1,243,254	95.8	119,176,000
Légumes secs....	304,038	14	4,310,000
Colza...........	139,347	15.6	2,179,000

			Nombre de quintaux métriques.
Betteraves........	402,531	289	116,569,000
Houblon.........	3,666	16	58,000
Chanvre.........	98,949	6	Filasse. 584,000
Lin.............	71,163	5.8	« 408,000

			Nombre d'hectolitres.
Vignes..........	2,342,639	23.6	Vin. 55,273,000
Forêts..........	9,185,340		

Nombre de chevaux........................	2,826,000
— mulets.....................	297,000
— ânes.....................	406,000
— bœufs, taureaux, vaches..........	11,480,000
— moutons...................	23,405,000
— porcs.....................	5,789,000

	TONNES (de 1000 kilogr.).
Extraction de la houille...................	16,305,000
Production de la fonte de fer..............	1,506,000
— de l'acier..................	269,600
— du sucre de betteraves..........	350,000
Industrie du coton. Broches de filature...........	4,609,000
— de la laine.................	3,007,000
— du lin et chanvre.............	7,620,000
— de la soie et étoffes mélangées..........	981,000

Lectures. — 40ᵉ LECTURE. — *Les grands vignobles de la Bourgogne.* — « Le versant oriental de la Côte d'Or et des Cévennes septentrionales, depuis Dijon jusqu'aux environs de Villefranche, présente, sur une longueur de cent cinquante kilomètres environ, une longue suite de coteaux formés en grande partie de calcaire et de silice, secs et pierreux, souvent colorés en rouge par l'oxyde de fer, exposés aux rayons du soleil levant ou au midi, élevés au-dessus des brouillards de la vallée de la Saône et abrités contre les vents humides de l'ouest. C'est un ensemble de conditions favorables à la culture de la vigne. »

« Aussi ces coteaux sont-ils couverts de vignobles. Le sommet des plateaux et les pentes supérieures de la montagne sont le plus souvent occupés par des bois ou des pâturages. Les vignes commencent au-dessous de cette zone ; les plus hautes, ainsi que les plus basses qui se sont peu à peu étendues dans la plaine, donnent des vins de qualité moins bonne, qui sont cependant recherchés dans le commerce. Les grands vins sont situés dans la zone intermédiaire, entre 280 et 230 mètres d'altitude au-dessus du niveau de la mer ; c'est là que se trouve le clos Chambertin, le clos Vougeot, le groupe de Nuits, le groupe beaucoup plus important de Beaune, avec les vins de Pommard, de Volnay, de Meursault. Plus au sud, les coteaux du Mâconnais et du Beaujolais s'avancent presque jusqu'au bord de la Saône. Ces vignobles, qui se prolongent à perte de vue, sur une surface de 176,000 hectares, donnent une certaine monotonie au paysage, mais ils fournissent du travail à une nombreuse population et, malgré les ravages du phylloxéra, ils sont pour la contrée une grande source de richesse. »

41ᵉ LECTURE. *Le Creusot.* — « Le Creusot n'était qu'un hameau au dix-huitième siecle ; c'est aujourd'hui une ville de plus de 25,000 âmes. L'industrie a opéré ce changement. Dans ce coin de terre, d'apparence ingrate et presque stérile, le sol renfermait de la houille et du fer. Une usine en a profité pour s'y établir ; elle a prospéré grâce aux ressources que la nature lui fournissait et à l'intelligence de son directeur, M. Schneider, qui a su mettre en œuvre ces ressources et les accroître. Elle a attiré une nombreuse population qui s'y est fixée et qui y vit presque entièrement par le travail de l'usine ; les uns sont dans les mines, d'autres dans les ateliers, à la forge, aux laminoirs, à la chaudronnerie, d'autres dans les bureaux. »

« C'est un spectacle imposant la nuit que celui des dix-sept hauts fourneaux, alignés les uns à côté des autres, à une hauteur de quinze mètres au-dessus du sol, qui présentent l'aspect d'une immense fournaise et celui des nombreuses cheminées des fours à puddler d'où s'échappent des flammes bleuâtres. »

« Le jour, on contemple, avec non moins d'étonnement, les convertisseurs Bessemer d'où s'échappe avec bruit un jet de gaz enflammé pendant la transformation de la fonte en acier. Ce qui est plus intéressant encore, c'est la prodigieuse activité qui règne dans cette immense ruche ; les ouvriers y battent le fer avec un marteau-pilon pesant 80,000 kilogrammes ; d'une masse de fer incandescente ils font, en quelques minutes, un rail qui s'allonge comme un ruban de feu ci passant et repassant entre les cylindres des laminoirs. L'homme armé de la machine a une force incalculable et accomplit des merveilles inconnues à nos pères. »

« Mais il importe de ne pas oublier qu'on n'obtient ces magnifiques résultats qu'à deux conditions, c'est que l'intelligence d'un savant ait donné d'avance les plans de la machine, et que l'activité et l'attention des ouvriers soient incessamment au niveau de la rapidité et de la précision de l'instrument qui les seconde. »

Questionnaire. — D. Qu'entend-on par climat? — R. *On entend par climat l'ensemble des conditions atmosphériques d'un pays, lesquelles résultent de la température, de la pluie et du vent.*

D. Quel est le caractère particulier du climat méditerranéen? — R. *C'est le climat le plus chaud de France.*

D. Quelle est la région du climat girondin? — R. *C'est la région du bassin de la Garonne, entre les Pyrénées et le Massif Central.*

D. A quoi sert principalement le froment? — R. *A faire le pain.*

D. Quelles sont les régions les plus fertiles en froment? — R. *La région du nord-ouest et du nord, la région de la Basse-Loire, la plaine de la Saône, les plaines du Dauphiné, la vallée de la Garonne.*

D. Où cultive-t-on surtout le chanvre et le lin? — R. *Dans les régions du nord-ouest et du nord.*

D. Nommez les parties de la Bourgogne les plus renommées pour leurs vins. — R. *La Côte-d'Or, le Mâconnais, le Beaujolais.*

D. Qu'est-ce que produit principalement la Guyenne? — R. *Le vin de Bordeaux et l'eau-de-vie d'Armagnac.*

D. Où consomme-t-on le plus de bière? — R. *Dans le nord et dans les grandes villes.*

D. Pourquoi y a-t-il beaucoup de prairies dans le nord-ouest? — R. *Parce qu'il faut un climat humide pour que l'herbe pousse bien et que le climat du nord-ouest est le plus humide de France.*

D. Quelles sont les régions les plus riches en bœufs?'— R. *Le nord-ouest comprenant la Normandie, le Maine, la Bretagne, le nord, l'est, le Massif Central, la vallée de la Garonne.*

D. D'où vient le sel? — R. *Des marais salants qui sont sur le bord de la mer et des mines de sel gemme dont les principales sont à Saint-Nicolas.*

D. Qu'est-ce que le bassin houiller du Nord? — R. *C'est le bassin qui produit le plus de houille en France et dont les principales exploitations sont à Valenciennes, à Anzin, à Lens.*

D. Dans quel département est Alais? — R. *Dans le département du Gard.*

D. Où trouve-t-on principalement les industries métallurgiques et mécaniques? — R. *Près des bassins houillers, parce qu'ils leur fournissent le combustible ; on les trouve aussi dans la Lorraine, dans la Haute-Marne, dans la Franche-Comté et dans quelques grandes villes, comme Paris, Lille, Lyon.*

D. Nommez et montrez sur la carte muette les régions les plus importantes de l'industrie de la laine — R. *Le Nord avec Roubaix, Tourcoing, Lille, le Cateau ; Elbeuf et Louviers ; Sedan et Reims ; le Languedoc.*

Devoirs. — Ecrivez, sur une carte muette, les noms des régions les plus importantes par la production du vin.

Faites, sur une carte muette, la carte du bétail en France, en soulignant d'une couleur spéciale pour chaque espèce d'animaux les régions où se trouvent ces animaux.

— Faites de même la carte des industries textiles.

— Décrivez sous forme de rédaction, les cultures des terres arables en France.

GÉOGRAPHIE ÉCONOMIQUE.
VOIES DE COMMUNICATION. — COMMERCE ET POPULATION.

Méthode et commentaire. — Le maître pourra, à l'aide d'exemples pris, comme d'ordinaire, dans la commune, faire comprendre l'importance des voies de communication pour le transport des personnes et des marchandises. Il en a déjà dit quelques mots à la fin des Notions préliminaires : le sujet est assez important pour qu'il y revienne. S'il existe à proximité un canal ou un cours d'eau navigable, il en profitera pour montrer quels avantages ces moyens de communication procurent. S'il existe un chemin de fer, il pourra comparer la faculté dont on jouit pour aller à la ville voisine et le temps qu'il fallait pour faire la même route autrefois ; il existe certainement des routes de plusieurs genres dans la commune, et il pourra montrer la différence pour les charrois entre une bonne route et un chemin rural non empierré.

L'Atlas-scolaire nomme presque tous les canaux, ne nomme aucune route et nomme seulement les principaux chemins de fer. Il ne convient pas dans un enseignement primaire et même, aujourd'hui que les chemins de fer se sont multipliés, dans un enseignement secondaire, d'énumérer toutes les lignes de chemins de fer. Il y avait un intérêt à le faire quand ces chemins étaient encore une exception ; maintenant que presque toutes les villes importantes communiquent de cette manière, il faut se garder de tout enseigner, comme on se garde d'enseigner toutes les routes nationales. Les lignes principales que nous donnons suffisent ; le maître y ajoutera seulement la connaissance détaillée des chemins de fer qui servent de communication à sa commune et qui traversent son département, sans attendre pour cela l'étude qu'il doit faire plus tard de ce même département : c'est un des moyens d'intéresser les élèves à cette étude.

A propos des routes, le maître peut se contenter de dire que, lorsque l'administration des ponts et chaussées a voulu se rendre compte de l'activité de la circulation sur les routes nationales, en 1876, elle a trouvé qu'elle était active surtout autour des grandes villes, Paris, Lille, Lyon, Saint-Etienne, Marseille, Rouen, Orléans, Toulouse, Bordeaux, et dans toute la région du Nord et du Bas-Languedoc, parce que ce sont des contrées riches et commerçantes. Le maître pourra dire quelques mots de la création des chemins de fer en France et il fera sentir toute leur importance.

Avant 1830, sous le gouvernement de la Restauration, la France avait un chemin de fer, ouvert en 1828, le chemin de fer de Saint-Étienne à Roanne ; mais il était affecté uniquement au transport des houilles et les wagons étaient traînés par des chevaux ou par des bœufs. Le premier chemin de fer construit pour transporter des voyageurs dans des trains remorqués par des locomotives est celui de Paris à Saint-Germain qui a été ouvert en août 1837. Dix ans après, en décembre 1847, la France avait 1829 kilomètres de chemin de fer, et quelques grandes lignes, comme celles de Paris à Rouen, à Lille, à Orléans, étaient livrées à la circulation. Les six grandes compagnies ont été constituées de 1852 à 1855. L'État a commencé à exploiter une partie du réseau français depuis 1878.

Nous insérons ici, pour l'aider au besoin dans son commentaire, quelques données statistiques sur les voies de communication et trois cartes (au bas de la page 30 et au haut de la page 31) et un diagramme ou courbe de statistique (p. 31) qui lui permettront d'indiquer sommairement et sans citer de chiffres, le trafic relatif des canaux et autres voies navigables, celui des chemins de fer, celui des principales douanes, ainsi que le mouvement de l'importation et de l'exportation en France. Ces cartes et ce diagramme sont tirés de notre volume : *La France avec ses colonies,* dans lequel le maître trouvera de plus amples renseignements.

CANAUX ET RIVIÈRES.

Canaux	4,734 kil.
Rivières navigables	7,199

ROUTES ET CHEMINS (EN 1878 ET EN 1876).

Routes nationales	37,300 kil.
— départementales	38,300
Chemins vicinaux	563,000
A savoir :	
Chemins de grande communication	96,000 kil.
— d'intérêt commun	75,000
— vicinaux ordinaires	392,000

CHEMINS DE FER.

Longueur exploitée en France, en 1840	496 kil.
— — 1860	16,787
— — 1880	26,177

État en décembre 1877.

Réseau du Nord	1,909 kil.
— de l'Est	2,384
— de l'Ouest	2,649
— d'Orléans	4,323
— de Paris-Lyon-Méditerranée	5,380
— du Midi	2,157
— de l'État	1,558
— des compagnies secondaires et chemins divers	775
Chemins de fer d'intérêt local	1,605
Nombre de voyageurs transportés, en 1880, par les chemins de fer	165,105,603
Tonnes de marchandises transportées	80,775,686

TONNAGE TOTAL DES NAVIRES ENTRÉS OU SORTIS DES TROIS PRINCIPAUX PORTS (MOYENNE DE 1867 A 1870).

Marseille	3,700,000 tonnes.
Le Havre	2,100,000
Bordeaux	1,250,000

POSTES EN 1880

Nombre de lettres	524,380,256
— journaux, imprimés, papiers d'affaires, etc.	693,740,617

TÉLÉGRAPHES EN 1880

Longueur des lignes	60,013
— des fils	200,283
Nombre de dépêches (Bureaux de l'État)	16,510.042

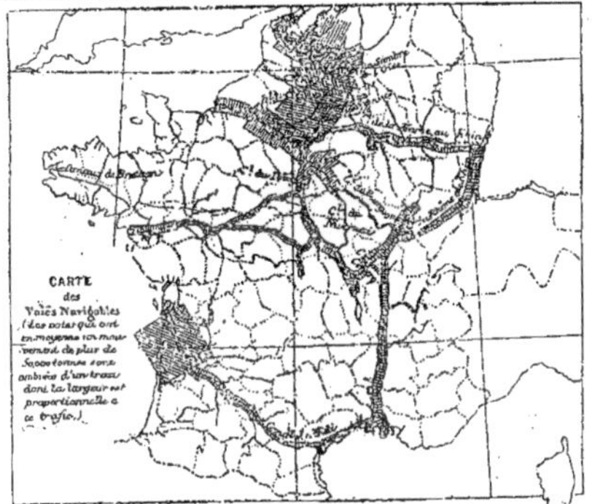

Carte statistique des transports sur les voies navigables.

Carte statistique des recettes des principaux chemins de fer.

Sur cette carte, les voies navigables sont représentées par des bandes dont la largeur est calculée d'après le tonnage kilométrique moyen de la voie à raison de 1 millimètre pour 60,000 tonnes. On voit du premier coup d'œil que, la navigation maritime de la Gironde (port de Bordeaux) mise à part, c'est dans le bassin de la Seine et surtout dans les communications de Paris avec le Nord que règne la plus grande activité. Dans cette région les bandes s'y trouvent même superposées et enchevêtrées.

C'est le même procédé de bandes ayant une largeur proportionnelle au trafic qui a été employé pour dresser cette carte ; mais la largeur est calculée d'après le produit brut kilométrique de la voie. Un millimètre représente 40,000 francs, on obtient ce produit en divisant la recette totale d'une voie pendant l'année par le nombre des kilomètres de cette voie. Le ministère des Travaux publics publie chaque année un *Album graphique* composé de cartes de statistique de ce genre.

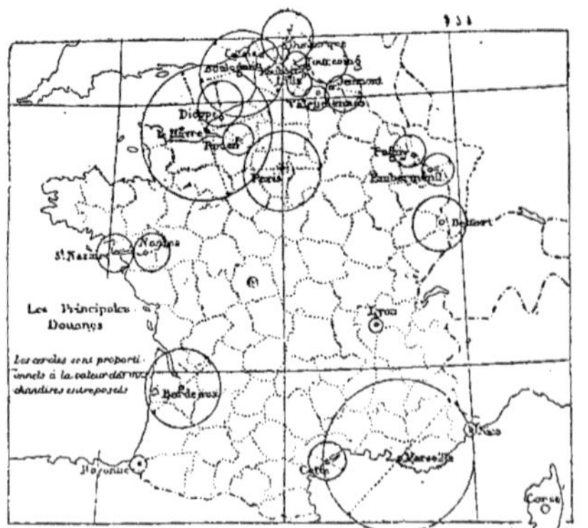

Les Principales Douanes

Les cercles sont proportionnels à la valeur des marchandises entreposées

Importance relative des principales douanes.

Ainsi il a passé en 1880, par la douane de Marseille, une valeur de 1966 millions de francs, et par la douane de Saint-Nazaire, une valeur de 172 millions de francs.

COMMERCE DE LA FRANCE
Moyennes décennales exprimées en millions de francs.

	COMMERCE GÉNÉRAL (comprenant la totalité du commerce)			COMMERCE SPÉCIAL (ne comprenant que les marchandises qui ont franchi la ligne des douanes, non-compris par conséquent les marchandises en entrepôt et en transit)		
	Importation.	Exportation.	Total.	Importation.	Exportation.	Total.
1827-36	— 667	698	1366	480	521	1001
1837-46	— 1088	1024	2112	776	713	1489
1847-56	— 1503	1627	3175	1077	1224	2301
1857-66	— 2987	3293	6280	2200	2430	4631
1867-76	— 4262	4202	8464	3408	3307	6714

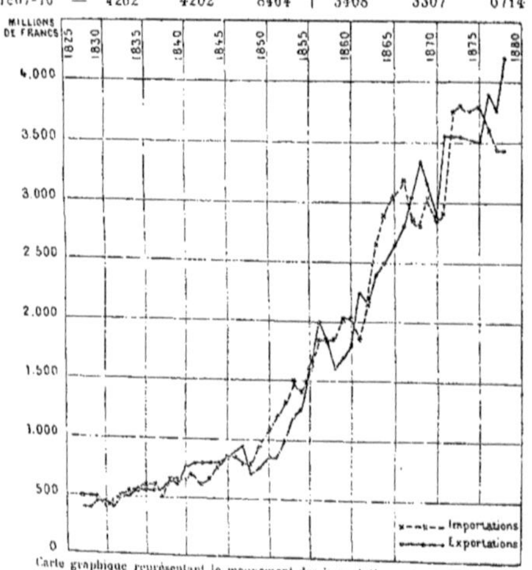

Carte graphique représentant le mouvement des importations et exportations du commerce spécial.

Lecture. — 42ᵉ LECTURE. — *Le progrès des voies de communication.* « Si le commerce stimule l'industrie et accroît le bien-être des peuples et si les voies de communication sont nécessaires au commerce, on peut se faire une idée du progrès économique qui s'est accompli de nos jours par le changement qui s'est opéré dans les moyens de transport. Au dix-septième siècle, madame de Sévigné, avec un coûteux équipage, mettait huit jours pour aller de Paris à Nantes, et un mois pour revenir de Provence à Paris. A la veille de la Révolution de 1789, des diligences, dont on vantait alors la rapidité, faisaient en quatre jours et demi la route de Paris à Strasbourg. Un train express fait aujourd'hui le même trajet en douze heures et le voyage coûte moins cher. »

« C'est notre siècle qui a vu s'opérer le changement. Le premier bateau à vapeur, construit par Fulton, a remonté l'Hudson, fleuve des États-Unis, en 1807 ; la première locomotive, construite par Stephenson pour des trains de voyageurs, a fait le voyage de Manchester à Liverpool en 1830 ; le premier télégraphe électrique établi d'une manière pratique, celui de Wheatstone, a fonctionné en 1838 sur une ligne de chemin de fer anglais. »

« En 1880, la France possédait plus de 26,000 kilomètres de chemins de fer, et leurs lignes correspondaient avec un réseau d'environ 60,000 kilomètres de routes et chemins dont la plupart n'existaient pas autrefois ou étaient mal entretenus ; elle avait pour le moins quintuplé en quatre-vingts ans la longueur de ses canaux ; sa marine à vapeur jaugeait 30,000 tonneaux sur ses cours d'eau et 550,000 tonneaux sur mer ; ses lignes télégraphiques avaient un développement de 57,000 kilomètres, et leurs prolongements par terre ou par des câbles sous-marins la mettaient en communication instantanée avec toutes les régions civilisées du globe terrestre. »

« La transformation des moyens de transport est un des faits les plus importants de notre siècle et un de ceux qui ont le plus contribué à accroître la richesse et à donner aux hommes des connaissances plus étendues et des idées plus justes sur le monde. »

Questionnaire. — D. Pourquoi le flottage est-il pratiqué surtout dans les régions de forêts et de montagnes ? — R. *Parce qu'il y a dans les montagnes des cours d'eau rapides qui peuvent servir à transporter les bûches.*
D. Quel est le bassin où la navigation fluviale est le plus active ? — R. *Le bassin de la Seine.*
D. Pourquoi ? — R. *C'est principalement à cause du commerce de Paris.*
D. Le canal de Saint-Quentin est-il un canal de jonction ? — R. *Oui.*
D. Pourquoi ? — *Parce qu'il unit le bassin de la Seine au bassin de la Somme et au bassin de l'Escaut.*
D. Nommez et montrez sur la carte muette les canaux qui font communiquer le bassin de la Seine avec ceux de la mer du Nord. — *Le canal de Saint-Quentin, le canal de la Sambre à l'Oise, le canal des Ardennes, le canal de la Marne au Rhin.*
D. Qu'est-ce que la Flandre a de particulier sous le rapport de la canalisation ? — R. *La Flandre, qui est une plaine très peuplée et qui a une industrie et une agriculture très riches, est coupée de nombreux canaux qu'il a été facile de creuser dans une plaine.*

(Il ne faut pas oublier que certaines réponses doivent avoir été préparées par le commentaire du maître.)

D. Montrez le tracé du canal du Midi. — R. *Le canal du Midi commence à Toulouse dans le département de la Haute-Garonne ; il franchit le passage de Naurouse où est le lief de partage, c'est-à-dire le point le plus élevé du canal ; il traverse le département de l'Aude, passe à Carcassonne, entre dans le département de l'Hérault et aboutit, par l'étang de Thau, dans la Méditerranée, à Cette.*
D. Nommez et montrez sur la carte muette les départements et les chefs-lieux de département par lesquels on passe pour aller de Paris à Brest ? — R. *On passe par les départements de la Seine, de Seine-et-Oise, par Versailles, d'Eure-et-Loir, par Chartres, de l'Orne, de la Sarthe, par le Mans, de la Mayenne, par Laval, d'Ille-et-Vilaine, par Rennes, des Côtes-du-Nord, par Saint-Brieuc, et du Finistère.*
D. Quelles sont les grandes lignes du réseau du Nord ? — R. *La ligne de Paris à Lille, la ligne de Calais, la ligne de Saint-Quentin, la ligne de Laon.*
D. Quelle ligne faut-il prendre pour aller à Bar-le-Duc ? — R. *La ligne de Paris à Strasbourg.*
D. Pour aller à Valence ? — R. *La ligne de Paris à Marseille.*
D. Nommez une des lignes qui conduisent en Suisse. — R. *La ligne de Dijon à Pontarlier.*
D. Quelle ligne doit-on prendre pour aller de Paris en Auvergne ? — R. *La ligne du Bourbonnais.*
R. Pour aller de Nantes à Lyon ? — R. *Les lignes des réseaux d'Orléans et de Paris-Lyon-Méditerranée par Bourges.*
D. Quelles lignes convient-il de prendre pour aller de Lille en Espagne, et par quels chefs-lieux de département passe-t-on ? — R. *La ligne de Lille à Paris, réseau du Nord, qui passe par Arras et Amiens ; la ligne de Paris à Bordeaux, réseau d'Orléans, qui passe par Orléans, Blois, Tours, Poitiers, Angoulême ; la ligne de Bordeaux en Espagne, réseau du Midi.*
D. De quel réseau dépend le chemin de Tours aux Sables-d'Olonne ? — R. *Du réseau de l'État.*
D. Montrez et nommez les principaux ports français sur la Manche. — R. *Boulogne, Dieppe, le Havre, Trouville, Caen, Cherbourg, Granville, Saint-Malo, Saint-Brieuc, Morlaix.*
D. Qu'entend-on par commerce extérieur de la France ? — R. *Le commerce que les Français font avec les pays étrangers.*
D. Quelles sont les régions les plus peuplées du territoire français ? — R. *La région du Nord, y compris le département de Seine-et-Oise, la vallée du Rhône et la Bretagne.*

Devoirs. — Sur une carte muette physique de France, tracer les canaux qui réunissent le bassin de la Seine aux bassins voisins et les canaux de l'intérieur du bassin de la Seine et écrire les noms de ces canaux.
Sur une carte muette portant les chemins de fer, écrire des noms de réseaux, de principales lignes et des villes desservies par ces lignes.
Sur une carte muette physique de France, tracer les chemins de fer principaux du réseau de Paris-Lyon-Méditerranée avec les noms.
Sur une carte muette par départements, tracer les chemins de fer principaux des réseaux d'Orléans et du Midi avec les noms.

GÉOGRAPHIE ADMINISTRATIVE.

Méthode et commentaire. — Les quatre petites cartes administratives sont à l'échelle de 14,000,000ᵉ, soit 1 mill. pour 14 kilomètres.

Il importe non seulement de faire apprendre les circonscriptions administratives, mais de faire comprendre aux élèves la raison d'être de ces circonscriptions et de leur donner en quelque sorte l'intelligence de l'administration française.

Le maître pourra donner sur le service militaire et sur l'armée quelques détails que son expérience ne manquera pas de lui fournir.

Nous y ajoutons quelques renseignements statistiques sur l'armée active.

Arme	Détail		Nombre	Sous-total	Total
INFANTERIE.	144 régiments de ligne, à 4 bataillons actifs de 4 compagnies, et 2 compagnies de dépôt.	73 officiers. / 1,188 soldats dans les rangs. / 380 hommes de cadre. — par régiment.	236,304		
	30 bataillons de chasseurs à pied, à 4 compagnies et 1 compagnie de dépôt.		18,240		281,601
	4 régiments de zouaves, à 4 compagnies et 1 compagnie de dépôt.		10,320		
	3 régiments de tirailleurs algériens.		8,505		
	1 légion étrangère.		2,529		
	3 bataillons d'infanterie légère d'Afrique à 6 compagnies.		4,143		
	5 compagnies de discipline.		1,560		
CAVALERIE.	12 régiments de cuirassiers, à 5 escadrons				
	26 — de dragons —	45 officiers. / 175 hommes de cadre. / 610 soldats dans les rangs. / 740 chevaux. — par régiment.	58,100		
	20 — de chasseurs —				68,617
	11 — de hussards —				
	4 régiments de chasseurs d'Afrique, à 6 escadrons.		4,148		
	3 régiments de spahis, à 6 escadrons.		3,477		
	3 compagnies de cavalerie de remonte.		2,892		
ARTILLERIE.	19 régiments d'artillerie divisionnaire, à 3 batteries à pied, 6 batteries montées et 2 batteries de dépôt.	65 officiers. / 435 hommes de cadres. / 915 soldats / 635 chevaux. / 78 canons. — par régiment.	27,939		
	19 régiments d'artillerie de corps, à 8 batteries montées, 3 batteries à cheval, 2 batteries de dépôt.		27,303	66,831	
	2 régiments de pontonniers, à 14 compagnies.		3,012		
	10 compagnies d'ouvriers d'artillerie.		1,860		
	3 compagnies d'artificiers.		310		
	57 compagnies du train d'artillerie.		5,142		
	Musiciens des 19 écoles d'artillerie.		760		
GÉNIE.	4 régiments de sapeurs-mineurs, à 5 bataillons de 4 compagnies, plus 1 compagnie de dépôt.				10,960
	1 compagnie d'ouvriers de chemin de fer.				
	1 compagnie de sapeurs conducteurs.				
ÉQUIPAGES MILITAIRES.	20 escadrons du train des équipages militaires, à 3 compagnies.		5,743		9,392
	12 compagnies mixtes en Algérie.		3,649		
SERVICES ADMINISTRATIFS.	Officiers d'administration.		1,502		
	8 sections d'ouvriers de chemin de fer.		8,784		
	50 sections d'administration.		13,955	35,086	
	20 — de secrétaires.		2,031		
	Autres services.		2,744		
	Écoles militaires.		5,886		
	États-majors.				3,780
GENDARMERIE.	Légion pour le service départemental.		20,897		
	1 légion pour l'Algérie.		900	27,014	
	1 légion de gendarmerie mobile.		1,203		
	Garde républicaine de Paris.		4,014		
					502,764

Lectures. — 43ᵉ LECTURE. — *L'organisation judiciaire de la France.*
— « L'organisation judiciaire de la France date de la Révolution. La Constituante a créé la justice de paix, la cour d'assises, la cour de cassation ; le Consulat a organisé le tribunal de première instance et la cour d'appel. La justice est rendue au nom du peuple français. »

« Le ressort et la compétence des tribunaux sont réglés de manière à garantir, autant que possible, les intérêts sociaux et les intérêts privés. Outre la juridiction administrative qui est d'ordre spécial et qui appartient aux conseils de préfecture et au conseil d'État, l'autorité judiciaire proprement dite comprend deux juridictions : la juridiction civile, dont la juridiction commerciale n'est qu'une subdivision, et qui connaît en général de tous les différends personnels, mobiliers ou immobiliers des citoyens entre eux ; la juridiction criminelle qui connaît des contraventions, des délits, et des crimes. »

« La première est exercée par le juge de paix, par le tribunal civil ou le tribunal de commerce là où il existe un tribunal spécial de ce genre, par la cour d'appel, qui jugent conformément au droit français écrit dans le code civil, le code de commerce, le code de procédure civile et dans certaines lois spéciales. »

« La seconde est exercée, pour les contraventions, par le juge de paix jugeant comme tribunal de simple police ; pour les délits, par le tribunal correctionnel, c'est-à-dire par le tribunal de première instance jugeant au correctionnel ; pour les crimes, par la cour d'assises com-

posée de trois juges et de douze jurés ; le code pénal et le code d'instruction criminelle et certaines lois lui servent de règle.

« Presque tous les procès, excepté ceux que juge la cour d'assises, sont susceptibles d'appel, c'est-à-dire que l'affaire jugée une première fois peut être portée devant un tribunal supérieur, du juge de paix au tribunal civil, du tribunal civil à la cour d'appel. De tout arrêt rendu en dernier ressort par un tribunal quelconque, même par la cour d'assises, pourvoi peut être interjeté devant la Cour de Cassation qui examine si les formes de la justice ont été régulièrement observées, et qui casse le jugement si elles ne l'ont pas été. La multiplicité des juges de rang inférieur, la hiérarchie des juridictions, la faculté de revision des procédures, sont, avec l'indépendance et la science des juges, des garanties de la célérité et de l'impartialité de la justice. »

(Voir la statistique de l'instruction primaire plus loin, page 55.)

Les provinces ecclésiastiques rappellent les plus anciennes circonscriptions administratives de notre pays. Lorsque, sous l'Empire romain, la religion chrétienne s'établit en Gaule, il y eut un évêque dans chaque cité, et un archevêque dans la capitale de chaque province. Évêchés et archevêchés survécurent à la chute de l'Empire, et quoique le temps eût apporté plusieurs changements à cet ordre de choses, tel que la création de l'archevêché de Paris qui jusqu'en 1622 était un évêché suffragant de la province de Sens, les diocèses et les provinces représentaient encore à peu près les divisions territoriales de la Gaule, lorsque survint la Révolution française. Le concordat de 1801, qui régla sur des bases nouvelles les rapports de l'Église et de l'État, remania les diocèses, qui furent mis, à quelques exceptions près, en harmonie avec la nouvelle division par départements, mais il laissa subsister généralement les provinces, en se contentant d'en réunir quelques-unes, Lyon et Vienne, Aix, Arles et Embrun, Toulouse et Narbonne. Deux archevêchés, créés depuis le concordat, celui de Chambéry en 1817 et celui de Rennes en 1859, ont porté à dix-sept le nombre actuel des provinces ecclésiastiques de la France.

Questionnaire. — D. Combien y a-t-il de régions territoriales militaires ? — R. *Dix-huit en France et une en Algérie, en tout dix-neuf.*
D. Quelles sont les deux villes dans lesquelles il y a de grands commandements ? — R. *Paris et Lyon.*
D. Où sont les chefs-lieux des corps d'armée du bassin de la Garonne ? — R. *A Bordeaux et à Toulouse.*
D. Quels sont les chefs-lieux des corps d'armée de la frontière nord-est ? — R. *Lille, Amiens, Châlons-sur-Marne, Besançon.*
D. Combien de temps sert-on dans l'armée active ? — R. *Cinq ans.*
D. Quels sont les corps qui composent l'armée de terre ? — R. *L'infanterie, la cavalerie, l'artillerie, le génie, les équipages militaires, les services administratifs, les états-majors, la gendarmerie.*
D. Montrez et nommez les ports militaires. — R. *Cherbourg, Brest, Lorient, Rochefort, Toulon.*
D. Qu'est-ce que la justice de paix ? — R. *C'est une sorte de justice de famille ; le juge réside au chef-lieu de canton.*
D. Quel est le rôle de la Cour d'assises ? — R. *La Cour d'assises juge les crimes ; il y a dans la Cour d'assises des juges et des jurés.*
D. Quelle est la fonction des jurés ? — R. *C'est, après avoir entendu les débats, de déclarer en toute conscience si l'accusé est coupable ou innocent.*
D. Pourquoi y a-t-il des tribunaux d'appel ? — R. *Pour mieux assurer une bonne justice, le condamné pouvant en appeler, c'est-à-dire faire examiner une seconde fois l'affaire par d'autres juges.*
D. Nommez les villes où résident les Cours d'appel. — R. *Paris, Douai, Amiens, Rouen, Caen, Rennes, Angers, Dijon, Nancy, Besançon, Lyon, Aix, Bastia, Chambéry, Nîmes, Grenoble, Montpellier, Toulouse, Bordeaux, Agen, Poitiers, Pau, Limoges, Orléans, Riom, Bourges.*
D. Dans quel département est Riom ? — R. *Dans le Puy-de-Dôme.*
D. Qu'est-ce que le recteur ? — R. *C'est le fonctionnaire chargé de l'administration d'une académie.*
D. Combien y a-t-il d'académies ? — R. *Seize.*
D. Quelles sont les fonctions de l'inspecteur d'académie ? — R. *L'inspecteur d'académie, qui relève du recteur et du préfet, administre l'instruction publique, surtout l'instruction primaire, et surveille l'instruction privée dans un département.*
D. Quelle est l'académie dont le ressort est le plus étendu ? — R. *Paris.*
D. Qu'est-ce que le certificat d'études primaires ? — R. *C'est un certificat qu'on obtient après examen à la sortie de l'école et qui prouve qu'on a reçu une instruction primaire suffisante.*
D. Combien y a-t-il d'archevêchés en France ? — R. *Dix-sept.*
D. Combien de diocèses ? — R. *Quatre-vingt-quatre.*
D. Quel est l'archevêché le plus septentrional de la France ? — R. *Cambrai.*
D. Quelles sont les grandes administrations qui ont leur siège à Rouen ? — R. *Rouen est le chef-lieu du département (Seine-Inférieure), chef-lieu de région territoriale, cour d'appel, archevêché.*
D. De quelles circonscriptions administratives relève le département des Landes ? — R. *Du corps d'armée de Bordeaux, de la Cour d'appel de Pau, de l'académie de Bordeaux, de l'archevêché d'Auch.*

Devoirs. — Faites, sur une carte muette de France par départements, la carte des régions territoriales.

Faites de même la carte des circonscriptions universitaires.

Sur une carte physique de France, mettez la position et les noms des 17 archevêchés.

comme une sorte de cuvette échancrée d'un côté pour laisser entrer le fleuve dans la mer. Les maîtres eux-mêmes, sans faire d'aussi grossières confusions, ne sont pas à l'abri de ce genre d'erreur quand ils ont appris la géographie par l'ancienne méthode, et trop souvent les cartes qu'ils ont sous les yeux les entretiennent dans cette illusion : ils prennent pour l'expression même du terrain des hachures ou des ombres qui ne sont que l'expression de l'idée imaginaire d'un cartographe n'ayant pas eu plus qu'eux l'occasion d'apprendre. C'est surtout pour donner par des images sensibles des idées justes à cet égard que les cartes en relief bien faites sont utiles.

N'est-il pas aussi facile et beaucoup plus rationnel de commencer par la description des montagnes envisagées en elles-mêmes ? Je prends comme exemple les Alpes. Dans le système des ceintures, vous auriez dit en commençant le bassin du Rhône : « Il a pour ceinture à l'est les Alpes ; » et vous auriez peut-être ajouté : « qui sont la plus haute chaîne de montagnes de l'Europe. » Mais l'élève n'aurait toujours vu qu'une bordure, un mur mitoyen entre deux bassins. Il aurait pu se figurer le mur d'une hauteur gigantesque et d'une épaisseur énorme ; mais il n'aurait aucune idée de la contrée qui s'étend entre la plaine du Piémont et la vallée du Rhône, parce que cette contrée est hors de la ceinture.

Pourquoi les enfants se feraient-ils en effet une idée différente de l'aspect de la contrée qui est située entre la crête des Alpes et le Rhône et de celui du Bas-Languedoc, qui est situé entre la crête des Cévennes et la Méditerranée ? Rien dans la leçon du maître, rien sur la carte, si elle est dessinée d'après le même système, ne l'invite à faire de différence ; à ses yeux, tout ce qui n'est pas ceinture ou tout ce qui ne lui a pas été indiqué comme chaîne, est plaine ou à peu près. Supposez que cet élève devenu homme vienne dans le Dauphiné ; il verra de toutes parts entassement de montagnes, longues crêtes hérissées de pics, étroites et profondes vallées. Il aura le droit de dire : « J'ai pourtant appris la géographie, mais on ne m'a rien enseigné de tout cela. » Et ce n'est certes pas un détail qu'il reprochera à son maître d'avoir omis. Si le même élève va dans le Languedoc, il ne verra au pied de la chaîne qu'une plaine. Qui l'en a averti ? Et s'il va d'Orléans à Paris, il ne verra encore qu'une plaine, et il sera fort surpris ; car il semblait qu'en lui citant la Beauce comme ceinture, on lui avait annoncé tout autre chose.

Il est donc beaucoup plus rationnel d'étudier d'abord les Alpes pour elles-mêmes, sans se préoccuper des limites de bassins, et de dire :

« La contrée qui s'étend entre la plaine où coulent le Pô et ses affluents et le cours du Rhône (que nous étudierons plus tard), — ce qui n'empêche pas de tracer au tableau le cours du Rhône afin de délimiter le massif alpestre, — est une contrée montagneuse, toute couverte de hautes chaînes que séparent de profondes vallées. »

Cette manière de faire connaître les Alpes n'est ni plus longue ni plus difficile que l'autre. Cependant, la craie à la main (je prends un crayon de craie bistre), vous tracez sur le tableau-carte muette, non pas une arête, mais un massif représenté par quelques hachures et couvrant en effet toute la contrée, comme je le fais moi-même en ce moment. Après cette première notion générale, ajoutez :

« La ligne de partage des eaux de ce grand massif montagneux, qu'aucun autre massif d'Europe (excepté le Caucase situé sur la limite de deux parties du monde) n'égale en hauteur et en étendue, est située sur la frontière de la France et de l'Italie. »

Je marque d'un trait plus fort cette ligne de partage.

« Dans la ligne de partage se trouve le mont Blanc, la plus haute montagne de la chaîne, ainsi nommé parce qu'il est couvert de neiges perpétuelles et de glaciers. A l'est de la ligne de partage les montagnes s'étendent sur l'Italie beaucoup moins loin qu'à l'ouest sur le territoire français. Dans le Dauphiné, on trouve le massif du Pelvoux, dont les sommets sont plus élevés que la plupart de ceux de la ligne de partage. »

Et vous marquez le massif du Pelvoux.

Je m'arrête, parce que je ne veux donner que la mesure d'un enseignement tout à fait élémentaire, et montrer que la méthode rationnelle s'y adapte. Il est certain que, dans beaucoup de cours primaires, les instituteurs donneront plus de détails, nommeront les grandes divisions de la ligne de partage, les Alpes de Savoie, du Dauphiné, etc., et décriront ce qu'ils nommeront. Mais leur enseignement pourra toujours entrer dans le cadre que je trace, et assurément l'impression qui demeurera dans l'esprit de l'élève au sujet de l'aspect de la contrée sera bien autrement juste que celle qu'aurait laissée l'énumération des chaînes de ceinture.

Ce point est le dernier que je veuille traiter aujourd'hui : j'y insiste par un second exemple, celui du Massif central de la France. Je dis Massif central. Je crois qu'il y a une douzaine d'années on ne disait rien de ce genre ni dans les écoles primaires, ni dans les lycées, quoiqu'il existât déjà depuis longtemps des ouvrages savants, dans lesquels était mise en évidence l'importance de cette région de hautes terres située au centre de notre pays. J'ai moi-même, dans mes premiers ouvrages, désigné cette région sous le nom de Plateau central. Une étude plus approfondie m'a fait préférer celui de Massif central ; car en effet c'est un véritable massif dans lequel on trouve des plateaux, des chaînes et des terrasses.

Dans le système de la ceinture vous diriez : « Le bassin de la Loire a pour ceinture méridionale la Margeride, les monts d'Auvergne, les monts du Limousin. » Vous répéteriez à peu près les mêmes noms pour la ceinture du bassin de la Garonne, et vous ne feriez probablement aucune distinction entre cette ceinture méridionale du bassin de la Loire et la ceinture septentrionale formée des collines du Nivernais, du plateau de la Beauce, des collines de Normandie. Que deviendrait le Massif central de la France ? Il n'en serait pas question ; c'est pourquoi, en effet, l'enseignement a paru en ignorer si longtemps l'existence.

Commencez donc, avant de parler des eaux, par dire, lorsque vous traitez du relief du sol :

« Il y a au centre de la France un grand massif de hautes terres tout enveloppé de plaines. Ce massif est bordé à l'est et au sud par une longue chaîne désignée sous le nom de Cévennes, et il se compose de plateaux, surtout dans sa partie méridionale, de terrasses, c'est-à-dire de terrains inclinés en pente douce, de chaînes de montagnes et de dômes isolés. L'ensemble forme une masse de terres élevées au-dessus des régions avoisinantes, laquelle occupe une grande partie du centre de la France. »

« Vers le milieu du massif règne une ligne de partage des eaux, très peu élevée au-dessus des plateaux sur certains points, beaucoup plus élevée sur d'autres, par exemple, dans les volcans d'Auvergne. » — Selon le développement que vous devez donner à votre enseignement, vous nommerez ou vous ne nommerez pas les chaînes qui forment la ligne de partage. — « De ce massif descendent de très nombreux cours d'eau disposés en forme d'éventail et coulant par les hautes vallées du massif jusque dans les plaines, où ils se rendent, comme affluents, à la Loire, à la Charente ou à la Garonne. »

Et vous tracez en même temps la forme du massif sur le tableau-carte muette.

Je n'ai pas été beaucoup plus long à décrire cette vraie forme du terrain et à la tracer au tableau que vous ne l'eussiez été à énumérer les chaînes de la ceinture, et j'espère avoir été plus instructif. Si vos élèves, après une leçon faite dans cet esprit, voyagent quelque jour dans le centre de la France, ils seront préparés à comprendre cette région qui a en effet un aspect tout différent de celui des autres régions, non seulement par son relief, mais par le régime de ses eaux, par ses cultures et jusque par les mœurs de ses habitants. (Applaudissements.)

Il n'est pas plus difficile de figurer au tableau un massif qu'une crête : nous l'avions fait pour les Alpes ; nous venons de le faire pour les Cévennes et le Massif central en moins de deux à trois minutes. Mais il faut que le maître soit guidé dans son esquisse par une carte qui donne elle-même, sous une forme quelconque, l'aspect des massifs et la distinction des hautes et des basses terres. L'hypsométrie est le moyen le plus sûr pour ce genre de représentation. Si la courbe qui limite chaque teinte ne peut-être tracée qu'avec des connaissances et par des procédés scientifiques, l'instituteur n'a pas à s'inquiéter de la peine que le cartographe a prise et qu'il lui épargne. Il lui suffit d'avoir trouvé une expression claire pour traduire une notion juste et simple ; il indique simplement par des hachures les terrains hauts qu'il distingue par là des terrains bas (Voir la carte de la page VIII) : tout enfant le comprendra.

Cette étude du relief du sol n'empêche pas le maître, lorsqu'il traite des eaux, de parler de la ceinture. Il reviendra ainsi aux deux noms déjà cités : il ne faut pas craindre de répéter les noms propres de la géographie, afin de les bien graver dans la mémoire ; il y a même avantage à les répéter en les présentant sous un nouvel aspect. Le maître le fera cette fois sans inconvénient, parce que la description préalable du sol ne permettra pas à l'erreur de se loger dans l'imagination de l'élève. Je disais de même tout à l'heure que, lorsque les élèves avaient vu la Terre sous la forme d'un globe et que l'impression était faite, il n'y avait plus d'inconvénient à étudier le détail sur un planisphère.

Si le maître dessine, comme il le doit faire, la ceinture au tableau, qu'il se garde bien, même alors, de tracer des arêtes ; qu'il marque sommairement la partie du massif qui appartient au bassin en indiquant d'un trait plus fort la ligne de partage, et, quand cette ligne est une plaine, comme en Beauce, qu'il la distingue par des traits interrompus ou par quelque autre moyen. L'important est de ne pas laisser l'enfant confondre des choses distinctes.

Avant qu'on n'efface les dessins que nous avons tracés pendant cette leçon sur le tableau-carte muette, je vous ferai remarquer que je me suis servi à dessein de crayons de différentes couleurs. J'en ai employé deux, le bleu pour les eaux, le bistre pour les montagnes ; j'aurais employé le blanc pour les noms et le rouge pour les chemins de fer, si j'avais fait une carte plus complète. Je n'ai pas inventé ce procédé. Il a été employé pour la première fois et avec succès à l'école normale de Saint-Egrève par mon ami M. Chappuis, qui était recteur de l'académie de Grenoble. Il a l'avantage de donner à la carte une plus grande clarté et un aspect plus agréable : ce qu'il ne faut jamais dédaigner quand on peut obtenir ce résultat sans rien sacrifier du sérieux de l'enseignement. Si le procédé est trop dispendieux pour beaucoup d'écoles primaires, il est toujours applicable dans les écoles normales.

(Voir la page ix placée avant la page 17 du volume).

Une des difficultés que présente l'usage du tableau-carte muette consiste, comme je le disais, dans le rapport précis que le trait doit avoir avec les repères. Le maître pourrait par là être mis dans l'embarras, et il faut toujours éviter qu'un instituteur se trouve embarrassé en présence de ses élèves. La carte murale, en face de laquelle, comme je le disais aussi, il doit donner toujours sa leçon, est là pour le tirer d'affaire et pour lever la difficulté. Que le maître commence par montrer l'objet sur la carte murale avant de le dessiner et dise aux élèves :

« Vous voyez, descendant à travers le massif montagneux des Alpes, les affluents de la rive gauche du Rhône, voici l'Isère ; elle prend sa source dans les Alpes Graies, passe dans les départements de la Savoie, de l'Isère et de la Drôme, baigne Grenoble, et suivant les sinuosités de sa profonde vallée, elle affecte la forme d'une ligne brisée ; reproduisons-la sur le tableau-carte muette. »

Le maître qui a pris cette précaution a pu pendant ce temps-là voir exactement sur la carte et se remémorer la chose qu'il représente ensuite sans danger pour lui-même et avec avantage pour ses élèves. Faisons de même pour la Durance, et traçons-en ensuite le cours sur le tableau. Il n'est personne, même parmi les plus savants, qui soit à l'abri d'une défaillance de mémoire à certains moments ; il est donc bon que le procédé soit combiné de manière à ne pas mettre les maîtres en défaut devant des enfants qui n'ont ni la maturité d'âge ni la science suffisantes pour être indulgents.

Je ne vous retiendrai pas plus longtemps, quoique je sois loin de vous avoir tracé toute la méthode de l'enseignement primaire de la géographie ; je vous ai prévenus que je me contenterais de vous donner certains conseils. Il est cependant une dernière recommandation que je ne veux pas omettre entièrement, c'est celle qui est relative à la géographie économique. Puisque le plan général est d'éveiller chez l'enfant l'intelligence des choses géographiques, il faut lui présenter le tableau géographique sous ses principaux aspects. Le sol, les eaux, les circonscriptions administratives ne suffisent pas. Il y a des relations du sol avec l'agriculture, l'industrie, le commerce, qui ne sont pas moins générales et qui sont tout aussi importantes. L'existence d'un grand nombre de pâturages ou de prairies dans une contrée, celle des forêts dans une autre, la présence de la houille ici, de fabriques de sucre là, sont des rapports d'effet à cause qui unissent le travail de l'homme au sol sur lequel il vit. Ne craignez pas d'aborder les faits géographiques de l'ordre économique, à condition de le faire d'une manière à la fois claire et sobre. Quand vous rencontrez une grande ville, montrez non seulement où elle est située, mais, si vous le pouvez, pourquoi elle est située en ce lieu. Il importe plus pour la connaissance véritable de la géographie de la France d'avoir appris trois ou quatre bassins houillers, tels que ceux de Valenciennes, de la Loire, d'Alais, que de savoir le nom d'une sous-préfecture comme Boussac, ou d'un cours d'eau comme le Furens, quoiqu'il arrose un chef-lieu de département. Quand vous aurez montré sur la carte l'emplacement de ces bassins, ajoutez que partout où la houille est en abondance, il y a un grand nombre d'usines et de manufactures, et que partout où il y a une grande activité industrielle, il y a une population nombreuse.

Le tableau peut être très sommaire. Mais les grands traits de la géographie physique, administrative et économique doivent y être indiqués, afin que, les cadres géographiques une fois constitués dans l'intelligence de l'élève, le jeune homme puisse y mettre plus tard à leur place les connaissances successives qu'il acquerra. Autant que possible, ces traits d'espèces diverses doivent se raccorder entre eux ; par exemple, il est bon, quand on parle des grandes lignes de chemins de fer, de faire voir qu'elles suivent en général les vallées ou passent d'un bassin dans un autre par les dépressions les plus basses ; quand on parle des ports, de dire comment les plus considérables sont placés non loin de l'embouchure des grands fleuves.

Je m'arrête et je résume en quelques mots tous les conseils que je vous ai donnés sur l'enseignement de la géographie dans l'école primaire.

Vous avez un double but à poursuivre : *faire apprendre* et *faire comprendre* ; il faut vous adresser par conséquent à la mémoire et à l'intelligence et vous servir des yeux, c'est-à-dire *faire voir*, pour mieux arriver à l'une et à l'autre ; déposer une notion particulière dans le magasin de la mémoire et, en ayant le soin de présenter convenablement cette notion, ne rien enseigner qu'on n'explique, et aller, autant que possible, du connu à l'inconnu, pour concourir au développement général de l'intelligence des élèves.

Pour atteindre ce double but, et pour tenir les yeux et l'esprit de vos élèves constamment ouverts, je vous ai indiqué un certain nombre de procédés : l'étude du *plan de la classe*, l'étude de la *commune*, l'indication du lien qui, par le *département*, rattache la commune à la France, indication qui sera suivie plus tard de l'étude détaillée du département ; la vue du *globe* ; l'étude de la *France*, qui forme le fond principal de votre enseignement géographique ; l'emploi constant pour cette étude (j'aurais pu faire la même démonstration pour l'étude de l'Europe et pour celle de la Terre), de la *carte murale*, ou de la *carte en relief*, et, en même temps, du tableau noir ou mieux du *tableau-carte muette* ; le tracé sur ce tableau de chaque chose à mesure qu'on l'explique, et, comme accessoire, l'interrogation de l'élève à l'aide de ce tableau et l'emploi de petites cartes muettes ; l'étude de la France

sous le point de vue du *relief général du sol* précédant l'étude des *bassins fluviaux*, et l'indication des principaux traits de la *géographie économique*, afin de donner un ensemble au tableau, même le plus sommaire.

Voilà quel but vous devez vous proposer et quels procédés vous devez employer pour donner un enseignement qui ne soit pas réduit à une nomenclature et qui profite à d'autres facultés que la mémoire.

Je ne me dissimule pas que, pour atteindre le but, il y a de sérieux obstacles à surmonter. Mais je sais aussi que tout ce que je conseille est praticable, que je ne vous dis et ne vous demande rien qui ne soit clair et simple. Si ce n'était pas simple, ce ne serait pas primaire, et, si ce n'était pas primaire, je ne vous en aurais pas parlé ici.

Je vais vous dire, cependant, quels obstacles retardent le succès complet d'une pareille méthode. Beaucoup d'instituteurs, pour s'en servir, auraient besoin non seulement d'apprendre eux-mêmes, mais, ce qui est plus difficile, de se défaire d'habitudes anciennes qui dérivent de l'enseignement par nomenclature : premier obstacle.

Tous les instituteurs, quels qu'ils soient, ont besoin, pour s'en servir, de se donner plus de peine : second obstacle. Quelque peine que des géographes aient prise eux-mêmes pour préparer le travail, jamais, avec cette méthode, le livre ne saurait remplacer l'action personnelle du maître, comme il le fait dans le système où l'instituteur peut se contenter de dire à l'élève : « Apprenez de telle ligne à telle ligne », puis : « Récitez » C'est le *text-book* des Américains. Au contraire, dans le système que nous exposons, il est nécessaire que l'instituteur paye de sa personne. (*Applaudissements.*)

Je le répète, il faut qu'il paye de sa personne ; c'est le mot, messieurs ; il faut qu'il tire de son propre fonds une partie de ses explications, qu'il invente même des moyens de démonstration, qu'il soit prêt à répondre aux questions de l'élève. L'enseignement de la commune ne saurait lui être tracé dans un livre, sinon sous forme d'exemple et de conseil ; car il diffère avec chaque commune. L'enseignement au tableau demande une action constante du maître ; cependant ici le livre aide beaucoup et l'élève peut apprendre dans le livre ce qu'il a compris en entendant le maître. Celui-ci peut même être secondé dans le choix des questions qui conviennent le mieux.

Il faut un matériel plus complet et plus coûteux qu'avec l'ancienne méthode : troisième obstacle. On ne peut, en effet, enseigner la géographie d'une manière rationnelle sans cartes et sans globe, pas plus qu'on n'enseigne la botanique sans plantes.

Donc, ce genre d'enseignement, qu'il s'applique à la géographie ou à une autre chose, ne saurait convenir à tous les pays et à tous les états de civilisation. Il ne peut être pratiqué que là où l'enseignement primaire est estimé à un assez haut prix pour que ces trois conditions soient réunies : un État et des communes ne reculant pas devant les sacrifices que le matériel de l'enseignement par les yeux exige ; des élèves dans les écoles normales et des candidats au brevet possédant bien les matières de leur enseignement et préparés à la pratique des bonnes méthodes ; des instituteurs sachant faire leur devoir dans toute son étendue, et soutenus par une administration qui comprenne l'intérêt qu'a le pays à former des élèves non seulement sachant lire, écrire, compter et répéter des mots appris par cœur, mais ayant déjà l'esprit ouvert et rendus capables de devenir un jour des citoyens intelligents dans la sphère de leur activité ou même de s'élever plus haut, si les circonstances de la vie leur en fournissent l'occasion.

L'État vous a prouvé par des lois récentes qu'il mettait les dépenses de l'instruction au nombre de celles pour lesquelles il ne ménageait pas l'argent, parce qu'il regarde l'argent employé à faire des hommes intelligents comme un bon placement, et beaucoup de communes ont déjà fait comme l'État.

L'administration de l'instruction publique s'applique à améliorer et à fortifier l'enseignement des écoles normales et à soutenir les instituteurs.

Les instituteurs, de leur côté, comprennent trop l'importance de leur tâche dans le temps où nous vivons, pour ne pas s'imposer à eux-mêmes un effort qu'ils savent devoir donner de si bons résultats. Ils aimeront mieux faire une leçon profitable que de rester enchaînés à la méthode de la nomenclature. Ils sauront se servir du livre ; ils ne s'y asserviront pas. Ils s'associeront aux pédagogues américains et français, afin de pouvoir repousser la domination du *text-book* et de lutter pour la bonne cause, celle du développement des intelligences. (*Applaudissements.*)

Je suis convaincu, Messieurs, que nous sommes dans un état de civilisation qui nous permet de réunir les trois conditions : de l'argent, des maîtres instruits, des maîtres zélés, de même que je suis convaincu que nous sommes dans une situation politique où il nous est nécessaire d'atteindre le but que je vous ai montré. L'attention soutenue que vous m'avez prêtée durant cette longue conférence me prouve que vous n'avez pas peur des études sérieuses et des efforts prolongés. Je vous en remercie pour moi et je la considère comme d'un bon augure pour ceux qui viendront après moi, durant cette retraite pédagogique, vous entretenir de ce qui est l'objet constant de vos méditations et la pratique ordinaire de votre vie : l'éducation première de la jeunesse et la formation du citoyen français. (*Salve d'applaudissements.*)

INTERROGATIONS SUR LA CARTE MUETTE DE L'ALGÉRIE ET DES COLONIES.

Méthode. — La carte muette de la page 33 sert pour l'interrogation sur les leçons relatives à l'Algérie et aux colonies. Comme les autres cartes muettes, elle contient toutes les indications nécessaires à cette interrogation. Mais elle n'est pas dressée à la même échelle que les cartes écrites ; l'emplacement ne le permettait pas. La carte muette est à l'échelle de 7,000,000°, soit 1 millimètre pour 7 kilomètres.

Le maître ne doit pas seulement interroger sur la carte muette et exiger que les élèves puissent y reconnaître chacune des colonies et des localités, il doit aussi leur montrer et leur faire montrer la position de ces colonies sur une carte murale et mieux encore sur un globe, afin que les élèves s'habituent à connaître la situation des possessions françaises sur la Terre, et leur rapport avec la situation de la métropole.

Il peut même leur faire faire, sur le planisphère ou sur le globe, des voyages de France aux colonies ou d'une colonie à l'autre. Comme les élèves n'ont encore que des notions très sommaires sur la Terre, l'interrogation et l'explication qui doit la précéder ne dépassera pas la limite des connaissances déjà acquises par les leçons antérieures.

Mais le maître peut, par exemple, montrer à ses élèves que, pour aller de Marseille en Cochinchine, il faut traverser la Méditerranée de l'ouest à l'est, passer le canal de Suez, puis la mer Rouge, l'océan Indien au sud de l'Asie, traverser le détroit de Malacca et pénétrer dans la mer de Chine.

Il peut leur demander : quel océan traverse-t-on pour aller du Havre à la Martinique ? — L'élève répondra : l'océan Atlantique. — D. Dans quelle direction faut-il naviguer ? — R. Dans la direction du sud-ouest.

ALGÉRIE.

Questionnaire. — 70ᵉ leçon. — D. L'Algérie est-elle une colonie ? — R. *Non, c'est une partie de la France située hors d'Europe et administrée d'une manière particulière.*

D. Quelle est la population de l'Algérie ? — R. *Elle est d'environ 300,000 Européens, et de plus de 2 millions d'indigènes, Arabes ou Berbères.*

D. Quelles sont les principales baies de la côte d'Algérie ? — R. *Ce sont les golfes d'Arzeu, de Bougie, de Stora, de Bône.*

D. Qu'est-ce qu'on désigne sous le nom d'Atlas ? — R. *Un massif de hautes terres, plateaux et montagnes, qui s'étend du Maroc en Tunisie.*

D. Qu'est-ce que le Tell et où est-il situé ? — R. *Le Tell est au nord de l'Atlas ; il est composé des montagnes de l'Atlas Tellien et des plaines situées entre la Méditerranée et la région des steppes.*

D. Qu'est-ce que le Nedja ? — R. *C'est une des plaines du Tell ; elle est voisine d'Alger.*

D. Quelles sont les principales montagnes ou chaînes de l'Atlas Tellien ? — R. *Le massif de Saïda, les Zakkar, le Mouzaïa, le Djerdjera, les Babor, le massif de Constantine.*

D. Où est la plus haute montagne de l'Algérie ? — R. *Dans l'Aurès.*

D. Qu'est-ce que la chaîne des Ksour ? — R. *C'est une des chaînes de l'Atlas Saharien.*

Le maître pourra expliquer aux élèves que les géographes ont donné ce nom à toute la série des hauteurs du sud-ouest Algérien, parce que dans certaines vallées de ces montagnes qui ont des cours d'eau intermittents, il y a de petits villages, tandis que tout le reste de la contrée est désert et que ces villages sont désignés en arabe sous le nom de Ksar au singulier et de Ksour au pluriel ; c'est donc à proprement parler la chaîne des villages.

D. Quel est le caractère général des cours d'eau de l'Algérie ? — R. *Ce sont presque tous des torrents à sec en été.*

D. Montrez sur la carte et nommez les chotts de la région des plateaux. — R. *Chott el-Gharbi et chott ech-Chergui, c'est-à-dire chott occidental et chott oriental, chott Zahrez, chotts Hodna, Tarf.*

D. N'y a-t-il pas de grands chotts au sud-est de l'Atlas ? — R. *Oui. Il y a le chott mel-Rhir en Algérie, le chott Djerid en Tunisie.*

Le maître pourra expliquer que, par une conformation particulière du sol, une grande partie de cette région des chotts du sud-est est située à un niveau inférieur à la Méditerranée ; c'est ce qui avait suggéré à un savant topographe français l'idée de creuser un canal de la Méditerranée jusqu'à ces chotts pour en faire une mer intérieure.

71ᵉ leçon. — D. Nommez et montrez la préfecture et les sous-préfectures du département d'Alger. — R. *Alger, préfecture, siège du gouvernement général et port de mer ; Orléansville, Miliana, Médéa, Tizi-Ouzou, sous-préfectures.*

D. Qu'est-ce que Tlemcen ? — R. *Une sous-préfecture du département d'Oran.*

D. Sur quel cours d'eau est située Constantine ? — R. *Sur le Rummel.*

D. Quels sont les principaux postes et les principales oasis du Sahara ? — R. *Géryville dans le département d'Oran, Laghouat dans le département d'Alger, Biskra, Tougourt, Ouargla, le Souf dans le département de Constantine.*

72ᵉ leçon. — D. Quel est le climat du Sahara ? — R. *C'est un climat très chaud et très sec.*

D. Qu'est-ce que l'alfa ? — R. *C'est une grande herbe qui pousse sur les plateaux et qui sert surtout à la fabrication du papier.*

D. Où poussent les dattes ? — R. *Dans les oasis du Sahara.*

Le maître pourra expliquer aux élèves que les dattes ont besoin de beaucoup de chaleur pour parvenir à maturité et qu'il faut en même temps arroser largement le pied des palmiers. C'est pourquoi les dattes poussent bien dans le Sahara, lorsqu'on peut, à l'aide de ruisseaux ou de puits, leur donner l'eau suffisante. Dans le Tell on trouve des palmiers comme arbres d'ornement ; mais leurs fruits ne mûrissent pas.

D. Où trouve-t-on du minerai de fer ? — R. *Dans les environs de Bône.*

D. Quels sont les principaux ports de l'Algérie ? — R. *Alger, Oran, Philippeville.*

D. Depuis quand la Tunisie est-elle sous le protectorat de la France ? — R. *Depuis 1881.*

D. Quelle est la capitale de la Tunisie ? — R. *Tunis.*

D. Quelles sont les grandes villes de l'intérieur ? — R. *Kairouan, Gafsa, Nefta, situées dans des oasis.*

Devoirs. Faire, sur une carte muette de l'Algérie, par départements, la carte physique de l'Algérie, côtes, relief du sol et eaux.

Faire, sur la carte muette complète de l'Algérie, la carte physique et politique de l'Algérie.

COLONIES. — *Première partie.*

Questionnaire. — 73ᵉ leçon. — D. D'où la colonie du Sénégal tire-t-elle son nom ? — R. *Du fleuve qui l'arrose.*

D. Comment se compose la population du Sénégal ? — R. *Elle se compose presque entièrement de nègres.*

D. Quelle est la culture principale du Sénégal ? — R. *L'arachide qui sert à faire de l'huile.*

D. Qu'est-ce que Dakar ? — R. *C'est un comptoir français du Sénégal, situé près de l'île de Gorée.*

D. Qu'est-ce qu'Assinie et le grand Bassam ? — R. *Ce sont deux comptoirs français sur la côte de Guinée.*

D. Quelles sont les principales îles françaises situées entre le continent africain et Madagascar ? — R. *Mayotte et Nossi-Bé.*

D. Quel est le caractère physique de la Réunion ? — R. *C'est une île volcanique et montagneuse.*

D. Quelles en sont les principales productions ? — R. *La canne à sucre, le café, le girofle, la vanille.*

D. Quel en est le chef-lieu ? — R. *Saint-Denis.*

D. Nommez les cinq villes françaises de l'Inde. — R. *Mahé, sur la côte occidentale, Karikal, Pondichéry, Yanaon, sur la côte orientale, Chandernagor, sur le Gange.*

D. Nommez les cours d'eau de la Cochinchine française. — R. *Le Cambodge ou Mé-kong, le Donnaï qui reçoit la rivière de Saïgon, et les deux Vaïco.*

D. Quelles sont les principales productions de la Cochinchine ? — R. *Le riz, le poisson et le coton.*

Devoirs. Marquer sur une carte muette les colonies françaises de l'Afrique.

Ecrire sur la carte muette des colonies les noms de la géographie physique et politique de la Cochinchine.

COLONIES. — *Deuxième partie.*

Questionnaire. — 74ᵉ leçon. — Qu'est-ce que la Nouvelle-Calédonie ? — R. *C'est une des colonies françaises de l'Océanie.*

D. Depuis quand la France l'a-t-elle occupée ? — R. *Depuis 1853.*

D. Quelles sont les dépendances de la Nouvelle-Calédonie ? — R. *L'île des Pins et les îles Loyalty.*

D. Nommez et montrez sur la carte muette les îles françaises de la Polynésie. — R. *L'archipel de la Société dont l'île principale est Tahiti, les îles Marquises, les îles Touamotou, les îles Gambier.*

D. A quoi Saint-Pierre et Miquelon doivent-ils leur importance ? — R. *A la pêche de la morue.*

D. Quelle est la population de la Martinique ? — R. *163,000 habitants.*

D. Quelles sont les principales cultures de la Martinique ? — R. *La canne à sucre et le café.*

D. Par quelles mers est baignée la Guadeloupe ? — R. *Par l'océan Atlantique et par la mer des Antilles qui en est une dépendance.*

D. Quelles sont les dépendances de la Guadeloupe ? — R. *La Désirade, Marie-Galante, les Saintes, îles situées près de la Guadeloupe, Saint-Barthélemy et la partie de Saint-Martin, îles situées plus au nord.*

D. Quel est le chef-lieu de la Guyane ? — R. *Cayenne.*

D. Quel est le climat de la Guyane ? — R. *Le climat tropical.*

Devoirs. Ecrire, sur la carte muette des colonies, les noms des possessions françaises de l'Océanie.

Marquer, sur un planisphère muet, les noms et les limites des possessions françaises en Amérique.

ALGÉRIE.

Méthode et commentaire. — La carte de l'Algérie est à l'échelle de 1/5,000,000ᵉ, soit 1 millimètre pour 5 kilomètres, comme les cartes de France.

D'ailleurs la superficie de l'Algérie ne peut être donnée avec précision, parce qu'elle n'a pas de limite au sud où elle confine au Sahara. La superficicie représentée sur l'Atlas-scolaire est inférieure à 300,000 kilomètres carrés, un peu moins des 3/5 de la France. Mais, au sud de cette carte, sont les oasis de Tougourt, d'Ouargla et d'El-Golea qu dépendent de l'Algérie. En comptant comme appartenant à l'Algériei tout le Sahara jusqu'au 30ᵉ degré de latitude, ainsi que le fait l'Annuaire du Bureau des longitudes, on trouve une superficie totale de 418,000 kilomètres carrés.

L'Atlas-scolaire donne également à la même échelle (1/5,000,000) la carte de la Tunisie qui, depuis le traité de 1881, est placée sous le protectorat de la France.

L'Algérie est comprise pour 2 leçons dans la répartition générale des leçons du cours moyen. Si le maître peut en donner davantage, il fera bien : l'Algérie est une terre française qu'il importe de faire connaître comme le territoire de la France même. Si le maître exerce en Algérie, il doit nécessairement, comme nous l'avons dit dans la préface, donner en outre, dans le cours supérieur, 5 leçons au moins à l'Algérie, dont 2 pour la géographie physique et 1 pour la géographie politique et économique de chaque département. Ce n'est pas à la page 34, mais dans la partie complémentaire de l'Atlas-scolaire qu'il trouvera les éléments nécessaires pour donner un enseignement plus développé de la géographie algérienne.

Lectures. — 44ᵉ LECTURE. — *Alger.* « La première vue d'Alger, lorsqu'on y aborde par un temps clair, est d'un effet saisissant. Au-dessous de la nappe bleue de la Méditerranée émerge un vaste amphithéâtre de maisons pressées et étagées les unes au-dessus des autres ; l'éclatante blancheur de leurs murs a fait comparer la ville à une carrière de marbre taillée dans le flanc du Sahel. A gauche, les pentes de la montagne descendent jusqu'à la pointe Pescade ; à droite, un vaste cirque de verdure enveloppe Mustapha supérieur et ses coquettes villas ; plus loin, le cap Matifou et les hautes crêtes rocheuses de la Kabylie se découpent

Vue d'Alger prise de la jetée du port.

nettement à l'horizon sur l'azur du ciel. Du côté de la ville, le premier plan est occupé par la jetée du nord, par le port avec ses navires à l'ancre et ses bateaux en mouvement, par le quai inférieur et la file de ses hautes arcades qui supportent le quai supérieur. Ce dernier, nommé quai de la République, est bordé d'une rangée de maisons magnifiques en pierre de taille supportées elles-mêmes sur des arcades et ornées de balcons. Au second plan, s'élève la ville maure avec ses maisons carrées blanchies à la chaux, ne laissant voir ni fenêtres, ni toits et ressemblant à des blocs de pierres entassés. La Kasbah, c'est-à-dire la forteresse, ancienne résidence du bey, domine la ville que domine à son tour la crête verdoyante du Sahel. »

« Quand on a débarqué, il faut, pour se faire une idée juste d'Alger, parcourir la grande rue qui s'étend, parallèlement au quai, d'une porte à l'autre de la ville, et sous les arcades de laquelle sont les boutiques les plus achalandées ; il faut voir la place du Gouvernement, les deux principales mosquées, les palais de style mauresque, tels que l'archevêché et le musée de la ville ; il faut surtout pénétrer dans les ruelles tortueuses, presque escarpées, si étroites que parfois les murailles des maisons se touchent et forment une voûte, percées çà et là de petites boutiques sombres où l'artisan travaille et où le marchand attend nonchalamment le client. On peut juger quelque peu par là de la vie arabe et apprécier la distance qui sépare cette civilisation et la civilisation européenne apportée par la France en Afrique. »

45ᵉ LECTURE. — *Les montagnes de la grande Kabylie.* — « La grande Kabylie est une région toute montagneuse, située à l'est d'Alger et de la plaine de la Métidja, entre la Méditerranée et deux rivières, le Sebaou, à l'ouest, et le Sahel, au sud et à l'est, qui sont alimentées par l'eau de ses torrents. Comme les montagnes y retiennent les nuages, la pluie y est plus abondante que dans la plupart des autres régions algériennes ; elle y rend les deux rivières à peu près permanentes, privilège dont jouissent peu de cours d'eau de l'Atlas, et elle entretient la verdure et la fertilité. Dans les fonds de vallées sont les bonnes terres arables et les prairies dont les Kabyles ont été presque entièrement dépossédés à la suite de l'insurrection de 1871 ; sur les crêtes, perchés à l'extrémité des contreforts, dans la position la moins accessible à un ennemi, sont huchés les villages avec leurs maisons blanchies à la chaux ; les croupes des montagnes, dont les pentes sont rapides, mais rarement abruptes, sont couvertes de moissons. »

« Des oliviers, une des principales richesses du pays, et des frênes dont les feuilles servent à nourrir les troupeaux, ombragent ces moissons que le Kabyle, à force de travail, fait produire à un sol ingrat. La population, très attachée au sol natal, est plus dense que dans beaucoup de départements français ; comme, malgré ses qualités laborieuses et sa sobriété, elle ne suffit pas à se procurer des moyens suffisants d'existence, une partie des habitants est obligée pour vivre d'aller louer ses bras aux cultivateurs de la plaine ou de colporter des marchandises. »

« La Kabylie est couverte par les contreforts septentrionaux du Djerdjera qui domine, de sa crête rocheuse et dentelée, toutes les hauteurs de l'Atlas Tellien. Le Lella Kdedidja, le plus haut sommet du Djerdjera, dresse à une altitude de 2,308 mètres son énorme pyramide, composée de roches stratifiées et entourée de neiges pendant une grande partie de l'année. Au sud, le Djerdjera tombe en pentes brusques et décharnées, sans contreforts prolongés, sur le Sahel, et vu de la vallée de ce torrent, il apparaît comme une muraille gigantesque et inaccessible. »

« Les hautes vallées, les mamelons et les crêtes de ses contreforts ont été en effet un asile presque inaccessible aux Arabes ; la population primitive de l'Afrique méditerranéenne y a trouvé un abri contre leurs invasions et a y conservé sa langue et ses mœurs. »

46ᵉ LECTURE. — *L'oasis de Biskra.* — « Biskra est une des premières oasis que l'on rencontre dans le désert au sud de la province de Constantine ; une rivière alimentée par les pluies qui tombent sur des versants de l'Aurès, mais desséchée pendant une grande partie de l'année, a donné naissance à la bourgade ; car, dans cette partie du Sahara, le sol est de bonne qualité, et, partout où l'humidité vient seconder la puissante chaleur du soleil, il devient fécond. L'oasis de Biskra s'étend sur une longueur de plusieurs kilomètres. »

Vue d'une rue du vieux Biskra.

« Comme toutes les oasis de la région, celle de Biskra est une forêt touffue de palmiers dont la verdure sombre tranche vigoureusement sur la surface indéfiniment uniforme de la plaine, jaunâtre et nue. Ces arbres étalent en gerbe à partir du tronc leurs palmes élégamment recourbées ou dressent à plus de vingt mètres leur panache de feuilles au sommet d'une tige rugueuse et dépouillée ; ils boivent à peu près toute l'eau de la rivière qui, amenée par des rigoles, est distribuée régulièrement dans les jardins à tour de rôle une ou plusieurs fois par semaine ; quelques légumes poussent à l'abri des palmiers ; mais la véritable richesse de l'oasis est le fruit même du palmier, la datte qui, avec le grain acheté dans le Tell, la viande et le lait des moutons du désert, nourrit les habitants. »

« Chaque jardin est soigneusement entouré de murailles en terre. C'est en terre aussi, ou plus exactement en grosses briques de terre noirâtre séchée au soleil, que sont construites les maisons. Ces maisons, carrées, terminées par une terrasse, munies d'une petite porte, presque toujours sans fenêtres extérieures, quoiqu'elles aient quelquefois des ouvertures sur une cour intérieure, ressemblent à d'énormes mottes de terre plutôt qu'à des demeures humaines. Tels sont le vieux Biskra et le quartier nègre. »

« La partie européenne offre un aspect moins caractéristique du désert, mais des habitations plus commodes, avec ses maisons bâties à l'européenne, ses coquettes promenades ombragées d'arbres odoriférants et ses édifices publics dont la construction est due à l'armée française. »

« Une atmosphère d'une merveilleuse transparence, un ciel d'un bleu foncé la nuit, un soleil ardent le jour, détachent avec netteté les linéaments du paysage dont ils forment le cadre, et donnent sa poésie à l'immensité du désert. »

COLONIES.

Méthode et commentaire. — La carte d'assemblage, sur laquelle est marquée la situation de chaque colonie sur le globe, se trouve au bas de la page 36 (planisphère). La page 35 de l'Atlas-scolaire contient les colonies françaises de l'Afrique et de l'Asie. Toutes les cartes des colonies de cette page sont, comme la carte d'Algérie et comme les cartes complètes de France, à l'échelle de 1/5,000,000e (1 millimètre pour 5 kilomètres) : ce qui facilite la comparaison des grandeurs et laisse dans la mémoire des élèves une impression juste de la relation des grandeurs.

La carte de l'Inde, pays dans lequel la France ne possède depuis plus d'un siècle que de petits territoires, est seule à une plus petite échelle : celle du 40,000,000e, soit 1 millimètre pour 40 kilomètres ; mais nous donnons, à côté, les plans des cinq villes françaises à une plus grande échelle, le 1,000,000e (1 millimètre pour 1 kilomètre). De la pointe méridionale de l'Inde (qui est le cap Comorin) jusqu'au cadre supérieur de la carte n° 33, il y a une distance de plus de 2300 kilomètres. Si nous avions conservé l'échelle des autres cartes, il aurait fallu lui donner deux fois et un tiers la hauteur que nous donnons aux cartes de France au 5,000,000e : ce qui eût été impossible avec les dimensions de l'Atlas-scolaire.

Nous insérons ici, conformément au tableau qui se trouve dans l'Annuaire du Bureau des longitudes, le tableau de la superficie, de la population et de la densité des colonies françaises : le maître s'en servira pour éclairer son commentaire sans jamais le faire passer directement, non plus que les autres statistiques, dans son enseignement.

POSSESSIONS, COLONIES ET PROVINCES.	SUPERFICIE exprimée en kilom. car.	POPULATION exprimée en milliers d'hab. (état en 1881).	DENSITÉ par kilom. car.
Alger { territ. civil	23550	802	31,3
— militaire	81617	270	2,0
Oran { territ. civil	24643	480	10,4
— militaire	61460	173	2,8
Constantine { territ. civil	26043	602	23,1
— militaire	101021	540	5,3
Sahara algérien (partie non comprise dans les données officielles)	100000?	50?	0,3
Total de l'Algérie	**418334**	**2917,4**	**6**
Sénégal	30000	138	5
Établ. de la Côte d'Or et du Gabon	200	0,2	
Mayotte, Nossi-bé, etc.	660	18	27
Sainte-Marie de Madagascar	170	7	41
Réunion	2512	178	71
Tunisie (protectorat)	118000	2100	18
En Afrique (avec l'Algérie)	**569876**	**5358**	**7**
Inde française	489	276	564
Cochinchine française	59458	1592	27
Cambodge (protectorat)	80000	1000	13
En Asie	**139947**	**2868**	**20**
Nouvelle-Calédonie, etc.	19700	17 pop. eur. 50? ind.	3
Iles Marquises	1240	6	5
Tahiti, Touamotou, etc.	8000	20	3
En Océanie	**28940**	**93**	**3**
St-Pierre et Miquelon (avec pop. flott.)	235	5	21
Guadeloupe et dépend. (avec St-Bart.)	1673	185	111
Martinique	987	105	107
Guyane	77000	27	0,4
En Amérique	**79895**	**380**	**5**

Lectures. — 47e Lecture. — *Les projets de la France dans le nord-ouest de l'Afrique.* — « Maîtresse de l'Algérie et du Sénégal, la France touche au Sahara par deux côtés. Or le Sahara est sillonné par les routes de caravanes qui conduisent le commerce des côtes de la Méditerranée au Soudan. Il était naturel que la France songeât à faire pénétrer son propre commerce et son influence jusque dans cette grande région qu'arrosent le Niger et les cours d'eau qui confluent dans le lac Tchad. Il ne faut pas se faire illusion sur l'importance du trafic que l'Europe pourrait faire chez des populations qui ont peu de besoins et peu de ressources ; mais il ne faut pas non plus négliger un marché de plusieurs millions d'hommes, surtout dans un temps où la concurrence des nations se dispute plus vivement que jamais les marchés du monde. »

« Le haut Sénégal n'est séparé du Niger que par une plaine ou un plateau médiocrement élevé, dont l'étendue n'est guère que de 350 kilomètres. Déjà, au XVIIe siècle, le premier gouverneur du Sénégal, Brué, avait eu la pensée d'envoyer des voyageurs pour reconnaître cette région. Faidherbe a, de nos jours, repris la tradition de Brué et, depuis 1878, des études ont été entreprises en vue de la construction d'un che-

min de fer qui, par les plateaux, ou peut-être mieux par les vallées, réunirait les bassins des deux fleuves et qui pourrait un jour faire de la ville de Saint-Louis une tête de ligne du commerce du Soudan occidental.

« En même temps, on agitait la question, beaucoup plus difficile à résoudre, d'un chemin de fer qui, partant du sud de l'Algérie, traverserait le Sahara pour aboutir au Niger. Le gouvernement a envoyé une expédition scientifique pour étudier le terrain. Le colonel Flatters, qui la dirigeait, s'est avancé une première année jusque vers le 26e degré, l'année suivante, jusqu'au sud du plateau d'Ahaggar, mais il y a péri victime d'une trahison, avec presque toute sa suite. »

48e Lecture. — *La Réunion.* — « Avant l'époque des guerres du premier empire, la France possédait, au sud-est de l'Afrique, tout le groupes des Mascareignes, et avait fait de Port-Louis, chef-lieu de l'île de France, son principal établissement. Elle avait même eu des comptoirs sur la côte de Madagascar. De ces possessions, il ne lui reste que la Réunion, nommée autrefois île Bourbon, et quelques petites îles occupées postérieurement. »

« La superficie de la Réunion est égale à celle d'un département français. C'est un massif volcanique de forme ovale ; des cratères effondrés forment les arêtes et les sommets du plateau central et le divisent en plusieurs plateaux ; les points culminants atteignent 3069 mètres au Piton des neiges. La lave s'est répandue tout autour du massif en longues coulées ; elle s'est crevassée en formant de profonds ravins à parois abrupts que les eaux ont fouillés et par où les torrents descendent à la mer. Les pentes inférieures et les plaines étroites que la nature a ménagées sur un petit nombre de points entre la montagne et la mer, portent les cultures : sur les coteaux, les caféiers seuls ; dans les fonds, les caféiers mêlés aux champs de canne à sucre. Quand on s'éloigne de quelques lieues dans l'intérieur, on ne rencontre plus sur les hauteurs que des cases isolées, habitées par d'anciens créoles ou par des noirs, et quelques petites cultures de maïs, de patates et de tabac. »

« C'est sur le bord de la mer que sont les villes : Saint-Denis, Saint-Paul, Saint-Pierre, et que se presse la grande majorité des habitants de l'île. La fertilité du sol et la chaleur du climat tropical, adoucie par la brise de la mer, y ont attiré des colons et leur auraient assuré une fortune plus grande encore, si, outre l'absence de bon port, la Réunion n'avait pas contre elle la violence des ouragans qui parfois détruisent les cultures et renversent les maisons, si les fièvres ne menaçaient d'y devenir endémiques, et si la fabrication du sucre de betterave en Europe n'avait depuis, cinquante ans, fait une concurrence redoutable à son principal produit, dans le même temps où un insecte, ennemi de la canne, ravageait les cultures. »

Nous donnons également, d'après l'Annuaire du Bureau des longitudes, les positions géographiques, c'est-à-dire la longitude et la latitude des principales localités, des possessions françaises exprimées en degrés (°) et en minutes ('). A l'aide de ces données, le maître pourra retrouver et marquer exactement sur un globe ou sur un planisphère la position de chacune de nos colonies. Nous donnons en même temps la population de ces localités exprimée en milliers d'habitants.

	NOMS DES LIEUX.	LATITUDE.	LONGITUDE.	POPULATION exprimée en milliers d'hab.
AFRIQUE	Algérie { Alger, *phare*	36.47 N	0.44 E	75
	Oran, *f. Ste-Croix*	35.42 N	2.59 O	49
	Constantine, *casbah*	36.22 N	4.16 O	40
	Saint-Louis (Sénégal)	16. 0 N	16.51 O	6
	Gorée, *citadelle*	14.39 N	19.45 O	3
	Gabon, *blockhaus*	0.20 N	7. 6 E	»
	Dzaoudzi (Mayotte)	12.49 S	43. 0 E	»
	Hellville (Nossi-bé)	13.23 S	45.69 E	0,7
	Sainte-Marie de Madagascar, *îlot Madame*	17. 0 S	47.36 E	»
	St-Denis (Réunion)	20.51 S	53. 6 E	32
ASIE	Mahé	11.42 N	73.10 E	6
	Karikal	10.55 N	77.44 E	92
	Pondichéry	11.55 N	77.29 E	133
	Yanaon	16.13 N	80. 0 E	5
	Chandernagor	22.51 N	86. 1 E	22
	Saigon, *observatoire*	10.46 N	104.21 E	82
OCÉANIE	Nouméa, *pavillon du fort*	12.16 S	104. 6 E	2
	Papeete (Tahiti)	17.32 S	151.54 O	2
	Nouka-Hiva, *port Anna-Maria*	8.55 S	142.24 O	»
AMÉRIQUE	St-Pierre, *île Massacre*	46.46 N	56.29 O	2
	St-Martin	18. 5 N	65.23 O	»
	St-Barthélemy, *pointe orient*	17. 5 N	63. 1 S	3
	Basse-Terre (Guadeloupe)	15.59 N	64. 3 O	9
	Désirade	16.20 N	63.22 O	»
	Grand-Bourg (Marie-Galante)	15.53 N	63.38 O	6
	Terre-d'en-haut (Saintes) tour	15.51 N	63.05 O	»
	Fort-de-France (Martinique)	14.36 N	63.24 O	14
	Cayenne, *fort de l'Eperon*	4.56 N	54.39 O	6

COLONIES (*Suite*).

Méthode et commentaire. — La page 36 de l'Atlas-scolaire contient les colonies de l'Océanie et de l'Amérique et un planisphère présentant l'ensemble des colonies françaises groupées par parties du monde. Sur cette page, toutes les cartes des colonies (à l'exception de deux) sont, comme celles de la page précédente, à l'échelle de 1/5,000,000 (1 millimètre pour 5 kilomètres), c'est-à-dire à la même échelle que l'Algérie et que les cartes complètes de France.

Deux cartes sont à une échelle beaucoup plus petite : celle du 40,000,000° (1 millimètre pour 40 kilomètres), laquelle est aussi l'échelle de la carte de l'Inde placée à la page 35 : 1° la carte de Terre-Neuve, destinée à montrer la position de Saint-Pierre et de Miquelon à côté de l'île de Terre-Neuve. Terre-Neuve a été elle-même autrefois une colonie française, et, sur une partie de ses côtes, la France conserve encore le droit exclusif de pêche et le droit d'établir des baraques pour la préparation des morues ; 2° la carte des îles de l'Océanie que l'emplacement ne permettait pas de donner à l'échelle du 5,000,000° et qui, à l'exception de Tahiti (représenté aussi au 5,000,000°), n'ont qu'une importance secondaire.

Si la carte des îles de l'Océanie était à la même échelle que les autres cartes des colonies, elle couvrirait à peu près deux pages de l'Atlas-scolaire ; car elle embrasse, de l'est à l'ouest, un espace d'environ 2,300 kilomètres, c'est-à-dire, comme la carte de l'Inde de la page 35, deux fois et un tiers la longueur de la France du nord au sud.

Le principal service à vapeur qui relie les Antilles françaises à la France est celui de la Compagnie générale transatlantique. Les paquebots partent de Saint-Nazaire, traversent l'Atlantique, touchent à la Guadeloupe (Pointe-à-Pitre, Basse-Terre et Saint-Pierre) après 14 jours de traversée, puis à la Martinique (Fort-de-France), deux jours après leur arrivée à la Pointe-à-Pitre. Le prix varie de 400 fr. à 965 fr. suivant la classe. Un service particulier de la même Compagnie conduit en 8 jours de Fort-de-France à Cayenne.

Lectures. — 49ᵉ LECTURE. — *Les possessions des Français en Amérique autrefois et aujourd'hui.* — « La France a eu, au dix-septième et au dix-huitième siècle, de vastes possessions en Amérique. C'est un de ses marins, Jacques Cartier qui, sous le règne de François Iᵉʳ, a le premier remonté le Saint-Laurent ; c'est un autre Français, Samuel Champlain, qui a fondé, en 1608, Québec, un des plus anciens établissements créés par les Européens dans cette région ; ce sont des Français qui, étendant peu à peu leurs découvertes dans les forêts de l'ouest, ont reconnu les grands lacs ; c'est à un Français, Cavelier de la Salle, qu'appartient l'honneur d'avoir le premier descendu le cours du Mississipi jusqu'à son embouchure. La vaste région de l'Amérique qui s'étend depuis Terre-Neuve et le Canada jusqu'à la Louisiane et au golfe du Mexique a porté le nom de Nouvelle-France ; les droits de la France s'étendaient en effet alors sur le bassin des deux principaux fleuves de l'Amérique du Nord. »

« La France occupait en outre la portion occidentale de la grande et fertile île d'Haïti, et la plus grande partie des petites Antilles. »

« Les désastres de la fin du règne de Louis XIV et le traité d'Utrecht, signé en 1713, commencèrent à entamer cet empire ; la désastreuse guerre de Sept ans, terminée en 1763 par le traité de Paris, acheva de le ruiner. Il ne nous en reste plus que des débris ; dans les eaux de Terre-Neuve, deux petits petits îlots, Saint-Pierre et Miquelon, qui abritent nos pêcheurs de morue ; dans les Antilles, deux îles florissantes, la Guadeloupe et la Martinique, et quelques îlots. »

« Notre langue reste du moins pour perpétuer le souvenir du nom français dans plusieurs de ces contrées, particulièrement sur les bords du Saint-Laurent, où plus d'un million et demi de Canadiens parlent le français, et dans une partie des Antilles. »

50ᵉ LECTURE. — *Le sucre et le café.* 1° *Le sucre.* — « Les colonies situées dans la zone tropicale cultivent et exportent des denrées coloniales que l'Europe consomme et que son climat ne lui permet pas de produire elle-même. Le sucre et le café sont les principales richesses des Antilles. »

« La canne à sucre est un roseau plus grand et plus gros que le roseau ordinaire de France ; il atteint une hauteur d'environ trois mètres. Comme le roseau ordinaire, il a des nœuds formant de distance en distance un renflement annulaire de couleur foncée et servant d'attache à des feuilles longues et étroites. Les cannes couvrent de vastes étendues, comme le blé couvre nos champs en Europe ; mais on n'est pas obligé de les semer tous les ans comme on fait pour les céréales ; les tiges repoussent après avoir été coupées : c'est ce qui a lieu sous notre climat pour les joncs et les roseaux et c'est ainsi qu'on exploite la luzerne. Un champ de cannes dure quinze ans et plus. Quand les tiges sont mûres, elles prennent une belle teinte

jaune. On les coupe alors près de la racine et on les porte immédiatement au moulin afin de ne pas laisser au jus le temps de s'altérer. »

Champ et récolte de cannes.

« Autrefois des esclaves noirs faisaient le travail de la culture et de la récolte. Le progrès de la civilisation a fait supprimer successivement au dix-neuvième siècle l'esclavage dans tous les pays de l'Amérique. Les Français avaient donné le signal de cette émancipation à l'époque de la Révolution de 1789 ; mais la suppression n'a été définitive dans nos colonies qu'en 1848, à l'époque de la seconde république. Les Anglais ont accompli cette réforme en 1834 ; les Américains du nord ont proclamé la liberté des noirs en 1863, et n'ont pu l'imposer aux propriétaires d'esclaves qu'à la suite d'une sanglante guerre ; le Brésil l'a décrétée en 1871, par une loi d'émancipation progressive, et la colonie espagnole de Cuba, qui avait maintenu seule le travail servile, a suivi l'exemple du Brésil en 1879. Aujourd'hui les noirs font encore presque tout le travail des plantations, mais ils le font comme ouvriers libres. »

« Lorsque la canne est broyée entre les cylindres du moulin, il en sort un jus sucré qu'on nomme vésou. Ce jus, cuit dans de grandes bassines que l'on chauffe avec les débris des tiges, s'épaissit et fournit du sucre brut qui a l'aspect d'une poudre jaunâtre et un résidu qui ne se solidifie pas et qui est la mélasse. En distillant la mélasse, on obtient une liqueur nommée tafia, eau-de-vie de canne ou rhum. »

Moulin à cannes.

« C'est ordinairement à l'état de sucre brut que le produit colonial est exporté. Les raffineries d'Europe l'épurent et obtiennent le sucre cristallisé en pains de forme conique que l'on trouve dans le commerce. »

2° *Le café.* — Le caféier est un arbuste qui peut s'élever à une douzaine de mètres, mais qu'on ne laisse guère monter, dans les plantations, au delà de quatre à six mètres. Les feuilles sont d'un beau vert luisant à la face supérieure et d'une teinte blanchâtre sur l'autre face. Il porte des fleurs d'un parfum suave qui rappellent le jasmin d'Espagne et des fruits ovales, rouges lorsqu'ils sont mûrs, qui ressemblent à de petites cerises. Ce fruit a un noyau ; le noyau renferme deux graines collées l'une à l'autre par leur côté plat et marqué d'un sillon convexe de l'autre côté, vertes quand le fruit est frais, blanchâtres quand il est sec. Chaque graine est un grain de café. »

« On croit que le caféier est originaire d'Ethiopie. Il ne fructifie que dans les régions tropicales où la température ne s'élève pas au-dessus de 25 à 30 degrés et ne descend pas au-dessous de 10 degrés. Il se plaît surtout dans les terrains élevés de quelques centaines de mètres au-dessus du niveau de la mer, situés en pente, exposés au soleil levant et garantis contre le vent de mer ; la culture du caféier rappelle à cet égard la culture de la vigne. »

« Le caféier, semé d'abord en pépinière, est replanté l'année suivante en lignes régulières, à intervalles égaux de trois mètres environ. Il commence à rapporter après trois ou quatre ans, et il donne des fruits pendant une quarantaine d'années. On sépare le grain de ses enveloppes en faisant sécher les fruits au soleil, ou en les laissant macérer dans l'eau, ou en décortiquant les fruits avec un moulin. Les planteurs livrent ensuite le café au commerce. »

« Les colonies françaises produisent par an environ cent cinquante millions de kilogrammes de sucre brut. C'est à peu près la quinzième partie de la production du sucre de canne dans le monde (la Chine, l'Inde et le Japon exceptés) et la dixième partie du sucre de betterave que produit l'Europe ; car la production totale du sucre s'est élevée à plus de quatre milliards de kilogrammes en 1880. »

« La production du café, pour laquelle l'Europe ne peut pas faire concurrence à la zone tropicale, est évaluée à cinq cent cinquante millions de kilogrammes, quantité sur laquelle les colonies françaises représentent un peu plus de deux millions de kilogrammes. »

INTERROGATIONS SUR LA CARTE MUETTE DES ÉTATS D'EUROPE.

Méthode. — Quatre pages (p. 38, 39, 40, 41) sont consacrées à l'étude des États d'Europe. Les cartes qui servent à cette étude sont à l'échelle de 1/7,000,000e, soit 1 millimètre pour 7 kilomètres, pour les îles Britanniques et l'Europe centrale, et à l'échelle de 1/14,000,000e, soit 1 millimètre pour 14 kilomètres, pour l'Europe méridionale et pour l'Europe orientale et septentrionale. L'échelle est donc moitié plus petite en longueur pour les deux dernières cartes que pour les deux premières. Les deux premières sont elles-mêmes un peu plus petites que les cartes de France, puisqu'un millimètre y représente 7 kilomètres, tandis qu'il n'en représente que 5 sur les cartes de France.

Pour l'interrogation nous avons rassemblé sur une carte générale de l'Europe toutes les indications, cours d'eau, positions de villes, limites d'États, etc., qui se trouvent sur les quatre cartes des États d'Europe et qui sont nécessaires à l'élève pour répondre aux questions. La place aurait manqué pour donner une carte muette plus grande, et d'ailleurs il est bon que les élèves s'habituent à voir sur une carte d'ensemble la position des lieux qu'ils ont étudiés sur des cartes de détail. Cette carte d'ensemble est à l'échelle de 1/30,000,000e, soit 1 millimètre pour 30 kilomètres. C'est la même échelle que celle des cartes d'Europe qui se trouvent déjà aux pages 10, 11 et 12.

EUROPE OCCIDENTALE.

Questionnaire. — 75e et 76e **leçons.** — D. Quels sont les États de l'Europe occidentale ? — R. *L'Angleterre, les Pays-Bas, le Grand-Duché de Luxembourg, la Belgique, la France.*

D. De quoi est formé le royaume de Grande-Bretagne ? — R. *Des anciens royaumes d'Angleterre et d'Écosse.*

D. Quelles sont les principales îles qui dépendent de la Grande-Bretagne ? — R. *L'île de Wight, les îles Anglo-Normandes qui sont près de la côte de France ; l'île de Man dans la mer d'Irlande ; les Hébrides, les Orcades et les Shetland, au nord de la Grande-Bretagne.*

D. Qu'est-ce que la Tamise ? — R. *C'est un des principaux cours d'eau de l'Angleterre ; la Tamise baigne Londres.*

D. Quel est le caractère général du pays de Galles ? — R. *C'est un pays montagneux.*

D. Quel est le principal cours d'eau de l'Irlande. — R. *Le Shannon.*

D. Quelle est la population du Royaume-Uni. — R. *35 millions d'habitants.*

D. Nommez et montrez sur la carte les villes principales de l'Angleterre. — R. *Londres, capitale ; Liverpool, Manchester, Birmingham, Stafford, Stoke, Merthyr-Tydfil, Swansea, Sheffield, Leeds, Bristol, Southampton, Hull, Newcastle, Oxford, Canterbury, York.*

D. Quelle est l'ancienne capitale de l'Irlande ? — R. *Dublin.*

D. L'agriculture est-elle florissante dans le Royaume-Uni ? — R. *Oui.*

D. Quelles sont les principales industries de la Grande-Bretagne ? — R. *La Grande-Bretagne produit plus de houille et de fer qu'aucune autre contrée d'Europe.*

D. Où ces industries sont-elles surtout pratiquées ? — R. *Dans le pays de Galles, dans les régions de Newcastle, de Stafford, de Glasgow.*

D. Quelles sont les autres grandes industries caractéristiques de l'Angleterre ? — R. *Les industries du coton, de la laine, du lin, la fabrication des machines et la construction des navires.*

77e leçon. — D. Pourquoi les Pays-Bas sont-ils ainsi nommés ? — R. *Parce qu'ils sont situés dans une plaine basse.*

D. Quelle est la population du royaume des Pays-Bas ? — R. *Elle est de plus de 4 millions d'habitants.*

D. Quelle est la capitale de la Belgique ? — R. *Bruxelles.*

D. Montrez sur la carte et nommez le fleuve sur lequel est situé Liège. — R. *La Meuse.*

D. La Belgique est-elle un pays riche ? — R. *Oui, l'industrie y est très développée, surtout l'industrie des machines, celle des armes, celle des tissus.*

D. De qui dépend le Grand-Duché de Luxembourg ? — R. *Du roi des Pays-Bas.*

EUROPE CENTRALE.

Questionnaire. — 78e et 79e **leçons.** — D. Quand a été formé l'Empire allemand ? — R. *En 1871, à la suite des victoires remportées sur la France.*

D. Quelles sont les limites de l'Empire allemand au sud ? — R. *La Suisse et l'Empire d'Autriche dont il est séparé par les Alpes et par les trois chaînes de Bohême, Sudètes et monts des Géants, monts Métalliques, monts de Bohême.*

D. Où est située la Taunus ? — R. *Dans l'Allemagne occidentale, près du Rhin.*

D. Où est située la Basse-Allemagne ? — R. *Au nord des montagnes qui forment le système Hercynien.*

D. Nommez et montrez les cours d'eau qui arrosent l'Empire allemand et qui sont tributaires de la mer du Nord. — R. *Le Rhin avec ses affluents, Moselle, Neckar, Main, Ruhr, l'Ems, le Weser, l'Elbe avec ses affluents, Saale, Havel, grossie elle-même de la Sprée.*

D. Qu'est-ce que le royaume de Prusse ? — R. *C'est le plus important des États allemands ; le roi de Prusse est empereur d'Allemagne.*

D. Qu'est-ce que Dresde ? — R. *C'est une belle ville sur l'Elbe, la capitale du royaume de Saxe.*

D. Quelle est la capitale du Wurtemberg ? — R. *Stuttgart.*

D. Depuis quand l'Alsace-Lorraine a-t-elle été séparée de la France ? — R. *Depuis 1870.*

D. Quelles sont les trois villes libres de l'Allemagne ? — R. *Lubeck, Hambourg, Brême.*

D. Quelles sont les grandes villes de l'Allemagne qu'arrose l'Elbe ? — R. *Dresde, Magdebourg, Hambourg.*

D. Quelles sont les principales villes de l'Alsace-Lorraine ? — R. *Strasbourg et Metz.*

D. Quelles sont les principales industries de l'Empire allemand ? — R. *La houille et les industries métallurgiques dans le bassin de la Ruhr, la Haute-Silésie, la Saxe ; les tissus en Alsace, en Saxe, en Silésie.*

80e et 81e **leçons.** — D. Nommez et montrez sur la carte les principaux cours d'eau qui ont leur source en Suisse. — R. *Le Rhône, le Tessin, affluent du Pô ; l'Inn, affluent du Danube ; le Rhône et l'Aare, son affluent.*

D. Montrez sur la carte et nommez le cours d'eau qui arrose Berne. — R. *L'Aare.*

D. De quels États se compose l'Autriche-Hongrie ? — R. *De l'Empire d'Autriche, capitale Vienne, et de la monarchie Hongroise, capitale Budapest.*

D. Qu'est-ce que le Tyrol ? — R. *Une des provinces de l'Empire d'Autriche.*

D. Où est située Trieste ? — R. *Sur la côte de l'Adriatique.*

D. Qu'est-ce que la Drave ? — R. *Un affluent du Danube qui arrose l'Autriche-Hongrie.*

D. Quelles sont dans l'Autriche-Hongrie les principales villes arrosées par le Danube ? — R. *Linz, Vienne, Presbourg, Budapest.*

D. Qu'est-ce que la Transylvanie ? — R. *C'est une des grandes régions de la monarchie Hongroise.*

D. Qu'est-ce que la Bosnie ? — R. *C'est une province qui appartient nominalement à l'Empire ottoman, mais qui est administrée par l'Autriche.*

EUROPE MÉRIDIONALE.

Questionnaire. — 82e **leçon.** — D. Combien y a-t-il d'États dans la péninsule Ibérique ? — R. *Trois : l'Espagne, le Portugal et la petite République d'Andorre.*

D. Quelle est la capitale du Portugal ? — R. *Lisbonne.*

D. Où est-elle située ? — R. *A l'embouchure du Tage, qui se jette dans l'océan Atlantique.*

D. Quels sont les États que le Tage arrose ? — R. *L'Espagne et le Portugal.*

D. Qu'est-ce que le plateau des Castilles ? — R. *C'est un plateau, haut et vaste, qui occupe le centre de l'Espagne et qui est bordé, au nord par la partie occidentale des Pyrénées, à l'est par les monts Ibériques, au sud par la sierra Morena.*

D. Qu'est-ce que le Mulahacen ? — R. *C'est le plus haut sommet de la sierra Nevada.*

D. Qu'est-ce que les îles Baléares ? — R. *C'est un archipel de la Méditerranée qui appartient à l'Espagne.*

D. Nommez et montrez sur la carte les fleuves de l'Espagne. — R. *Le Minho, le Douro, le Tage, la Guadiana, le Guadalquivir qui se jettent dans l'océan Atlantique, l'Ebre qui se jette dans la Méditerranée.*

D. Quelle est la population de l'Espagne ? — R. *17 millions d'habitants.*

D. Qu'est-ce que Gibraltar ? — R. *C'est un rocher fortifié, situé à une des pointes méridionales de l'Espagne, qui appartient à l'Angleterre.*

83e **leçon.** — D. Par quoi est bornée l'Italie au nord ? — R. *Par les Alpes.*

D. Que savez-vous de l'aspect général des Alpes ? — *Les Alpes sont les plus hautes montagnes de l'Europe ; elles se composent d'un grand nombre de chaînes séparées par des vallées profondes ; on y trouve des forêts, des pâturages, des rochers abruptes, des neiges perpétuelles, des glaciers ; c'est une des régions du monde les plus curieuses à visiter.*

D. Quelles sont les principales îles appartenant à l'Italie ? — R. *La Sardaigne, l'île d'Elbe, la Sicile.*

D. N'y a-t-il pas des volcans en activité dans cette contrée ? — R. *Oui, il y en a deux, le Vésuve près de Naples et l'Etna en Sicile.*

D. Quelle est la partie la plus élevée des Apennins ? — R. *C'est le Gran Sasso d'Italie.*

D. Nommez et montrez les cours d'eau de l'Italie qui viennent des Alpes. — R. *Le Pô, qui reçoit le Tessin, apportant l'eau du lac Majeur ; l'Adda, apportant l'eau du lac de Côme ; le Mincio, apportant l'eau du lac de Garde ; l'Adige, la Brenta.*

84e **leçon.** — D. Quelle est la capitale de la Grèce ? — R. *Athènes, une des villes les plus florissantes du monde dans l'antiquité.*

D. Qu'est-ce que le Parnasse ? — R. *C'est une montagne de la Grèce, célèbre dans l'antiquité.*

D. Montrez sur la carte muette et dites quelles sont les limites de la Turquie. — R. *Au nord, l'Autriche-Hongrie, la Serbie et la Bulgarie ; à l'ouest, le Monténégro, la mer Adriatique et la mer Ionienne ; au sud, la Grèce ; à l'est, la mer Égée, le détroit des Dardanelles, la mer de Marmara, le Bosphore et la mer Noire.*

D. Où est située Constantinople ? — R. *Constantinople, capitale de la Turquie, est située sur le Bosphore.*

D. Quelle est la capitale de la Serbie ? — R. *Belgrade.*

D. Quelles sont les bornes de la Roumanie ? — R. *Au sud, le Danube, au-delà duquel s'étend cependant la frontière roumaine à l'embouchure du fleuve ; au nord, les Karpathes ; à l'est, le Prut.*

Voir p. 39 et 40, les questionnaires supplémentaires et les devoirs pour l'Europe occidentale, centrale et méridionale. — Voir p. 41 le questionnaire et les devoirs pour l'Europe orientale et septentrionale

EUROPE OCCIDENTALE ET EUROPE CENTRALE

Méthode et commentaire. — La carte des Iles Britanniques et la carte de l'Europe centrale sont l'une et l'autre à l'échelle du 7,000,000ᵉ, soit 1 millimètre pour 7 kilomètres. Chacune de ces deux cartes comprend une portion du territoire français qui permet à l'élève de se rendre compte du rapport de grandeur de la France (dont les cartes, dans les leçons précédentes, sont presque toutes à l'échelle du 5,000,000ᵉ) avec les pays voisins.

La carte de l'Europe centrale ne contient pas tout le territoire de l'Autriche-Hongrie ; le complément se trouve à la page suivante (p. 40), sur la carte de l'Europe méridionale dressée à une échelle trois fois plus petite.

Lorsque le maître fera étudier à ses élèves les États de l'Europe (Europe occidentale et centrale, Europe méridionale, Europe orientale et septentrionale), il aura soin de reprendre avec un peu plus de détails l'étude de la géographie physique, mers, côtes, relief du sol et eaux, que les élèves ont déjà apprise sommairement dans les notions générales sur l'Europe, avant de commencer l'étude de la France.

Nous donnons, à la fin du livre du Maître (pag. 53 et suiv.), quelques renseignements sur la hauteur des montagnes, sur la longueur des cours d'eau. Le maître pourra faire son profit, soit pour lui-même, soit pour son enseignement ; mais il se gardera bien de donner à ses élèves des séries de chiffres qui fatigueraient leur attention.

Lorsque les élèves seront interrogés sur cette partie comme sur les parties suivantes relatives aux États de l'Europe, ils répondront en ayant sous les yeux la carte muette de l'Europe qui est à la page 37 et qui contient toutes les indications nécessaires, c'est-à-dire toutes les localités et circonscriptions mentionnées dans le texte.

Lectures. — 51ᵉ LECTURE. — *Londres.* — « Londres est aujourd'hui la ville la plus peuplée du monde entier ; elle renferme plus de trois millions et demi d'habitants, et elle couvre une étendue de terrain presque quatre fois grande comme Paris. Mais elle n'offre pas aux étrangers la même richesse de monuments et la variété de distractions qui caractérisent la capitale de la France. »

« Elle s'étend dans une plaine uniforme, sur les deux rives de la Tamise. L'ancienne ville, la Cité, dont la tour de Londres marque la limite orientale, est située sur la rive gauche. Elle est encore le centre de la vie municipale et le foyer le plus actif des affaires. Presque silencieuse le matin et le soir, quand les magasins sont fermés et que les négociants, qui habitent les campagnes voisines ou les quartiers éloignés, ne sont pas encore à leur bureau, elle s'anime vers neuf ou dix heures ; le mouvement des passants qui suivent en files pressées les trottoirs des principales rues, en même temps que les voitures encombrent la chaussée, présente alors le spectacle d'une activité qu'aucune autre ville n'égale. C'est dans la Cité que se trouve la cathédrale de Saint-Paul, dont le dôme attire les yeux par son élévation plus encore que par son élégance, et l'Hôtel de ville dit Guildhall ; c'est à l'extrémité occidentale de la Cité que sont les deux édifices les plus remarquables de Londres, l'abbaye de Westminster, qui renferme les tombeaux de la famille royale et de plusieurs grands hommes de l'Angleterre, et le palais de Westminster où siège le Parlement. Un large quai, construit aux dépens du fleuve, s'étend le long de la rive gauche. »

« Londres, au premier abord, est surtout remarquable par la grande activité qui y règne. Des bateaux à vapeur sillonnent le fleuve, que de nombreux ponts traversent ; de toutes parts des voies ferrées convergent vers le centre ; un chemin de fer souterrain sert, concurremment avec des milliers de voitures et d'omnibus, à la circulation intérieure. Dans le bas du fleuve, sur les deux rives, s'étendent, à perte de vue, les docks avec leurs immenses magasins remplis de marchandises, les navires qu'on charge et qu'on décharge, ceux qui sont en réparation dans les bassins ou en construction sur les chantiers ; partout des mâts et des vergues ou les larges cheminées des steamers. C'est le côté de la grande navigation, parce que c'est le côté le plus voisin de l'embouchure du fleuve. »

52ᵉ LECTURE. — *Les houillères de la Grande-Bretagne.* — « Depuis que la vapeur est l'âme de l'industrie, la houille est devenue un aliment nécessaire pour la navigation, les chemins de fer, les usines et les manufactures ; la possession de la houille est donc une condition indispensable de la vie économique des nations. A cet égard, l'Angleterre a sur les autres États de l'Europe un avantage qui a largement contribué au développement de sa grande industrie et de son commerce maritime. »

« La nature l'a dotée d'un grand nombre de bassins houillers qui ont une étendue et une puissance considérables et dont plusieurs, étant situés près de la côte, rendent faciles le transport par mer et l'exportation. La région houillère la plus importante est celle du comté d'York, dans lequel on compte plus de quatre cents puits produisant plus que tous les bassins réunis de la France. Cependant les bassins des comtés de Stafford et de Worcester, ceux d'Écosse, dont les principaux sont voisins de Glasgow ; ceux du comté de Lancastre, ceux du Durham et du Northumberland, dans lesquels se trouvent Newcastle et Sunderland ; ceux du pays de Galles, dont les houilles s'exportent par les ports de Swansea et de Cardiff, ne sont guère moins productifs. L'extraction a fait des progrès considérables, et en 1880, la Grande-Bretagne a extrait de ses mines environ 134 millions de tonnes de houille, pendant que la France n'en produisait guère que 17 millions. »

« Aussi la France est-elle obligée d'importer de la houille, tandis que l'Angleterre en exporte pour près de deux cent millions de francs. »

53ᵉ LECTURE. — *L'armée allemande.* — « L'organisation de l'armée prussienne date de 1814 ; elle s'est étendue à tout l'Empire allemand depuis 1871. »

« Tout Allemand doit le service militaire à partir de l'âge de vingt ans. Il sert trois ans dans l'armée active et quatre ans dans l'armée de réserve. Il passe ensuite dans la landwehr où, pendant cinq ans, il est soumis à certains exercices et peut être incorporé, en temps de guerre, dans l'armée régulière. Les jeunes gens de vingt ans qui font les frais de leur équipement et qui subissent un examen spécial ne restent qu'un an dans l'armée active. »

« Après le temps de la landwehr, tout Allemand appartient, de trente-deux jusqu'à cinquante ans, au landsturm, dans lequel sont compris tous les hommes capables de porter les armes qui, pour une raison quelconque, ne sont pas classés dans les trois premières catégories. Le landsturm doit être employé à la défense intérieure de l'Empire. Une partie seulement a été organisée jusqu'ici. »

« L'armée allemande comprend, sur le pied de paix, 18,000 officiers et 427,000 hommes, soit environ un pour cent de la population, 81,000 chevaux, 1,300 canons et, sur le pied de guerre, sans le landsturm, mais avec les troupes de dépôt et de garnison, 35,000 officiers et 1,456,000 hommes, 312,000 chevaux et 2,800 canons. »

« Elle est divisée en 18 corps, à savoir : le corps de la garde prussienne et 17 corps d'armée, correspondant à 17 régions territoriales de l'Empire et résidant, sauf quelques exceptions, chacun dans sa région. Les onze premiers corps d'armée sont formés par la Prusse et par les petites principautés ; le douzième est formé par la Saxe royale, le treizième par le Wurttemberg, le quatorzième par le Grand-Duché de Bade sous l'autorité prussienne, le quinzième par l'Alsace-Lorraine, les deux derniers par la Bavière dont le roi s'est réservé quelques droits sur ses officiers. »

« L'armée tout entière est sous les ordres de l'Empereur qui seul la commande en temps de paix comme en temps de guerre, qui peut faire élever des forteresses dans toutes les parties de l'Empire, et même, en cas de troubles intérieurs, mettre une des parties de l'Empire en état de siège. »

« Chaque corps d'armée est tout organisé pour la guerre. Il comprend normalement deux divisions mixtes ; quelques-unes cependant font exception, le corps de la garde ayant deux divisions d'infanterie et une de cavalerie, le onzième corps trois divisions d'infanterie, le douzième et le quinzième deux divisions d'infanterie et une de cavalerie. Il y a en tout 31 divisions mixtes, c'est-à-dire comprenant des troupes de toutes les armes, 6 divisions d'infanterie et 3 de cavalerie. Chaque division comprend elle-même deux à trois brigades avec de l'artillerie, de la cavalerie, du train et des pionniers, quelques-unes avec des troupes de chemin de fer. La brigade se compose de deux à quatre régiments. Le régiment a trois bataillons et le bataillon quatre compagnies. Un bataillon, en temps de paix, a ordinairement 544 hommes ; il en a 1000 en temps de guerre, c'est-à-dire 250 hommes par compagnie. »

« Le nombre des hommes de chaque corps varie, sur le pied de paix, de 18,000, chiffre du treizième corps, à 31,000, chiffre du onzième corps qui seul, il est vrai, comprend trois divisions mixtes, parce que la vingt-cinquième division ou division hessoise y est réunie à deux divisions prussiennes. »

« L'organisation de l'armée allemande lui permet non seulement de disposer d'un nombre considérable d'hommes, mais de les mettre très rapidement en mouvement. La mobilisation s'est faite en moins de quatorze jours, en 1866, à l'époque de la guerre avec l'Autriche, et en dix jours, en 1870, au commencement de la guerre avec la France. »

« Quarante-cinq forteresses, dont dix-sept de premier ordre, servent à la défense du territoire et à la concentration des armées. Plusieurs d'entre elles, Ulm, Rastadt, Mayence, Coblenz, Cologne et deux villes naguère françaises, Strasbourg et Metz, menacent notre frontière. »

54ᵉ lecture. — *La descente du Danube de Vienne à Budapest.* — Le Danube et un chemin de fer unissent les deux capitales de l'Autriche-Hongrie. Le voyage est moins loin en chemin de fer, mais il est plus pittoresque par eau. Avant 1870, Vienne ne s'étendait pas jusqu'au Danube; des jardins, des prairies et des terrains vagues occupaient l'espace situé entre la promenade du Prater et le lit du fleuve capricieux. Les ingénieurs lui ont creusé un large lit factice et ont arrêté de ce côté ses débordements, et de nouveaux quartiers se sont bâtis jusque sur le quai. Plusieurs années auparavant, Vienne avait abattu ses anciennes fortifications et fait de son ring, ou enceinte, un beau boulevard bordé de somptueux bâtiments et animé par une active circulation. A une des extrémités est le Hof, c'est-à-dire, la cour ou Palais-Royal avec le jardin public. Le commerce de détail reste concentré dans les rues étroites de la vieille ville.

Quand on contemple la capitale de l'Autriche de la colline du Belvédère, elle présente un panorama remarquable avec l'entassement de ses maisons adossées à la dernière chaîne des Alpes, la flèche hardie de Saint-Étienne, sa cathédrale, au centre, au-devant la courbe élégante des maisons du ring, les grands arbres du Prater à l'arrière-plan qui masquent ou laissent à peine deviner le cours du Danube, et la belle ligne des crêtes du Wienerwald dont les croupes boisées et la sombre verdure limitent l'horizon au couchant.

Le Danube coule en plaine; mais s'il a dans cette partie des rives peu accidentées, il est majestueux par la seule masse de ses eaux, et d'ailleurs cette plaine, c'est d'abord le Marchfeld, célèbre par une grande bataille du moyen âge et par la victoire d'Austerlitz. Ensuite paraissent les collines du petit Karpathe, puis Presbourg et son pont de bateaux; beaucoup plus loin, sur la rive droite, Gran, dont la cathédrale massive se dresse d'une manière imposante au-dessus du fleuve, puis des collines, dernières ramifications des massifs qui font suite au Tatra, bordent et resserrent le lit du fleuve qui, devant cet obstacle, change brusquement de direction et prend son cours vers le sud à travers l'immense plaine de la Hongrie. Sur sa rive droite cependant sont quelques collines. C'est sur une de ces hauteurs qu'a été bâtie la forteresse de Bude, qui pendant longtemps a été un des boulevards de la chrétienté contre les Turcs; en face, sur la rive plate du fleuve, s'est élevée ensuite la ville de Pest. Le fleuve et l'île Marguerite, coquettement parée de verdure, séparaient les deux cités; un beau pont de pierre, et plus récemment un second pont pour le chemin de fer les relient, et la politique a réuni en une même cité, sous le nom de Budapest, la capitale de la Hongrie régénérée.

55ᵉ lecture. — *Les révolutions politiques de l'Europe.* — « Depuis le commencement des temps historiques, l'Europe a eu des destinées très diverses. Des peuples barbares, Ibères et Pélasges au sud, Celtes au centre et à l'ouest, Germains et Scandinaves au centre et au nord, ont été au nombre des premiers habitants dont l'histoire ait conservé les noms et constituent encore le fonds principal des populations modernes. Dans l'antiquité, les Grecs ont jeté un vif éclat par leur activité commerciale et leur culture intellectuelle, sans avoir régné sur de vastes territoires. Les Romains au contraire ont conquis successivement les trois péninsules du midi, la Gaule, la Grande-Bretagne; ils ont dominé sur tout le bassin de la Méditerranée et reculé les limites de leur empire et celles de la civilisation antique jusqu'au Rhin et au Danube. »

« Après plus de quatre siècles d'une domination qui a laissé jusqu'à nos jours une empreinte profonde dans les langues et dans les institutions de l'Europe méridionale et de la France, l'Empire romain fut détruit par les invasions des Barbares germains qu'il avait longtemps contenus au delà du Danube et du Rhin. Alors commença le moyen âge, pendant lequel, à la suite des longues souffrances causées par les invasions germaniques, hunniques, arabes et du démembrement de l'Empire franc fondé par Charlemagne, l'Europe, ou du moins la partie de l'Europe située à l'ouest de l'Oder, s'organisa et vécut durant plusieurs siècles sous le régime féodal.

Sous ce régime, chaque grand propriétaire était un seigneur qui gouvernait en maître les habitants de son domaine et qui était lui-même subordonné par les liens de la vassalité à de plus hauts seigneurs. L'Empire germanique, de la fin du dixième jusque vers le milieu du treizième siècle, puis la France jusqu'à guerre de Cent ans, furent les États les plus puissants de cette période. »

« Au commencement du seizième siècle, Charles-Quint, ayant placé sur sa tête la couronne d'Espagne et celle de l'Empire germanique, aspira à dominer sur toute l'Europe occidentale. La France résista et engagea contre lui et contre ses successeurs une longue lutte dont François Iᵉʳ et Richelieu caractérisent les deux périodes et

qui aboutit à l'équilibre européen constitué par les traités de Westphalie, en 1648. »

« Les conquêtes de Louis XIV déplacèrent cet équilibre au profit de la France; mais elles réunirent contre l'ambition du Grand Roi les forces coalisées de l'Angleterre, de l'Allemagne, de la Hollande et de l'Espagne. La France resta néanmoins la principale puissance continentale, pendant que l'Angleterre fortifiait son empire sur les mers. Cependant, au dix-huitième siècle, deux nouvelles puissances se formèrent, la Prusse, fondée par les victoires de Frédéric le Grand, et la Russie que la politique de Pierre le Grand et de Catherine II, aboutissant au partage de la Pologne, fit entrer dans le concert européen. »

« Un nouvel équilibre se constituait. La Révolution française, inspirée par les idées de liberté et d'égalité que les écrivains du dix-huitième siècle avaient répandues dans le monde, éclata sur ces entrefaites. Les guerres de la République et de l'Empire rompirent l'équilibre et ne laissèrent pour ainsi dire subsister que deux puissances en Europe, la France avec ses vassaux d'un côté, et, de l'autre, les ennemis de la France ramenés tour à tour au combat par la haine irréconciliable de l'Angleterre. Napoléon, qui avait su vaincre, mais qui ne sut pas contenir son ambition, finit par succomber sous le nombre, et la France dut subir les dures conditions des traités de 1814 et de 1815. Il y eut alors cinq grandes puissances en Europe : l'Angleterre, la Prusse, l'Autriche, la Russie, la France. Cette dernière avait cessé d'être l'État prépondérant, sans cesser d'être respectée. »

« C'était un équilibre nouveau : il dura environ quarante ans. Le second Empire conçut le dessein de le changer au profit de la France et au détriment de la Russie et de l'Autriche; cette politique nous a été funeste. Une nouvelle puissance, l'Italie, s'est constituée, il est vrai, avec l'appui des armées françaises. Mais la Prusse s'est élevée peu de temps après aux dépens de l'Autriche sur les ruines de la Confédération germanique; puis, après nous avoir vaincus dans la funeste guerre de 1870-1871 et nous avoir pris l'Alsace et une partie de la Lorraine, elle a reconstitué sous son autorité l'Empire allemand, menaçant notre frontière démantelée. »

« La Russie a poussé de nouveau ses armées vers Constantinople, et la Turquie a payé d'une partie de son territoire les accords secrets des maîtres de la politique : la Grèce, l'Autriche, la Roumanie et les trois petits États se sont partagés quelques lambeaux de son territoire. »

« Il y a aujourd'hui six grandes puissances : la Russie qui aspire à la possession de Constantinople pendant qu'elle se fortifie en Asie; l'Autriche-Hongrie qu'une politique, peut-être imprudente, porte à s'étendre dans la péninsule Pélasgique; l'Empire allemand ou, pour mieux dire, la Prusse qui, forte de ses triomphes, joue, depuis 1871, un rôle prépondérant dans les conseils de l'Europe; l'Italie qui regarde autour d'elle de quel côté ses rêves d'agrandissement pourraient trouver satisfaction; la France qui a besoin de se recueillir après ses désastres sans rester jamais indifférente en présence des grands événements où son honneur et ses intérêts seraient engagés; enfin l'Angleterre qui, particulièrement préoccupée de son commerce et de sa puissance en Asie, a profité des complications de la politique orientale pour étendre la main sur Chypre et sur l'Égypte. »

Questionnaire supplémentaire. — D. Pourquoi dit-on Royaume-Uni de Grande-Bretagne et d'Irlande? — R. *Parce que c'est un royaume formé de la réunion des anciens royaumes de Grande-Bretagne et d'Irlande.*

D. Pourquoi les Anglais font-ils venir beaucoup de blé et de viande de l'étranger? — R. *Parce qu'étant très nombreux, ils en consomment plus encore que leur pays n'en produit, et que leur industrie les rend assez riches pour en acheter au dehors.*

D. Qu'est-ce que la Haye? — *C'est la ville où réside le gouvernement des Pays-Bas.*

D. Est-ce la capitale? — R. *Non, la capitale est Amsterdam.*

Devoirs. — Faire, sur une carte muette, la carte physique, politique, économique des Iles Britanniques.

Faire la carte physique de l'Europe centrale, en dessinant, sur la carte muette politique, les montagnes, les cours d'eau et en marquant les noms des mers, golfes, montagnes et cours d'eau.

Faire, sur la carte muette politique, la carte physique et politique de la Prusse.

Faire la carte muette physique et politique, la carte générale de l'Europe centrale, Empire allemand, Suisse, Lichtenstein et Autriche-Hongrie (pour la partie comprise sur la carte muette).

EUROPE MÉRIDIONALE.

Méthode et commentaire. — La carte de l'Europe méridionale est à l'échelle du 21,000,000ᵉ, soit 1 millimètre pour 21 kilomètres.

L'emplacement ne permettait pas de donner ici la carte de l'Europe méridionale, non plus que celle de l'Europe orientale et septentrionale à la même échelle que la carte de l'Europe centrale et de l'Angleterre ; ces deux cartes ont été dressées à la même échelle du 21,000,000ᵉ. La partie de la France qui figure sur la carte de l'Europe méridionale aidera l'élève à se rendre compte du rapport de grandeur de la France avec les pays représentés sur ces deux cartes.

Le maître pourra faire remarquer que cette échelle est le tiers de celle des cartes d'Angleterre et de l'Europe centrale. En effet, dans ces dernières, 1 millimètre représente 7 kilomètres ; il en représente 21 (7×3) sur la carte de l'Europe méridionale. Le maître pourra rendre cette remarque sensible en prenant sur la carte de l'Europe méridionale la distance entre 2 degrés de latitude (entre le 35ᵉ et le 40ᵉ par exemple) et montrer qu'elle est trois fois moindre que la distance entre le 48ᵃ et le 53ᵉ degré sur la carte de l'Europe centrale (le 53ᵉ n'est pas indiqué, mais il est à moitié de la distance entre le 52ᵉ et le 54ᵉ).

Les élèves pourront faire leurs devoirs sur des cartes muettes dressées à la même échelle que la carte de l'Europe méridionale de l'Atlas-scolaire. Toutefois, comme la petitesse de l'échelle pourrait rendre à quelques-uns le travail difficile, nous avons dressé les cartes-devoirs dont il est parlé plus loin (p. xv), pour la péninsule Ibérique, pour l'Italie et pour la péninsule Pélasgique, à la même échelle que la carte de l'Europe centrale, c'est-à-dire au 7,000,000ᵉ. Le maître pourra leur recommander de les employer de préférence.

Pour cette partie, comme pour les deux précédentes, les élèves interrogés répondront en ayant sous les yeux la carte muette d'Europe de la page 37.

Nous donnons à la fin du livre du Maître (p. 53 et suiv.) pour cette partie, comme pour les autres États d'Europe, quelques renseignements complémentaires à l'usage du maître, sur la hauteur des montagnes, la longueur des cours d'eau, la superficie et la population des États.

Lectures. — 57ᵉ Lecture. — *Venise.* — « Venise est peut-être la ville du monde qui fait sur le voyageur l'impression la plus saisissante. Elle est isolée au milieu de la lagune ; on n'y avait autrefois accès que par eau. Aujourd'hui un viaduc de trois kilomètres et demi, construit pour le chemin de fer, la relie à la terre ferme ; mais le débarcadère aboutit à un canal et les marches descendent dans l'eau. »

« Dans cette ville peuplée de plus de cent vingt mille âmes, il n'y a pas une grande rue, pas une voiture ; un seul boulevard et un jardin de création récente, relégués dans une sorte de faubourg peu fréquenté par la société vénitienne, du côté de l'Arsenal ; mais il y a des centaines de canaux, très étroits en général, bordés de hautes maisons dont la muraille plonge dans l'eau, sans trottoir pour les piétons. D'ordinaire cependant ces maisons ont par derrière une porte donnant sur des ruelles dallées qui permettent de communiquer à pied d'un pont à un autre et qui forment un dédale de chemins plus étroits encore que les canaux ; de distance en distance, de petites places sur lesquelles se trouve presque toujours une église. »

« La grande circulation se fait par les canaux, avec des gondoles qui, peintes en noir et ornées d'une haute proue en fer, conservent le caractère traditionnel des siècles passés. On s'y meut sans bruit. Sous ce ciel souvent pur, devant ces rangées de palais dont beaucoup portent les marques de la vétusté, mais dont l'ensemble évoque tant de grands souvenirs, une promenade en gondole a quelque chose de mystérieux et de poétique qu'on ne rencontre nulle part ailleurs. »

« Le Grand canal, qui a la forme d'un S renversé, coupe la ville en deux parties et constitue la principale artère. A une de ses extrémités est le quai des Esclavons, qui fait face au Lido, situé de l'autre côté de la lagune, et qui sert de port maritime de Venise. C'est sur ce quai que débouche la Piazzetta, c'est-à-dire la petite place, signalée de loin par deux hautes colonnes et bordée, d'un côté, par l'antique Palais des Doges, de l'autre, par le palais Royal. La Piazzetta communique avec la place Saint-Marc, vaste rectangle de 175 mètres de long, pavé de larges dalles, bordé de trois côtés d'édifices d'une architecture élégante et uniforme, supportés par des arcades ; sur le quatrième côté est l'église de Saint-Marc, la cathédrale de Venise, le plus curieux monument de l'art byzantin, sinon le plus régulier, et le plus imposant, tout revêtu de riches mosaïques sur les trois porches de la façade et dans l'intérieur. La place Saint-Marc est la promenade vers laquelle on afflue de tous les points de la ville, et c'est sous ses arcades que sont les boutiques les plus achalandées. »

« On ne connaît encore que l'extérieur de Venise quand on a parcouru ses canaux, ses ruelles et ses places. Il faut entrer dans le Palais des Doges, visiter les églises, l'académie des beaux-arts, voir quelques-uns de ses palais pour contempler les innombrables chefs-d'œuvre de la peinture et de la sculpture que cette glorieuse cité renferme, admirer l'*Assomption* du Titien, jouir des œuvres de Véronèse, du Tintoret, de Rubens, pour se pénétrer des beautés de cette ville qui laisse à ceux qui l'ont vue un souvenir ineffaçable. »

57ᵉ Lecture. — *Rome.* — « Rome évoque plus de souvenirs encore que Venise. Aucune ville du monde ne peut lui être comparée à cet égard, parce qu'aucune n'a eu une aussi longue histoire, avec une si grande puissance, et n'a accumulé dans ses ruines, dans ses monuments, dans ses musées tant de souvenirs des grandes époques du passé, ceux de la République romaine, ceux des premiers temps du christianisme, ceux de la Renaissance. »

« Le Tibre aux eaux jaunes, comme le qualifiaient les Romains, coupe la ville en deux parties très inégales. A droite, sur la rive même, est l'ancien mausolée d'Adrien, qui est devenu au moyen âge le château Saint-Ange ; à quelque distance, la vaste place elleptique de Saint-Pierre, qu'encadre la colonnade construite par Bernini. Elle met en perspective la basilique de Saint-Pierre, conçue dans des proportions colossales et surmontée d'un dôme commencé par Michel-Ange et élevé après lui à la hauteur de 138 mètres. Saint-Pierre est contigu au Vatican, résidence du pape ; les sculptures antiques et les tableaux du musée, la chapelle Sixtine décorée des fresques de Michel-Ange, les loges et les chambres de Raphael font du Vatican un des trésors inestimables de l'art et suffiraient pour y attirer en foule les artistes et les admirateurs du beau. »

« Sur la rive gauche du Tibre est la ville, d'abord la ville moderne traversée par la grande rue du Corso, depuis la porte du Peuple jusqu'à l'église de Santa-Maria *in ara cœli*, bâtie sur l'emplacement du Capitole ; puis, au sud et à l'est, la ville antique dont on foule presque à chaque pas les ruines au milieu des places, des jardins et des champs. Le Panthéon et la colonne Trajane, dont les bas-reliefs rappellent les victoires de l'empereur romain sur les Daces, sont dans la partie moderne où abondent les églises du xvıᵉ et du xvııᵉ siècle. »

« Le Forum est un amas de ruines, colonnes, substructions, entassées les unes à côté des autres, dont l'érudition n'est pas encore parvenue à reconstituer entièrement le plan ; l'arc de Septime-Sévère, celui de Titus, plus petit, mais plus élégant, celui de Constantin, d'une architecture moins pure, le Colisée, majestueux amphithéâtre qui contenait cent mille spectateurs et dont une moitié reste encore debout, presque intacte, confinent au Forum. »

« Plus loin, au delà du mont Velio, les ruines des Thermes de Caracalla présentent un spectacle presque aussi imposant que le Colisée. Cette ville antique, qu'il faudrait des volumes pour décrire et des mois pour visiter, possède aussi de grands souvenirs de l'époque chrétienne ; c'est à une de ses extrémités que sont situés la basilique et le musée de Saint-Jean de Latran. »

Questionnaire supplémentaire. — D. Rappelez-vous ce que vous avez appris jusqu'ici des Alpes, et dites quelles en sont les principales divisions et montagnes. — R. *On divise les Alpes en Alpes occidentales, Alpes centrales, Alpes orientales. Dans les Alpes occidentales sont le mont Viso, le tunnel du Fréjus par lequel passe le chemin de fer de France en Italie, le mont Cenis, le grand Paradis, le mont Blanc, la plus haute montagne de l'Europe (après le Caucase) ; elle a 4,810 mètres. Dans les Alpes centrales, sont le mont Rose, le Saint-Gothard, le Bernina, l'Ortler, le col du Brenner ; dans les Alpes orientales, les Alpes Carniques et les Alpes Noriques.*

D. Que savez-vous de la capitale de l'Italie ? — R. *La capitale de l'Italie est Rome. Cette ville, bâtie sur les bords du Tibre, a été dans l'antiquité, pendant plus de 600 ans, maîtresse du monde, qu'on appelait alors le monde romain, c'est-à-dire de toutes les contrées voisines de la mer Méditerranée. Rome est aujourd'hui le siège du gouvernement italien ; c'est aussi la résidence du pape qui, avant 1870, était souverain de la ville.*

D. Quelle est la situation politique de la Roumélie orientale et de la Bosnie ? — R. *La Roumélie orientale est une province turque qui, d'après les traités, a une administration particulière ; la Bosnie est une province qui fait partie nominalement de l'empire Ottoman, mais qui est administrée par l'Autriche.*

Devoirs. — Faire sur une carte muette politique, la carte physique de la péninsule Ibérique.

Faire, sur une carte muette physique de la péninsule Ibérique, la carte politique du Portugal et de l'Espagne.

Faire, sur une carte muette physique et politique, la carte physique et politique de la péninsule Pélasgique avec la Roumanie.

Faire, sur une carte muette politique d'Italie, la carte physique et politique de l'Italie.

Faire, sur la carte muette physique et politique de l'Europe méridionale, la carte physique des trois péninsules de l'Europe méridionale.

LA CONSTRUCTION DES CARTES.

I. *L'axe de la terre*, c'est-à-dire le diamètre de la sphère autour duquel s'opère la rotation diurne, a pour extrémités le **pôle nord** et le **pôle sud**. A égale distance des deux pôles est le plan de l'**équateur**, qui coupe la terre en deux parties égales en formant un grand cercle : l'*hémisphère* (moitié de la sphère) *nord* ou hémisphère boréal et l'*hémisphère sud* ou hémisphère austral.

Les géomètres ont divisé l'angle droit en 90 degrés et la circonférence en 360 degrés (90 × 4 = 360).

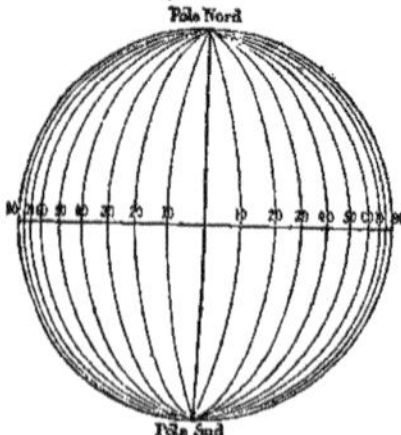

Fig. 1. — Méridiens ou cercles de longitude.

Si, par chacun des 360 degrés de l'équateur nommés *degrés de longitude* et par l'axe de la terre, on fait passer un plan, on obtient 180 grands cercles ou 360 demi-grands cercles allant d'un pôle à l'autre : ce sont les **méridiens** ou **cercles de longitude** (voir la fig. 1). On compte les degrés de longitude de 0 à 180 degrés vers l'est et de 0 à 180 degrés vers l'ouest à partir d'un premier méridien donné. Dans les cartes françaises, le premier méridien (0°) est celui qui passe par l'observatoire de Paris. Les degrés de longitude déterminent donc la relation de position des lieux dans le sens de l'est à l'ouest.

Si par les degrés d'un méridien quelconque, que l'on suppose divisé de 0 à 90 degrés depuis l'équateur jusqu'à l'un et à l'autre pôle, on fait passer des plans parallèles à l'équateur, l'intersection de ces plans avec la sphère forme les **parallèles** ou **cercles de latitude**. L'équateur est aussi le parallèle de latitude 0 degré ; chacun des pôles a pour latitude 90 degrés. Les parallèles déterminent la position des lieux dans le sens du nord au sud (voir la fig. 2). La *latitude septentrionale* ou *boréale* se compte de l'équateur au pôle nord dans l'hémisphère du nord ; la *latitude méridionale* ou *australe* se compte de l'équateur au pôle sud. Plus le chiffre du degré de latitude est élevé, plus on est rapproché du pôle.

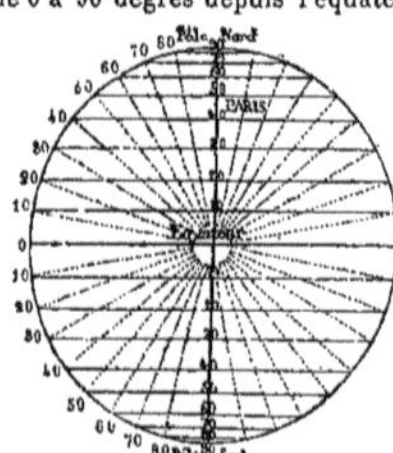

Fig. 2. — Parallèles ou cercles de latitude.

Pour dresser la carte d'état-major de France, on a employé une autre division, celle du cercle en 400 degrés. Cette dernière est dite division centésimale, parce qu'elle donne 100 degrés pour un angle droit. Elle est préférable dans certains calculs, mais elle n'a pas été adoptée d'une manière générale ; les géographes ont donc conservé l'ancienne division de l'angle droit en 90 degrés, dite sexagésimale.

La connaissance de la longitude et de la latitude exactes d'un lieu en détermine d'une manière précise la position sur le globe.

La terre étant presque ronde, un globe en donne une représentation exacte. — L'aplatissement de la sphère terrestre vers les régions polaires est si faible qu'il est absolument insensible à l'œil sur un globe, quelle qu'en soit la dimension. Il est calculé être d'environ $\frac{1}{300}$ (ou plus exactement $\frac{1}{294}$), c'est-à-dire que le diamètre d'un pôle à l'autre est de $\frac{1}{300}$ plus petit que le diamètre équatorial ; autrement dit, le rapport de la différence des deux diamètres au diamètre équatorial est d'environ $\frac{1}{300}$. Le rayon de la Terre à l'équateur est d'environ 6,378,253 mètres ; le demi-axe de la Terre ou rayon polaire est d'environ 6,356,521 mètres. Cependant, par suite de cet aplatissement, le degré de latitude, dont la valeur moyenne est de 111 kilomètres, varie et s'accroît à mesure qu'on s'approche du pôle. Aussi les méridiens ne sont-ils pas en réalité des cercles, mais des ellipses.

Valeur du degré de latitude :

	mètres.		mètres.
de 0 à 1 degré de latitude.	110,567	de 60 à 61 degrés de latitude.	111,425
30 à 31 — —	110,857	89 à 90 — —	111,701

Les degrés des parallèles varient en diminuant de l'équateur au pôle où se réunissent en un seul point tous les cercles de longitude.

Valeur des degrés de parallèle :

	mètres	Rapport à la valeur du degré de latitude		mètres.	Rapport à la valeur du degré de latitude.
par 0 degré de latit.	111,322	4/4	par 45 degrés de latit.	78,850	
15 —	107,553		60 —	55,804	1/2
30 —	10,490		75 —	28,904	1/4
41 —	84,139	3/4	90 —		

A l'aide de ce double tableau, on peut toujours obtenir les distances assez exactement sur un globe ou sur une carte, même lorsque l'échelle n'en est pas indiquée, ou trouver soi-même l'échelle, en mesurant avec une règle divisée en millimètres la longueur d'un degré. Ainsi, sur une carte à l'échelle du millionième, la longueur d'un degré de latitude est de 111 millimètres et, réciproquement, une carte dans laquelle la longueur d'un degré de latitude est de 111 millimètres, est à l'échelle de $\frac{1}{1000000}$.

II. Une carte ne peut pas, comme un globe, représenter exactement la Terre, ou une portion de la Terre, parce qu'il est impossible de reproduire d'une manière tout à fait exacte une surface courbe sur une surface plane. On a imaginé divers procédés géométriques pour donner une image plane qui approchât autant que possible de la réalité.

1° Si l'on suppose un plan coupant la Terre en deux moitiés et que de tous les points de la surface de la Terre on abaisse des lignes perpendiculaires à ce plan et par conséquent parallèles entre elles, on obtient une représentation dite **projection orthographique** (voir la fig. 3 qui représente la projection de 5 points pris sur un demi grand cercle à une distance égale les uns des autres). « La projection orthographique, dit M. Germain dans son *Traité des projections*, est une projection perspective dans laquelle l'œil est supposé à une distance infinie de la surface de l'hémisphère à représenter qui, contrairement à ce qui a lieu dans la plupart des autres projections perspectives, est l'hémisphère antérieur, c'est-à-dire celui que l'on verrait directement. La projection orthographique est donc une véritable projection orthogonale dans laquelle chaque point se projette sur un plan convenablement choisi par une perpendiculaire abaissée sur ce plan ; il en résulte que la position de ce plan par rapport au centre du globe est tout à fait insignifiante et ne fait pas même varier l'échelle de la construction. »

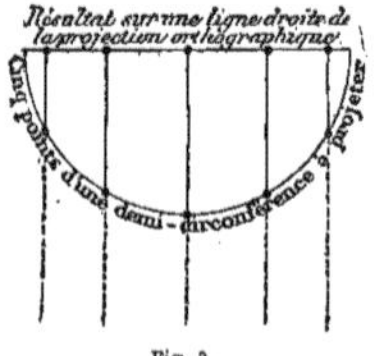

Fig. 3.

On peut ainsi projeter la Terre entière sur deux cercles dont chacun représente un hémisphère. Les parties centrales sont plus développées que les autres dans ce genre de projection ; le rétrécissement est d'autant plus grand qu'on s'approche davantage de la circonférence ; sur les bords même de cette circonférence, il est extrême, et l'image est très déformée (voir sur la fig. 5 la projection orthographique de la moitié d'un hémisphère ayant l'équateur pour diamètre et les deux hémisphères de la figure 8).

Dans une projection orthographique méridienne, c'est-à-dire faite sur le plan d'un méridien, les parallèles sont des droites parallèles ; les méridiens sont des demi-ellipses ayant pour grand axe le méridien central.

2° Si l'on se suppose placé à une extrémité de la sphère, et envoyant de là des rayons visuels sur chacun des points de la surface opposée de la Terre, les rayons, en traversant le plan du grand cercle perpendiculaire au rayon central, donneront sur ce plan une image de la moitié de la sphère quelque peu différente de la précédente et moins altérée (voir la fig. 4 qui représente la projection des 5 mêmes points que ceux de la fig. 3). C'est ce qu'on appelle la **projection stéréographique**, qui proportionnellement resserre trop les parties centrales. « La projection stéréographique, dit M. Germain, est une projection perspective dans laquelle l'œil est supposé à la surface de l'hémisphère opposé à celui que l'on veut représenter à l'extrémité du diamètre passant par le point choisi pour centre de la carte. »

Fig. 4.

Dans une projection stéréographique méridienne, les méridiens et parallèles sont des arcs de cercle (voir sur la fig. 6 la projection stéréographique de la moitié d'un hémisphère avec l'indication des centres de deux des parallèles et les deux hémisphères de la figure 9).

3° On peut imaginer la Terre enveloppée par un cylindre tangent à l'équateur. Les plans prolongés des cercles de longitude, en coupant ce cylindre, y dessinent autant de lignes droites disposées parallèlement à égale distance les unes des autres. Si ensuite l'on développe le cylindre, on obtient un plan sur lequel l'équateur est figuré par une ligne droite et les méridiens par des lignes équidistantes parallèles entre elles et perpendiculaires à l'équateur. Ce parallélisme exagère beaucoup la largeur des parties voisines des pôles, puisque, sur la sphère, les cercles de longitude se rapprochent et finissent par se confondre au pôle. Pour conserver aux contrées, surtout aux contrées polaires, sinon leur rapport de grandeur avec les contrées tropicales — ce qui est impossible avec cette projection — du moins le rapport de leur hauteur avec leur largeur et par conséquent leur forme à peu près exacte, on espace les parallèles de manière à conserver le rapport des degrés des méridiens aux degrés des parallèles (voir la fig. 7 et la fig. 10). On obtient ainsi une **mappemonde de Mercator.**

On appelle planisphère ou mappemonde la représentation du globe tout entier sur une surface plane : ces deux mots signifient sphère ou monde représenté sur une surface plane. On dit mappemonde de Mercator, mappemonde en deux hémisphères, etc.

C'est le seul système de représentation qui soit usité pour les cartes marines. L'exagération de grandeur des régions polaires n'a aucun inconvénient pour la navigation, tandis que le parallélisme des parallèles entre eux et des méridiens entre eux et leur intersection à angle droit sur une carte de Mercator, comme sur la sphère, sont commodes au marin pour calculer sa route. En traçant sur cette carte une ligne droite allant de son point de départ à son point d'arrivée, il dessine précisément la route qu'il doit suivre pour que son navire fasse constamment le même angle avec l'aiguille de sa boussole et par conséquent avec chaque méridien.

4° Pour obtenir une mappemonde d'après la **projection homalographique,** on commence par décrire une circonférence dans laquelle on trace deux diamètres se coupant à angle droit. On partage le diamètre qui figure l'équateur en autant de parties égales qu'il y a de méridiens à tracer, soit 59 de chaque côté du diamètre qui sert de méridien central ; par ces divisions et par les pôles on mène des arcs d'ellipse qui ont pour grand axe le méridien central. On trace ensuite des lignes droites parallèles à l'équateur, en les espaçant d'après certaine formule géométrique dont le résultat est de donner un écartement décroissant vers les pôles ; jusqu'au 70° degré, la diminution est légère ; de l'équateur au 10° parallèle et du 60° au 70°, la différence de longueur n'est guère que de 1/6. En prolongeant l'équateur et les parallèles au delà du cercle et en continuant à tracer des ellipses ayant le même écartement à l'équateur, on obtient une ellipse qui représente la Terre entière. Ce mode de projection, qui a l'avantage de conserver à chaque partie sa grandeur relative, a l'inconvénient d'altérer plus que d'autres la forme des parties voisines du contour ; car ce contour figure, tout comme le diamètre central, un méridien ; les lieux placés sur ce méridien elliptique sont en réalité sur une circonférence au nord les uns des autres et à la même distance que ceux qui sont sur le méridien central, quoique celui-ci soit figuré par une ligne droite beaucoup plus courte.

Nous donnons, comme spécimen, le mode de projection d'une moitié d'hémisphère orthographique (fig. 5), d'une moitié d'hémisphère stéréographique (fig. 6), d'une portion de mappemonde Mercator (fig. 7).

(Les lignes ponctuées de la figure 7 n'indi-

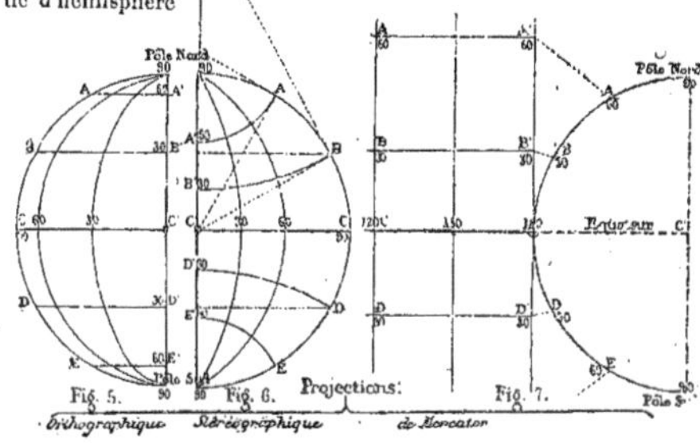

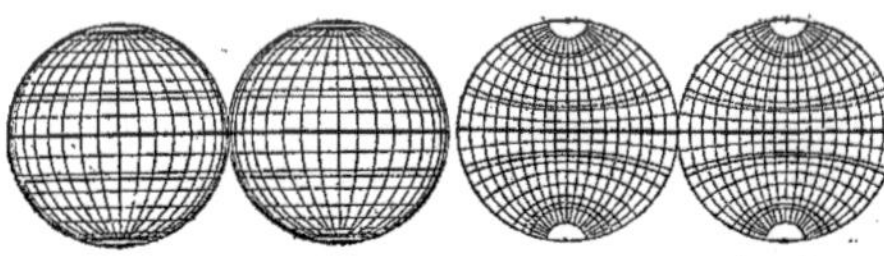

Fig. 5. Fig. 6. Projections. Fig. 7.
orthographique Stéréographique de Mercator

quent pas une projection, mais servent seulement à montrer à quels degrés de la sphère correspondent les degrés de la mappemonde de Mercator.)

Nous donnons, en outre, la projection complète du globe terrestre,

avec l'équateur pour diamètre et le même développement de l'équateur

sous quatre formes : 1° projection orthographique (fig. 8) ; 2° projection

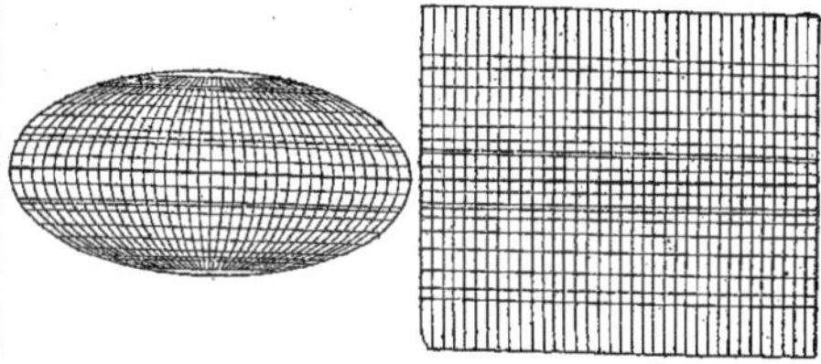

Fig. 10. — Projection homalographique.   Fig. 11. — Projection de Mercator.

stéréographique (fig. 9) ; 3° projection de Mercator (fig. 10) ; 4° projection homalographique (fig. 11).

III. 1° Le maître peut se servir commodément d'une projection équidistante, celle d'Arago, pour montrer à ses élèves une manière de transformer une portion du globe en une carte. Il trace sur une feuille de papier des lignes horizontales et parallèles, également distantes les unes des autres et ayant le même écartement que sur le globe terrestre qu'on prend pour modèle : ces lignes figurent les parallèles. Il trace ensuite, au milieu de la feuille de papier, une ligne perpendiculaire aux lignes horizontales : c'est le méridien central. En troisième lieu, avec un compas, il prend sur le globe la longueur d'un degré sur un parallèle donné et il marque d'une petite croix cette longueur sur la ligne horizontale qui correspond à ce parallèle et qu'il divise ainsi en parties égales. Il prend également sur un autre parallèle du globe le même écartement qu'il reporte de la même manière sur les parallèles de la carte. Il réunit enfin les croix correspondant au même degré de longitude par une ligne courbe qui est un arc d'ellipse, et il obtient

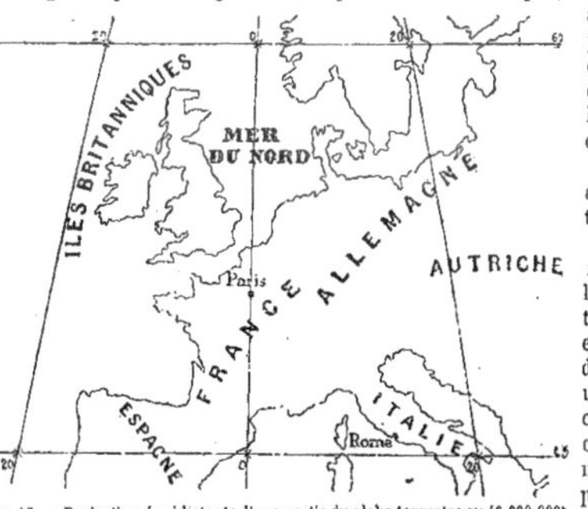

Fig. 12. — Projection équidistante d'une partie du globe terrestre au 40,000,000°.

ainsi une projection dans les carrés de laquelle on peut dessiner avec exactitude les côtes, marquer les localités, etc., en un mot dresser une carte, comme celle que nous reproduisons sur la figure 12, en prenant les mesures sur notre globe terrestre au 40,000,000°. La carte est par conséquent à l'échelle de $\frac{1}{40000000}$.

Quand on ne veut représenter qu'une contrée de la Terre, on emploie encore d'autres projections qui déforment moins. La plus usitée est celle qui est dite projection de Bonne, dite aussi de Flamsted modifiée ou **projection du dépôt de la guerre,** parce qu'elle a servi à la construction de la carte d'état-major. Cette projection suppose qu'un cône est circonscrit à la sphère de manière à être tangent au parallèle moyen de la carte. Chaque parallèle, projeté à sa place, donne un arc de cercle par le développement du cône sur un plan ; les parallèles sont donc représentés par des arcs de cercle ayant même centre. Les méridiens sont des courbes déterminées de manière à ce que les arcs de parallèle compris entre chacun d'eux soient les mêmes sur la carte que sur la sphère (voir la fig. 13). Quand la contrée à représenter n'a pas plus d'une quinzaine de degrés, cette projection donne une image à très peu près exacte des formes du terrain sur la sphère. C'est celle que nous employons dans la plupart de nos cartes.

Fig. 13. — Une portion de la sphère (15 degrés) d'après la projection du dépôt de la guerre.

(Voir la suite à la page xiv placée après la page 48 du volume).

4

EUROPE ORIENTALE ET SEPTENTRIONALE

Méthode et commentaire. — La carte de l'Europe orientale et septentrionale est, comme la précédente, à l'échelle du 21,000,000e, soit 1 millimètre pour 21 kilomètres.

Pour cette partie, comme pour les trois précédentes, les élèves interrogés répondront avec la carte muette d'Europe de la page 37.

Nous donnons (pag. 53 et suiv.) quelques renseignements complémentaires, à l'usage du maître, sur la hauteur des montagnes, la longueur des cours d'eau, la superficie et la population des États.

Lectures. — 58ᵉ LECTURE. — *Saint-Pétersbourg et Moscou.* — « La vue de Moscou et de Saint-Pétersbourg explique l'origine et la destinée différentes de ces deux capitales de l'Empire russe. L'une rappelle l'Orient, l'autre est une ville européenne. »

« Moscou est bâti sur les rives de la Moskva, petit affluent de l'Oka, qui est elle-même un affluent du Volga. Sur une petite éminence, au bord de la rivière, s'est élevé le Kremlin, c'est-à-dire la citadelle, qui domine la plaine et d'où la vue s'étend au loin jusqu'à la colline des Oiseaux. A l'abri de ses remparts la ville a grandi. Résidence des grands ducs et des czars pendant plusieurs siècles, elle est encore le séjour préféré de l'aristocratie, la cité sainte où a lieu le couronnement des empereurs et le foyer le plus ardent de l'esprit moscovite. »

« La ville couvre un vaste espace. Au-dessus de la masse confuse de ses toits et de ses murailles on voit de loin se dresser de toutes parts les coupoles de ses nombreuses églises ; elles ont presque toutes un style uniforme qui rappelle à la fois le style des Grecs de Byzance et celui des Musulmans de l'Asie et qui caractérise l'architecture religieuse des Russes. C'est surtout dans le Kremlin, qui, à côté du palais impérial, ne renferme guère que des églises, que ce caractère oriental frappe le plus les regards par l'accumulation même des édifices, comme par l'originalité des formes et la richesse des ornements.»

« C'est cependant hors de l'enceinte, sur une place contiguë au Kremlin, qu'est le monument le plus curieux de Moscou : la cathédrale. Ivan le Terrible la fit construire au xvᵉ siècle par un architecte italien auquel, suivant une tradition douteuse, il aurait fait crever ensuite les yeux afin que l'artiste ne pût créer un autre chef-d'œuvre semblable. C'est moins un chef-d'œuvre qu'une œuvre bizarre qui, à l'intérieur, ne présente que des chapelles exiguës et qui, à l'extérieur, excite la surprise plus que l'admiration par la multiplicité de ses flèches et de ses coupoles couvertes de torsades ou de facettes de pierre et peintes en couleurs vives. »

« Saint-Pétersbourg est une création de Pierre le Grand qui, au commencement du xviiiᵉ siècle, jeta les fondements de sa nouvelle capitale, près de l'embouchure de la Néva dans le golfe de Finlande, sur

Saint-Pétersbourg. (Place de Pierre-le-Grand et cathédrale, en hiver.)

un terrain marécageux qui appartenait encore à cette époque à la Suède. L'organisateur de la Russie, qui ne possédait que le port d'Arkhangel, obstrué par les glaces pendant neuf mois de l'année, voulait s'ouvrir par la Baltique un débouché vers les mers d'Europe. Il y réussit. Saint-Pétersbourg, protégé par les canons de l'île de Cronstad, devint un arsenal maritime et une grande ville. »

« Cette ville, toute moderne, a un aspect grandiose ; le quai de la rive gauche de la Néva, les ponts, la Perspective Newsky, qui est la grande rue de la cité et le rendez-vous du monde élégant, les somptueux palais, surtout le Palais d'hiver, résidence de l'empereur, et l'Ermitage qui renferme une riche collection de tableaux, la cathédrale, la grande place au milieu de laquelle s'élève la statue équestre de Pierre le Grand, et qui s'étend de la cathédrale jusqu'au fleuve, donnent à Saint-Pétersbourg un cachet de grandeur qui fait son originalité. Sur la rive droite de la Néva, sont les maisons de campagne des riches habitants de la ville. Mais l'été, l'aristocratie russe vit dans ses terres ou voyage à l'étranger : c'est l'hiver qu'il faut voir Saint-Pétersbourg et ses salons pour en connaître les splendeurs. »

59ᵉ LECTURE. — *La foire de Nijni-Novgorod.* — « Les grandes foires, dans lesquelles on met en vente des marchandises de toute provenance, étaient plus nombreuses et plus importantes autrefois qu'aujourd'hui. Depuis que les moyens de communication se sont multipliés et améliorés, les négociants en gros s'approvisionnent directement aux lieux de production ; les grandes villes, avec leurs magasins richement

assortis, sont devenues en quelque sorte, pour le commerce de détail, des foires permanentes où les acheteurs viennent faire leurs achats de loin, quand ils le veulent. Les foires agricoles ont seules conservé leur ancien renom. »

« Autrefois, lorsque les routes n'étaient ni commodes, ni sûres, marchands et acheteurs étaient souvent obligés de voyager par caravanes. Aussi y avait-il des lieux et des époques fixes où ils avaient l'habitude de se rencontrer ; chacun pouvait traiter là en quelques jours, sous la protection spéciale du souverain ou du seigneur, une grande partie de ses affaires de l'année. C'est ainsi qu'en France il y a eu, au moyen âge, des foires florissantes dans la plaine Saint-Denis, dans quelques villes de Champagne, à Lyon, à Beaucaire. »

« Le lieu du rendez-vous n'était pas pris au hasard. C'était sur une grande route de commerce, près de la frontière de deux États ou de deux contrées, ou sur les rives d'un fleuve navigable, que la foire se fixait. Celle de Leipzig en Allemagne et celle de Nijni-Novgorod, en Russie, placées sur la route de l'Asie, formaient en quelque sorte le trait d'union entre l'Europe et l'Orient. La première, qui était restée jusqu'à nos jours un des plus grands marchés de l'Europe, commence à décroître ; celle de Nijni-Novgorod a conservé sa splendeur. »

« Il y a plusieurs siècles qu'une foire importante se tient dans cette région, non loin du confluent de l'Oka et de la Kama, près des bords du Volga, qui peut être considéré, aussi bien que l'Oural, comme la limite du monde oriental et du monde occidental. C'est seulement au commencement du dix-neuvième siècle qu'elle s'est fixée à Nijni-Novgorod, au confluent même de l'Oka par lequel la navigation remonte jusqu'à Moscou pendant que la navigation du Volga conduit à Tver et à Saint-Pétersbourg. »

« La foire commence le 25 juillet, et, pendant un mois, Nijni-Novgorod qui en temps ordinaire n'a que 50,000 habitants, en compte à cette époque plus de 200,000. Ce sont des marchands venus de toutes les parties de la Russie, des Grands russes qui étalent des tissus de laine et de coton, ou de la chaudronnerie, des Sibériens qui apportent les thés de la Chine et les fourrures du nord, des Turcomans, des Persans qui vendent du bétail, de la soie, des tapis. La diversité des types et des costumes n'est pas moins curieuse que la variété des produits et de l'activité des échanges ; le total des ventes faites en foire, qui n'était guère que de 60 millions de francs en 1817, dépasse aujourd'hui 500 millions. »

Questionnaire. — 69ᵉ et 70ᵉ leçons. — D. Quelle est l'étendue de la Russie d'Europe? — R. *La Russie occupe un peu plus de la moitié de la superficie de l'Europe.*

D. Que savez-vous de la mer Blanche ? — R. *La mer Blanche est formée par l'océan Glacial ; elle est située au nord de la Russie ; la Dvina septentrionale s'y jette ; le port d'Arkhangel est à l'embouchure de ce fleuve.*

D. Quel est l'aspect général de la Russie ? — R. *C'est une immense plaine ; on y rencontre seulement quelques collines peu élevées, les hauteurs de Valdaï, les collines du Volga. Sur les limites de l'est et du sud-est sont deux chaînes de montagnes, l'Oural et le Caucase dont plusieurs sommets, entre autres l'Elbrouz et le Kasbek, sont plus hauts que le mont Blanc.*

D. Quels sont les fleuves de la Russie qui se jettent dans la mer Baltique ? — R. *La Tornea sur la frontière de la Suède ; la Néva qui sert de débouché aux lacs Onéga et Ladoga et qui arrose Saint-Pétersbourg, la Dvina occidentale qui arrose le port de Riga, le Niémen, la Vistule qui baigne Varsovie.*

D. Où se jette le Don? — R. *Dans la mer d'Azof.*

D. Quel est le fleuve qui arrose Kief. — R. *Le Dniéper.*

D. Quel est le plus grand fleuve de l'Europe ? où prend-il sa source et où se jette-t-il? — R. *C'est le Volga ; il prend sa source dans les hauteurs de Valdaï et il se jette dans la mer Caspienne, après avoir arrosé Astrakhan.*

D. L'Empire russe ne s'étend-il pas hors d'Europe ? — R. *Oui ; il s'étend en Asie bien au delà de l'Oural à l'est par la Sibérie et au delà du Caucase au sud.*

D. Quelle sont les capitales de la Russie ? — R. *Saint-Pétersbourg, qui est la capitale de l'Empire ; Moscou, qui a été autrefois la capitale ; Varsovie, ancienne capitale de la Pologne.*

D. Quels sont les principaux ports de la Russie ? — R. *Arkhangel sur la mer Blanche, Helsingfors, Saint-Pétersbourg, Riga sur la Baltique ; Odessa sur la mer Noire ; Astrakhan sur la mer Caspienne.*

D. Quelle est l'importance de Nijni-Novgorod ? — R. *Nijni-Novgorod est important par la foire qui s'y tient chaque année.*

D. Quels sont les États que l'on désigne sous le nom d'États scandinaves? — R. *La Suède, la Norvège et le Danemark.*

D. Quelles sont les principales richesses de la Suède ? — R. *Les forêts et les mines de fer.*

D. Quelles sont les principales villes ? — R. *Stockholm, capitale de la Suède, bâtie en partie sur des îles du lac Mœlar, Uppsala et Gœteborg.*

D. Où se trouve le cap Nord ? — R. *Dans une île de la Norvége, au nord de la péninsule Scandinave.*

D. Quels sont les principaux archipels de la Norvége ? — R. *Les îles Lofoten et l'archipel de Bergen.*

D. Combien la Norvége a-t-elle d'habitants ? — R. *Environ 2 millions.*

D. De quoi se compose le royaume de Danemark ? — R. *Il se compose du Jutland, des îles Danoises dont la principale est Sélande, et de l'île de Bornholm ; il possède en outre, en Europe, les îles Fœrœ et l'Islande.*

Devoirs. — Faire, sur la carte muette politique, la carte physique de la Russie. — Faire sur la carte muette, physique et politique, la carte physique et politique de la Russie et des États Scandinaves.

ASIE

Méthode. — La carte générale de l'Asie est à l'échelle du 60,000,000ᵉ, c'est-à-dire de 1 millimètre pour 60 kilomètres. Comme l'Asie a une très grande surface et s'étend du nord au sud depuis le voisinage du pôle (le degré de latitude qui est au haut de la carte est le 80ᵉ degré) jusqu'à l'équateur, et de l'ouest à l'est, sur près de 180 degrés, — ce qui fait la moitié d'un cercle terrestre — elle présente une très forte connexité sur le globe et la projection qu'on en fait sur une carte est nécessairement plus déformée que celle d'une contrée peu étendue.

Deux des parties les plus importantes de l'Asie, la Chine proprement dite et le Japon, sont représentées (page 43) sur des cartes à plus grande échelle. Cette échelle est le 15,000,000ᵉ, c'est-à-dire une échelle de 1 millimètre pour 15 kilomètres, et par conséquent quatre fois plus grande que l'échelle de la carte générale d'Asie.

L'étude de l'Asie, de l'Afrique, de l'Océanie et de l'Amérique ne comporte pas dans l'enseignement primaire un développement égal à celui de l'Europe et surtout de la France. Cette étude est réservée tout entière pour le cours supérieur, tandis que la géographie de l'Europe et celle de la France figurent dans les trois cours.

Dans le cours supérieur nous avons donné 16 leçons pour la France, 14 leçons pour l'Europe (2 pour l'Europe en général et 12 pour les États d'Europe). Nous donnons seulement 12 leçons pour les quatre parties du monde (2 pour l'Afrique, 3 pour l'Asie, 2 pour l'Océanie, 3 pour l'Amérique du nord, 2 pour l'Amérique du sud), indépendamment des 2 leçons consacrées à l'étude générale de la Terre au commencement du cours.

L'Asie, quoiqu'elle soit quatre fois grande comme l'Europe et qu'elle compte une population plus que double de celle de l'Europe, ne figure que pour 3 leçons. C'est qu'à mesure que les contrées sont plus éloignées de nous, les intérêts qui nous y attachent sont en général moindres. Or, le développement de l'étude doit être proportionné, surtout dans l'enseignement primaire, où il importe de bien ménager le temps des élèves, à l'intérêt qu'ont pour nous les pays plus qu'à leur étendue. C'est pourquoi la plus grande partie du temps est consacrée à l'étude de la patrie. Chaque peuple doit agir ainsi. Les colonies sont une extension de la patrie : c'est pourquoi nous en faisons une étude spéciale, plus détaillée proportionnellement que celle des autres contrées de la partie du monde où elles se trouvent. La France est en Europe ; c'est avec les États d'Europe qu'elle a ses relations les plus importantes par la politique et par le commerce ; il convient d'ajouter que l'Europe est la partie du monde la plus considérable, sinon par l'étendue, du moins par l'activité de sa population, par sa richesse et par sa civilisation ; il convient donc d'insister sur l'Europe plus que sur les autres parties du monde.

Hors d'Europe, il y a un grand État, d'origine européenne, qui par sa population et sa richesse est l'émule des grands États d'Europe : les États-Unis ; il y a aussi un grand État asiatique qui compte à lui seul plus d'habitants que toute l'Europe : la Chine. C'est pourquoi nous consacrons des cartes particulières aux États-Unis, à la Chine, ainsi qu'au Japon, récemment transformé par la civilisation européenne.

Commentaire. — I. *Géographie physique.* — Le relief de l'Asie est un des faits les plus remarquables de la structure du globe ; il n'y a nulle part ailleurs une masse aussi considérable de terres très élevées au-dessus du niveau de la mer. Le maître le fera remarquer.

La carte de l'Atlas-scolaire est coloriée conformément aux divisions politiques. Nous donnons ici une petite carte hypsométrique, c'est-à-dire coloriée conformément à l'altitude du sol. Elle a trois teintes : celle des parties basses, ou terrains dont l'altitude est inférieure à 500 mètres ; celle des parties de hauteur moyenne, entre 500 et 2,000 mètres ; celle des parties très élevées, dont l'altitude est supérieure à 2,000 mètres. Elle peut être rapprochée de la carte de l'Europe physique de l'Atlas-scolaire (page 10) ; mais la carte de l'Atlas-scolaire, destinée aux élèves, est plus simple et ne porte que deux couleurs, celle des parties basses au-dessous de 500 mètres, et celle des parties hautes au-dessus de 500 mètres. Si les hauteurs au-dessus de 2,000 mètres étaient figurées, la teinte ne porterait que sur les crêtes des Alpes, du Caucase, quelques parties des sommets des trois péninsules du sud de l'Europe et un petit nombre de points des Alpes scandinaves ; aucun plateau de grande étendue n'y serait compris. Dans l'Asie au contraire, indépendamment des chaînes qui en plus grand nombre atteignent l'altitude de 2,000 mètres, la majeure partie du Grand massif central, avec les chaînes qui le traversent et celles qui lui servent de talus et de contreforts, s'élève au-dessus de 2,000 mètres. Dans le Tibet et sur le plateau de Pamir l'altitude du sol dépasse en hauteur la plupart des montagnes de l'Europe ; elle

est de 4,000 mètres et plus. Le Grand massif central de l'Asie a une superficie plus grande que la moitié de l'Europe.

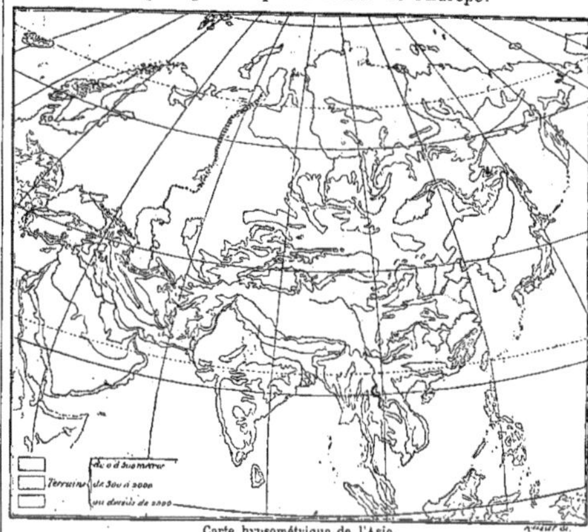

Carte hypsométrique de l'Asie.

A l'aide de la petite carte hypsométrique ci-jointe, le maître peut facilement marquer l'étendue de ce massif duquel découlent, dans toutes les directions, les plus grands fleuves de l'Asie. Il montrera ce massif soit sur la carte de l'Atlas-scolaire, soit sur une carte murale. (Nos cartes murales : Terre, Asie, Afrique avec Australie, Amériques, portent soit le coloris hypsométrique, soit le coloris politique.)

Comme l'Himalaya, qui sert de support à la partie méridionale de ce massif, est la plus haute chaîne du globe, il faut que le maître cherche à laisser dans l'esprit de ses élèves l'impression de cette grandeur. Déjà, dans l'étude générale de la Terre, il a dû, par une lecture, leur faire connaître le Gaurisankar pris comme type des hautes montagnes. Il peut reprendre cette lecture et de plus tracer sommairement au tableau noir une figure à peu près semblable à celle-ci, qui donne, non pas la forme, mais la hauteur relative de la plus haute montagne de chaque partie du monde.

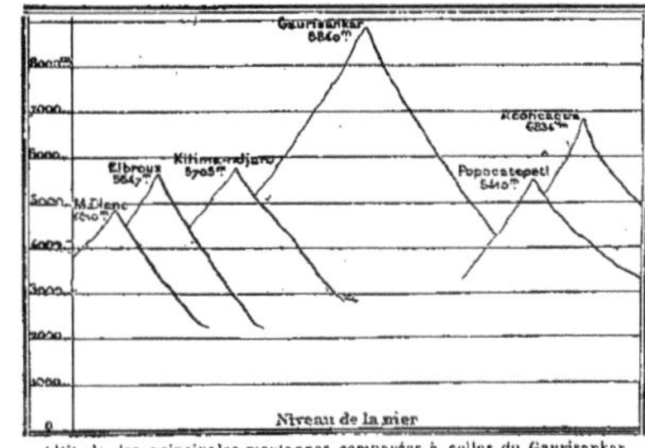

Altitude des principales montagnes comparées à celles du Gaurisankar.

II. En parlant des cours d'eau, le maître fera remarquer que la très grande étendue de la plaine de Sibérie permet la formation de cours d'eau considérables ; l'Ob (ou Obi), l'Iénisséi, la Léna sont au nombre des plus grands fleuves du monde. Mais, comme ils coulent dans une région où les hivers sont extrêmement rigoureux et qui est presque désert dans sa partie septentrionale, ils ont moins d'importance que des fleuves qui sont moins longs, comme le Gange, mais qui coulent dans des contrées plus favorisées.

III. *Animaux et plantes.* Pour chacune des quatre parties du monde, le livre de l'élève contient une figure dans laquelle sont groupés les principaux animaux et végétaux caractéristiques de cette partie du monde.

L'image attirera probablement d'elle-même les yeux des élèves ; mais il faut qu'ils sachent bien ce qu'elle représente, et, puisque cette notion est un accessoire de la géographie, nous réservons au maître le plaisir de là leur donner comme une sorte de distraction. Près de chaque animal ou plante est placé un petit numéro qui aidera le maître à les reconnaître :

1. *Tigre royal.* — Le tigre appartient à la race féline ; c'est un des animaux féroces les plus justement redoutés. Il y a beaucoup de tigres dans l'Inde et dans l'Indo-Chine.

2. *Ours blanc.* — Dans le nord de l'Asie, où règnent les froids polaires, il y a des ours blancs, comme dans la région polaire de l'Amérique.

3. *Cheval.* — Il y a eu, dès la plus haute antiquité, des chevaux en Asie comme en Europe. Le cheval arabe est un des types les plus beaux de l'espèce.

4. *Renne.* — Le renne ressemble un peu au cerf ; mais il s'en distingue à première vue par son bois dont les rameaux sont larges et plats. Il vit sous les climats très froids ; en Asie, il ne se trouve qu'au nord de la Sibérie. Les rennes domestiques servent d'animaux de trait ; les indigènes se nourrissent de leur lait et de leur chair et se vêtissent de leur peau.

5. *Yack.* — Le yack est un bœuf de petite espèce, à poils longs et laineux, que l'on trouve sur les plateaux du Grand massif central et en Chine.

6. *Chameau.* — Le chameau de Bactriane, qui a deux bosses, est plus grand que le dromadaire. Il est employé pour les transports sur les plateaux du Grand massif central et dans l'Asie occidentale ; c'est le principal bétail des tribus nomades dans les steppes et les déserts. C'est par des caravanes de chameaux qu'on transporte les marchandises à travers ces déserts.

7. *Éléphant.* — L'éléphant se trouve dans l'Inde et dans l'Indo-Chine. On apprivoise l'éléphant sauvage et on en fait un animal domestique qui est d'une grande utilité pour le transport des gros fardeaux ; on l'emploie même à la guerre.

8. *Paon.* — Le paon, qui est acclimaté aujourd'hui en Europe, est originaire de l'Inde et de l'Indo-Chine. Le mâle est remarquable par son beau plumage.

9. *Canard.* — Le canard est l'oiseau domestique qu'on élève le plus en Chine où l'eau, à cause des canaux et des rivières, est abondante en beaucoup de lieux.

10. *Cocotiers.* — Le cocotier est une belle espèce de palmier dont le fruit est la noix de coco, à peu près grosse comme la tête d'un enfant. On le trouve en abondance dans l'Inde, l'Indo-Chine et les îles.

11. *Bois de teck.* — Le bois de teck se trouve dans les forêts de l'Inde, de l'Indo-Chine et des îles du sud et sud-est. Il est recherché pour la construction des navires.

VI. *Géographie politique.* — Quoique le maître n'ait pas à donner en général la population des États hors d'Europe, il doit faire une exception pour la Chine et pour l'Inde en Asie, comme pour les États-Unis en Amérique, parce que ce sont les deux Etats ou la possession coloniale les plus peuplés du globe hors d'Europe.

La population de l'Empire chinois, qui appartient à la race jaune, est évaluée à plus de 370 millions d'habitants ; c'est à peu près autant que la population de l'Europe et de l'Amérique réunies, c'est-à-dire des deux parties du monde dans lesquelles est concentrée presque toute la race européenne. Mais cette population est très inégalement répartie. Sur le Grand massif central où sont les Etats tributaires, elle est très clairsemée, parce que le climat du plateau est froid en hiver et le sol en grande partie ingrat : il n'y a guère que vingt et un millions d'habitants sur un territoire de sept millions et demi de kilomètres carrés. Dans les plaines et les vallées de la Chine au contraire, où le sol est fertile et cultivé avec beaucoup de soin, il y a environ quatre cent millions d'habitants sur quatre millions de kilomètres carrés. Le maître peut dire que dans la Chine proprement dite, la densité, c'est-à-dire le nombre d'habitants vivant sur un certain espace, est beaucoup plus grande qu'en France. Il y a dans la Chine proprement dite cent habitants par kilomètre carré, tandis qu'il n'y a en France que soixante-dix habitants par kilomètre carré.

L'Inde présente un état non moins remarquable. L'Empire des Indes avec ses dépendances renferme plus de deux cent cinquante millions d'habitants soumis à l'Angleterre, laquelle est peuplée seulement de trente cinq millions d'hommes, mais est beaucoup plus riche et plus avancée en civilisation.

Il n'y a que trois contrées d'une grande étendue sur la Terre dans lesquelles la densité moyenne de la population soit de plus de 100 habitants par kilomètre carré : 1° l'Europe occidentale, comprenant le nord de la France, la Prusse occidentale, la Belgique, les Pays-Bas et l'Angleterre ; 2° les plaines de la Chine ; 3° la plaine du Gange.

Lectures. — 60° LECTURE. — *Les Anglais et les Russes en Asie.* — « Deux Etats d'Europe ont de vastes possessions en Asie : l'Angleterre et la Russie. »

« La Russie a commencé à prendre possession de la Sibérie au seizième siècle. Vers la fin du dix-huitième siècle, ses conquêtes sur les Turcs portèrent sa domination jusqu'au pied du Caucase. Ses armées franchirent bientôt cette haute chaîne. Deux guerres heureuses contre la Perse, en 1813 et en 1828, étendirent ses possessions sur la Géorgie et l'Arménie jusqu'à l'Aras ; elles lui assurèrent la prépondérance maritime sur la Caspienne, et une grande influence à la cour de Téhéran ; la guerre de 1878 contre la Turquie lui a donné la province de Kars. »

« Pendant ce temps, par une suite d'entreprises continuées depuis 1836, elle s'avançait, conquérant et colonisant, dans le Turkestan jusque sur les pentes du Grand massif central où elle devenait voisine de l'Empire chinois et se rapprochait des possessions britanniques. En Sibérie, elle envoyait ses condamnés, exploitait les mines d'or, installait des services de bateaux à vapeur sur le fleuve Amour, obtenait des Chinois, en 1858, la cession d'un vaste territoire situé sur la rive gauche du fleuve, et des Japonais, en 1875, celle de l'île Sakhalin. La Russie possède en Asie seize millions de kilomètres carrés, c'est-à-dire une fois et demi la superficie de l'Europe ; mais la population totale de ce vaste territoire est de moins de dix millions d'habitants. »

« L'Angleterre est devenue puissante en Asie au dix-huitième siècle. Après la guerre de Sept ans qui ruina entièrement nos colonies, les Anglais, suivant l'exemple d'un Français de glorieuse mémoire, Dupleix, que le gouvernement français n'avait pas eu la perspicacité de soutenir ; étendirent peu à peu leur domination sur l'Inde ; en 1815, ils possédaient déjà la plus grande partie de la vallée du Gange et de la côte occidentale du golfe de Bengale. La guerre contre les Mahrattes, la conquête du Sindh, la défaite des Sickhes, l'occupation du Pégou, la repression de la formidable insurrection des cipayes en 1858 ont été les principaux épisodes de leur conquête au dix-neuvième siècle. Leur domination s'étend aujourd'hui en Asie sur plus de deux cent cinquante millions de sujets. Calcutta, siége du gouvernement général de l'Inde, est une grande et florissante cité. »

« Deux guerres contre la Chine, terminées en 1842 et en 1860, la seconde de concert avec la France, ont ouvert à leurs bâtiments et au commerce des autres Etats d'Europe les principaux ports du Céleste Empire. Une série de postes, depuis l'île de Périm, dans le Bab-el-Mandeb, jusqu'à Hong-Kong, sur la côte de Chine, facilite leur navigation dans l'Océan Indien et le Pacifique. »

« Les Russes dominent au nord ; les Anglais dominent au midi. Les uns et les autres cherchent à attirer de leur côté le commerce de l'Orient et à faire prévaloir leur influence dans les cours de Téhéran, de Caboul, de Pé-King et sur les populations asiatiques. Cette situation en a fait de rivaux. »

61° LECTURE. — *La race jaune.* « L'Asie centrale et orientale est le domaine de la race jaune. Cette race, désignée sous le nom de race mongolique, ne compte pas moins de cinq cent quatre-vingt millions d'individus. Elle se compose d'un grand nombre de peuples et de tribus qui diffèrent entre eux par leurs mœurs et par le degré de civilisation comme par les caractères physiques, mais qui ont tous quelques traits communs de parenté, la barbe rare et noire, les yeux petits, enfoncés et obliques, le nez plat, les pommettes des joues saillantes. »

« D'après leur conformation physique ou d'après la langue qu'ils parlent, on les divise en plusieurs groupes. »

« Le groupe mongol ou tatar, qui est regardé comme le type le plus pur de la race jaune, vit surtout à l'état nomade sur les plateaux du Grand massif central ; les Mongols proprement dits, les Kalmoucks, les Mandchoux font partie de ce groupe. »

« Le groupe turc, auquel appartiennent les Turcs ottomans et les Kirghiz, habitent le Turkestan et les régions à l'ouest du Grand massif. Le groupe ouralo-finnois ou groupe du nord s'étend dans les vastes plaines de la Sibérie jusqu'au bord de l'océan Glacial. »

« Beaucoup plus important est le groupe de l'est, qui comprend les Etats les plus civilisés et les populations les plus denses de la race jaune : les Tibétains habitant un des plus hauts plateaux du monde, les Chinois qui sont au nombre de près de quatre cent millions, les Coréens, les Japonais qui passent à juste titre pour un des peuples les plus intelligents de la race et qui ont adopté une partie des institutions de la race européenne, les Annamites et les Siamois qui habitent l'Indo-Chine. »

« Le bouddhisme est la religion la plus répandue parmi les peuples de la race jaune. Leur première civilisation dans les plaines de la Chine remonte à une époque où l'Europe était encore entièrement barbare, et leur principal Etat, l'Empire chinois, qui, à diverses époques, a réuni sous son autorité la plupart des peuples de cette race, a joui d'une grande prospérité au moyen âge et a une plus longue histoire qu'aucun des autres Etats de la Terre. »

INTERROGATIONS SUR LA CARTE MUETTE D'ASIE.

Méthode. — La carte muette d'Asie est à la même échelle que la carte écrite de l'Asie, celle de 1/60,000,000e, soit 1 mill. pour 60 kil.

Les élèves doivent avoir déjà une certaine idée de la grandeur relative des parties du monde, puisqu'ils l'ont apprise en étudiant la Terre et que ce rapport leur est indiqué par une figure à la page 9. Néanmoins le maître fera bien d'insister encore, en commentant ces mots : *elle a plus de quatre fois la superficie de l'Europe.* Pour cela, il montrera sur la carte d'Asie la partie de l'Europe qui y est représentée, en rappelant que la projection déforme cette partie du monde. Il montrera aussi sur le globe le rapport de grandeur et de position de l'Asie avec l'Europe. Dans un coin de la carte se trouve une petite carte de France qui aidera le maître à faire comprendre et les élèves à saisir ce rapport de grandeur.

Le maître peut enseigner à ses élèves le moyen de dresser une carte d'Asie ou tout au moins de retenir dans leur mémoire la forme générale des contours de l'Asie à l'aide d'une construction géométrique. En traçant une ligne droite, presque horizontale, du fleuve Kara au cap Oriental, on a la direction générale de la côte septentrionale, telle qu'elle résulte de la projection adoptée pour dresser cette carte. La ligne des côtes se maintient presque partout au nord de cette droite, surtout dans la région du cap Tchéliouskin ; une ligne verticale, moitié moins longue que la précédente, du cap Oriental au cap Daï-ho, puis une autre ligne, à peu près longue comme la première et légèrement inclinée vers l'ouest, du cap Daï-ho au cap Romania, marquent la disposition générale des côtes orientales. Une ligne un peu plus longue, orientée vers l'ouest-nord-ouest, du cap Romania au Bab-el-Mandeb, indique la position des pointes des péninsules méridionales. A l'ouest deux lignes, l'une presque verticale, allant du Bab-el-Mandeb à Samos, l'autre inclinée vers le nord-est, allant de Samos au fleuve Kara, enveloppent à peu près les limites occidentales de l'Asie. En traçant d'abord un grand triangle dont le cap Oriental, le cap Romania et Samos marqueraient les sommets, on dessinerait plus facilement l'hexagone dont les côtés se rapportent deux à deux sur les côtés du triangle.

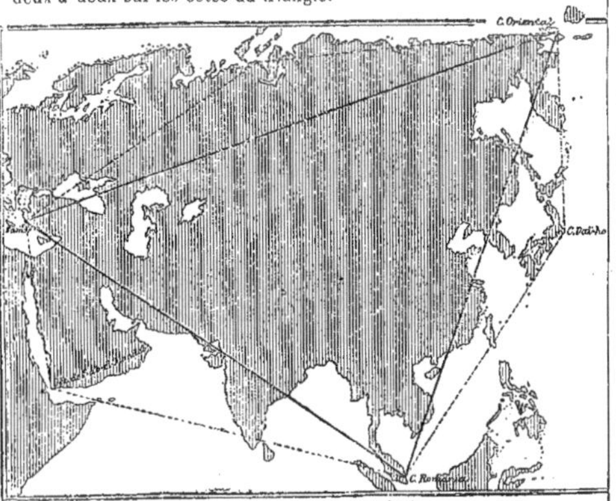

Tracé géométrique de la carte d'Asie.
(La partie ombrée représente les terres.)

Questionnaire. — 87e et 88e leçons. — D. Qu'est-ce que l'Asie ? — R. *C'est une portion de l'ancien continent et une des cinq parties du monde.*

D. Jusqu'où s'étend-elle au nord et au sud ? — R. *Au delà du cercle polaire au nord et presque jusqu'à l'équateur au sud.*

D. Est-elle grande et peuplée ? — R. *Oui ; elle est plus de quatre fois plus grande que l'Europe.*

D. A-t-elle une population plus considérable que celle de l'Europe ? — R. *Oui ; l'Asie a une population plus que double de celle de l'Europe, puisque l'Europe a environ 330 millions d'habitants.*

D. Que savez-vous de la côte septentrionale ? — R. *La côte septentrionale est la côte de Sibérie. Elle est baignée par l'océan Glacial. Elle est presque entièrement déserte à cause de la rigueur du froid. On y trouve la presqu'île de Taïmour, terminée par le cap Tchéliouskin et l'archipel de la Nouvelle-Sibérie.*

D. Où est le cap Oriental ? — R. *A l'extrémité nord-est de l'Asie.*

D. Quelles sont les mers formées par le Grand Océan sur la côte d'Asie ? — R. *La mer de Béring, la mer d'Okhotsk, la mer du Japon, la mer Orientale, la mer de la Chine.*

D. Quelles sont les principales îles ? — R. *Les Kouriles, les îles Japonaises, Formose, Haï-nan.*

D. Quels sont les principaux détroits de l'Asie ? — R. *Le détroit de Béring* entre l'océan Glacial et le Grand Océan, le détroit de Malacca entre le Grand Océan et l'océan Indien, le détroit d'Ormuz par lequel on pénètre dans le golfe Persique, le détroit dit Bob-el-Mandeb à l'entrée de la mer Rouge.

D. N'y a-t-il pas entre l'Europe et l'Asie d'autres détroits que vous avez appris en étudiant l'Europe ? — R. *Oui, le détroit des Dardanelles.*

D. Par quoi sont formées les limites continentales de l'Europe et de l'Asie ? — R. *Par la chaîne du Caucase, le fleuve Oural, les monts Ourals.*

D. Où est située l'île de Ceylan ? — R. *Au sud de l'Inde.*

D. Qu'est-ce qu'a de plus remarquable le relief de l'Asie ? — R. *C'est que toute la partie centrale est occupée par le Grand massif central qui est la plus vaste étendue de hautes terres du globe terrestre et qui est terminée au sud par l'Himalaya, la plus haute chaîne de montagnes du globe terrestre.*

D. Quel est le plus élevé des grands plateaux du Grand massif central ? — R. *C'est le Tibet.*

D. N'y a-t-il pas encore un autre grand plateau très élevé ? — R. *Oui, le plateau de Pamir que borne à l'ouest le Grand massif central.*

D. Où sont les Thian-chan ? — R. *Sur la limite occidentale du Grand massif central.*

D. Quelle est la plus haute montagne de l'Asie ? — R. *Le Gaurisankar.*

D. Pourquoi le Gaurisankar est-il représenté couvert de neige, quoiqu'il soit dans une région voisine du tropique ? — R. *Parce qu'il est très élevé et que sous tous les climats il fait d'autant plus froid qu'on s'élève davantage.*

D. Quels grands plateaux trouve-t-on à l'ouest du Grand massif central ? — R. *Le plateau de l'Iran et le plateau d'Asie Mineure.*

D. N'y a-t-il pas entre ces deux plateaux un massif montagneux qui semble les unir ? — R. *Oui, il y a les monts d'Arménie.*

D. Quelle est la plus haute montagne ? — R. *Le mont Ararat.*

D. Où sont les plus grandes plaines de l'Asie ? — R. *Dans le Bas-Turkestan et dans la Sibérie occidentale.*

D. Quel est le principal affluent de l'Ob ? — R. *L'Irtych.*

D. Par où s'écoule le trop-plein du lac Baïkal ? — *Par la Tongouska supérieure, affluent de l'Iénissé.*

D. Pourquoi les fleuves tributaires de l'océan Glacial n'ont-ils pas une importance commerciale proportionnelle à leur étendue ? — R. *Parce qu'ils parcourent des régions froides, en grande partie désertes et qu'ils débouchent dans un océan où les glaces rendent la navigation très difficile.*

D. En est-il de même des fleuves de la Chine ? — R. *Non ; les fleuves de la Chine ont leur cours et leur embouchure dans la zone tempérée ; ils arrosent des régions très cultivées et très peuplées.*

D. Quel est le plus important ? — R. *C'est le Yang-tsé-kiang.*

D. Quels sont les fleuves de l'Asie tributaires de l'océan Indien ? — R. *Le Salouen et l'Iraouady en Indo-Chine, le Brahmapoutra, le Gange, le Godavéry, la Nerbudda dans l'Inde, l'Euphrate et le Tigre dans l'Empire ottoman.*

D. Quels sont les principaux cours d'eau de l'Asie qui ne se jettent pas dans l'Océan ? — R. *Le Tarim qui arrose le Turkestan oriental, l'Amou-Daria et le Sir-Daria qui se jettent dans le lac d'Aral, le Jourdain dans la mer Morte.*

89e leçon. — D. Quelles sont les contrées de l'Asie qui dépendent de l'Empire ottoman ? — R. *L'Asie Mineure, la Syrie, des portions de l'Arabie.*

D. De quoi se compose le reste de l'Arabie ? — R. *De déserts, de régions habitées par des nomades et de petits États, comme la sultanie de Mascate.*

D. Qu'est-ce que Smyrne ? — R. *C'est le port de commerce le plus important de l'Asie Mineure.*

D. Qu'est-ce que la Mecque ? — R. *C'est la ville sainte des musulmans : elle est située en Arabie.*

D. Quels sont les États ou contrées situés sur le plateau de l'Iran ? — R. *La Perse, l'Afghanistan, le Béloutchistan.*

D. Quelle est la capitale de la Perse ? — R. *Téhéran.*

D. A qui appartient l'Empire des Indes ? — R. *A l'Angleterre.*

D. Par qui est administrée l'Inde ? — R. *Par un gouverneur général.*

D. Où est le siège du gouvernement général des Indes ? — R. *A Calcutta.*

D. Nommez et montrez sur la carte les autres grandes villes de l'Inde appartenant à l'Angleterre. — R. *Bombay, le port le plus commerçant, sur la côte occidentale, Madras sur la côte orientale, Delhi et Bénarès dans la vallée du Gange, Rangoum sur l'Iraouady, Pointe-de-Galle dans l'île de Ceylan.*

D. Quel est le chef-lieu des établissements français dans l'Inde ? — R. *Pondichéry.*

D. La France n'a-t-elle pas en Asie d'autres possessions que celles de l'Inde ? — R. *Oui ; elle a la Cochinchine française, chef-lieu Saïgon.*

D. Qu'est-ce que Hong-kong ? — R. *C'est une petite île située sur la côte de Chine, non loin de Canton ; elle appartient à l'Angleterre.*

D. Nommez et montrez les tributaires de l'Empire chinois. — R. *La Mandchourie, la Mongolie, le Turkestan oriental, le Tibet.*

D. Ces pays tributaires sont-ils aussi peuplés que la Chine proprement dite ? — R. *Non ; la région du Grand massif central est très peu peuplée, et il y a beaucoup de déserts, tandis que la Chine proprement dite est très peuplée.*

D. Quelle est la capitale de la Chine ? — *Pé-king.*

D. Qu'est-ce que Chang-haï ? — R. *C'est le port où les Européens font le plus grand commerce avec la Chine.*

D. Nommez et montrez les autres ports principaux de la Chine. — R. *Tien-tsin, port sur le Pé-ho, Ning-po, Fou-tchéou, Amoy, Canton.*

D. Qu'est-ce que Han-kéou ? — R. *C'est un grand entrepôt de commerce, situé dans l'intérieur des terres, sur le Yan-tsé-kiang.*

D. Quelles sont les principales îles du Japon ? — R. *Nippon, Yéso, Sikok, Kiou-siou.*

D. Quelle est la capitale du Japon ? — R. *To-kio, auparavant nommé Yé-do.*

D. Qu'est-ce que Yokohama ? — R. *C'est le port du Japon le plus fréquenté par le commerce européen et américain.*

D. Qu'est-ce que la Sibérie ? — R. *C'est une partie de l'Empire russe.*

D. Quelles en sont les villes principales ? — R. *Tomsk, Tobolsk, Irkoutsk.*

D. La Russie n'a-t-elle pas d'autres possessions en Asie ? — R. *Oui, elle possède le Bas-Turkestan et les provinces Caucasiennes.*

Devoirs. — Faire, sur la carte muette physique et politique, la carte physique de l'Asie.

Faire, sur la carte muette politique, la carte du relief du sol de l'Asie.

Faire, sur la carte muette politique de la Chine, la carte physique et politique de l'Empire chinois.

Faire, sur la carte muette physique et politique, la carte politique de l'Asie.

INTERROGATIONS SUR LA CARTE MUETTE D'AFRIQUE.

Méthode. — La carte muette d'Afrique est la reproduction, sans les noms, de la carte écrite; comme elle, elle est à l'échelle de 1/60,000,000e, soit 1 millimètre pour 60 kilomètres. Nous rappelons que cette échelle est la même pour les cinq cartes de parties du monde, Asie, Afrique, Océanie, Amérique du nord, Amérique du sud.

Le maître peut enseigner aux élèves à dresser une carte d'Afrique à l'aide d'un triangle dont le côté occidental, le plus grand, serait incliné du nord-ouest au sud-est, ayant pour sommets le détroit de Gibraltar, le cap des Aiguilles et le cap Guardafui. En élevant sur la moitié septentrionale du côté occidental un triangle presque équilatéral, on détermine par les sommets la position du détroit de Gibraltar, du cap Vert et du fond du golfe de Guinée. En élevant sur le côté nord-est un autre triangle, à peu près isocèle et très surbaissé, on a pour sommets le détroit de Gibraltar, l'isthme de Suez, le cap Guardafui. L'ensemble forme une figure irrégulière à six côtés, à l'aide de laquelle on peut dessiner le continent africain.

Tracé géométrique de la carte d'Afrique.
(La partie ombrée représente les terres.)

Questionnaire. — 90e leçon. — D. Combien de fois l'Afrique est-elle plus grande que l'Europe? — R. *Trois fois.*

D. Comment est-elle orientée relativement à l'Europe? — R. *Elle est au sud de l'Europe.*

D. Quelles sont les parties du monde qui font partie de l'ancien continent? — R. *l'Europe, l'Asie et l'Afrique.*

D. Par quoi l'Afrique est-elle séparée de l'Europe? — R. *Par la mer Méditerranée et le détroit de Gibraltar.*

D. Montrez sur la carte l'isthme de Suez. — R…

D. Quels sont les golfes de la Méditerranée sur la côte d'Afrique? — R. *Le golfe de Gabès et le golfe de la Sidre.*

D. Quels océans baignent l'Afrique? — R. *L'océan Atlantique et l'océan Indien.*

D. Quels caps faut-il doubler pour passer de l'océan Atlantique dans l'océan Indien en tournant l'Afrique par le sud? — R. *Le cap de Bonne-Espérance et le cap des Aiguilles.*

D. Où est situé le golfe de Guinée? — R. *A l'ouest de l'Afrique, dans l'océan Atlantique.*

D. Quels sont les principaux caps de la côte occidentale de l'Afrique? — R. *Le cap Blanc, le cap Vert, le cap des Palmes, le cap Frio, le cap de Bonne-Espérance, le cap des Aiguilles.*

D. Qu'est-ce qui a découvert le cap de Bonne-Espérance et à quelle époque? — R. *C'est le Portugais Barthélemy Diaz, en 1486.*

D. Quelle est la plus grande île de l'Afrique? — R. *Madagascar.*

D. Où est situé le cap Guardafui? — R. *A l'est de l'Afrique, dans l'océan Indien.*

D. Quels sont les mers et détroits qui baignent la côte orientale de l'Afrique? — R. *La mer Rouge, le détroit dit Bab-el-Mandeb, l'océan Indien, le canal de Mozambique.*

D. Où est située l'île de Sainte-Hélène? — R. *Dans l'océan Atlantique.*

D. Montrez sur la carte les Canaries. — R…

D. Qu'est-ce que le Grand plateau austral? — R. *C'est un plateau qui occupe la plus grande partie de l'Afrique méridionale.*

D. Quelle est la plus haute montagne de l'Afrique? — R. *C'est le Kilima-Ndjaro.*

D. Où est située la chaîne Arabique? — R. *Entre le Nil et la mer Rouge.*

D. Qu'est-ce que le Sahara? — R. *Un désert. Il est composé de plaines arides, sans eau, de plateaux montagneux, de dunes de sable. On y trouve des oasis.*

D. Montrez et et faites connaître l'Atlas. — R. *L'Atlas est au nord-ouest du Sahara; c'est un plateau bordé de montagnes; au nord est la région fertile du Tell.*

D. D'où sort le Nil? — R. *Du lac dit Victoria-Nyanza qui est situé sous l'équateur.*

D. Quelle est la direction générale du cours du Nil? — R. *Du sud au nord.*

D. Quel est le principal affluent du Nil? — R. *Le Nil bleu.*

D. A quoi l'Égypte doit-elle sa fertilité? — R. *Aux débordements annuels du Nil qui fertilisent sa vallée.*

D. Nommez et montrez sur la carte muette les fleuves d'Afrique tributaires de l'océan Atlantique. — *Le Sénégal, la Gambie, le Djoliba ou Niger, l'Ogóoué, le Congo, le fleuve Orange.*

D. Nommez et montrez sur la carte muette les lacs de l'Afrique. — R. *Le lac Tchad dans le Soudan, le Victoria-Nyanza et le Mvoutan aux sources du Nil, le lac Tanganyika, le lac Nyassa dans le bassin du Zambèze, le lac Ngami sur le Plateau austral.*

91e leçon. — D. Qu'est-ce que l'Égypte? — R. *C'est un État situé au nord-est de l'Afrique dont le souverain est sous le protectorat de l'Angleterre.*

D. Qu'est-ce que comprend l'Egypte? — R. *Elle comprend l'Égypte proprement dite, la Nubie et une partie des contrées du Haut-Nil.*

D. Quelles sont les villes les plus importantes de l'Egypte? — R. *Le Caire qui est la capitale, Alexandrie qui est le port le plus commerçant de l'Afrique, Khartoum sur le haut Nil.*

D. Montrez Tripoli sur la carte et dites sur quelle mer est située cette ville. — R. *Sur la Méditerranée.*

D. Quelle est la position de la Tunisie relativement à la province de Tripoli? — R. *Elle est au nord-ouest.*

D. Sous quel protectorat est la Tunisie? — R. *Sous le protectorat de la France.*

D. Où est situé le Maroc relativement à l'Algérie? — R. *A l'ouest.*

D. Par quoi la Tunisie, l'Algérie et le Maroc sont-ils bordés au sud? — R. *Par le Sahara.*

D. Par qui est habité le Soudan? — R. *Par des populations de nègres; ils sont groupés en États ou vivent en tribus isolées.*

D. Quel est le fleuve qui arrose le Soudan? — R. *Le Niger.*

D. Quelle région faut-il traverser pour aller de l'Algérie au Soudan? — R. *Il faut traverser le Sahara.*

D. Qu'est-ce que la république de Libéria? — R. *Un des principaux États indigènes de l'Afrique occidentale.*

D. Nommez et montrez sur la carte muette les principales possessions de la France en Afrique. — R. *L'Algérie sur la Méditerranée, le Sénégal dans l'océan Atlantique, la Réunion et Mayotte dans l'océan Indien.*

D. Y a-t-il d'autres établissements français moins importants que vous avez vus en apprenant les colonies françaises? — R. *Oui; il y a d'abord Gorée, Dakar et Rufisque qui sont au sud du Sénégal et qui en dépendent. Il y a ensuite Assinie, le grand Bassam sur la côte de Guinée, le Gabon plus au sud. Dans l'océan Indien, il y a Nossi-Bé près de Mayotte et l'île Sainte-Marie de Madagascar.*

D. Pouvez-vous montrer sur la carte muette où sont situées ces possessions? — R…

D. Montrez sur la carte muette les principales possessions du Portugal. — R…

D. Quelles sont les colonies de l'Angleterre en Afrique? — R. *Les établissements sur la côte de Gambie et de Guinée dont Bathurst et Sierra Leone sont les principaux, les îles de l'Ascension et de Sainte-Hélène, l'importante colonie du Cap, l'île Maurice.*

D. Où est situé l'État libre d'Orange? — R. *Au sud de l'Afrique et au nord des possessions anglaises du Cap.*

D. Quelle route suivra un bâtiment partant de Marseille pour se rendre à la Réunion par le détroit de Gibraltar? — R. *Il peut naviguer vers le sud-ouest dans la Méditerranée, traverser le détroit de Gibraltar, longer la côte nord-ouest de l'Afrique dans l'océan Atlantique, en passant à une certaine distance des Canaries, du cap Blanc, de la colonie française du Sénégal, du cap Vert et des îles du cap Vert, des établissements anglais de la Guinée, de la république de Libéria, traverser le golfe de Guinée, passer devant le cap Frio, et la colonie du Cap, doubler le cap de Bonne-Espérance et traverser l'océan Indien en passant au sud de Madagascar.*

D. Peut-il suivre une route plus courte et depuis quand peut-il la suivre? — R. *Il peut suivre une route plus courte depuis que le canal de Suez a été creusé. Il doit dans ce cas naviguer vers le sud-est dans la Méditerranée, passer le canal de Suez, franchir toute la mer Rouge, traverser le Bab-el-Mandeb, doubler le cap Guardafui, et se rendre directement par l'océan Indien à la Réunion en passant à l'est de Madagascar.*

Devoirs. — Faire la carte physique de l'Afrique à l'aide de la carte muette portant les divisions politiques.

Sur la même carte muette, écrire les noms de la géographie politique.

Tracer, sur la carte muette physique, les principales divisions politiques de l'Afrique et écrire les noms.

Faire, sans l'aide de carte muette, la carte physique et politique de la région arrosée par le Nil.

AFRIQUE.

Méthode et commentaire. — La carte d'Afrique est à l'échelle du 60,000,000°, soit 1 millimètre 60 kilomètres.

Géographie physique. — I. Le maître ne manquera pas de faire remarquer l'importance du canal de Suez qui a changé les routes commerciales de l'Orient. Il trouvera le commentaire de cette partie de sa leçon dans la 4° lecture : *Les canaux maritimes des deux isthmes* (page 8).

On dit souvent détroit de Bab-el-Mandeb; il vaut mieux dire le Bab-el-Mandeb, Bab signifiant en arabe « porte » et par conséquent passage ou détroit; Bab-el-Mandeb signifie Porte de la mort.

Le Sahara est un des aspects les plus caractéristiques de l'Afrique septentrionale. C'est un désert : c'est ainsi que le maître doit d'abord le définir. La cause est la sécheresse excessive du climat; la pluie est partout rare dans le Sahara, extrêmement rare dans certaines parties, et la terre, manquant d'humidité, reste stérile. Le Sahara n'est cependant pas partout un désert sablonneux ; ceux qui ont prétendu que, même dans les régions sablonneuses, les caravanes étaient souvent englouties sous les tourbillons de sable soulevés par les vents, ont beaucoup exagéré.

De très vastes étendues en effet sont couvertes de dunes de sables, alignées à peu près toutes dans la même direction; mais il y a aussi de très vastes étendues de terrains rocheux ou calcaires ; et on trouve, dans les fonds et dans les vallées de quelques régions élevées, des sources, des oasis, des cultures, des populations établies à poste fixe. Dans la saison la plus favorable de l'année, certaines parties de la plaine se couvrent d'herbe que pâturent les animaux.

Cependant la plus grande partie du Sahara est ou entièrement inhabitable ou propre seulement à la vie nomade qu'y mènent les Touaregs et les autres tribus de pasteurs qui vivent dans le désert. Ce qui est vrai, c'est qu'on est exposé à périr de faim et plus encore de soif quand on voyage dans ces vastes espaces sans habitants, sans rivières, sans sources. Aussi ne traverse-t-on le désert qu'en formant des caravanes et en prenant des guides indigènes connaissant les lieux où se trouvent des puits; on fait quelquefois plusieurs journées de marche, même par les routes les plus suivies, sans rencontrer un de ces puits. Pour donner une idée des oasis du Sahara, le maître pourra recourir à la lecture : *L'oasis de Biskra* (page 34).

Le relief du sol de l'Afrique au sud de l'équateur est encore imparfaitement connu, malgré les nombreux et instructifs voyages qui ont été faits dans cette région depuis un demi-siècle. Le maître citera surtout les noms de Livingstone, de Cameron, de Stanley.

Le texte de l'Atlas-scolaire, *Algérie* (page 34), suffira pour les indications supplémentaires relatives à la chaîne de l'Atlas. Nous donnons pour l'Afrique une carte hypsométrique analogue à celle que nous avons donnée pour l'Asie. Il est bon cependant de faire observer que l'intérieur de l'Afrique étant encore peu connu, une notable partie des courbes qui déterminent l'hypsométrie est purement hypothétique ou n'est fondée que sur un très petit nombre d'observations.

Carte hypsométrique de l'Afrique.

II. En parlant des fleuves de l'Afrique australe, le maître pourra dire que les deux principaux étaient inconnus ou n'étaient connus que d'après des traditions incertaines des Arabes et des Portugais jusqu'au milieu du dix-neuvième siècle. C'est l'Écossais Livingstone qui a re-connu, de 1852 à 1873, le cours du Zambèze sur le Plateau austral et découvert plusieurs lacs et une partie du cours du Congo ; c'est l'Américain Stanley qui a descendu, en 1877, le Congo depuis le point où s'était arrêté Livingstone jusqu'à son embouchure.

III. Voici la liste des animaux et des plantes de l'Afrique représentés sur la figure de l'Atlas-scolaire et sur lesquels le maître aura quelques explications à donner.

1. *Lion.* — Le lion, qui est le plus fort des animaux féroces de race féline ; il est long de près de 2 mètres et haut de 1 m, 20. Il se trouve en Asie et en Afrique. En Afrique, on rencontre des lions de diverses espèces, mais en petit nombre depuis l'Atlas jusqu'à la Colonie du Cap.

2. *Hyène.* — La hyène est un animal carnassier. Elle ne sort que la nuit, vit principalement de charogne et n'attaque presque jamais l'homme et les gros animaux, à moins qu'elle ne soit blessée.

3. *Zèbre.* — Le zèbre est un animal qui a à peu près la forme et la grosseur du mulet, mais qui se distingue tout d'abord par son beau pelage rayé. On en fait très difficilement un animal domestique. Il se trouve surtout dans l'Afrique australe.

4. *Gazelles.* — Les gazelles, qui appartiennent au genre antilope et qui comprennent un grand nombre d'espèces, ressemblent au chevreuil. Ce sont des animaux herbivores, timides, très légers à la course, qui vivent en troupes dans presque toute l'Afrique, surtout dans le Sahara et sur le Grand plateau austral.

5. *Girafe.* — La girafe, munie de très hautes jambes, surtout par devant, et d'un très long cou, atteint 7 mètres et est le plus grand des animaux ; elle a un beau pelage moucheté de taches couleur café au lait. C'est un herbivore qui vit dans les plaines de l'Afrique équatoriale.

6. *Dromadaire.* — Le dromadaire est un chameau à une bosse. Il est un peu plus petit, mais il est plus léger que le chameau à deux bosses. C'est l'animal le plus employé comme bête de somme dans tout le nord de l'Afrique jusqu'au Soudan. C'est par des caravanes de dromadaires que se fait le commerce du Sahara.

7. *Éléphant.* — L'éléphant d'Afrique est plus petit dans le centre, plus grand dans le sud que l'éléphant d'Asie. On ne le trouve pas à l'état domestique. Il vit dans les grandes plaines herbeuses du haut Nil, du bassin du Congo et du Grand plateau austral.

8. *Rhinocéros.* — Le rhinocéros, dont le nom signifie en grec « corne sur le nez », est du genre des pachydermes, lesquels doivent ce nom à l'épaisseur de leur peau. Le rhinocéros d'Afrique a une double corne. Quoique plus petit que l'éléphant, il lutte le plus souvent avec avantage contre lui en lui enfonçant sa corne dans le ventre.

9. *Hippopotame.* — L'hippopotame est aussi un pachyderme ; son nom veut dire cheval des fleuves, quoiqu'il ne ressemble pas au cheval. On trouve un grand nombre d'hippopotames dans les cours d'eau et les marais de la région tropicale et de l'Afrique australe.

10. *Crocodile.* — Les crocodiles, qui sont les plus gros des sauriens, se trouvent également en très grand nombre dans presque tous les cours d'eau de la région tropicale. Comme ce sont des animaux carnivores, ils sont plus redoutables pour les hommes que les hippopotames.

11. *Naja-hagé.* — Le Naja-hagé ou aspic est un des serpents les plus venimeux ; il se distingue par le renflement du cou.

12. *Dattier.* — Le palmier-dattier est un palmier qui atteint 15 et même 20 mètres. Les dattes poussent en grosses grappes, dites régimes, vers le sommet de l'arbre qui est garni d'un panache de grandes feuilles. Les dattiers poussent surtout dans les oasis du Sahara (voir lecture p. 34).

13. *Bananier.* — Le bananier ou *musa paridisiaca*, dit aussi figuier d'Adam, est une plante herbacée qui est munie de très longues feuilles et qui porte tous les ans un régime de bananes. C'est une des cultures les plus faciles et les plus productives. Les bananes sont de qualités diverses ; les plus communes rappellent le goût d'une pomme de terre douce et constituent un des principaux aliments des nègres de la zone tropicale.

14. *Papyrus.* — Le papyrus est une plante herbacée, de 2 à 3 mètres, à tige triangulaire vers le sommet, terminée par un élégant panache de feuilles. Il pousse dans les endroits humides, surtout dans la région du Nil. Dans l'antiquité, les Égyptiens faisaient avec la moelle du papyrus des feuilles qui servaient au même usage que le papier, alors inconnu.

15. *Aloès.* — L'aloès est une plante grasse, dont les feuilles charnues, disposées à peu près comme les feuilles d'un chou, sont terminées par des piquants. Avec les fibres de l'aloès on fabrique des cordes et du papier.

16. *Figuier de Barbarie.* — Le figuier de Barbarie est un cactus composé de feuilles ovales, charnues, épineuses, qui atteint plusieurs mètres de hauteur et qui sort en Algérie à faire des haies. Ses fruits, dits figues de Barbarie, parce qu'ils ont une certaine ressemblance comme goût avec les figues, sont très communs dans la région de l'Atlas.

Lectures. — 62° LECTURE. — *Le Nil.* — « Les sources du Nil sont restées un mystère jusqu'en 1857, époque où deux voyageurs anglais, Speke et Grant, ont découvert, au sud de l'équateur, un grand lac, qu'ils ont nommé Victoria-Nyanza, c'est-à-dire lac Victoria, en l'honneur de la reine d'Angleterre. C'est de ce vaste réservoir, situé sur un plateau à un millier de mètres au-dessus du niveau de la mer et alimenté par de nombreux cours d'eau, que sort le fleuve. Le Nil descend du plateau vers le nord en formant une suite de cascades et en se grossissant de toutes les rivières par lesquelles s'écoulent les pluies abondantes de cette région tropicale. »

« Bien avant son entrée en Égypte, le Nil ne reçoit plus d'affluents ; il coule à travers un désert où il ne pleut jamais, et, comme il fait des pertes continuelles par l'évaporation, il n'a plus que six cents mètres de largeur au Caire, tandis qu'à Syène, à son entrée en Égypte, il en a le double. »

« Les pluies abondantes qui tombent d'avril à octobre dans la région du haut Nil gonflent le fleuve. Vers le solstice d'été, la crue arrive à l'endroit où l'encaissement de la vallée s'élargit, c'est-à-dire à l'endroit où commence l'Égypte ; les eaux s'épandent ; elles montent jusqu'à l'équinoxe d'automne et présentent sur toute l'étendue de la vallée l'aspect d'une inondation d'eau rougie par les particules de sable et de granit qu'elles charrient. Après l'équinoxe, le fleuve décroît ; il rentre dans son lit et, à la mi-mai, les eaux sont à leur niveau le plus bas. »

« C'est à cette inondation périodique, dont la hauteur moyenne est de sept mètres au Caire, que l'Egypte doit sa fertilité, on peut même dire son existence, puisque le sol cultivable de l'Egypte est uniquement composé du limon déposé par le Nil sur un fond de granit ou de calcaire ; partout où l'eau ne parvient pas, il n'y a que le désert et, quand la crue du Nil est insuffisante, l'Égypte souffre de la disette. »

63e Lecture. — *Les découvertes des Portugais.* — « Dans l'antiquité et au moyen âge, les peuples européens n'ont connu que la partie septentrionale de l'Afrique : ils n'entretenaient de relations commerciales qu'avec l'Égypte, c'est-à-dire avec la vallée du Nil inférieur et avec la côte de la Méditerranée. Les Arabes eux-mêmes, qui avaient étendu les conquêtes de l'islanisme sur les Etats barbaresques et pénétré dans le Soudan par terre et jusqu'à Madagascar par mer, ne connaissaient pas la véritable forme de cette partie du monde. »

« C'est aux Portugais que revient l'honneur de l'avoir découverte. Après avoir chassé les Maures du Portugal, il les poursuivirent jusque sur la côte d'Afrique, et le goût des expéditions maritimes se développa chez eux. Il fut puissamment encouragé par l'infant don Henri. »

« Le commerce de l'Inde, dont on vantait beaucoup en Europe les richesses merveilleuses, était alors aux mains des Arabes qui en apportaient les produits par caravanes ou par la mer Rouge jusque dans les ports de la Méditerranée : là, des Vénitiens les achetaient pour les revendre en Italie et dans le reste de l'Europe. L'infant conçut l'espérance d'enrichir son pays des profits de ce commerce s'il parvenait à tourner l'Afrique par le sud et à ouvrir une route directe par mer vers l'Inde. »

« Il vécut assez longtemps pour jouir des premiers succès de ses compatriotes : la découverte de Madère en 1419, puis l'occupation des Açores et des Canaries que déjà des Dieppois et des Catalans avaient explorées, le passage du cap Bojador, longtemps regardé comme une limite infranchissable, enfin la découverte du golfe de Guinée dont le profond enfoncement faisait présager le succès définitif. »

« En 1466, l'infant Henri était mort et les navigateurs portugais étaient parvenus jusqu'au cap Frio, lorsque Barthélemy Diaz partit. Au delà du cap Frio, les vents et la tempête l'emportèrent au loin vers le sud. La tourmente passée, il fit voile vers le nord pour retrouver la terre ; quand il l'eut touchée, il vit que la côte se dirigeait, non vers le sud-ouest comme dans l'océan Atlantique, mais vers le nord-est ; il comprit qu'il avait doublé la pointe extrême du continent, et il voulut pousser plus avant vers l'orient. Son équipage, au bout de deux jours, refusa de le suivre. Diaz revint en longeant la côte, découvrit la pointe du continent et la nomma cap des Tourmentes. »

« Mais, à son retour, le roi de Portugal changea ce nom contre celui de cap de Bonne-Espérance, parce que cette découverte lui donnait l'espérance d'atteindre enfin le but que la persévérance des Portugais poursuivait depuis trois quarts de siècle. »

« Ce ne fut cependant que dix ans après, en 1497, qu'une flotte, commandée par Vasco de Gama et ayant à son bord le pilote de Barthélemy Diaz, doubla de nouveau ce cap et aborda l'année suivante aux Indes, dont les Portugais ne tardèrent pas à accaparer le commerce. »

INTERROGATIONS SUR LA CARTE MUETTE DE L'OCÉANIE.

Méthode. — La carte muette d'Océanie correspond à la carte écrite ; elle est, comme elle, à l'échelle du 60,000,000e.

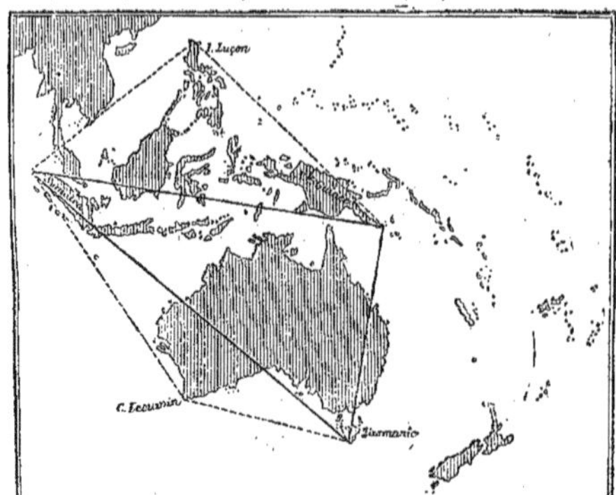

Tracé géométrique de la carte de l'Océanie occidentale.
(La partie ombrée représente les terres.)

Cette carte ne correspond qu'à la partie de l'Océanie représentée sur la carte écrite. Un triangle rectangle dont les extrémités seraient celles de Sumatra, de la Nouvelle-Guinée et de la Tasmanie, et sur lequel on élèverait deux autres triangles ayant pour sommets Luçon et le cap Leeuwin, peut aider à construire de mémoire une région dont le dessin est difficile à cause du grand nombre d'îles qui s'y trouvent.

Questionnaire. — 92e leçon. — D. Pourquoi a-t-on donné à une partie du monde le nom d'Océanie ? — R. *Parce qu'elle se compose de beaucoup d'îles disséminées dans l'Océan et d'un petit continent.*
D. En combien de parties la divise-t-on ? — R. *En trois parties, Malaisie, Australasie, Polynésie.*
D. Quelles sont les principales mers qui baignent la Malaisie ? — R. *La mer de la Chine, la mer de la Sonde, la mer des Moluques.*
D. A qui appartiennent les Philippines ? — R. *Elles appartiennent en grande partie à l'Espagne.*

D. Quel en est le chef-lieu ? — R. *Manille.*
D. Qu'est-ce que Bornéo ? — R. *C'est une grande île de la Malaisie qui appartient en partie aux Pays-Bas.*
D. Quel est le rapport de grandeur de l'île de Bornéo et de la France ? — R. *L'île de Bornéo est plus grande que la France.*
D. Quelles sont les principales îles de la Sonde ? — R. *Java et Sumatra.*
D. Quelle est la capitale des colonies hollandaises de la Malaisie ? — R. *Batavia.*
D. Quelles sont les principales productions de cette région ? — R. *Le riz, le sucre, le café, le tabac, les épices, l'étain.*
D. Où est situé le détroit de Torrès ? — R. *Entre la Nouvelle-Guinée et l'Australie.*
D. Où est située la Nouvelle-Calédonie ? — R. *Dans la partie orientale de l'Australie.*
D. Qu'est-ce que la mer du Corail ? — R. *C'est une mer formée par le Grand océan, et située au nord-est de l'Australie ; elle est ainsi nommée à cause des nombreux récifs de coraux qu'on y rencontre.*
D. Quelle est l'île qui est au sud du détroit de Bass ? — R. *La Tasmanie.*
94e leçon. — D. Comment nomme-t-on la partie qui termine l'Australie au nord-est ? — R. *Le cap York.*
D. Qu'est-ce que la Cordillère Australienne ? — *Une chaîne de montagnes qui longe la côte orientale de l'Australie.*
D. Ne pourrait-on pas dire que l'Australie est une île ? — R. *Oui.*
D. Ne dit-on pas plus exactement qu'elle est un continent à cause de sa grande étendue et du caractère tout particulier des plantes et des animaux indigènes ? — R. *Oui.*
D. Quelles sont les colonies anglaises de l'Australie ? — R. *Queensland, la Nouvelle-Galles du sud, Victoria, l'Australie méridionale, l'Australie occidentale.*
D. Quelles sont les autres colonies anglaises de l'Australasie ? — R. *La Tasmanie qui est au sud de l'Australie et la Nouvelle-Zélande qui est au sud-est.*
D. Quelles sont les principales richesses des colonies anglaises de l'Australasie ? — R. *La laine et l'or.*
D. Quels sont les principaux groupes d'îles de la Polynésie ? — R. *Les Carolines qui appartiennent à l'Espagne, les îles Hawaï qui forment un royaume indigène, capitale Honolulu, les îles Marquises, Tahiti, les îles Touamotou qui appartiennent à la France.*
D. Pourquoi ces dernières îles sont-elles dans des cadres séparés sur la carte ? — R. *Parce qu'elles sont situées à l'est du cadre oriental de la carte et qu'elles n'auraient pas pu tenir dans ce cadre.*
D. A quoi reconnaissez-vous que l'île Tahiti est située à l'est de l'Australie ? — R. *A ce que la côte orientale de l'Australie est à peu près par le 150e degré de longitude orientale, tandis que Tahiti est à peu près par le 150e degré de longitude occidentale.*
D. Jusqu'à quel nombre compte-t-on les degrés de longitude orientale et occidentale ? — R. *Jusqu'au 180e degré.*
D. Comme au 20e degré de latitude, la distance d'un méridien à l'autre est de 100 kilomètres environ, et que du 150e degré de longitude orientale au 180e degré il y a 30 degrés, et 30 degrés du 180e au 150e de longitude occidentale, calculez la distance approximative qui sépare en ligne droite la côte de l'Australie de celle de Tahiti. — R. *Environ 6,000 kilomètres.*

Devoirs. — Faire, sur la carte physique et politique, la carte physique et politique de l'Australie.

Faire, sur la carte muette physique et politique, la carte de l'Océanie.

OCÉANIE.

Méthode et commentaire. — La carte d'Océanie est, comme les autres cartes des parties du monde, à l'échelle du 60,000,000°.

Mais, comme l'Océanie, qui s'étend depuis le 95° degré de longitude orientale (extrémité de Sumatra) jusqu'au 110° degré de longitude occidentale (longitude de l'île de Pâques, petite île située un peu au sud du tropique du Capricorne et isolée au milieu de l'Océan), mesure par conquent de l'ouest à l'est, sous l'équateur, 155 degrés (95° à 180° = 85°; + 110° à 180° = 70°; 85 + 70 = 155), ce qui fait plus de 17,000 kilom. (155 × 111 = 17,205), tandis que l'Asie, dans sa plus grande largeur de l'ouest à l'est, ne mesure guère que 12,000 kilomètres. Comme cependant l'Asie remplit le cadre de la carte, il était impossible de représenter toute l'Océanie à la même échelle sur une carte de même dimension. Aussi la carte de l'Atlas-scolaire ne comprend-elle que l'espace entre 95° de longitude orientale et 170° de longitude occidentale, soit environ 10,500 kilomètres. Les parties importantes de l'Océanie qui se trouvent à l'est du 170° de longitude occidentale sont placées dans deux cartons. Le maître pourra faire observer que les îles Hawaï sont au nord de l'équateur et que Tahiti est au sud; l'espace libre sur la carte a fait placer les cartons dans l'ordre inverse.

1. L'étude de la géographie physique de l'Océanie diffère de celle des autres parties du monde. Elle consiste surtout à connaître la forme, l'aspect général et la position relative des îles. Comme il n'y a qu'une seule terre d'une très grande étendue, le continent austral, et que cette terre a un relief imparfaitement connu à l'intérieur et peu de cours

d'eau à cause de la sécheresse du climat, l'étude des montagnes et celle des fleuves a, en Océanie, une importance moindre que dans les autres parties du monde. Nous donnons cependant une carte hypsométrique de l'Océanie occidentale, afin de permettre au maître de faire la comparaison du relief de ce continent avec les autres. Il n'y a que deux ou trois pics qui atteignent 2,000 mètres (le mont Koscuisko, au sud de la Cordillère australienne, à 2,187 mètres). Il y a des montagnes plus hautes dans plu-

Carte hypsométrique de l'Océanie occidentale.

sieurs îles de l'Océanie et particulièrement dans la Malaisie.

II. Voici la liste des animaux et des plantes représentés sur la figure de l'Atlas-scolaire.

1. *Orang-outang.* — C'est « l'homme des bois », une des espèces les plus grandes du genre singe. Il vit dans les forêts de la Malaisie; c'est un animal très vigoureux qui atteint près de 2 mètres et qui peut marcher comme l'homme, sur ses deux jambes de derrière, mais avec une allure toute différente de celle de l'homme.

2. *Kangourous.* — Les kangourous appartiennent à un genre qu'on ne trouve que dans l'Australie. Animaux herbivores vivant en troupes, ils ont les pattes de devant beaucoup plus courtes que celles de derrière, ils marchent difficilement et par bonds en sautant à l'aide de leur queue et de leurs pattes de derrière. Les femelles ont une poche dans laquelle elles portent leurs petits quand elles les allaitent.

3. *Moutons.* — Le mouton n'est pas un animal indigène de l'Océanie; mais les moutons mérinos originaires d'Europe se sont multipliés dans la zone tempérée de l'Australie, dans la Tasmanie et la Nouvelle-Zélande et ils sont devenus la principale richesse de ces pays.

4. *Cacatoès.* — Les cacatoès sont des oiseaux du genre perroquet. Ils ont une huppe. Les perroquets sont très nombreux et d'espèces très variées dans la Malaisie.

5. *Lyre.* — C'est un oiseau de l'ordre des passereaux, un peu moins gros que le faisan, qu'on trouve en Australie et qui doit son nom à la disposition des plumes de sa queue.

6. *Cygne noir.* — Le cygne noir, oiseau de l'Australie, a le bec rouge.

7. *Casoar.* — Le casoar est un grand oiseau qui est de la même famille que l'autruche, mais qui est plus petit qu'elle. Une espèce se trouve en Malaisie, une autre en Australie. Les animaux et les

plantes du continent austral diffèrent presque tous des animaux et des plantes des autres contrées du monde.

8. *Python.* — Le python est un des serpents les plus grands de la Malaisie : on dit qu'il peut atteindre jusqu'à huit mètres de longueur, cependant on n'en a pas vu qui dépassent 3ᵐ, 50. Il y a beaucoup de serpents dans cette partie de l'Océanie.

9. *Bois de fer.* — C'est un bois qui doit son nom à sa dureté. On le trouve dans la Malaisie.

10. *Fougère arborescente.* — Les fougères arborescentes sont très nombreuses et très variées en Australie et dans les îles voisines.

11. *Pandanus.* — Le pandanus, dont les branches produisent des racines descendant jusque dans le sol et dont les feuilles sont épineuses, est un des arbres de la Malaisie.

12. *Eucalyptus.* — L'eucalyptus, nommé aussi gommier, est un des arbres les plus communs en Australie. Il se distingue par ses feuilles pendantes, en forme de lame de couteau, quand la plante est adulte. Il y en a de plusieurs espèces, presque toutes sont de très grande taille. On l'a importé avec succès en Algérie et dans le sud de l'Europe.

III. Les Malais, qui ont donné leur nom à la Malaisie, sont considérés tantôt comme une des grandes races humaines, tantôt par ceux qui n'admettent que trois grandes races, la race blanche, la race jaune, la race noire, comme une race dérivée de la race jaune.

Les Hollandais ont des colonies très importantes dans la Malaisie. Les Portugais, après la découverte de la route des Indes par le cap de Bonne-Espérance, ont été les premiers Européens qui aient fait le commerce dans ces contrées et qui y aient possédé des colonies. A la fin du seizième siècle et au commencement du dix-septième siècle, à une époque où le Portugal était en décadence et avait été conquis par l'Espagne, les Hollandais, dont la marine était devenue la plus puissante de l'Europe, s'emparèrent de ces colonies et étendirent leur domination sur presque toutes les îles de la Sonde et sur une partie des îles situées plus au nord.

Les Anglais possèdent dans l'Australie un territoire plus étendu que celui des colonies hollandaises. Il est moins peuplé. Mais, comme il est situé en majeure partie dans la zone tempérée australe, laquelle convient beaucoup mieux que la zone tropicale à la race européenne, la population y est composée principalement non d'indigènes, comme en Malaisie, mais de colons venus pour la plupart d'Europe et ayant apporté avec eux l'activité européenne. Aussi l'Australasie anglaise est-elle la région la plus commerçante de l'Océanie et celle qui a le plus bel avenir de développement.

Lectures. — 64° LECTURE. — *L'or et les moutons d'Australie.* — « En 1851, un colon d'Australie qui avait, comme tant d'autres, quitté son pays pour aller chercher fortune dans les gîtes aurifères de la Californie, tout récemment découverts, fut frappé de la ressemblance des roches de cette contrée avec celles de son pays. Il revint et commença à exploiter ces roches dans la Nouvelle-Galles du sud, non loin de Bathurst. Le succès répondit à ses espérances. Bientôt les chercheurs d'or affluèrent de toutes parts; des découvertes nouvelles furent faites, non seulement dans la Nouvelle-Galles, mais beaucoup plus au sud, dans la colonie de Victoria, où la production de l'or devint plus importante que partout ailleurs, puis dans l'Australie méridionale, dans la Tasmanie, dans la Nouvelle-Zélande, qui rivalisèrent d'ardeur pour l'exploitation des gisements aurifères. »

« Les émigrants arrivèrent en foule de l'Europe, de l'Amérique, de la Chine et peuplèrent les solitudes, creusant des puits, broyant les roches, lavant les sables pour en extraire l'or. Beaucoup y trouvèrent la misère, au lieu de la richesse qu'ils espéraient; mais ces vastes contrées, qui n'attendaient que le travail de l'homme pour devenir fécondes, y gagnèrent des colons. »

« Néanmoins, de 1851 à 1881, les colonies australasiennes n'ont pas produit moins de sept milliards de francs en or, et, quoique le rendement soit inférieur aujourd'hui à ce qu'il a été dans les années les plus brillantes de l'exploitation, il dépasse encore cent millions de francs par an. Leur agriculture a plus gagné encore. Il y avait déjà plus d'un demi-siècle qu'on avait compris les facilités que le climat et les vastes pâturages de ce pays offraient à l'élevage des moutons ; les premiers mérinos avaient été introduits en 1797, et ils s'étaient rapidement multipliés. Quand l'or eut attiré l'attention de l'Europe sur l'Australie, et que les communications avec cette partie du monde furent devenues plus fréquentes, la production de la laine augmenta à mesure que les débouchés s'ouvrirent et qu'ils assurèrent aux éleveurs un placement avantageux. On compte aujourd'hui plus de soixante millions de moutons dans les colonies anglaises d'Australasie, et l'exportation de laine, en 1880, s'est élevée à 180 millions de kilogrammes, représentant une valeur beaucoup plus considérable que celle de l'or. »

IV. On appelle **échelle** d'une carte le rapport des distances mesurées sur cette carte aux distances réelles qu'elles représentent sur le globe. Ainsi, si les points figurant deux localités distantes en réalité l'une de l'autre de 100 kilomètres, ou de 100,000,000 de millimètres, se trouvent placés sur une carte à 1 décimètre ou 100 millimètres l'une de l'autre, on dit que l'échelle est le $\frac{1}{1,000,000}$ parce que la distance sur la carte est un million de fois plus petite que dans la réalité. Comme il est impossible, ainsi que nous l'avons dit, de conserver exactement les distances sur toute l'étendue d'une projection, l'échelle n'est pas partout la même ; celle qui convient à une extrémité de la carte ne convient pas tout à fait à l'autre extrémité ; quand on indique — ce que les cartographes doivent toujours faire — l'échelle, c'est l'*échelle moyenne* de la carte que l'on donne (excepté, d'ordinaire, pour une mappemonde de Mercator).

La distance et la grandeur sont choses différentes. L'échelle indique seulement le rapport des longueurs. Le rapport des surfaces est tout autre. Ainsi, un carré de terrain représenté sur une carte à l'échelle du millionième est un trillion de fois plus petite que la réalité $\frac{1}{1,000,000} \times \frac{1}{1,000,000} = \frac{1}{1,000,000,000,000}$. Si l'on veut reproduire une carte à une échelle double de cette carte, il faut une feuille de papier quatre fois plus grande ; si, à l'inverse, ayant pour modèle une carte de France au 1,000,000e et qu'on se propose de le reproduire au 5,000,000e, il suffit d'une feuille de papier 25 fois moins grande.

Les échelles que nous employons le plus souvent dans notre Atlas national sont le 3,500,000e et le 10,000,000e, soit un millimètre pour 3 kil. 1/2 et 10 kil.; dans nos atlas classiques, le 5,000,000e, le 7,000,000e, le 60,000,000e, soit 1 mill. pour 5, 7, 60 kilomètres. Sur la carte de l'état-major à l'échelle du 80,000e 1 millimètre représente 80 mètres.

Sur une mappemonde de Mercator, l'échelle varie beaucoup avec la latitude, surtout dans les régions voisines des pôles. Ainsi, le planisphère de l'Atlas est à l'échelle de 1 millim. pour 100 kil. à l'équateur, et à l'échelle de 1 millim. pour 7 kil. 1/10 au 80e degré.

V. Pour **dresser une carte à l'aide d'une autre carte**, il faut d'abord tracer avec beaucoup d'exactitude la projection, c'est-à-dire les degrés de longitude et de latitude. On peut : 1° les reproduire tels qu'ils sont : c'est une simple copie ; 2° les reproduire à une échelle plus grande ou plus petite, en maintenant avec soin partout les mêmes rapports d'écartement ; 3° transformer, à l'aide de procédés géométriques, la projection du modèle en une autre projection.

Lorsque la projection est dressée, il est presque toujours nécessaire de quadriler le modèle et la copie, conformément à la projection, c'est-à-dire d'intercaler un certain nombre de lignes équidistantes entre chaque méridien et chaque parallèle, de manière à former de très petits quadrilatères (voir la fig. 14 qui porte le quadrillage d'une partie de la fig. 12 et le commencement du dessin de la côte). On dessine ensuite, en mettant exactement chacun des détails de la carte à sa place dans le quadrilatère correspondant.

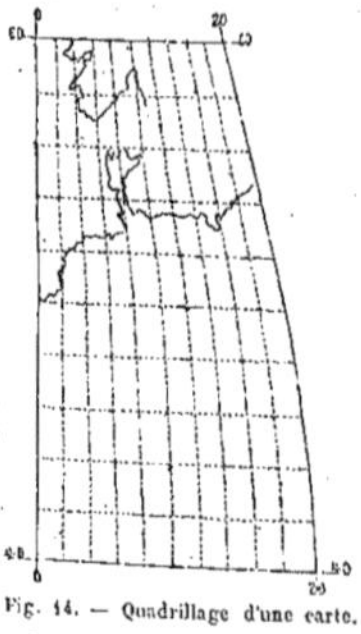

On doit commencer par dessiner au crayon les côtes, puis les eaux, puis les limites et la position des villes : c'est ce qu'on appelle la *planimétrie*. On repasse ensuite à l'encre. On peut faire la carte d'une seule couleur ou de plusieurs couleurs, en employant, dans ce dernier cas, le noir pour les villes et les limites, le bleu pour les eaux et la côte, le bistre pour les montagnes.

La côte doit être faite d'un trait fin, mais assez ferme pour que tous les contours en soient bien visibles. Les cours d'eau les plus importants doivent être marqués d'un trait plus fort que les autres ; le trait doit être plus fin vers la source que vers l'embouchure ; il importe moins de reproduire les petites sinuosités que de bien rendre les grandes directions.

L'Atlas scolaire représente ainsi les canaux : ⟶⟶⟶←⟵⟵, le signe > indiquant les deux portes de chaque écluse. Voici les signes adoptés dans l'Atlas scolaire pour représenter les limites : limite d'État + + +; limite d'un État subordonné à un autre État + ⋯ + ⋯ +; limite de département ⋯⋯. Les points qui figurent les villes varient aussi suivant l'échelle de la carte et le rang administratif de la ville.

On dessine ensuite le *figuré du terrain*, dit aussi montagne ou relief du sol : c'est toujours la partie la plus difficile à bien représenter. On fait ce figuré avec la plume par des hachures, ou avec le crayon par des

Fig. 14. — Quadrillage d'une carte.

ombres, ou avec le pinceau par des teintes. Avec le crayon ou le pinceau, la couleur bistre est préférable au noir. Les hachures d'une carte d'atlas ne peuvent pas être graduées avec la même précision que celles de la carte d'état-major ; elles doivent cependant bien indiquer s'il s'agit de collines, de montagnes de moyenne élévation, de hautes montagnes ou de pentes très rapides. Les hachures doivent être d'autant plus serrées et plus foncées que les montagnes sont plus hautes ou les pentes plus rapides.

On peut représenter la figure du terrain par des courbes de niveau. Nous donnons quelques explications sur les courbes de niveau à la dernière page du livre du maître, à la suite de la partie consacrée au département. Dans ce cas, on met une teinte entre chaque courbe et on obtient une *carte hypsométrique*.

Avec une plume pour le noir, un crayon bleu pour les eaux, un crayon bistre pour la montagne, on peut dessiner une carte d'un bon effet. On peut se procurer facilement chez les papetiers des crayons bleus, moins facilement des crayons bistres, quoiqu'il en existe dans le commerce.

S'il y a d'autres couleurs à mettre, pour les limites, etc., on les met au pinceau, soit en teintes plates, c'est-à-dire couvrant toute la partie à teinter, soit en filets. Il est bon d'écrire les noms en dernier lieu, lorsque la carte est bien sèche. Les noms de la géographie physique doivent être, autant que possible, le long des cours d'eau, des chaînes, etc.; ceux de la géographie politique doivent être, quand il est possible, écrits en ligne droite. Les caractères doivent être tels qu'ils se distinguent bien les uns des autres, ÉTAT, CAPITALE, ville ordinaire, etc.

VII. Pour **dessiner sur une carte muette**, l'élève n'a pas à se préoccuper de dresser la projection ni de dessiner la côte. Mais s'il se sert d'une carte portant les limites, il lui faut une grande attention pour placer exactement les fleuves, montagnes, villes, dans leur relation avec les divisions politiques ; cet exercice est par là même très profitable, souvent même plus profitable que celui de la carte dressée de toutes pièces, parce qu'il oblige l'élève à comparer et qu'il exige moins de temps. Si l'élève travaille sur une carte portant les cours d'eau, il doit apporter la même attention pour bien dessiner les limites politiques.

Si la carte muette porte les indications mêmes de la leçon, et que l'élève n'ait plus qu'à placer les noms, il y aura encore utilité ; mais le travail étant plus facile, le profit, comme l'effort, sera naturellement moindre. Ce dernier procédé doit être cependant recommandé pour les élèves qui sont au début des études géographiques.

VIII. L'élève peut s'exercer à **dresser de mémoire une carte sans le secours d'un modèle et d'une projection**. Dans ce cas, il est bon qu'il ait dans la mémoire, indépendamment d'une notion sommaire de la longitude et de la latitude, certains points de repère qui l'aident à donner au pays sa forme et ses proportions véritables. Nous donnons dans l'Atlas scolaire (livre du maître) ces points et ces lignes de repère pour la France et pour chaque partie du monde, en prenant le triangle comme base.

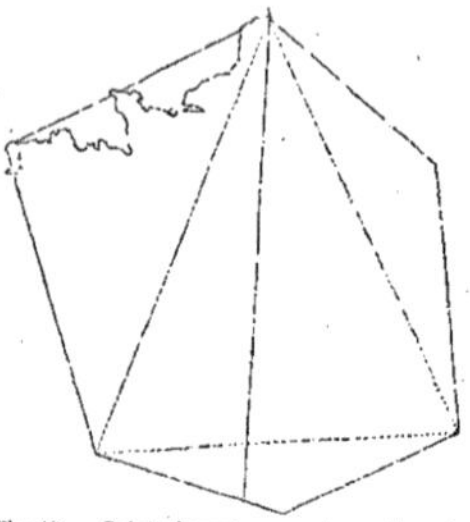

Exemple (voir la fig. 15) : Pour la France, tracer d'abord le méridien de Paris pris comme direction première, puis un triangle isocèle dont la base, légèrement inclinée vers le nord-est, soit un peu moins longue que les deux autres côtés. Sur chacun des côtés du triangle, élever un autre triangle pour former l'hexagone, en donnant au triangle de l'ouest une hauteur double de celle du triangle de l'est, et en faisant le triangle du sud un peu moins haut que celui de l'est. Dessiner ensuite la côte et la frontière en se rappelant le

Fig. 15. — Points de repère pour tracer la carte de France.

rapport des formes avec l'hexagone (voir la fig. 15).

Si l'élève se rappelle bien les longitudes et les latitudes extrêmes, ainsi que la longitude et la latitude moyenne d'une contrée, il peut à l'aide de ces souvenirs construire une carte en traçant des lignes horizontales et équidistantes pour figurer les degrés de latitude, une ligne droite perpendiculaire pour marquer au milieu de la carte le méridien central, et, à droite et à gauche de ce méridien, des arcs de cercle pour figurer les degrés de longitude en leur donnant la même longueur qu'aux degrés de latitude si on est dans le voisinage de l'équateur, les 3/4 d'écartement si l'on est près de 41.

Une méthode différente, employée à l'école Monge et digne d'être recommandée, consiste dans un quadrillage régulier, indépendant des degrés de longitude et de latitude.

(*Voir la page* XIII *placée avant la page* 41 *du volume*).

DE L'EMPLOI DE LA COLLECTION DES CARTES-DEVOIRS.

En conformité avec les leçons de l'Atlas-scolaire nous avons dressé une collection complète de cartes muettes, dites **cartes-devoirs**, qui facilitent le travail de l'élève, tout en l'obligeant à faire l'effort de recherche et d'attention nécessaire pour se graver dans la mémoire la forme et la position des lieux : ce qui est le but qu'on se propose d'atteindre en faisant voir et en faisant faire des cartes aux élèves.

Les cartes-devoirs constituent un système dont chaque partie correspond à une leçon du maitre et, par conséquent, à un devoir de l'élève. Par exemple, si le maitre traite de la France physique et vient de faire la leçon sur le bassin du Rhône, l'élève aura à faire son devoir sur une carte-devoir portant des points destinés à lui faciliter le dessin des montagnes et des cours d'eau et le placement des noms. L'élève doit néanmoins dessiner lui-même la montagne, trouver et tracer le cours exact des eaux, se rappeler et écrire les noms : l'effort est assez complet pour que l'empreinte reste dans la mémoire. A la çon suivante, le maitre traite du bassin de la Garonne. La carte-

devoir déjà employée a peut-être été salie ou finirait par l'être si elle servait à une série de devoirs ; d'ailleurs, elle ne portait que les indications nécessaires pour tracer le bassin du Rhône. L'élève travaillera donc sur une seconde carte-devoir, préparée de la même manière pour le bassin de la Garonne, sur laquelle seront imprimés en outre les montagnes, cours d'eau et noms du bassin du Rhône. Quand l'élève a fait ainsi successivement sur trois cartes les bassins du Rhône, de la Garonne, de la Loire, le maitre lui remet une quatrième carte portant, d'une part, ces bassins imprimés avec les noms, d'autre part, les indications nécessaires pour les bassins de la Manche et de la mer du Nord : l'élève achève ainsi sa carte de France physique.

Les cartes-devoirs sont à l'échelle du 3,500,000e, c'est-à-dire à l'échelle des cartes de la France par bassins dans l'Atlas-scolaire. Chaque carte porte le questionnaire de la leçon correspondante.

Nous donnons ici, comme spécimen, une portion d'une de ces cartes : celle qui correspond à la leçon sur la géographie physique du bassin de la Loire. Nous supposons dans ce spécimen que le devoir de l'élève est achevé.

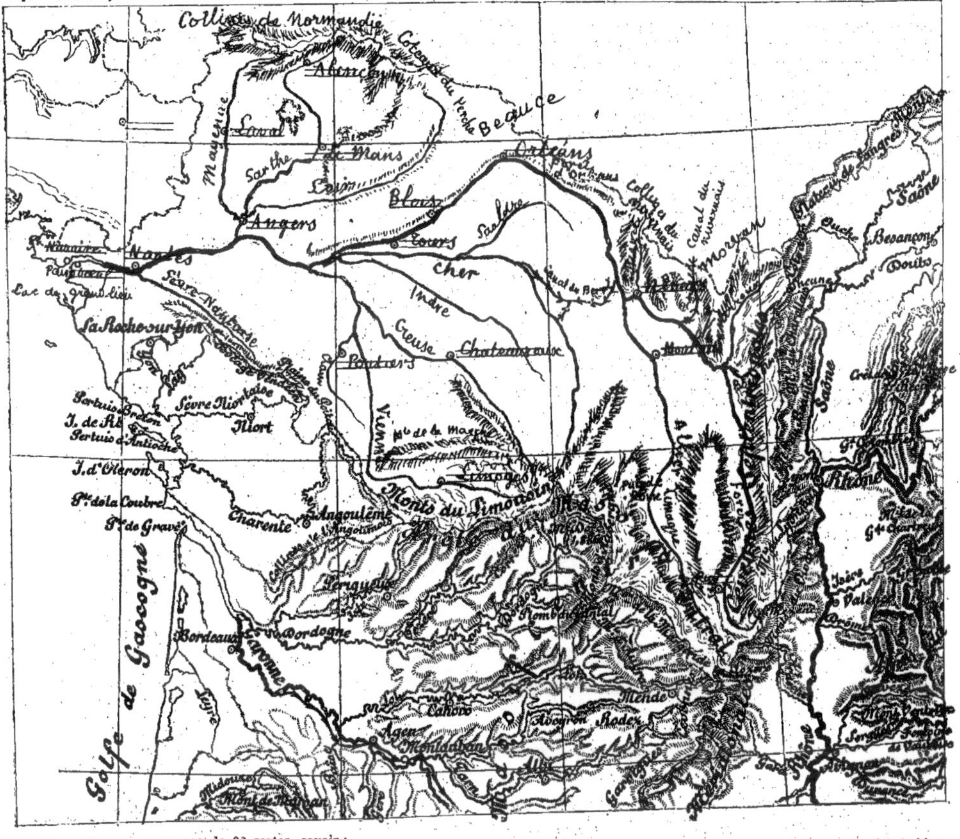

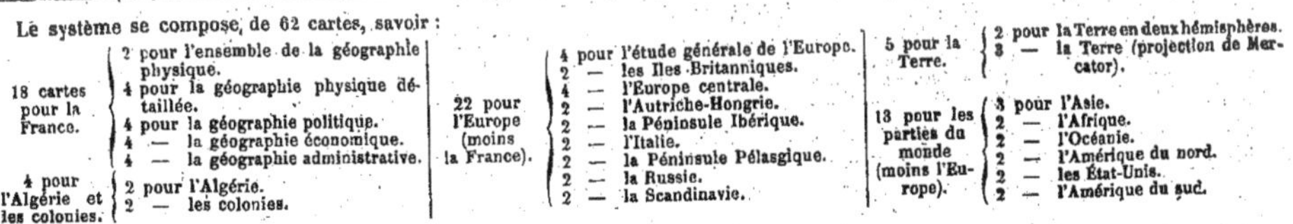

Le système se compose de 62 cartes, savoir :

18 cartes pour la France.	2 pour l'ensemble de la géographie physique. 4 pour la géographie physique détaillée. 4 pour la géographie politique. 4 — la géographie économique. 4 — la géographie administrative.	
4 pour l'Algérie et les colonies.	2 pour l'Algérie. 2 — les colonies.	
22 pour l'Europe (moins la France).	4 pour l'étude générale de l'Europe. 2 — les Iles Britanniques. 4 — l'Europe centrale. 2 — l'Autriche-Hongrie. 2 — la Péninsule Ibérique. 2 — l'Italie. 2 — la Péninsule Pélasgique. 2 — la Russie. 2 — la Scandinavie.	
5 pour la Terre.	2 pour la Terre en deux hémisphères. 3 — la Terre (projection de Mercator).	
13 pour les parties du monde (moins l'Europe).	3 pour l'Asie. 2 — l'Afrique. 2 — l'Océanie. 2 — l'Amérique du nord. 2 — les État-Unis. 2 — l'Amérique du sud.	

INTERROGATIONS SUR LA CARTE MUETTE D'AMÉRIQUE.

Méthode. — La carte muette d'Amérique est, comme les deux cartes écrites, à l'échelle du 60,000,000e, soit 1 millimètre pour 60 kilomètres. L'Amérique du nord et l'Amérique du sud sont réunies sur la carte muette de manière à familiariser les élèves avec la position relative des deux parties du continent américain.

Nous indiquons, aux pages suivantes (p. 50 et 52), le procédé géométrique à employer pour la construction de ces deux cartes.

Sur la carte muette où les deux Amériques sont réunies, chacune des deux parties est la reproduction de la carte écrite. Or, comme les cartes écrites ont été dressées séparément, et que, par conséquent, le centre de projection n'est pas le même, elles ne se raccordent que très imparfaitement, ainsi qu'il est facile de le voir en examinant, à la rencontre des deux cartes, le degré de latitude dont la courbure est double.

AMÉRIQUE DU NORD

Questionnaire. — **94e leçon.** — Quels sont les océans qui baignent l'Amérique du nord? — R. *L'océan Glacial, l'océan Atlantique, le Grand Océan.*

D. Quels sont les mers et golfes formés par l'océan Atlantique sur les côtes de l'Amérique? — *Le golfe du Saint-Laurent, le golfe du Mexique, la mer des Antilles.*

D. Où est située la Floride? — R. *Dans l'océan Atlantique, entre l'Océan proprement dit et le golfe du Mexique.*

D. Nommez et montrez les îles des grandes Antilles. — R. *Cuba, Haïti, Puerto-Rico, la Jamaïque.*

D. Qu'est-ce que la Trinité? — R. *C'est une des îles des petites Antilles.*

D. Qu'est-ce que le banc de Terre-Neuve? — R. *C'est un grand banc sous-marin qui est situé au sud-est de l'île de Terre-Neuve et qui est très fréquenté par les pêcheurs de morues.*

D. Où est le golfe de Californie? — R. *Sur la côte occidentale de l'Amérique et, par conséquent, dans le Grand Océan.*

D. Qu'est-ce qui sépare ce golfe de l'Océan? — R. *C'est la presqu'île de Californie, terminée par le cap San Lucas.*

D. Nommez les principaux groupes d'îles de l'Amérique du nord dans le Grand Océan. — R. *Les îles Aléoutiennes, l'archipel de la reine Charlotte, l'île de Vancouver, les îles Revella-Gigédo.*

D. Qu'est-ce que l'archipel Parry? — R. *C'est un archipel situé dans les terres polaires de l'océan Glacial; il a reçu le nom du navigateur anglais qui l'a découvert.*

D. Où est la baie d'Hudson? — R. *Elle est dans l'océan Glacial, sur la côte septentrionale de l'Amérique.*

D. Qu'est-ce que la Cordillère du nord? — R. *C'est un haut massif de montagnes et de plateaux qui s'étend du nord au sud de l'Amérique, le long de la côte du Grand Océan.*

D. Quelles en sont les chaînes les plus importantes? — R. *Les montagnes Rocheuses à l'est du massif, la sierra Nevada à l'ouest.*

D. Où est le Grand bassin? — R. *Le Grand bassin est un des plateaux de la Cordillère, entre les montagnes Rocheuses et la sierra Nevada.*

D. N'y a-t-il pas un lac sur le Grand bassin? — R. *Oui, le Grand lac Salé.*

D. Qu'est-ce que le Popocatepetl? — R. *C'est le plus haut volcan du plateau du Mexique.*

D. Entre quelles mers est situé l'isthme de Téhuantépec? — R. *Entre le golfe du Mexique et le Grand océan.*

D. Qu'est-ce que la plaine du Mississipi? — R. *C'est une des grandes plaines du monde; elle occupe presque tout le bassin du fleuve.*

D. Où sont situés les monts Apalaches? — R. *A l'est de l'Amérique; ils sont parallèles à la côte de l'océan Atlantique.*

D. Nommez les cinq grands lacs auxquels le Saint-Laurent sert de débouché. — R. *Lac Supérieur, lac Michigan, lac Huron, lac Érié, lac Ontario.*

D. Qu'est-ce que la chute du Niagara? — R. *C'est la chute que fait, d'une hauteur de 50 mètres, le Niagara, large fleuve par lequel les eaux du lac Érié coulent dans le lac Ontario.*

D. Nommez et montrez les fleuves de l'Amérique du nord tributaires de l'océan Atlantique et du golfe du Mexique. — R. *Le Saint-Laurent, le Connecticut, l'Hudson, la Susquehanna, la Delaware, le James, le Roanoké; dans le golfe du Mexique, l'Alabama, le Mississipi, le rio Grande del Norte.*

95e et 96e leçons. — D. D'où vient le nom d'États-Unis? — R. *De ce que la République des États-Unis est formée de 38 États qui sont unis et qui forment une république fédérative.*

D. Quels sont les États des États-Unis désignés sous le nom d'États de la Nouvelle-Angleterre? — R. *Maine, Vermont, New Hampshire, Massachusetts, Connecticut, Rhode Island.*

D. Où est située la Louisiane? — R. *Sur le golfe du Mexique.*

D. Et la Californie? — R. *Sur le Grand océan.*

D. Quelle est la capitale des États-Unis? — R. *Washington, bâtie sur la rive du Potomac.*

D. D'où lui vient son nom? — R. *Du général auquel les États-Unis, anciennes colonies anglaises, doivent leur indépendance.*

D. Nommez et montrez les principales villes des États-Unis arrosées par le Mississipi. — R. *Saint-Louis et la Nouvelle-Orléans.*

D. N'ont-elles pas été fondées par des Français? — R. *Oui, à l'époque où les Français possédaient la vallée du Mississipi.*

D. Nommez et montrez les principaux ports des États-Unis sur l'océan Atlantique ou sur les fleuves qui y débouchent en allant du nord au sud. — R. *Boston, dans le Massachusetts; New York, sur l'Hudson, le plus grand port de toute l'Amérique; Baltimore, Charleston, la Nouvelle-Orléans, sur le Mississipi.*

D. Quelle est la ville la plus peuplée de l'Amérique? — R. *New York.*

D. Quelle est la population des États-Unis? — R. *Plus de 50 millions d'habitants.*

D. Est-elle plus considérable que celle de la France? — R. *Oui.*

D. Quelles sont les principales productions agricoles des États-Unis? — R. *Le maïs, le froment, le tabac, le coton. On y élève beaucoup de chevaux, de bœufs, de porcs.*

D. Où sont situées principalement les manufactures des États-Unis? — R. *Dans la région du nord-est.*

D. De quelle région tire-t-on beaucoup de métaux précieux? — R. *De la région de l'ouest; on exploite l'argent sur le plateau de la Cordillère, l'or en Californie.*

80e leçon. — D. Qu'est-ce que la Vera-Cruz? — R. *C'est le principal port du Mexique.*

D. Nommez les cinq États de l'Amérique centrale. — R. *Guatemala, Honduras, Salvador, Nicaragua, Costa-Rica.*

D. Quelles sont les deux républiques de l'île d'Haïti? — *Haïti et Saint-Domingue.*

D. Qu'est-ce que le Dominion du Canada ou Puissance du Canada? — R. *C'est une confédération de colonies qui appartiennent à l'Angleterre.*

D. Quelle en est la capitale? — R. *Ottawa.*

D. Quelles sont les villes principales du Bas-Canada? — R. *Québec et Montréal.*

D. Où est située Québec? — R. *Sur la rive gauche du Saint-Laurent.*

D. Pourquoi parle-t-on le français dans tout le Bas-Canada? — R. *Parce que la population est d'origine française, le Canada ayant autrefois appartenu à la France.*

D. Nommez et montrez les colonies britanniques de l'Amérique du nord autres que le Dominion du Canada. — R. *Terre-Neuve, les îles Bermudes, le Honduras britannique, les Indes occidentales comprenant les îles Bahama, la Jamaïque dans les Grandes Antilles, et la plus grande partie des Petites Antilles, dont les principales sont la Barbade et la Trinité.*

D. Quelles sont les productions principales des Antilles? — R. *Le sucre, le café et le tabac.*

Devoirs. — Sur une carte muette politique, tracer les cinq grands lacs, le Saint-Laurent, le Mississipi et ses affluents.

Faire, à l'aide d'une carte muette, la carte physique et politique des Grandes et des Petites Antilles.

Faire, à l'aide d'une carte muette, la carte physique et politique des États-Unis et mettre les noms des principaux États de cette république fédérative.

AMÉRIQUE DU SUD

Questionnaire. — **81e leçon.** — D. Par quoi l'Amérique du sud est-elle rattachée à l'Amérique du nord? — R. *Par l'isthme de Panama.*

D. Où est situé le cap Horn? — R. *Le cap Horn est situé à l'extrémité méridionale de l'Amérique du sud dans une île.*

D. D'où vient le nom de détroit de Magellan? — R. *De Magellan qui l'a découvert et qui a pénétré le premier, par mer, de l'océan Atlantique dans l'océan Pacifique.*

D. Quels sont les îles, caps et golfes du Grand Océan dans l'Amérique du sud? Nommez-les et montrez-les sur la carte. — R. *Les îles Wellington et Chiloé sont les principales îles au sud; au nord, les îles Galapagos; au centre est le golfe d'Arica; au nord, la pointe Parina.*

D. Qu'est-ce que les Andes? — R. *Les Andes, ou Cordillère du sud, sont un épais massif de montagnes et de plateaux qui s'étend du nord au sud sur toute la longueur de l'Amérique.*

D. Nommez et montrez les principales montagnes et les plateaux des Andes. — R. *Les principales montagnes sont le Chimborazo, l'Illampou, l'Aconcagua. Le principal plateau est celui du Pérou.*

D. Quelles sont les trois grandes plaines de l'Amérique du sud situées à l'est des Andes? — R. *La plaine de l'Orénoque, la plaine de l'Amazone, la plaine des Pampas.*

D. Où est situé le pic d'Itatiaia? — R. *Dans la serra do Mar qui fait partie du Grand massif du Brésil.*

D. Dites ce que vous savez de l'Amazone et de ses affluents. — R. *L'Amazone est le fleuve du monde qui a le plus d'eau. Il prend sa source sur le haut plateau du Pérou. Il arrose l'immense plaine de l'Amazone. Il a une longueur, de sa source à son embouchure, six fois grande comme la longueur de la France. Ses principaux affluents, qui sont aussi grands que les plus grands fleuves d'Europe, sont le rio Negro, le Madeira, le Tocantins.*

D. Comment est formé le rio de la Plata? — R. *Il est formé par la réunion du Parana et de l'Uruguay.*

98e leçon. — D. Quel est le plus grand État de l'Amérique du sud? — R. *C'est le Brésil.*

D. Nommez et montrez la capitale et les villes principales du Brésil. — R. *La capitale est Rio-de-Janeiro; les villes principales sont Récife et Bahia.*

D. Nommez et montrez les États américains riverains du Grand Océan. — R. *La Colombie, l'Équateur, le Pérou et le Chili.*

D. Qu'est-ce que Quito? — R. *La capitale de l'Équateur.*

D. Montrez la position de la ville? — R.

D. Qu'est-ce que Guayaquil? — R. *Le principal port de la république de l'Équateur.*

D. Quelles sont les richesses minérales du Chili? — R. *Le cuivre et le salpêtre.*

D. Quels sont les États européens qui ont des colonies dans la Guyane? — R. *L'Angleterre, les Pays-Bas et la France.*

Devoirs. — Faire, à l'aide d'une carte muette politique, la carte physique, côtes, relief du sol, cours d'eau, de l'Amérique du sud.

Sur une carte muette physique, marquer les limites des états et faire la carte politique de l'Amérique du sud.

Sur un planisphère muet ou sur carte muette des deux Amériques dessiner la Cordillère du nord et la Cordillère du sud, écrire les noms des chaînes et des montagnes, ceux des villes qui se trouvent dans la Cordillère et des ports du Grand Océan.

AMÉRIQUE DU NORD.

Méthode et commentaire. — La carte de l'Amérique du nord est dressée, comme les cartes précédentes, à l'échelle de 1/60,000,000ᵉ, soit 1 millimètre pour 60 kilomètres en longueur.

Pour dresser une carte de l'Amérique du nord semblable à celle de l'Atlas-scolaire, il faut d'abord faire un triangle dont le plus grand côté serait incliné presque en diagonale du nord-ouest au sud-est et dont la hauteur serait un peu moindre que la moitié de la longueur ; le sommet serait à l'est et, des deux côtés adjacents à ce sommet, celui du nord serait un peu plus long que celui du sud. On déterminerait ainsi la position du cap du Prince-de-Galles, celle de l'extrémité du La-

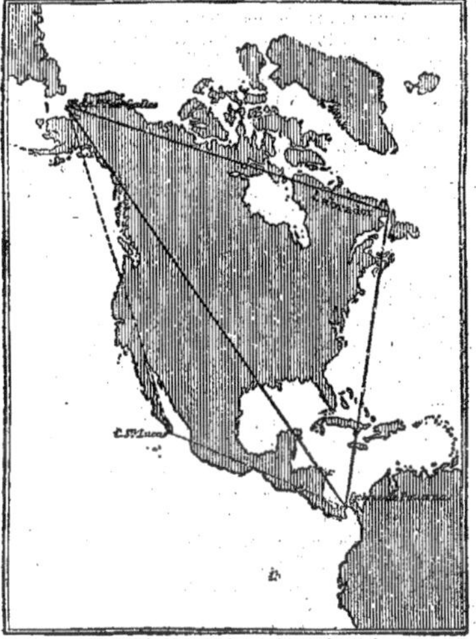

Tracé géométrique de l'Amérique du Nord.
(La partie ombrée représente les terres.)

brador et celle de l'isthme de Panama. En élevant sur le plus grand côté un autre triangle surbaissé avec des côtés plus inégaux, on déterminerait la position du cap San Lucas et on formerait une figure irrégulière à quatre côtés qui encadrerait à peu près l'Amérique du nord et qui aiderait à en dessiner de mémoire le contour.

Géographie physique. — I. En étudiant le relief du sol, le maître fera remarquer qu'il y a deux parties bien distinctes dans l'Amérique du nord.

1° La région de la Cordillère tranche sur tout le reste ; c'est, du nord au sud, un môle large et continu de hautes terres qui borde de très près le Grand océan et qui atteint presque partout une altitude supé-

Carte hypsométrique de l'Amérique du Nord.

rieure à 2,000 mètres. On retrouve précisément la même disposition dans la Cordillère de l'Amérique du sud. Ce môle occupe presque

toute la largeur du continent entre le golfe du Mexique et la mer des Antilles, d'une part, et le Grand océan, d'autre part, et laisse à peine place à quelques étroites plaines côtières. Il est interrompu à l'isthme de Téhuantepec, dont l'altitude n'atteint pas 300 mètres. Le môle se relève au sud de cet isthme ; mais il s'abaisse de nouveau dans l'isthme de Panama, où la crête que franchit aujourd'hui le chemin de fer de Colon à Panama et que coupera le canal maritime de Panama, n'a qu'une altitude de 87 mètres au-dessus du niveau de la mer.

2° A l'est de ce môle, entre l'océan Glacial et le golfe du Mexique, règne une des plus grandes plaines du monde. La chaîne des Appalaches l'interrompt pour ainsi dire seule en la séparant de la plaine de l'Atlantique. La carte hypsométrique ci-jointe aidera le maître à faire comprendre cette structure générale.

II. En étudiant les eaux, le maître n'oubliera pas de dire que les cinq grands lacs constituent la plus grande masse d'eau douce qui existe sur le globe. Ils représentent une superficie près de quatre cent fois grande comme celle du lac de Genève, qui est un des plus grands lacs de l'Europe centrale.

Le maître insistera sur le Mississipi qui est un des plus grands fleuves du monde, dont le territoire a appartenu autrefois à la France et qui coule dans une des contrées les plus civilisées et les plus commerçantes de la terre. Pour attirer l'attention des élèves sur ce fleuve, il se servira de la lecture : *La découverte du Mississipi par un Français.*

III. Voici quelques indications relatives aux animaux et plantes représentées sur la figure de l'Atlas-scolaire.

1. *Ours blancs.* — L'ours blanc vit dans les régions glacées voisines du pôle. Il s'y nourrit surtout de phoques et de poissons.

2. *Morse* — 3 *Phoque.* — Le morse ou « cheval marin, » qui a deux défenses, et le phoque, qui n'a pas de défenses, sont des mammifères qui vivent dans l'eau, mais qui séjournent aussi hors de l'eau, sur la glace ou sur les rochers. Ils se trouvent dans les régions voisines du pôle et sur les côtes septentrionales de l'Atlantique et du Pacifique. Des bâtiments sont armés pour la chasse de ces animaux : on en tire de l'huile, du cuir et de l'ivoire.

4. *Bœuf musqué.* — Le bœuf musqué, nommé aussi ovibos parce que sa tête rappelle celle du mouton, est un animal rare, qui vit, comme les précédents, dans la région polaire.

5. *Bison.* — Le bison est une espèce de buffle sauvage dont le poil est crépu, la tête et les cornes fortes, le dos bossu. Il y avait autrefois beaucoup de bisons dans l'Amérique du nord. La chasse et les progrès de la colonisation en ont beaucoup diminué le nombre, et on n'en trouve plus guère aujourd'hui qu'à l'ouest du Mississipi et dans le bassin du Mackensie.

6. *Castors.* — Le castor est un animal du genre des rongeurs, qui vit sur l'eau ; avec sa queue large et plate et ses pattes courtes, il nage très bien. Il tient le milieu entre le lièvre et le renard pour la grosseur. Il a une grande habileté à couper des branches d'arbres avec ses dents, et à construire dans l'eau des digues et des huttes où ces animaux se rassemblent par troupes l'hiver. Le castor, dont la fourrure est recherchée, pullulait autrefois au Canada et dans le nord de l'Amérique. On l'a beaucoup chassé, et aujourd'hui il est devenu plus rare.

7. *Porcs.* — Les porcs, importés d'Europe, se sont multipliés aux États-Unis et sont devenus une des branches importantes de la richesse nationale et du commerce d'exportation de ce pays.

8. *Dindons.* — La poule d'Inde ou dindon est originaire de l'Amérique du nord. On lui a donné ce nom précisément parce qu'elle venait de l'Amérique qu'on appelait autrefois Indes occidentales.

9. *Cotonnier.* — Le cotonnier est un arbrisseau dont les graines, enveloppées dans une capsule, sont garnies d'un abondant duvet : ce duvet est le coton. Le cotonnier est cultivé dans les deux Amériques, en Afrique, en Asie, quelque peu même en Europe. Il a été placé ici, parce que nul pays n'en produit autant que les États-Unis.

10. *Maïs.* — Il en est de même du maïs. C'est une céréale qui est cultivée même en France ; mais aucun pays n'en récolte autant que les États-Unis.

11. *Acajou.* — Les bois d'ébénisterie sont en grand nombre dans la zone tropicale. L'acajou, nom sous lequel on désigne plusieurs espèces d'arbres, est un des principaux.

Géographie politique. — En étudiant la géographie politique, il y a deux points sur lesquels le maître donnera quelques explications : la population française du Canada et les progrès des États-Unis.

Le Canada est une colonie française. Il a eu ses premiers colons en 1608, date de la fondation de Québec. Il comptait environ 65,000 habitants de race blanche, lorsqu'en 1763 la France, après une guerre désastreuse, dut céder cette colonie à l'Angleterre. La population demeura française et catholique et, malgré les rigueurs du gouvernement britannique pendant le xviiiᵉ siècle, elle prospéra dans le Bas-Canada.

Les colons anglais, qui vinrent ensuite, s'établirent la plupart plus au sud dans le Haut-Canada. La population totale du Haut et du Bas-Canada est aujourd'hui (recensement de 1881) de 3,282,000 individus : c'est une des populations du globe dont l'accroissement a été le plus rapide depuis un siècle. Sur ce nombre, le Bas-Canada, où la population est presque en totalité d'origine française, compte pour 1,359,000 et, avec les autres Français établis au Manitoba et aux États-Unis, on évalue à 1,750,000 le total des gens d'origine et de langue française qui vivent aujourd'hui dans ces contrées.

Voici quelques chiffres qui pourront aider le maître à donner une idée des progrès des États-Unis.

	Population.	Commerce extérieur.
1790	3,929,297 hab.	241 millions de francs
1830	12,866,020 »	723 —
1880	50,155,783 »	7,515 —

Les États-Unis ont aujourd'hui une population qui est de 13 millions plus forte que la population de la France. Jusqu'en 1860 il en était autrement. Le premier recensement français (en 1801) donnait 27,349,000 habitants, et le second recensement américain (en 1800) 5,305,000 habitants ; en 1861, le dixième recensement français donnait en tout 37,449,000 habitants, et le huitième recensement des États-Unis donnait 31,443,000 habitants. Mais, comme la population des États-Unis s'accroît beaucoup plus vite que la population française, les États-Unis ont trouvé, en 1880, à leur dixième recensement, 50,155,000 habitants sans compter les tribus d'Indiens, et la France, à son quatorzième recensement, en 1882, a trouvé 37,334,000 habitants.

Lectures. — 65ᵉ ʟᴇᴄᴛᴜʀᴇ. — *La chute du Niagara.* — « Le Niagara est un cours d'eau large et profond par lequel les eaux du lac Érié, et, par conséquent, celles des trois autres lacs situés en amont, se déversent dans le lac Ontario. Il roule une masse d'eau considérable, à travers une région boisée, peu accidentée, sur la limite du Canada et des États-Unis. »

« Vers les deux tiers de son cours, en un point où son lit est partagé en deux bras par une petite île verdoyante, l'île des Chèvres, le sol semble tout à coup manquer au Niagara. La nature avait creusé un long ravin très profond, coupé à pic de toutes parts : toute la masse des eaux du fleuve s'y précipite avec un fracas épouvantable. Déjà, à quelques kilomètres en amont, attiré par l'abîme, il acquiert une vitesse vertigineuse ; ses flots se pressent et se succèdent sans cesse en écumant avec une rapidité qui donne le vertige. »

« Parvenu sur le bord même de cet abîme, il tombe d'une chute de cinquante mètres en étalant son immense nappe d'un vert transparent ; de longues traînées d'écume blanche tranchent comme des fils d'argent sur ce fond d'émeraude. L'eau a usé le roc, dont la partie centrale, celle où se porte le principal effort du fleuve, s'est creusée en formant une ligne concave : c'est ce qui a fait donner à la chute le nom de Fer à cheval. Les aspérités du roc divisent la grande nappe en plusieurs nappes qui, ayant des inclinaisons différentes, se rencontrent et se heurtent dans le gouffre en faisant jaillir des gerbes d'écume ; elles frappent toutes du poids énorme de leur chute le fond de l'abîme et en font incessamment monter d'autres gerbes et des nuages de poussière d'eau qui obscurcissent l'atmosphère et qu'un vent violent, produit par la cataracte même, chasse en aval. C'est surtout vers le milieu, où les nappes convergent, que ce combat des eaux est le plus terrible et que les gerbes lancées comme les fusées d'un feu d'artifice montent le plus haut dans les airs en produisant un fracas effroyable. Ce spectacle est un des plus grandioses qu'il soit donné à l'homme de contempler. »

« Cependant le bras du fleuve qui a contourné l'île des Chèvres, atteint à son tour le bord du ravin et tombe tout à coup d'une chute plus uniforme, avec une masse d'eau moindre ; mais l'effet n'est guère moins saisissant et il complète l'ensemble d'un tableau unique au monde. »

« L'hiver, sous un climat où le froid est très rigoureux, les bords de la chute et une partie de ses nappes se congèlent, en formant des cascades et des voûtes de glace dont l'étrange beauté n'attire pas moins de curieux que la chute elle-même. »

66ᵉ ʟᴇᴄᴛᴜʀᴇ. — *La découverte du Mississipi par un Français.* — « Les Français ont découvert et peuplé les premiers le Canada : Québec a été fondée sur la rive gauche du Saint-Laurent, en 1608, sous le règne du roi Henri IV. Bientôt les colons, remontant le fleuve, parvinrent jusqu'aux grands lacs, y bâtirent quelques forts et s'aventurèrent dans l'ouest à la chasse des castors et à la recherche de pays nouveaux. Au milieu du dix-septième siècle, ils étaient parvenus à l'extrémité du lac Supérieur. »

« Un jésuite, le père Marquette établi au sud du lac Michigan, apprit par les sauvages qu'à quelques journées du lac se trouvait le Mississipi, c'est-à-dire « le grand fleuve collecteur, « que leur imagination leur représentait comme peuplé de monstres. Trois ans après,

il partit accompagné d'un trafiquant nommé Joliet, et, quoique abandonnés de leurs guides, les deux Français portèrent leurs canots d'écorce de la rivière des Renards jusqu'au Wisconsin, descendirent ce dernier cours d'eau jusqu'à son confluent, puis s'abandonnèrent au fil de l'eau sur le Mississipi jusqu'au confluent de l'Arkansas ; de là, ils revinrent aux grands lacs. C'était en l'année 1673. »

« Un intrépide pionnier, Cavelier de la Salle, natif de Normandie, qui avait le premier lancé une barque pontée sur les grands lacs, et qui avait peut-être pénétré déjà, en 1669, jusqu'au fleuve par l'Ohio, résolut de reconnaître le cours du Mississipi. Il descendit, en 1682, la rivière des Illinois, puis le fleuve lui-même jusqu'à son embouchure, constata qu'il se jetait dans le golfe du Mexique, en prit possession au nom de la France et vint en annoncer la nouvelle à Québec et à Versailles, pendant que deux autres Français complétaient cette reconnaissance en remontant le cours supérieur jusqu'au saut Saint-Antoine. »

« Cavelier de la Salle obtint du roi Louis XIV une petite escadre à l'aide de laquelle il devait aller reconnaître par mer les bouches du Mississipi et fonder un premier établissement ; mais il fut déposé par le commandant de l'escadre bien loin à l'ouest de l'embouchure et après avoir erré quelque temps et enduré de cruelles souffrances, il fut assassiné par deux traîtres de son escorte. »

« La France recueillit du moins quelque temps le profit de cette découverte. La contrée prit le nom de Louisiane en l'honneur de Louis XIV, et des villes françaises, la Nouvelle-Orléans, Saint-Louis, s'élevèrent sur les bords du fleuve. Lorsqu'en 1763, la France fut contrainte d'abandonner le Canada à l'Angleterre victorieuse, elle conserva encore les pays de la rive droite du Mississipi ; ce n'est qu'en 1803 qu'elle en fit cession aux États-Unis. »

67ᵉ ʟᴇᴄᴛᴜʀᴇ. — *New York et l'Hudson.* — « L'Hudson n'a pas un cours très étendu : il ne mesure que 540 kilomètres de sa source à son embouchure. Mais, dans sa partie inférieure, il présente un large et profond estuaire, accessible aux bâtiments de mer, sillonné par de nombreux bateaux à vapeur, merveilleusement encadré entre de hautes collines, verdoyantes ou rocheuses, et bordé même de montagnes dans la région des Catskill. »

« Le navigateur anglais Hudson, qui le découvrit au commencement du xviiᵉ siècle, fut frappé de la beauté de cet estuaire et de la situation avantageuse de la petite île de Manhattan qui formait une pointe avancée entre l'embouchure du fleuve et un détroit nommé aujourd'hui East river, au fond d'une baie capable de fournir un mouillage sûr aux plus grandes flottes. »

« Comme Hudson commandait une escadre hollandaise, les Hollandais s'établirent les premiers à Manhattan. Mais en 1664, le pays fut occupé par les Anglais ; la petite bourgade, qui prit alors le nom de New York, était devenue un port florissant à l'époque où les colonies anglaises s'émancipèrent pour fonder la République des États-Unis. »

« New York n'a cessé de grandir depuis ce temps. C'est aujourd'hui une cité de plus d'un million d'habitants, la plus peuplée des deux Amériques, une des places de commerce les plus importantes du monde entier. Manhattan n'est plus que l'extrémité de la ville qui s'allonge bien au delà vers le nord, en forme de triangle isocèle, entre l'East river et l'Hudson. Elle a peu d'édifices remarquables ; mais avec ses tramways, ses omnibus, ses voitures, son chemin de fer suspendu ; avec la foule des gens affairés qui vont et viennent, la longue file des navires amarrés la poupe au quai sur les deux rives et le mouvement incessant des bateaux à vapeur qui partent ou qui abordent, elle a une activité qui est un de ses aspects caractéristiques. »

« Comme presque toutes les villes d'Amérique, elle est construite sur un plan uniforme : de larges avenues parallèles entre elles, dont plusieurs, comme la Cinquième avenue, sont bordées d'élégantes maisons, vont d'une extrémité à l'autre ; elles sont coupées à angle droit par des rues qui s'étendent de l'Hudson à l'East river. Excepté dans Manhattan qui est de construction plus ancienne et où se trouve Broadway, « la large avenue, » centre du commerce, les unes et les autres ne sont désignées que par leur numéro d'ordre. »

« Vue de la baie, la ville de New York, qui est bâtie sur un terrain plat, ne présente pas un panorama imposant. Deux objets seulement attirent fortement les regards : la statue colossale, œuvre d'un Français, dont le phare doit éclairer la baie, et le pont qui réunit New York à Broocklyn par-dessus l'East river, et dont les deux piles, élevées de manière à laisser passer les navires, sont plus hautes que les tours Notre-Dame à Paris. Mais, en approchant, on est frappé de l'activité du mouvement maritime et on comprend la puissance de cette ruche humaine où, avec New York au centre, Brooklyn à l'est, Jersey City et Hoboken à l'ouest, deux millions d'hommes, actifs et industrieux, se trouvent groupés dans une magnifique situation commerciale. »

AMÉRIQUE DU SUD.

Méthode et commentaire. — La carte de l'Amérique du sud est à l'échelle de 1/60,000,000e, soit 1 millimètre pour 60 kilomètres.

Pour construire une carte semblable, on peut d'abord faire un triangle rectangle dont le grand côté serait très légèrement incliné vers le sud-est. Les deux extrémités de ce côté marqueraient la pointe Gallinas et le cap Horn; le sommet de l'angle droit serait le cap Saint-Roch. Un autre triangle, beaucoup plus surbaissé et de côtés très inégaux, donnerait la position de la pointe Parina. L'ensemble de la figure à quatre côtés que l'on obtient ainsi, aide à dessiner le contour de l'Amérique du sud; mais il faut observer que la

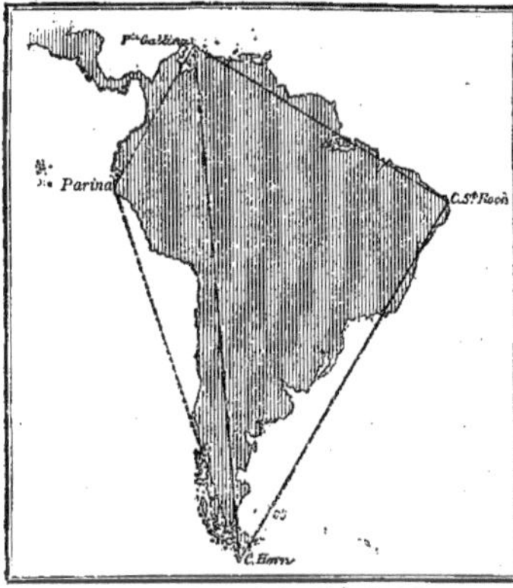

Tracé géométrique de l'Amérique du Sud.
(La partie ombrée représente les terres.)

côte déborde hors de ce cadre au nord-est et au nord-ouest, et qu'au contraire, au sud-ouest et au sud-est, elle forme deux concavités.

I. En étudiant le relief du sol de l'Amérique du sud, le maître fera comprendre aux élèves la structure très simple et très caractérisée de ce relief. A l'ouest, la Cordillère est un énorme massif de hautes terres, formant comme un môle gigantesque qui s'étend sans interruption du nord au sud avec une altitude qui est presque partout supérieure à 3,000 mètres et souvent à 4,000 mètres et dont l'épaisseur varie d'une centaine de kilomètres à plus de 500 kilomètres. A l'ouest, les pentes de ce môle descendent presque jusque dans la mer et ne laissent place pour une plaine de quelque étendue qu'au Chili. A l'est, les pentes du môle descendent dans une plaine peu élevée au-dessus du niveau de la mer. Cette plaine règne d'une manière continue du nord au sud de l'Amérique, de sorte que les autres parties montagneuses, à l'exception de la chaine côtière du Venezuela, ne se relient en aucune façon à la Cordillère, tandis que les grandes plaines communiquent les unes avec les autres de plain-pied, la plaine de l'Orénoque, la plaine de l'Amazone, la plaine des Pampas et la Patagonie. Le massif de la Guyane et le Grand massif du Brésil sont ainsi comme deux îles hautes au milieu d'un océan de plaines. La carte hypsométrique ci-jointe aidera le maître à comprendre et à faire comprendre à ses élèves cette structure de l'Amérique du sud.

II. En parlant des eaux, le maître insistera sur l'Amazone et reprendra à ce sujet la lecture, l'*Amazone* (p. 9): ce fleuve a été décrit dans le chapitre de la Terre comme étant en quelque sorte le type des grands fleuves.

Carte hypsométrique de l'Amérique du sud.

III. Voici la liste des animaux et des plantes représentés sur la figure de l'Atlas-scolaire:

1. *Singes.* — Les singes de diverses espèces pullulent dans les forêts tropicales de l'Amérique et surtout dans celles de la Guyane et de la plaine de l'Amazone. Les Indiens chassent et mangent des singes.

2. *Jaguars.* — Le jaguar est un animal carnassier qui ressemble au tigre, mais qui est un peu plus petit, d'un pelage différent, et qu'on trouve sous les climats chauds de l'Amérique du sud; c'est un animal très agile et redoutable.

3. *Tapirs.* — Les tapirs sont des pachidermes qui rappellent un peu le sanglier, mais qui n'ont pas de soies et dont le museau est allongé de manière à former une courte trompe. Les tapirs sont très communs dans les forêts de la zone tropicale; les Indiens les chassent et se nourrissent de leur chair.

4. *Lamas.* — Les lamas sont en quelque sorte les chameaux de l'Amérique. Ils se trouvent dans la région des Andes. Ils vivent à l'état domestique, et ils sont employés comme bêtes de somme, surtout pour les transports dans les montagnes. On fait commerce de la laine du lama, et surtout de la vigogne et de l'alpaca, qui sont d'autres espèces du même genre.

5. *Bœuf.* — 6. *Cheval.* — Le bœuf et le cheval ne sont pas indigènes en Amérique. Ils ont été importés par les Européens; ils se sont multipliés et ils sont aujourd'hui au nombre des principales richesses du bassin de la Plata. Nous aurions pu ajouter sur la figure le *Mouton*, qui est dans le même cas.

7. *Ara.* — L'ara est un des plus grands et des plus beaux oiseaux du genre perroquet. Les perroquets d'espèces très diverses abondent dans les forêts vierges de l'Amérique du sud.

8. *Condor.* — Le condor, qu'on appelle aussi le grand vautour des Andes, est le plus grand des oiseaux de proie. Il ressemble en effet au vautour, mais il est beaucoup plus fort. Un condor, les ailes déployées, a une envergure de 2 à 3 mètres. Cet oiseau vit dans les parties les plus élevées de la Cordillère.

9. *Toucan.* — Le toucan est un oiseau qui a un beau plumage et un très gros bec; il est presque aussi commun que le perroquet dans les forêts de l'Amérique du sud.

10. *Alligators.* — Les alligators ou caïmans sont des sauriens du même genre que les crocodiles. Leur museau large et obtus diffère de celui du crocodile. Ils sont très nombreux dans les cours d'eau et dans les marais de la zone tropicale.

11. *Quinquinas.* — Les quinquinas ou chichonas sont des arbres ou des arbustes qui poussent sur les flancs de la Cordillère, depuis la Colombie jusqu'à la Bolivie, principalement sur le versant oriental. Il y en a plusieurs espèces. On détache l'écorce qui est le quinquina médicinal et qui est employée comme fébrifuge.

12. *Ebénier.* — L'ébénier, dénomination sous laquelle on comprend des végétaux d'espèces diverses (la principale est le plaqueminier), est un des nombreux bois d'ébénisterie que l'on exploite dans les forêts tropicales de l'Amérique du sud. La figure aurait pu représenter également le *palissandre* et l'*acajou*.

70e LECTURE. — *Rio-de-Janeiro.* — « Rio-de-Janeiro est la capitale du Brésil et la ville la plus peuplée de toute l'Amérique du sud: elle compte, avec ses faubourgs, plus de 275,000 habitants. »

« Elle doit sa fortune à sa situation sur la limite des zones tropicale et tempérée, à l'entrée d'une des plus belles baies de l'océan Atlantique. La baie de Rio-de-Janeiro, qu'avait découverte Magellan dans son voyage autour du monde et où des Français, conduits par Villegaignon, s'étaient établis dès l'année 1555, avant les Portugais, présente à l'intérieur un développement de côtes de plus de cent kilomètres et est semée de nombreuses îles; elle pourrait abriter toutes les flottes réunies de l'Europe et de l'Amérique. La riche végétation tropicale qui en pare les rives et les hautes crêtes boisées qui ferment l'horizon lui prêtent un charme particulier. L'entrée, qui n'a guère plus d'un kilomètre et demi de largeur, est dominée, d'un côté, par une montagne à laquelle sa forme a fait donner le nom de « pain de sucre », et de l'autre, par le fort de Santa-Cruz.

« Quand on a franchi le goulet et dépassé l'île fortifiée de Villegaignon, on commence à distinguer la ville de Rio-de-Janeiro, bâtie sur la rive occidentale de la baie, et tout d'abord l'île das Cobras et la pointe de Callabouço sur laquelle s'élève l'arsenal. L'ancienne ville, où est principalement concentrée l'activité commerciale, est basse: elle occupe la partie orientale avec ses docks, ses maisons aux toits rouges, ses rues étroites, tortueuses, mal pavées et quelquefois inondées par les orages; plusieurs cependant, comme la rue d'Ouvidor, sont très animées et garnies d'élégantes boutiques sur lesquelles on voit autant d'enseignes en français qu'en portugais. »

« Rio-de-Janeiro a quelques beaux édifices, tels que l'hôpital de la Miséricorde, l'hospice de Pedro II, l'hôtel des Monnaies, la Banque. A l'ouest de la grande place de l'Acclamation et de la place de Constitution transformées en jardin public, commence la nouvelle ville, qui présente des rues droites et larges, de grandes places, quelques constructions monumentales et qui se relie aux faubourgs par une suite ininterrompue de maisons. »

DE L'USAGE DES RÉSUMÉS.

Les résumés sont la substance principale du texte de l'Atlas-scolaire condensée en aussi peu de mots que possible. Il ne faut pas les confondre avec le texte même qui doit être l'objet de la leçon à apprendre.

Lorsque le maître fait la leçon, il explique, il commente le texte de l'Atlas-scolaire et développe certaines parties en s'aidant surtout des renseignements contenus dans le livre du maître.

Lorsque l'élève étudie en particulier sa leçon, il le fait en lisant attentivement le texte de l'Atlas-scolaire et en regardant chaque nom propre sur la carte ; il s'efforce de se rappeler en même temps les explications données par le maître. S'il étudiait d'abord dans les résumés, il ne mettrait dans sa mémoire qu'une nomenclature incomplète et sèche, et une somme de connaissances insuffisantes, et il ne saisirait pour ainsi dire qu'un squelette sans chair et sans vie; l'effort ne porterait pas profit à son intelligence.

Quand, au contraire, l'élève a appris sa leçon dans le texte de l'Atlas-scolaire, il peut se servir utilement du résumé pour bien fixer dans sa mémoire les principaux noms propres qu'il y trouve ramassés en peu de lignes. Il peut, avant d'être interrogé ou quand il veut faire une récapitulation, s'en servir aussi pour repasser. Les résumés sont donc un auxiliaire commode et constituent en quelque sorte un minimum de connaissances, mais ils ne doivent jamais devenir le fonds premier de l'étude, sous peine de rendre cette étude stérile.

Les résumés portent des numéros correspondant à la division en leçons qui est indiquée dans la préface et dans les questionnaires. Cette division peut être modifiée suivant la manière dont le maître dirige son enseignement. D'ailleurs elle ne saurait convenir à la fois aux trois cours, élémentaire, moyen et supérieur, puisque chaque partie ne comporte pas le même nombre de leçons dans les trois cours, et que notre division est établie d'après le nombre le plus fort de leçons attribuées à chaque partie dans chacun de ces cours. Aussi, le nombre total s'élève-t-il à 98 sans le département, tandis qu'un même cours n'est disposé que pour 46 leçons au plus.

Lecture supplémentaire DESTINÉE A DONNER AUX ÉLÈVES UNE IDÉE DES VOYAGES EN MER. — *Un voyage en mer.* — « Nous allions en Amérique. Le paquebot qui devait nous y conduire quitta le Havre à six heures du matin, lorsque la pleine mer, emplissant l'avant-port, facilitait l'entrée et la sortie des navires. Pour manœuvrer dans les bassins et dans l'avant-port, un gros bâtiment doit marcher lentement, par prudence. Mais, quand une fois il a franchi la jetée, d'où les amis viennent saluer une dernière fois les voyageurs rassemblés sur le pont, il prend toute sa vitesse. Notre paquebot, qui était un bâtiment à hélice mesurant en longueur sur le pont 116 mètres, filait douze nœuds, c'est-à-dire qu'il faisait environ 22 kilomètres à l'heure. »

« A mesure que l'on s'éloigne, les maisons et la côte s'estompent, puis finissent par se perdre dans la brume et par disparaître. A une distance d'une quarantaine de kilomètres de la terre, on n'a plus d'ordinaire en vue que la mer formant à l'horizon un cercle parfait qui se confond presque avec le ciel. Ce cercle, dont le navire est toujours le centre, reste le même pendant la suite des jours d'une longue navigation. Malgré sa monotonie, ce spectacle éveille la poésie de l'immensité. »

« Une voile ou la fumée d'un bateau à vapeur apparaissant dans le lointain rompt pour quelque temps la monotonie du tableau. D'autres fois, quand le vent souffle, les voiles que l'on déploie pour seconder la vapeur, le balancement des mâts sur le ciel par une belle nuit étoilée, le mouvement même de la mer et la majesté des vagues succédant à des jours de calme, sont des distractions que goûte avec un certain charme le voyageur exempt du mal de mer. Ceux que ce mal atteint sont trop abattus pour être sensibles aux beautés de la nature ; ils restent affaissés sur le pont ou couchés dans leur cabine. »

« Le jour, l'équipage travaille à la manœuvre; les gens de service vont, viennent, servent les repas comme dans un hôtel. Les passagers, distingués suivant les classes, les uns à l'avant du navire, les autres à l'arrière — ceux-ci sont les voyageurs de première classe — se promènent sur le pont, causent, jouent dans le salon, travaillent rarement et cherchent à tromper les heures d'oisiveté de la traversée. La nuit, chacun rentre dans sa cabine où les lits sont disposés deux à deux l'un au-dessus de l'autre, et toutes les lumières s'éteignent à heure fixe. »

« L'aspect est tout autre s'il survient une tempête. Le capitaine interdit parfois l'accès du pont aux passagers. Toutes les ouvertures sont fermées ; le nombre des malades augmente considérablement et, à l'heure des repas, la table est presque vide. »

« Pour se guider dans cette immensité uniforme, le capitaine emploie le loch, la sonde, la carte, la boussole et le chronomètre et les astres. Avec le loch, il mesure à peu près la vitesse de son navire; avec la sonde et la carte, il reconnaît les dangers. La boussole lui donne sa direction. Les astres dont il mesure la hauteur au-dessus de l'horizon avec un instrument appelé sextant lui donnent sa position. Quand le temps est suffisamment clair, c'est la hauteur du soleil à midi que le capitaine mesure. A l'aide de cette observation et du chronomètre qui marque l'heure précise de l'Observatoire de Paris et de tables astronomiques calculées plusieurs années d'avance, il obtient ce qu'on appelle le point, c'est-à-dire la longitude et la latitude exactes du lieu où se trouve le navire. Il sait ainsi la marche suivie depuis le point de la veille, et il rectifie l'estime qu'il en avait faite approximativement à l'aide du loch et du mouvement de la machine à vapeur. »

« Beaucoup de capitaines de bâtiments de commerce n'ont pas de chronomètre ; ils naviguent par estime et ne mesurent leur vitesse qu'avec le loch. »

« Au bout de douze jours de navigation, nous avons revu la terre que nous n'avions pas aperçue depuis que nous avions quitté la côte d'Angleterre et la Manche : c'était la terre d'Amérique. Comme on connaît par le point la position du navire, et que d'ordinaire on est accosté en pleine mer par quelqu'un des pilotes qui attendent les bâtiments pour les conduire au port, on est prévenu d'avance de la proximité des côtes et on les cherche de l'œil avec impatience. Si l'on arrive de nuit, ce sont les phares que l'on distingue d'abord comme des étoiles brillant sur l'horizon. Si c'est de jour, on commence par entrevoir sur l'horizon une sorte de nuage qui se dégage de la brume à mesure qu'on approche et qui se dessine enfin en contours arrêtés. »

« Voici le cap May : c'est l'entrée de la baie de la Delaware. Nous voyons les bateaux, les maisons, les cultures, les trains sur les chemins de fer. Dans quelques heures nous jetterons l'ancre devant Philadelphie. Nous sommes enfin au port. »

Exemple de rédactions sommaires de voyages DU GENRE DE CELLES QUI PEUVENT ÊTRE DONNÉES COMME DEVOIRS SUPPLÉMENTAIRES. — *Voyage de Paris à Marseille par chemin de fer.* — On part de Paris par le chemin de fer de Paris à Marseille, réseau de Paris-Lyon-Méditerranée. On traverse en allant vers le sud-est les départements de la Seine, de Seine-et-Oise et de Seine-et-Marne ; on s'arrête à Melun après avoir traversé la Seine ; puis à Fontainebleau, renommé pour sa belle forêt, à Montereau, au confluent de l'Yonne et de la Seine, à La Roche, où débouche dans l'Yonne le canal de Bourgogne ; on passe ainsi dans les départements de l'Yonne et de la Côte-d'Or. On traverse le plateau de Langres par le tunnel de Blaisy-Bas, et on sort du bassin de la Seine pour entrer dans celui du Rhône.

On atteint Dijon, ancienne capitale de la Bourgogne. La Bourgogne et surtout la Côte-d'Or sont renommées pour leurs vins. On se dirige vers le sud et on passe dans le département de Saône-et-Loire, à Mâcon, en longeant le cours de la Saône. On arrive dans le département du Rhône, à Lyon, la seconde ville de France par le nombre de ses habitants et par l'importance de son industrie ; on fabrique surtout des soieries à Lyon.

De Lyon, on continue à se diriger vers le sud; on en longe le Rhône, en passant dans les départements de l'Isère, de la Drôme, du Vaucluse, des Bouches-du-Rhône, et par les villes de Valence et d'Avignon. Cette région est celle du mûrier et de la soie; elle a beaucoup de vignobles. A droite du chemin de fer, au delà du Rhône, s'élève la chaîne des Cévennes. Dans le département des Bouches-du-Rhône, le chemin de fer quitte les bords du fleuve, se dirige au sud-est et atteint Marseille, qui est le port le plus commerçant de France et dont la population égale presque celle de Lyon.

Autres exemples de devoirs SUPPLÉMENTAIRES SERVANT A LA RÉCAPITULATION. — Aller par mer du Havre en Nouvelle-Calédonie par le cap Horn et indiquer les mers dans lesquelles on navigue et les îles et contrées dans le voisinage desquelles on passe. — Énumérer les possessions de l'Angleterre dans les cinq parties du monde. — Énumérer les principaux ports des cinq parties du monde. — Nommer les États et contrées d'Europe, d'Afrique et d'Amérique que baigne l'océan Atlantique. — Énumérer et marquer sur un planisphère muet les contrées du globe importantes par la culture du coton et par le tissage du coton. — Voyage de New York à Canton par le canal de Suez. (Voir pages 44, 45 et 49 du Livre de l'Élève.)

SUPERFICIE, POPULATION ET DENSITÉ DES ÉTATS.

Tableau général des océans et des cinq parties du monde (voir p. 9).
Tableau des États d'Europe (voir p. 11).
Tableaux pour la France économique (voir p. 30 et 31).
Tableaux pour l'Algérie et Colonies françaises (voir p. 35).

SUPERFICIE, POPULATION ET DENSITÉ. (*Voir pour plus de détails l'Annuaire du Bureau des longitudes.*)

PRINCIPAUX ÉTATS.	POPULATION exprimée en millions d'habitants.	SUPERFICIE exprimée en millions de kil. carrés.
Empire britannique	21,7	303
— russe	21,6	98
— chinois	11,5	372
États-Unis	9,5	51
Brésil	8,3	11
Empire ottoman	6,2 ?	42 ?
France (avec ses possessions coloniales)	1,3	47
Empire allemand	0,5	43

PARTIES DU MONDE, ÉTATS ET RÉGIONS.	SUPERFICIE exprimée en milliers de kil. carré.	POPULATION exprimée en milliers d'hab.	DENSITÉ par kilomètre carré.
1° AFRIQUE (*données en grande partie hypothétiques*).			
Égypte (env. 1 million k. c., et 1 million 1/2 d'h., pour Égypte proprement dite)	2901	16430	6
Tripoli (Empire ottoman)	1033	1000	1
Tunisie (protectorat français)	118	2100	18
Maroc (avec le Touat)	812	6200 ?	8
Possessions françaises	452	3958	7
— portugaises (avec Açores et Madère)	1808 ?	10512 ?	6
— espagnoles (avec Canaries)	10	311	31
— britanniques	725 ?	2660	3,7
Sahara indépendant	6200 ?	2500 ?	0,4
Abyssinie	333 ?	3000 ?	9
Terres entre Nil et océan Indien (pays des Galla, Somali, etc.)	2300 ?	20000 ?	9
Soudan (sans Dar For)	1715 ?	32000 ?	19
Sénégambie, etc. (sans possessions européennes)	1200 ?	15000 ?	13
Libéria	37 ?	1100	30
Guinée sept. (sans Libéria et possess. europ.)	664 ?	24000 ?	36
Afrique équatoriale	4000 ?	45000 ?	11
État libre d'Orange	110 ?	133	1,2
Transvaal (protectorat anglais)	285	815	3,9
Afrique mérid. (sans possess. et États européens)	4700	16000 ?	3,4
Ile de Zanzibar	1,6	200 ?	123
Madagascar	592 ?	2500 ?	5,9
Autres îles (sans les colonies européennes)	11 ?	56 ?	5
Afrique entière	30008	205765	7
2° ASIE (*données en partie incertaines*). — A. Asie.			
Empire ottoman (partie asiatique)	1891 ?	16237 ?	9
Chypre	10	186	19
Oman (sultanie d')	210 ?	1600 ?	8
Autres parties de l'Arabie (Nedjed, etc.)	2300 ?	2000 ?	0,9
Provinces caucasiennes russes (partie asiatique)	206	2937	14
Perse	1650 ?	7000 ?	4,2
Afghanistan	720 ?	4000 ?	6
Kafiristan	5 ?	500 ?	10
Beloutchistan	276 ?	350 ?	1
Turkestan indépendant (Khiva, Boukhara, pays des Turcomans, etc.)	500 ?	3300 ?	7
Asie occidentale	7814	38112	4,9
Empire des Indes et autres possessions britanniques	3802 ?	253365 ?	66
Népal et Bhotan et pays au sud de l'Assam	234 ?	3300 ?	14
Possessions portugaises	4	521	130
Birmanie	460 ?	4000 ?	9
Siam	730 ?	5800 ?	8
Annam	440 ?	21000 ?	48
Cambodge	80	1000 ?	13
Possessions françaises	60	1868	31
Presqu'île de Malacca (partie indépendante)	80 ?	300 ?	4
Asie méridionale	5950	293154	49
Empire chinois (1)	11542	371780 ?	32
Corée (avec le territoire neutre)	220	8500 ?	34
Japon (avec les îles Yéso, Kouriles (ou Lou-Tchou). Bonin (recens. de 1880)	382	35925	94
Asie orientale	12174	416205	34
Sibérie et Asie centrale russe	17166	10729	0,6
Asie entière	43104	758200	18
3° OCÉANIE (*données en partie incertaines*).			
Possessions espagnoles	295	7450	25
— néderlandaises	1606	24404	15
— portugaises	16	300	19
Bornéo indépendant	232	545	2
Malaisie (sans les îles Bonin)	2149	32489	15
Possessions britanniques (2)	7988	3065	0,4
Nouvelle-Guinée (avec la partie néderlandaise)	785	1000 ?	1,3
(1) Chine proprement dite	4024	380000	87
Turkestan chinois	1120	580	0,5
Dzoungarie	382	600	1,6
Tibet	1068	6000	4
Mongolie	3377	2000	0,6
Mandchourie	950	12000	13
(2) Queensland	1730	213	0,1
Nouvelle-Galles du sud	800	751	0,9
Victoria	229	858	3,7

ÉTATS ET RÉGIONS.	SUPERFICIE exprimée en milliers de kil. car.	POPULATION exprimée en milliers d'hab.	DENSITÉ par kilomètre carré.
Iles de l'Amirauté, etc.	4	1 ?	0,2
Nouvelle-Irlande, etc.	13		
Nouvelle-Bretagne	30	360 ?	4,1
Iles Salomon	41		
Iles Sainte-Croix, etc.	1	5	5
Nouvelles-Hébrides, etc.	15	70	5
Nouvelle-Calédonie, etc. (à la France)	20	67	3,4
Autres îles	5	1	0,2
Australasie	8905	4569	0,5
Possessions françaises	9	26	2,9
— espagnoles	3	36	12
Iles Gilbert	0,4	36	90
Iles Marshall	0,4	10	25
Iles Samoa	3	36	12
Iles Tonga	1	25	25
Archipel de Cook	0,4	7	18
Hawaii	17	57	3
Autres îles	2,3	50	22
Polynésie	37	283	8
Océanie entière	11091	37341	3,4
4° AMÉRIQUE DU NORD (*données en partie incertaines*).			
Groënland	2200 ?	10	0,005
Autres terres polaires	1300 ?		
Territoire d'Alaska	1495	70	0,05
Possessions britanniques du nord (1)	8406	4499	0,5
Saint-Pierre et Miquelon (France)	0,2	5	25
Cinq grands lacs	239		
Partie septentrionale	13640	4584	0,5
États-Unis (sans Alaska et sans les grands lacs) (rec. de 1880) (2)	7968	50450	6,3
Mexico (Mexique) (év. de 1874)	1921	9577	5
Honduras britannique	30	24	1,2
Guatemala (év. de 1872)	106	1191	11
Honduras	120	350	2,9
Salvador (év. de 1878)	19	554	29
Nicaragua	154	300	2,1
Costa-Rica	52	190	3,7
Partie méridionale	2372	12186	5
Haïti	24	550	23
San Domingo (Saint-Domingue)	53	250	4,7
Possessions espagnoles (Cuba, etc.)	126	2006	16
Indes occidentales britanniques	34	1118	33
Possessions néderlandaises et danoises	0,4	46	105
— françaises	2,7	348	129
Antilles, etc.	242	4374	18
Amérique du nord	24222	71584	3
5° AMÉRIQUE DU SUD (*données en partie incertaines*).			
Venezuela (év. de 1873)	1138	2975	1,8
Guyane britannique	241	248	1,1
Possessions néderlandaises	120	106	0,6
Guyane française	77	27	0,4
Région du Nord-est	1556	2458	1,6
Brésil (rec. de 1872) région de l'Est et du Centre	8337	11109	1,3
Paraguay (év. de 1881)	238	294	1,2
Uruguay (év. de 1879)	187	438	2,3
Republica Argentina (République Argentine,) (év. de 1879)	2835	2400	0,8
Iles Falkland (à l'Angleterre)	17	1	0,06
Région du Sud-est	3277	2933	0,9
Chile (Chili) (év. de 1878)	632 ?	2285	3
Bolivia (Bolivie) (év. de 1861)	1310 ?	1980	1
Perú (Pérou) (rec. de 1876)	1178 ?	2700	3
Ecuador (Équateur) (év. de 1878)	465 ?	1000	2,6
Estados Unidos de Colombia (Colombie) (rec. de 1870)	1032 ?	3051	3
Région du Pacifique	4602	11682	2,4
Amérique du sud	17772	27587	1,6
Australie méridionale	2340	260	0,1
Australie occidentale	2527	31	0,01
Tasmanie	68	110	1,5
Nouvelle-Zélande	272	534	2
(1) Ontario (Haut-Canada)	279	1923	6,9
Québec (Bas-Canada)	501	1359	2,1
Nouvelle-Écosse	56	441	1,8
Nouveau-Brunswick	70	321	4,6
Ile du Prince Édouard	6	109	18
Manitoba	36	66	1,8
Colombie britannique	922	50	0,05
Territoire nord-ouest	6431	56	0,009
(2) PRINCIPAUX ÉTATS ET RÉGIONS DES ÉTATS-UNIS.			
Les 6 États de la Nouvelle-Angleterre (Massachussetts, densité : 89)	172	4010	23
New-York	127	5084	40
Pennsylvania	117	4283	37
Virginie	110	1513	14
Les deux Carolines	214	2396	11
Louisiane	126	940	8
Kentucky	103	1649	16
Ohio	106	3198	30
Indiana	194	1978	21
Illinois	147	3079	21
Californie	410	865	2,1
Les territoires (sans Alaska)	2415	673	0,3

SUPERFICIE DES ILES.

LES 10 PLUS GRANDES ÎLES.	kil. carrés.
Nouvelle-Guinée (Océanie)	785,300
Bornéo (Océanie)	730,900
Madagascar (Afrique)	591,500
Sumatra (Océanie)	420,900
Nippon (Asie)	223,550
Grande-Bretagne (Europe)	217,720
Célèbes (Océanie)	178,800
Nouvelle-Zélande (Océanie)	144,690
Java (Océanie)	125,900
Cuba (Amérique)	112,190

QUELQUES AUTRES ÎLES.	kil. carrés.
Terre-Neuve (Amérique)	110,670
Irlande (Europe)	83,751
Haïti (Amérique)	76,020
Tasmanie (Océanie)	64,614
Ceylan (Asie)	63,976
Sicile (Europe)	25,537
Sardaigne (Europe)	23,555
Corse (Europe)	8,747
Crète (Europe)	8,591
Réunion (Afrique)	1,980

HAUTEURS DES MONTAGNES.

EUROPE.

ALPES (en France et en Piémont). mètres.

Tende (Col de)	1,873
Larche (Col de)	1,995
Viso	3,845
Mont-Genèvre (col)	1,849
Thabor	3,205
Mont-Cenis (col)	2,082
Petit Saint-Bernard (col)	2,157
Mont Blanc	4,810
Balme (Col de)	2,203
Ventoux	1,912
Pelvoux	3,932
Barre des Ecrins	4,103
Col du Lautaret	2,075
Col de la Vanoise	2,527

(En Suisse et en Italie).

Grand Saint-Bernard (col)	2 472
Cervin	4,482
Mont Rose	4,638
Simplon	2,010
Tunnel du Saint-Gothard	1,154
Bernina	4,052
Brenner (col)	1,362
Jungfrau	4,167
Finsteraar-horn	4,275
Rigi	1,800

(En Italie et en Autriche).

Ortler	3,905
Adamello	3,557
Gross Glockner	3,799
Semmering (col)	992
Col d'Adelsberg	611

JURA (en France et en Suisse).

Grand Colombier	1,534
Reculet	1,720
Crêt de la Neige	1,723
Col de la Faucille	1,320
Dôle	1,678
Suchet	1,597

VOSGES.

Ballon d'Alsace	1,250
Col de Bussang	731
Hohneck	1,366
Col du Bonhomme	946
Ballon de Guebwiller	1,426
Route de Saverne	331

CÉVENNES ET MASSIF CENTRAL.

Sommet du Pilat	1,434
Mézenc	1,754
Gerbier-de-Jonc	1,551
Plomb du Cantal	1,858
Puy de Dôme	1,465

PYRÉNÉES (en France et en Espagne).

Perthus (col)	290
Col de la Perche	1,622
Canigou	2,785
Pic de Carlitte	2,920
Pic d'Aneto (Maladetta)	3,404
Posets	3,367
Mont-Perdu	3,352
Pic du Midi de Bigorre	2,677
Vignemale	3,298
Pic du Midi d'Ossau	2,885

(Autres chaînes d'Espagne).

Pic d'Urbion	2,240
Pic de Moncayo	2,340
Mulahacen	3,554

(Chaînes d'Allemagne et d'Autriche).

Grand Feldberg (Taunus)	856
Brocken (Harz)	1,141
Feldberg (Forêt-Noire)	1,495
Grand Arber (Forêt de Bohême)	1,487
Schneekopf (Riesengebirge)	1,601
Pic de Lomnitz (Tatra, Karpathes)	2,647
Défilé de la Tour-Rouge (Karpathes)	325

APENNINS (et Italie). mètres.

Penna	1,731
Corno (dans le Gran Sasso d'Italia)	1682,
Vésuve	1,909
Etna	2,313

(Chaînes de la péninsule Pélasgique).

Lyoubatrin (dans le Tchar Dagh)	2,366
Olympe	1,953
Pélion	1,644
Maraljeduk (dans les Balkans)	2,330
Taygète (Péloponnèse)	2,367

(En Grande-Bretagne).

Suowdon (Pays de Galles)	1,094
Ben Nevis (Grampian)	1,331

OURAL ET CAUCASE.

Tel-Pos-Iz (Oural)	1,689
Route d'Ekaterinbourg	408
Elbrouz (Caucase)	5,644
Kasbek (Caucase)	5,043
Défilé de Dariel (Caucase)	2,390

ASIE.

Djawalari (Himalaya)	7,297
Katchin-djinga (Himalaya)	8,582
Gaurisankar (Himalaya)	8,840
Dhawalagiri (Himalaya)	8,176
Passe de Parangla (Himalaya)	5,857
Karakoroum (passe)	5,653
Dapsang (Tibet)	6,621
Tagherma (pl. de Pamir)	7,620
Bogdo-Oola (Thian-Chan)	6,386
Bielonka (Altaï)	3,352
Grand Ararat (Arménie)	5,157
Mont Argée (Asie Mineure)	3,841
Fousi-yama (Japon)	4,070

AFRIQUE.

Miltsin (Atlas)	3,475
Cameroun (Guinée)	4,197
Kenia	5,500
Kilma-ndjaro	5,703
Rao-Dajan (Abyssinie)	4,620
Pic Chathkin (Drakenberg)	3,134
Pic de Teyde (Ténériffe)	3,716
Piton des Neiges (Réunion)	3,069

OCÉANIE.

Ophir (Sumatra)	4,222
Semerou (Java)	3,729
Koscuicsko (Australie)	2,187
Cook (Nouvelle-Zélande)	3,787
Mauna-kea (Hawaï)	4,197

AMÉRIQUE DU NORD.

Saint-Élie	4,658

(Dans la Cordillère).

Shasta	4,492
Whitney	4,541
Brown	4,876
Passe du sud (chemin de fer du Pacifique)	2,280
Pic de Lincoln	4,387
Pic Blanca	4,405
Popocatepetl	5,410
Pic d'Orizaba	5,300

(Dans les Apalaches).

Mitchell	2,041

AMÉRIQUE DU SUD.

Chemin de fer de Panama (som.)	80
Horqueta	5,320
Passe de Quindio	3,485
Chimborazo	6,530
Cotopaxi	5,913
Tunnel du chemin de fer de Lima à la Oroya	4,768
Illampou	6,560
Illemani	6,410
Aconcagua	6,834
La Cumbre (col)	3,900
Tapungato	6,178

(Dans le massif Brésilien).

Pic d'Itatiaia	2,713

LONGUEUR APPROXIMATIVE DES FLEUVES.

LES 10 PLUS GRANDS FLEUVES.	kilom.
Mississipi (Amér.) (dep. la source du Missouri 2,300) ; (dep. la source du Missisipi 5,000)	7,300
Amazone (Amér.) (dep. la source du Madeira)	6,400
— (dep. la source de l'Amazone Marañon, 5,000).	
Nil (Afrique)	6,400
Yang-tsé-kiang (Asie)	5,800
Iénisséi (Asie)	5,000
Amour (Asie)	4,700
Hoang-ho (Asie)	4,400
Ob (Asie)	4,300
Léna (Asie)	4,300
Cambodge (Asie)	4,200

QUELQUES AUTRES FLEUVES.

Plata et Parana (Amérique)	4,000
Congo (Afrique)	4,000
Volga (Europe)	3,183
Niger (Afrique)	3,500
Saint-Laurent (depuis la rivière Saint-Louis, lac Supérieur)	3,550
Indus (Asie)	2,900
Danube (Europe)	2,800
Euphrate (Asie)	2,800
Gange (Asie)	2,500
Orange (Afrique)	2,000
Dvina septentrionale (Europe)	1,900
Dniéper (Europe)	1,712
Sénégal (Afrique)	1,578
Don (Europe)	1,600
Murray (Océanie) (2,300 depuis la source du Darwan).	1,400
Elbe (Europe)	1,154

	kilom.		kilom.
Dniester (Europe)	1,100	Ebre (Europe)	875
Vistule (Europe)	912	Pô (Europe)	650
Tage (Europe)	912	Tamise (Europe)	342

(Voir la page 15 du Maitre pour les cours d'eau de France.)

LACS.

LES 10 PLUS GRANDS LACS.	kil. carrés.
Supérieur (Amérique du Nord)	83,630
Victoria Nyanza (Afr. centrale)	75,200
Aral (d') (Turkestan)	67,000
Michigan (Amérique du Nord)	61,910
Huron (Amérique du Nord)	61,340
Tchad (Soudan)	37,630
Nyassa (Afrique australe)	36,630
Baikal (Sibérie)	34,930
Grand lac des Esclaves (Am. nord)	31,000

QUELQUES AUTRES LACS.	kil. carrés.
Tanganyika (Afrique australe)	29,600
Ladoga (Russie)	18,130
Onéga (Russie)	9,752
Nicaragua (Amérique centrale)	9,500
Titicaca (Amérique du Sud)	8,240
Vénern (Suède)	5,570
Mer Morte (Palestine)	915
Genève (de) (Suisse)	573
Bourget (du) (France)	75

VILLES DE LA TERRE AYANT PLUS DE 500,000 HABITANTS.

Londres (Angleterre)	3,832,000	Fou-tcheou (Chine)	614,000
Paris (France)	2,239,000	Saint-Pétersbourg (Russie)	612,000
Pé-king (Chine)	1,600,000	Moscou (Russie)	612,000
Canton (Chine)	1,500,000	Constantinople (Turquie)	600,000
New York (États-Unis)	1,207,000	Han-keou (Chine)	600,000
Berlin (Allemagne)	1,123,000	Hang-tcheou (Chine)	600,000
Si-ang-tan (Chine)	1,000,000	Chao-ting (Chine)	600,000
Tchang-tcheou (Chine)	1,000,000	Tchoung-ting (Chine)	600,000
Si-ngan (Chine)	1,000,000	Tokio (Japon)	596,000
Tien-tsin (Chine)	950,000	Brooklyn (États-Unis)	567,000
Philadelphie (États-Unis)	817,000	Liverpool (Angleterre)	552,000
Tching-tou (Chine)	800,000	Glasgow (Angleterre)	511,000
Calcutta (Inde)	794,000	Chicago (États-Unis)	503,000
Vienne (Autriche)	726,000	Bang-kok (Siam)	500,000
Bombay (Inde)	644,000	Soun-tchéou (Chine)	500,000

MESURES ITINÉRAIRES ET MESURES DE SUPERFICIE.

1 *kilomètre* (mesure itinéraire des États qui emploient le système métrique) = 1,000 mètres.

1 *mille géographique* (de 15 au degré de l'équateur, employé en Allemagne) = 7km,422

1 *lieue de 18 au degré du méridien* = 6 ,174

1 *lieue marine ou géographique de 20 au degré du méridien* = 5 ,557

1 *lieue suisse* = 4 ,800

1 *lieue commune de 25 au degré du méridien* (ancienne lieue française) = 4 ,445

1 *mille marin de 60 au degré* (1/3 de lieue marine), employé par les marins = 1 ,852

1 *mille anglais* (employé par les Anglais et les Américains du Nord) = 1 ,609

1 *verste* (employé en Russie) = 1 ,067

1 kilom. carré = 100 hectares = 1,000,000 mè		*Brasse française* (ancienne).	1m,620
1 mille géographique carré	55,063 he	*Brasse anglaise.*	1 ,830
1 lieue marine carrée	30,876	*Hectare* =	10,000me
1 lieue commune carrée	19,822	*Arpent* 100 perches (la perche mesurant 18 pieds de longueur ou 34 m. c. de superficie)	0 hect. 34
1 mille marin carré	3,430		
1 mille anglais carré	2,590		
1 verste carré	1,137		
Mètre =	1,000mm	*Arpent* 100 perches (la perche mesurant 22 pieds de longueur ou 51 m. c. de superficie)	0 — 51
Pied français (ancien)	325		
Pied du Rhin	314		
Pied de Vienne	316		
Pied anglais	395	*Acre* (mesure anglaise)	0 — 40

Le **système métrique décimal** est légal et obligatoire dans les États suivants, dont la population totale est d'environ 230 millions d'individus :
EUROPE : *France, Belgique, Pays-Bas, Empire Allemand, Suisse, Autriche-Hongrie, Portugal, Espagne, Italie, Grèce, Roumanie, Suède, Norvège.*
AMÉRIQUE DU SUD : *Brésil, République Argentine, Colombie, Équateur, Pérou, Chili.*
AUTRES RÉGIONS : *Algérie et colonies de la France, colonies des Pays-Bas.*
Il est admis, soit à titre facultatif, soit partiellement pour certains usages dans les États suivants, dont la population totale est de plus de 420 millions d'individus ;
A titre facultatif : Iles Britanniques, Dominion du Canada, Etats-Unis.
Pour certains usages : Russie, Turquie, Empire des Indes, Vénézuéla, Uruguay,

Le **système monétaire français** comprend : 1° la *monnaie d'or* frappée avec un métal ayant 900/1,000 de fin et 100/1,000 d'alliage : pièces de 5 fr., de 10 fr., de 20 fr., de 50 fr., de 100 fr.; ces deux dernières sont rares ; la pièce de 20 fr. pesant 6gr,45 ; 2° la *monnaie d'argent*, qui se compose de pièces de 5 fr., ayant comme la monnaie d'or 900/1,000 de fin et 100/1,000 d'alliage, pesant 25 gr., et ayant par conséquent 15 fois 1/2 le poids de la pièce de 5 fr. en or, et de pièces divisionnaires (20 cent., 50 cent., 1 fr., 2 fr.) qui, renfermant 835/1,000 de fin et 165/1,000 d'alliage, ont une valeur réelle inférieure à leur valeur nominale et sont considérées comme des monnaies d'appoint ; un débiteur ne peut obliger son créancier à en accepter en paiement que jusqu'à concurrence de 50 francs ; 3° la *monnaie de bronze* (1, 2, 5, 10 centimes) qui est une monnaie d'appoint d'une valeur réelle bien inférieure à la valeur nominale et qu'un débiteur ne peut imposer à son créancier que jusqu'à concurrence de 5 francs.

Par une convention monétaire qui remonte à l'année 1865, la *France*, la *Belgique*, la *Suisse*, l'*Italie*, puis la *Grèce* ont formé une union en adoptant le même système monétaire qui est le système français ; les monnaies de chaque État — sauf réservés pour le monnayage de l'argent et la circulation des pièces divisionnaires — ont cours dans les autres États de l'union.

Quatorze autres États ont frappé des monnaies semblables à celles de l'union et porté à 167 millions la population totale où les systèmes monétaires sont à peu près semblables. En EUROPE : *Autriche-Hongrie, Espagne, Serbie, Bulgarie, Roumanie, Finlande.* HORS D'EUROPE : *Perse, Uruguay, République Argentine, Vénézuela, Colombie, Équateur, Pérou, Chili.*

L'EMPIRE ALLEMAND a adopté le système monétaire décimal. Son unité monétaire est le *marc d'empire* (reichs mark) en or, dont la valeur intrinsèque est de 1 fr. 23 cent. 1/2.
L'ANGLETERRE a pour unité monétaire la *livre sterling* qui vaut 25 fr. 22.
Deux grandes colonies anglaises ont un système monétaire différent de celui de la métropole. Le *dollar* des États-Unis est l'unité monétaire du CANADA. La *roupie*, qui vaut 2 fr. 58 et qui est une monnaie d'argent, est l'unité monétaire dans l'EMPIRE DES INDES.
Le PORTUGAL compte par milréis. Un milréis vaut 5 fr. 60. Le milréis du BRÉSIL ne vaut que 2 fr. 83.
Les ÉTATS SCANDINAVES (Suède, Norvège, Danemark) ont formé une union dont l'unité monétaire est la *couronne*, valant 1 fr. 39.
La RUSSIE (sans la Finlande) a pour unité monétaire le *rouble* d'argent, qui vaut 4 fr. et qui se divise en 100 kopeks. On frappe des pièces d'or et d'argent, mais la circulation se fait presque exclusivement avec du papier-monnaie.
Les ÉTATS-UNIS ont pour unité monétaire le *dollar*, dont la valeur réelle, en or, est de 5 fr. 18, et, en argent, de 5 fr. 34.
Le JAPON a pour unité monétaire le *yen* (5 fr. 10), qui est presque le dollar américain.
Dans la CHINE, on compte par *taëls* (1 taël = 7 fr. 56). Le taël se divise en 1,000 cashs ou sapèques. Il n'y a pas de monnaies à proprement parler ; on paye avec des lingots.
La *piastre*, monnaie réelle ou monnaie de compte, employée dans différents pays, a des valeurs très diverses : 1 piastre turque (monnaie de compte) = 0 fr. 23 ; 1 piastre tunisienne = 0 fr. 61 ; 1 piastre mexicaine ou peso = 5 fr. 43.

(Voir pour plus de détails, la brochure : *Monnaies, poids et mesures*, par M. A. de Malarce, et l'*Annuaire du Bureau des Longitudes*.)

Extraits de la Brochure intitulée :

INSTRUCTIONS

SUR LA MANIÈRE DE SE SERVIR DU GLOBE TERRESTRE ET DE SES ACCESSOIRES POUR DONNER AUX ENFANTS LES PREMIÈRES NOTIONS SUR LE CIEL, LA TERRE, LE SOLEIL ET LA LUNE.

1° Le Soleil. — *Le Soleil a un diamètre qui est plus de 112 fois grand comme celui de la Terre, et son volume est plus de 1,400,000 fois le volume de la Terre.*

Pour avoir une idée de la dimension du Soleil, supposez que notre globe terrestre, qui a environ 32 centimètres de diamètre (exactement 318 millimètres) et 1 mètre de circonférence, soit le Soleil ; la plus grosse des deux petites boules qui l'accompagnent (celle qui mesure 2 millimètres 8/10 de diamètre), sera la Terre. Tel est le rapport de grosseur du Soleil et de la Terre.

En plaçant cette petite boule à 32 mètres du globe terrestre, on a également une idée juste de *la distance de la Terre au Soleil*, laquelle réellement est de *plus de 38 millions de lieues*, ou de 152 millions de kilomètres en moyenne.....

En représentant la grosseur de la Terre par notre globe de 32 centimètres de diamètre, il faudrait représenter le Soleil par une boule de 35 mètres de diamètre : c'est la hauteur des plus grands peupliers. Pour avoir le rapport des distances, il faudrait placer le globe terrestre à 3 kilomètres 1/2 de la masse figurant le Soleil.....

2° Les Planètes. — Les *planètes* sont des astres qui, beaucoup plus petits que le Soleil et assez voisins de lui pour subir son attraction, tournent autour de lui en décrivant des ellipses, et qui ne sont brillants que parce que le Soleil les éclaire de ses rayons. LA TERRE EST UNE DE CES PLANÈTES.

Il y a des planètes plus grosses et des planètes plus petites que la Terre. *La plus grosse planète est Jupiter*, dont le diamètre est un peu plus de 11 fois grand comme celui de la Terre, et dont le volume est égal à plus de 1,400 fois le volume de la Terre.....

Un maître veut-il donner, en jouant, à ses élèves une certaine notion du mouvement général des planètes ? Qu'il fasse tenir à quatre ou cinq d'entre eux, représentant chacun une planète, l'extrémité d'une corde ayant une longueur proportionnelle à la distance de la planète au Soleil ; qu'il tienne lui-même les cordes dans sa main en faisant, selon la vitesse que chacun doit observer, marcher ou courir, comme au manège, les élèves dans le même sens, de sa droite à sa gauche. Il lui sera peut-être plus facile d'attacher le bout des cordes à un piquet. De cet exercice récréatif, les élèves retiendront au moins une chose : c'est que la vitesse des planètes est d'autant moindre qu'elles sont plus éloignées du Soleil.

	LONGUEUR DE LA CORDE.	NOMBRE approximatif de pas à faire dans le même temps.	NOMBRE approximatif de tours à faire dans le même temps.
Jupiter.............	16^m,05	1	» 1/12
Mars.............	4^m,08	2	» 1/2
Terre.........	3^m,02	2 1/2	1
Vénus............	2^m,03	3	1 1/3
Mercure............	1^m,02	5	4

Avec de pareilles distances, la Terre ne devrait être représentée que par une boule ayant environ un quart de millimètre de diamètre, le Soleil par une boule de 3 centimètres environ de diamètre....

3° Les phases de la Lune et les éclipses. — *La Lune est beaucoup plus petite que la Terre* : son diamètre est un peu plus du *quart du diamètre terrestre.* Prenez une orange, une grosse pomme ou, mieux encore, un petit ballon de 27 centimètres de circonférence ; mettez-le à côté de notre globe terrestre de 32 centimètres de diamètre ; vous donnerez l'idée de la grandeur comparative de la Terre et de la Lune.

La distance qui sépare la Lune de la Terre est égale à 30 fois le diamètre de la Terre. Pour s'en faire une idée, il faudrait placer le ballon à 9 mètres 1/2 de notre globe. Cette distance, quoiqu'elle paraisse grande relativement à la grosseur des deux corps célestes, est très petite relativement à l'étendue du ciel.

Quand l'abat-jour (abat-jour spécial qui fait partie des accessoires de notre globe) projette sa lumière sur notre globe, placez le ballon par derrière, en l'élevant un peu au-dessus du globe de manière à ce qu'il soit éclairé, et faites remarquer le phénomène qui se produit. Les habitants de la portion du globe qui est éclairée ne sauraient voir la Lune ; ceux de la portion qui est dans la nuit la voient. Ils la voient comme un grand rond tout éclairé par la lumière blanche du

Soleil : c'est la *pleine lune*, autrement dit l'époque où l'on voit la Lune dans toute sa rotondité, dans son plein.

Remarquez que la Lune est dans son plein quand elle est à l'opposé du Soleil, c'est-à-dire, quand le Soleil, la Terre et la Lune sont dans le même plan et en quelque sorte sur une même ligne dont le Soleil et la Lune occupent les deux extrémités. Par conséquent, pendant que le Soleil passe à un certain méridien, la Lune passe au méridien directement opposé, c'est-à-dire qu'*à minuit la pleine lune est au plus haut point de sa course au-dessus de l'horizon.*

A ce moment, quelle heure ont les pays qui commencent à apercevoir la Lune du côté de l'Orient sur leur horizon, c'est-à-dire pour lesquels la Lune se lève ? Regardez : ils ont six heures du soir. Quelle heure ont ceux pour lesquels la Lune se couche à l'Occident ? Six heures du matin. La *pleine lune* (voir la fig. 1) *éclaire la Terre*

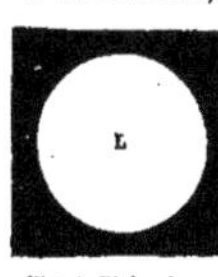

Fig. 1. Pleine lune.

Fig. 2. Deux jours après la nouvelle lune.

pendant toute la durée de la nuit.

Placez, au contraire, le ballon entre la lampe et le globe terrestre, en l'élevant un peu, comme précédemment, et de manière à ce que la Lune soit dans le plan et presque sur la ligne dont les deux extrémités sont le Soleil et la Terre. La Lune est toujours éclairée par le Soleil de la même manière ; mais c'est sa partie obscure qui est tournée vers la Terre. Aussi les habitants de la Terre ne l'aperçoivent-ils pas, sinon avec certaines lunettes dont se servent les astronomes : c'est la *nouvelle lune*. Elle *passe au méridien à midi*, et elle est *invisible* à l'œil nu. Ce n'est que deux ou trois jours après qu'on commence à la voir sous la forme d'un mince croissant. (Voir la fig. 2.)

Placez maintenant le ballon à l'est de la Terre, de manière à ce que la ligne qui réunit la Lune à la Terre fasse un angle droit avec celle qui réunit la Terre au Soleil. La Lune est toujours éclairée de la même manière ; mais les habitants de la Terre ne voient qu'une moitié de la moitié éclairée, c'est-à-dire, un quart : c'est le *premier quartier de la lune*. (Voir la fig. 3.) La Lune, à l'époque de son premier quartier, *passe au méridien à six heures du soir*, et *la partie convexe du quartier est tournée vers l'ouest*, autrement dit *à droite* quand on regarde la Lune.

Placez le ballon à l'ouest de la Terre, de manière à ce que la ligne qui réunit la Lune à la Terre fasse un angle droit avec celle qui réunit la Terre au Soleil. La Lune est toujours éclairée de la même manière ; mais les habitants de la Terre ne voient qu'une moitié de la moitié éclairée : c'est le *dernier quartier de la lune.* (Voir la fig. 4.) Elle

Fig. 3. Premier quartier.

Fig. 4. Dernier quartier.

passe au méridien à six heures du matin et *la partie convexe du quartier est tournée vers l'est*, autrement dit *à gauche*, quand on regarde la Lune.

Pourquoi la Lune est-elle tantôt devant, tantôt derrière la Terre ? Parce qu'elle tourne autour de la Terre dont elle est le satellite. Elle tourne d'occident en orient, comme tourne la Terre elle-même autour du Soleil.

Nous avons dit qu'il fallait élever un peu au-dessus de la Terre le ballon figurant la Lune. En effet, si l'on faisait tourner ce ballon dans le plan de l'écliptique, c'est-à-dire à la hauteur de l'abat-jour et du centre de notre globe, il projetterait son ombre sur le globe quand il serait dans la position de la nouvelle lune, et, dans la position de la pleine lune, il ne serait pas visible, parce que le globe terrestre projetterait sur lui son ombre. En réalité, la Lune ne tourne ni dans le plan de l'écliptique ni au-dessus de la Terre, comme nous l'avons fait tourner. Elle tourne obliquement, tantôt au-dessus, tantôt au-dessous du plan de l'écliptique qu'elle traverse deux fois à chacune de ses révolutions. Il peut arriver et il arrive quelquefois qu'elle traverse précisément ce plan au moment où elle se trouve sur la ligne passant par le centre du Soleil et par le centre de la Terre. Alors se produit le phénomène qui se produirait chaque fois si la Lune tournait dans le plan de l'écliptique. Derrière la Terre, *la Lune se trouve cachée par l'ombre de la Terre* : c'est ce qu'on appelle une *éclipse de lune*. Devant la Terre, *la Lune cache de son ombre le Soleil aux habitants de certaines contrées de la Terre* : c'est ce qu'on appelle *éclipse de Soleil*. Une éclipse est toujours de courte durée, et le plus souvent l'ombre ne cache qu'une partie de l'astre.

TABLE DES MATIÈRES

L'obligation que l'auteur et l'éditeur se sont imposée de placer partout le texte de l'Atlas-scolaire à la même page que la carte que l'élève doit avoir toujours devant les yeux, a eu pour conséquence de faire reporter dans le livre du maître quelques illustrations, telles que des vues de villes : le maître du moins pourra s'en inspirer pour son commentaire. L'obligation de placer partout le commentaire du maître en face du texte de l'élève, sans que le maître ait jamais à retourner la page, n'a laissé qu'un nombre déterminé de pages libres en certains endroits pour les autres instructions. Ces pages sont numérotées en chiffres romains. Les pages II et III, qui se suivent, sont consacrées à la préface. Mais la conférence sur l'enseignement de la géographie, faite aux instituteurs réunis à la Sorbonne en 1876, se trouve divisée en quatre parties, pages IV et V placées après la page 4, pages VI et VII placées après la page 8, pages VIII et IX placées après la page 16, pages X et XI placées après la page 32. Il en est de même pour la construction des cartes qui occupe les pages XII et XIII à la suite de la page 40 et la page XIV à la suite de la page 48.

TABLE DES CARTES & PLANS

107 cartes ou plans dont 73 dans le Livre de l'élève et 34 dans le Livre du maître.

Les cartes et plans insérés dans le Livre de l'élève sont en romain. — *Les cartes et plans insérés dans le Livre du maître sont en italique.*

ESQUISSE D'UNE PROMENADE TOPOGRAPHIQUE.

L'étude de quelques éléments de la topographie peut se lier à l'étude du département et de la commune (V. page 58). C'est pourquoi nous donnons ici des indications sommaires sur les procédés d'une esquisse topographique. Ils sont simples : il est facile de les expliquer théoriquement ; il est plus difficile d'habituer de jeunes élèves à les bien appliquer.

Pour faire l'expérience, chaque élève se munira d'un petit carton servant de support, d'une feuille de papier réglé dans le sens de la largeur et de la longueur pour y tracer son dessin, d'un crayon, d'une règle plate et étroite en bois ou en carton et d'une règle carrée à laquelle il adaptera, avec du fil, un tube de carton ou de métal d'un ou deux centimètres de diamètre. Le maître aura, en outre, une boussole de poche. En supposant que l'écartement des lignes du papier quadrillé soit de 1 centimètre et qu'on veuille lever le plan à l'échelle du 20,000e, chaque côté des carrés du quadrillage correspondra à une distance de 200 mètres.

La promenade se fera autant que possible, sur une route droite ou ayant peu de courbes.

Le maître pourra, avant le départ, faire tracer aux élèves cette route sur le papier quadrillé en leur donnant pour modèle la carte de l'état-major et en leur faisant quadrupler les longueurs afin de passer de l'échelle du 80,000e à celle du 20,000e. Il aura le soin de leur faire orienter leur dessin. c'est-à-dire de placer la route comme elle l'est sur la carte, en prenant un des côtés de la feuille de papier pour la ligne nord-sud. Si ce travail préalable n'a pas été fait, les élèves dessineront la route sur le terrain, avec la règle, et ils la traceront parallèlement au côté le plus long de la feuille quadrillée, sans se préoccuper de l'orientation.

Cependant, le maître leur apprendra à orienter l'ensemble de l'esquisse à l'aide de sa boussole (Voir page 2). Il recommencera à plusieurs stations l'opération et il prendra une moyenne entre les divers points ainsi obtenus pour marquer les quatre points cardinaux. Il ne lui restera plus qu'à réunir par une ligne le point E et le point O, et par une autre ligne le point N et le point S en dessinant à l'extrémité N une flèche indiquant la direction du nord pour avoir une esquisse orientée, ainsi que l'est la figure ci-jointe.

Pour mesurer les distances sur la route, il peut employer deux méthodes.

1° Quatre élèves sont chargés de cette mesure. Deux tiennent par ses extrémités une corde de 20 mètres. Ils marchent, autant que possible, sur le milieu de la chaussée. Au début, ils tendent la corde en se tenant l'un au point de départ, l'autre à 20 mètres plus loin. Pendant que ce dernier reste à son poste, le premier marche, dépasse son camarade et s'arrête 20 mètres plus loin en tendant la corde. L'autre se met en marche à son tour ; il exécute la même manœuvre pendant que son camarade reste immobile, et ainsi de suite. Les deux autres élèves inscrivent sur une feuille de papier chaque manœuvre de ce genre, c'est-à-dire chaque longueur de 20 mètres. Ils le font par un trait, puis par un trait plus long à chaque centaine de mètres, et par une croix à chaque kilomètre, de manière qu'on se rende compte au premier coup d'œil du chemin parcouru ; c'est ainsi que l'on voit sur la figure suivante que le chemin parcouru est de 1 kil., 140 mètres.

Le maître désigne deux enregistreurs afin que, se contrôlant l'un l'autre, ils puissent rectifier les omissions ou les erreurs de leur enregistrement et qu'au besoin, dans la seconde partie de la promenade, ils puissent changer de fonctions avec les mesureurs.

2° Les deux mesureurs peuvent, au lieu de se servir d'une corde, compter leurs pas. Chaque fois qu'ils ont fait cent pas, ils s'arrêtent ; les enregistreurs marquent un trait, puis les mesureurs se remettent en marche. On compte ordinairement 0m,75 par pas ou 75 mètres par 100 pas. Mais des enfants peuvent user le pas plus court et il est bon, au début, de l'étalonner, en comptant combien ils font de pas d'une borne kilométrique à la borne suivante.

Quelle que soit la manière de mesurer la distance, la partie de route parcourue doit être portée sur le papier à chaque station. Si cette distance, par exemple, est de 500 mètres, les élèves traceront deux lignes parallèles ayant une longueur de deux centimètres et demi, c'est-à-dire traversant deux carrés et demi du papier quadrillé. Si cette route a 20 mètres de largeur, il faudrait, pour conserver les proportions, ne donner qu'un millimètre d'écartement aux deux lignes

parallèles ; mais comme à l'échelle du 20,000e, il n'est plus d'usage de conserver aux routes et aux cours d'eau leurs véritables dimensions, on peut lui donner une largeur plus grande.

La mesure des objets qu'on aperçoit des deux côtés de la route et qui doivent être portés sur l'esquisse par un procédé géométrique ne doit avoir lieu qu'aux stations. Ces stations ne doivent être ni trop rapprochées, parce que la répétition des visées sur les mêmes objets, sous des angles peu différents, serait du temps perdu, ni assez éloignées pour que les objets visés une fois aient cessé d'être visibles avant qu'on ait fait une seconde visée.

A chaque station, les élèves prennent leurs instruments en se groupant, autant que possible, deux par deux. Ils fixent avec deux pointes la règle plate sur le papier et sur son support de manière à ce qu'elle coïncide parfaitement avec la ligne figurant la direction de la route sur le papier, et ils placent l'extrémité de la règle munie d'un tube au point qui figure la station sur le dessin. Alors l'un d'eux élève l'instrument à la hauteur de l'œil. L'autre oriente le support en le faisant tourner de façon à ce que la règle plate soit exactement dans la direction de la route.

Puis, celui qui tient l'instrument regarde dans le tube et vise successivement tous les points qui sont d'un côté de la route et dont il croit utile de déterminer la position. Après chaque visée, il trace au crayon la ligne déterminée par la position de la règle carrée qu'il a soin de bien maintenir en place avec la main et il écrit à l'extrémité, près du bord de la feuille de papier, l'indication de l'objet visé, maison, coin du bois, clocher, etc., avec le nom s'il le connaît.

Il se retourne ensuite en regardant de l'autre côté de la route. Son camarade oriente de nouveau l'appareil. Lui-même fait une série d'opérations semblables aux précédentes pour les objets visibles de ce côté de la route. La série des visées ainsi obtenues donne des directions, mais ne donne pas encore de positions.

A la seconde station, les observateurs doivent pouvoir viser tous les objets déjà visés à la première station : le point où les deux lignes de visées se croisent sur l'esquisse est la position de l'objet. Ils marquent au crayon cette position en indiquant aussi exactement que possible la forme. Ils visent ensuite un certain nombre d'objets nouveaux dont ils marquent la direction, mais dont ils ne détermineront la position qu'à la troisième station.

Car il faut toujours au moins deux visées pour déterminer une position par l'intersection de deux lignes. Il est bon d'en faire trois au moins pour les points les plus importants, afin de compenser les erreurs d'observation très fréquentes avec ces procédés sommaires.

Quand la route que l'on suit tourne, il faut faire une station au détour pour déterminer avec précision la direction nouvelle.

Quand la route a une pente très sensible, il suffit de l'indiquer par les mots : montée, descente, descente rapide, etc.

Quand on a en vue des hauteurs, coteaux, montagnes, etc., il importe d'en déterminer la position par des visées et de les figurer sur l'esquisse par des courbes de niveau. Nous n'indiquons pas les procédés par lesquels on pourrait mesurer ces hauteurs ; l'application en serait trop difficile pour la majorité des élèves de l'école primaire.

Nous donnons le spécimen d'une esquisse du genre de celles que le maître pourrait faire exécuter par ses élèves. L'échelle y est réduite de moitié (1/2 centimètre d'écartement entre les lignes du quadrillage) ; par conséquent, la feuille de papier sur laquelle les élèves dessineraient devrait être à peu près quatre fois plus grande.

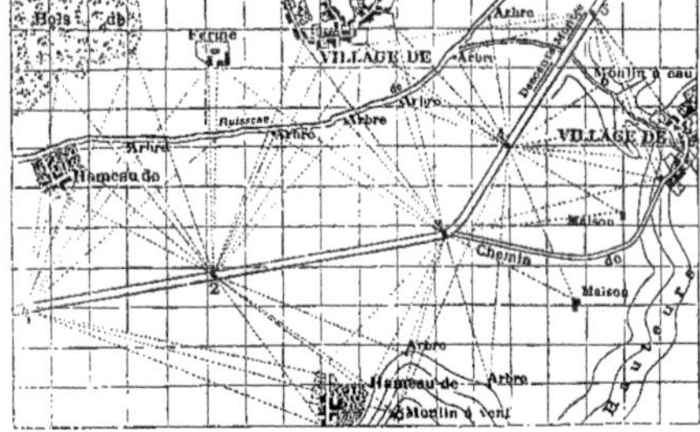

De retour à l'école, le maître pourra comparer les positions ainsi obtenues avec celles de la carte de l'état-major, rectifier les esquisses et faire achever le dessin à la plume.

INTERROGATIONS SUR LA CARTE MUETTE DU DÉPARTEMENT.

Les cartes du département sont dressées d'après la même méthode que les autres cartes de l'Atlas-scolaire. Elles sont au nombre de trois : une carte muette pour l'interrogation, une carte physique et une carte administrative pour l'étude du département. Toutes les trois sont à la même échelle, celle du 700,000ᵉ, c'est-à-dire 1 millimètre pour 700 mètres ou 1 centimètre pour 7 kilomètres. C'est une échelle qui est en longueur 10 fois plus grande que celle des cartes des Iles Britanniques et de l'Europe centrale de l'Atlas-scolaire ; par conséquent, l'Europe centrale, représentée à cette échelle, occuperait une surface cent fois (10 × 10) plus grande.

Les grandes cartes de France de l'Atlas-scolaire étant au 5,000,000ᵉ, le rapport d'échelle de la carte départementale avec les cartes de France est celui de 50 à 7, et le rapport des surfaces est celui de 2500 à 49 ; c'est-à-dire qu'il faudrait à peu près une surface cinquante fois grande, comme celle des cartes de France, pour représenter la France entière à l'échelle du département de Seine-et-Oise.

Questionnaire. — 1ʳᵉ **leçon**. — D. D'où le département de Seine-et-Oise tire-t-il son nom? — R. *Des deux principaux cours d'eau qui l'arrosent, la Seine et l'Oise.*

D. Le département du Loiret est-il limitrophe du département de Seine-et-Oise ? — R. *Oui.*

D. Le département de la Seine-Inférieure est-il limitrophe du département de Seine-et-Oise ? — R. *Non.*

D. Savez-vous par quel département il en est séparé ? — R. *Par le département de l'Eure.*

D. Quelle est en hectares la superficie du département de Seine-et-Oise ? — R. *560,400 kilomètres carrés.*

D. Qu'est-ce que la Beauce ? — R. *C'est une haute plaine, autrement dit un plateau dont une partie est dans le département de Seine-et-Oise.*

D. Dans quelle partie? — R. *Dans la partie méridionale.*

D. Quelle est à peu près l'altitude de la Beauce au-dessus des parties les plus basses du département et comment la calculez-vous ? — R. *L'altitude de la Beauce au-dessus du niveau de la mer est d'environ 150 mètres, la partie la plus basse du département est celle par où la Seine sort du département ; et est à 13 mètres au-dessus du niveau de la mer; la Beauce est donc à 137 mètres au-dessus de la partie la plus basse du département.*

D. Quel est le caractère général de la Beauce ? — R. *C'est une terre calcaire ; elle a de riches cultures, mais elle est sèche et dépourvue de bois.*

D. Quelle région trouve-t-on au nord-ouest de la Beauce et quel en est le caractère ? — R. *On trouve la région de Rambouillet qui est plus boisée que la Beauce.*

D. Qu'est-ce que la vallée de la Seine. — R. *C'est la grande vallée qui coupe en deux parties le département de Seine-et-Oise du sud-est au nord-ouest.*

D. Quelle en est l'altitude ? — R. *Le niveau de la Seine, quand l'eau est basse, est de 32 mètres à l'entrée du département et de 13 mètres à la sortie.*

D. Quelle est la direction générale des rangées de collines du département? — R. *La direction du sud-est au nord-ouest.*

D. N'y trouve-t-on pas souvent des forêts ? — R. *Oui.*

D. Citez-en quelques-unes. — R. *La forêt de Carnelle, la forêt de l'Isle-Adam.*

D. Quelles sont les collines les plus élevées du département ? — R. *La colline de Neuilly-en-Vexin et les buttes de Ronne qui sont au nord-ouest du département et qui atteignent 200 mètres.*

D. Quelles sont les sous-préfectures et les chefs-lieux de canton que la Seine arrose ? — R. *Corbeil, Argenteuil, Saint-Germain, Poissy, Meulan, Mantes, Bonnières.*

D. Qu'est-ce que l'Essonne ? — R. *C'est un affluent de la rive gauche de la Seine.*

D. Où est le confluent de l'Essonne ? — R. *A Corbeil.*

D. Quels sont les affluents de l'Orge ? — R. *La Remarde et l'Yvette.*

D. Qu'est-ce que le rû de Gally ? — R. *Un affluent de la Mauldre.*

D. Dans quel sens coulent la Vègre et la Droue ? — R. *Vers l'ouest ; elles se jettent dans l'Eure.*

D. La Seine ne reçoit-elle pas de plus grands affluents sur la rive droite que sur la rive gauche, et quels sont ces affluents ? — R. *Oui ; elle reçoit la Marne et l'Oise.*

D. Quel cours d'eau arrose Pontoise ? — R. *L'Oise.*

D. Nommez et montrez sur la carte les étangs du département de Seine-et-Oise. — R. *Le lac d'Enghien, l'étang de Saint-Quentin, l'étang de Saclay, l'étang de Saint-Hubert.*

D. Quelle est la moyenne de la température de l'été dans le département ? — R. *18 degrés.*

2ᵉ **leçon**. — D. Quel est le chef-lieu du département ? — R. *Versailles.*

D. Combien y a-t-il de milliers d'habitants à Versailles ? — R. *48,000.*

D. A quelle époque Versailles devint-il une ville ? — R. *Lorsque Louis XIV, ayant agrandi le château bâti par Louis XIII, en eut fait la résidence royale.*

D. Quel est l'architecte qui a construit le château de Versailles ? — R. *Mansart.*

D. Qu'est-ce qu'il y a aujourd'hui dans le château de Versailles. — R. *Un musée historique.*

D. Dans quel arrondissement est Saint-Germain ? — R. *Dans l'arrondissement de Versailles.*

D. N'y a-t-il pas aussi un château à Saint-Germain ? — R. *Oui ; il y a un château où est installé aujourd'hui le musée gallo-romain.*

D. N'y a-t-il pas des châteaux qui ont été brûlés par les Allemands en 1871? — R. *Oui, le château de Saint-Cloud et le château de Meudon.*

D. Nommez et montrez sur la carte muette les chefs-lieux de canton de l'arrondissement de Pontoise. — R. *Marines, l'Isle-Adam, Luzarches, Gonesse, Montmorency.*

3ᵉ **leçon**. — D. Où est situé Corbeil? — R. *Au confluent de la Seine et de l'Essonne.*

D. Quelles sont les principales industries de Corbeil? — R. *La meunerie, la papeterie, l'imprimerie, la filature.*

D. Qu'est-ce que Longjumeau ? — R. *C'est une petite ville sur l'Yvette, chef-lieu de canton de l'arrondissement de Corbeil.*

D. Qu'est-ce qu'Essonnes ? — R. *C'est une commune voisine de Corbeil, située sur l'Essonne, qui est importante par ses fabriques.*

D. Nommez et montrez sur la carte muette les chefs-lieux d'arrondissement du département de Seine-et-Oise. — R. *Versailles, Pontoise, Corbeil, Étampes, Rambouillet, Mantes.*

D. Quelle est l'importance agricole d'Étampes ? — R. *C'est le principal marché de la Beauce.*

D. Sur quelle rivière est la Ferté-Alais ? — R. *Sur l'Essonne.*

D. Qu'est-ce que Rambouillet ? — R. *Un des chefs-lieux d'arrondissement du département.*

D. Qu'y trouve-t-on de remarquable ? — R. *Un château et un parc dans lequel est la Bergerie nationale de mérinos.*

D. Sur quelle rivière est Chevreuse ? — R. *Sur l'Yvette.*

D. Dourdan ne forme-t-il pas plusieurs cantons ? — R. *Oui, Dourdan forme deux cantons.*

D. Est-ce la seule ville du département qui forme plus d'un canton ? — R. *Non ; Versailles en forme trois.*

D. Sur quel cours d'eau est Mantes ? — R. *Sur la Seine.*

4ᵉ **leçon**. — D. Qui est-ce qui administre le département ? — R. *C'est le préfet, qui réside au chef-lieu du département.*

D. Combien y a-t-il de conseillers généraux ? — R. *Autant que de cantons.*

D. Quelles sont les principales attributions du Conseil général ? — R. *Le Conseil général vote le budget du département, surveille l'emploi des fonds, répartit les contributions directes entre les arrondissements, juge certaines demandes en réduction d'impôt.*

D. Où est le siège de l'évêché du département ? — R. *A Versailles.*

D. Où réside le sous-préfet ? — R. *Au chef-lieu d'arrondissement.*

D. Et le juge de paix ? — R. *Au chef-lieu de canton.*

D. Citez deux des régions agricoles les plus riches du département. — R. *La Beauce et le Vexin.*

D. Quelles sont les principales céréales cultivées dans le département ? — R. *L'avoine et le froment.*

D. Citez d'autres cultures importantes. — R. *Les pommes de terre, les betteraves, les légumes, les fruits ; on fait beaucoup de prairies artificielles.*

D. Quelles sont les villes du département où il y a de grandes papeteries ? — R. *Corbeil et Essonnes.*

D. Quels sont les cours d'eau navigables du département ? — R. *La Seine, la Marne et l'Oise.*

Devoirs. — Faire, sur la carte muette du département, la carte physique et politique de l'arrondissement de Versailles.

Décrire la vallée de la Seine, les localités que la Seine arrose et les cultures principales de cette région, et faire la carte de la vallée de la Seine.

Outre le questionnaire et les devoirs, l'Atlas-scolaire contient l'indication d'un certain nombre de promenades. A cette liste le maître peut ajouter beaucoup d'autres promenades, en ayant soin de les choisir dans la région qu'il habite ou à proximité d'un chemin de fer desservant la localité et d'en indiquer un certain nombre qui ne comportent pas plus de trois à cinq heures de marche à pied. S'il peut faire lui-même quelques-unes de ces promenades avec tous ses élèves ou avec les meilleurs de ses élèves à titre de récompense, il leur rendra un grand service, parce que sa direction et ses remarques rendront la promenade beaucoup plus profitable. En leur indiquant seulement des promenades à faire le dimanche, il leur rendra encore service. Les parents consentiront peut-être, sur la demande des enfants, à entreprendre quelques-unes de ces promenades : ce sera pour toute la famille un emploi hygiénique, agréable et instructif d'un jour de repos. Cet emploi du dimanche sera surtout instructif si les élèves écrivent un compte-rendu et le remettent, comme devoir de composition, au maître qui le leur rendrait avec ses observations. Ces comptes-rendus seront peut-être au début très courts et très secs et resteront peut-être tels pour un certain nombre d'élèves, tandis que d'autres feront preuve de certaines qualités de style et d'imagination ; il faut en cette matière faire appel à toutes les bonnes volontés et n'en décourager aucune.

Nous donnons dans les pages suivantes du Livre du maître quelques lectures qui peuvent servir de modèle pour des descriptions et des comptes-rendus de promenades.

L'ÉTUDE DE LA GÉOGRAPHIE DU DÉPARTEMENT

Dans les *Notions préliminaires*, le maître a dû donner à tous ses élèves les premières connaissances sur le département, comme faisant suite à une étude très sommaire de la commune, destinée surtout à faire comprendre à de jeunes enfants le sens de certains termes géographiques et à remplacer des définitions abstraites.

Il est utile que, dans le cours supérieur, il reprenne avec quelques détails l'étude du département : nous nous proposons d'y consacrer encore quatre leçons. Cette étude a un double intérêt.

1° Elle fait connaître aux élèves la géographie de la région où la plupart d'entre eux passeront probablement leur vie ; car la statistique nous apprend que les 4/5 environ des Français vivent dans le département où ils sont nés (83 pour 100 au recensement 1876).

2° En permettant de développer plus complètement certains détails de la géographie physique, historique, économique et même de la topographie, elle contribue à développer le goût et l'intelligence de la géographie en général. Le profit qu'en doivent retirer les élèves est analogue à celui que leur auront procuré les lectures et les descriptions ; mais il sera plus facile à acquérir et peut-être plus efficace, parce qu'une partie d'entre eux auront visité ou pourront visiter quelques-uns des lieux dont le maître leur parlera.

C'est pourquoi le maître fera bien d'insister d'autant plus que les lieux seront plus voisins de celui qu'il habite et que les élèves les connaîtront mieux. C'est à ce propos qu'il pourra reprendre l'étude de la commune et des environs et unir cette étude à celle de quelques notions de topographie élémentaire, que la nécessité de limiter les programmes n'a pas permis de faire entrer directement dans l'école primaire. Il pourra les donner à ses élèves en même temps qu'il leur apprendra, sur le terrain, à lire la carte de l'état-major. L'école doit posséder la feuille de cette carte sur laquelle se trouve la commune, et le maître trouvera, à la fin de l'Atlas-scolaire et du Livre du maître, les renseignements nécessaires pour ce complément des études géographiques.

LECTURES ET PROMENADES DU DÉPARTEMENT DE SEINE-ET-OISE.

1ʳᵉ lecture. — *Le château et le parc de Versailles.* — « Versailles est un château moderne ; tout y rappelle le nom de Louis XIV, le style de son règne et sa fastueuse grandeur. »

« Le lieu n'avait par lui-même rien de pittoresque : c'est la partie haute et le commencement d'une longue plaine semée de bouquets de bois et creusée en forme de bateau ; au centre, un petit ruisseau, le rû de Gally, coule vers l'ouest pour aller se perdre dans la Mauldre, et, au sud et au nord, deux rangées de coteaux boisés en forment la bordure. »

« Louis XIII, qui venait de temps à autre chasser dans les bois du voisinage, avait acheté le domaine qui appartenait à l'archevêque de Paris, et avait fait bâtir un petit château sur une éminence. Louis XIV s'éprit de cette résidence. Il employa dix années (1671-1680) à transformer en un somptueux palais le rendez-vous de chasse de son père, qu'il conserva cependant pour en former le fond de la Cour de marbre. Il fit construire, d'après les plans et sous la direction de l'architecte Mansart, les vastes bâtiments qui flanquent cette cour et la Cour d'honneur ; puis il y ajouta la chapelle et la façade du côté du parc. »

« Une vaste place d'armes, sur laquelle débouchent trois larges avenues, précède la Cour d'honneur, dont elle est séparée par une grille semi-circulaire. Vu de ce côté, le château frappe plus par la grandeur de ses dimensions que par l'harmonie des parties et par la grâce des détails. Le bâtiment central qui forme le fond paraît amoindri par l'importance des ailes, et la chapelle que le spectateur voit à sa droite, derrière l'aile gauche, domine le reste des constructions sans avoir son pendant de l'autre côté. La façade du parc, formée de deux étages, d'une attique et d'une balustrade avec un corps central en saillie et deux ailes en retraite, a plus de régularité, mais l'étendue des bâtiments et leur uniformité semblent en diminuer la hauteur. L'ensemble a cependant partout le caractère de majesté qui est le cachet de l'époque. »

« L'intérieur, avec les riches ornements de la chapelle qui est la dernière œuvre de Mansart, avec la grande galerie des glaces qu'a décorée Lebrun, avec les somptueux salons d'Hercule, de Mars, de l'Abondance, de la Guerre, de la Paix, la chambre à coucher de Louis XIV, la salle de spectacle bâtie sous Louis XV, et les appartements de Marie-Antoinette, rappelle de nombreux souvenirs de la royauté au xviiᵉ et au xviiiᵉ siècle. Une grande partie du palais a été convertie par le roi Louis-Philippe en un musée historique dont les tableaux, inégaux par leur valeur artistique, et les portraits, forment une galerie très instructive : c'est l'histoire de France enseignée par les figures. »

« A gauche du palais, un magnifique escalier conduit à l'Orangerie et, de là, à la pièce d'eau des Suisses, vaste réservoir qui sert à l'alimentation des jets d'eau. »

« Le parc, dont la longueur est de près de trois kilomètres et demi, a été dessiné par l'architecte Le Nôtre, créateur d'un type de décoration des jardins en harmonie avec le style de Mansart. Comme lui, Le Nôtre cherchait moins la grâce que la majesté ; il a su la trouver, sans éviter toujours la monotonie et la raideur. Il s'est complu dans les grandes perspectives, avec de beaux arbres taillés régulièrement, de longues charmilles, des ifs, et il a multiplié les statues et les jets d'eau. Les bassins de Latone, d'Apollon, le grand bassin de Neptune, le bosquet d'Apollon sont au nombre des plus belles œuvres décoratives qui existent en ce genre, et les statues de bronze fondues par les frères Keller sont admirées comme des modèles de l'art. »

« Par de là le bassin de Neptune, le grand canal forme, sur une longueur de plus d'un kilomètre et demi, la perspective du château, laquelle se prolonge bien encore au delà du parc par l'avenue de Villepreux. »

« Ces splendeurs, créées à grands frais dans un lieu qui n'avait ni cours d'eau, ni vue, ont fait dire plaisamment que Versailles était « un favori sans mérite ».

« Les larges avenues du parc étaient faites pour une cour nombreuse ; elles ont besoin d'être animées, comme elles le sont aujourd'hui les jours de grandes eaux, dont le spectacle grandiose attire la foule. Mais, dans les jours ordinaires, les promeneurs sont rares, et la majestueuse solitude du parc inspire un certain sentiment de tristesse. »

« Louis XIV lui-même aimait à se reposer des pompes solennelles de Versailles. Sur le flanc septentrional du parc, il avait fait bâtir, en 1687, le petit château de Trianon, élégante construction qui n'a qu'un rez-de-chaussée ; il y venait quelquefois passer plusieurs jours ; c'était une grande faveur pour ses courtisans d'être invités à ces réunions intimes. Son successeur, Louis XV, ajouta à cette construction celle du Petit Trianon, dont le parc, disposé sous le règne Louis XVI en jardin anglais, rappelle Marie-Antoinette et le goût des bergeries dominant vers la fin du xviiiᵉ siècle. Les deux Trianon complètent l'ensemble de cette résidence royale qui, pendant plus d'un siècle, a été le centre du gouvernement de la France, et qui évoque tant de souvenirs glorieux ou tristes. »

2ᵉ lecture. — *La descente de la Seine.* — « La vallée de la Seine, encadrée entre deux lignes de coteaux qui tantôt bordent de près le lit du fleuve et tantôt laissent place à ses longs méandres, offre sur toute son étendue d'agréables promenades. »

« Du côté de la basse Seine, le chemin de fer suit cette vallée de Poissy à Rolleboise entre le fleuve et les coteaux de la rive gauche, et permet de jouir rapidement du paysage. La campagne est riche ; elle est couverte de champs de blé, de prairies, de jardins bordés de haies ou de grands arbres ; çà et là, des touffes de bois et des villages. Presque partout on aperçoit la Seine, que de nombreuses îles, toutes verdoyantes, partagent en plusieurs bras, et, par de là, la ligne des coteaux de la rive droite, qui apparaît dans le lointain à Poissy et qui se rapproche à Triel et à Meulan, étalant ses vignobles et ses nombreuses maisons de campagne. »

« Poissy était célèbre autrefois par son marché de bestiaux qui alimentait Paris. Depuis que ce commerce a été concentré à la Villette, il a beaucoup perdu ; mais il est toujours intéressant par ses souvenirs et par la belle église dans laquelle fut baptisé saint Louis. Meulan, bâti sur la pente du coteau et séparé du faubourg des Mureaux et de la station par la Seine, s'est au contraire développé depuis que le chemin de fer en a rendu l'accès facile aux Parisiens. Plus loin, est Épône, au débouché de la coquette vallée de la Maule ; puis la vallée de la Vaucouleurs, plus encaissée et plus pittoresque, annonce l'arrivée à Mantes. »

« Mantes mérite qu'on s'y arrête. Son église, qu'avait brûlée Guillaume le Conquérant lorsqu'il marchait sur Paris, et qui fut reconstruite peu de temps après, est un des monuments remarquables de l'art ogival ; la façade, avec ses deux grandes tours élégamment découpées qui dominent au loin la campagne, attirent tout d'abord l'attention ; l'intérieur n'est pas moins digne d'intérêt. Après l'église, la tour de Saint-Maclou, les grosses tours de la salle des Arquebusiers, les beaux arbres de la promenade de l'île de Limay ont également droit à une visite. »

« Le train passe ensuite devant Rosny, petit village qui a l'honneur d'avoir vu naître Sully, le grand ministre de Henri IV ; puis il s'engage dans le tunnel de Rolleboise qui traverse, sur une longueur de plus de deux kilomètres, le coteau bordant la vallée et qui débouche de nou-

Arrondissement de Versailles. Pop.: 211,727. Sup.: 84,768.

Canton	Noms des communes	Population	Superficie du territoire en hectares	Revenus annuels
ARGENTEUIL. Pop.: 23,063. Sup.: 6,323.	Argenteuil	11849	1714	165503
	Bezons	1853	399	5250
	Carrières-Saint-Denis	1366	499	2197
	Cormeilles-en-Parisis	1934	808	12267
	La Frette	427	144	501
	Herblay	1625	110	4393
	Houilles	1737	440	1140
	Montesson	1581	731	2745
	Montigny-lès-Cormeilles	781	420	1371
	Sannois	3175	456	5695
	Sartrouville	1730	846	4690
MARLY-LE-ROI. Pop.: 21,013. Sup.: 10,929.	Marly-le-Roi	1558	331	6245
	Bailly	383	652	487
	Bougival	2896	274	5542
	Celle-Saint-Cloud (la)	592	566	4725
	Chavenay	577	604	2055
	Clayes (les)	289	610	1109
	Étang-la-Ville (l')	453	522	640
	Feucherolles	711	1284	1066
	Louveciennes	1129	536	1979
	Noisy-le-Roi	647	542	812
	Plaisir	1469	1917	1120
	Port-Marly (le)	900	141	1783
	Rennemoulin	80	215	82
	Rueil	8208	1494	153162
	Saint-Nom-la-Bretèche	693	749	989
	Villepreux	716	482	725
MEULAN. Pop.: 13,143. Sup.: 12,931.	Meulan	2564	346	14645
	Aubergenville	474	862	602
	Aulnay	307	223	498
	Bazemont	420	659	317
	Bouafle	819	846	400
	Chapet	352	396	306
	Ecquevilly	546	1240	569
	Evecquemont	313	243	1085
	Flins	766	1481	1940
	Gaillon	308	473	606
	Hardricourt	234	328	750
	Herbeville	112	639	300
	Mareil-sur-Mauldre	224	433	465
	Maule	1300	1876	5321
	Mézy	552	448	1194
	Montainville	274	419	266
	Mureaux (les)	1740	1200	1186
	Nézel	365	131	598
	Tessancourt	352	436	630
	Vaux	1191	742	1429
PALAISEAU. Pop.: 19,740. Sup.: 11,677.	Palaiseau	2409	1150	5030
	Bièvres	937	961	918
	Bures	418	410	484
	Châteaufort	637	484	478
	Gif	702	984	1008
	Igny	1162	365	755
	Nozay	270	743	379
	Orsay	1566	1130	8706
	Saclay	472	1365	458
	Saint-Aubin	127	336	196
	Toussus-le-Noble	61	337	150
	Vauhalland	311	334	228
	Verrières-le-Buisson	1169	990	1490
	Villebon	711	612	591
	Ville-du-Bois (la)	1043	362	1361
	Villejust	485	321	639
	Villiers-le-Bâcle	260	603	462
POISSY. Pop.: 18,429. Sup.: 13,864.	Poissy	5600	1137	38397
	Alluets (les)	447	716	970
	Andrésy	962	786	1025
	Carrières-sous-Poissy	724	718	936
	Chanteloup	685	322	1151
	Conflans-Sainte-Honorine	1789	980	1936
	Crespières	645	1449	1350
	Davron	247	650	410
	Maurecourt	414	303	627
	Médan	198	258	430
	Morainvilliers	618	723	715
	Orgeval	1302	1533	1417
	Thiverval	534	1116	471
	Triel	2446	1355	3436
	Verneuil	649	942	605
	Vernouillet	721	631	400
	Villennes	508	181	910
St-GERMAIN-EN-LAYE. Pop.: 32,576. Sup.: 9,315.	Saint-Germain-en-Laye	15790	4918	480518
	Achères	874	943	2025
	Aigremont	184	299	1519
	Chambourcy	705	525	1132
	Chatou	3362	449	15534
	Croissy-sur-Seine	1650	338	1758
	Fourqueux	350	208	437
	Maisons-sur-Seine	3725	637	23587
	Mareil-Marly	387	170	8585
	Mesnil-le-Roi (le)	714	329	2972
	Pecq (le)	1826	293	6010
	Vésinet (le)	3329	506	7880
SÈVRES. Pop.: 21,544. Sup.: 2,388.	Sèvres	6834	391	91559
	Chaville	2564	164	2594
	Garches	1607	260	1366
	Marnes-la-Coquette	341	332	836
	Meudon	6080	412	105998
	Saint-Cloud	4126	757	97511
	Vaucresson	623	304	574
	Ville-d'Avray	1359	366	1089
VERSAILLES (3 cantons). Pop.: 61,294. Sup.: 10,916.	Versailles	46324	2382	1391754
	Bois-d'Arcy	720	899	686
	Buc	685	898	621
	Chesnay (le)	2322	424	2586
	Fontenay-le-Fleury	601	542	54
	Guyancourt	698	1059	491
	Jouy-en-Josas	1316	976	3653
	Loges-en-Josas (les)	373	247	168
	Montigny-le-Bretonneux	333	686	136
	Rocquencourt	263	277	425
	Saint-Cyr-l'École	2727	379	1911
	Trappes	986	916	842
	Vélizy	236	889	100
	Viroflay	1640	342	4361

Arrondissement de Corbeil. Pop.: 80,548. Sup.: 64,004.

Canton	Noms des communes	Population	Superficie du territoire en hectares	Revenus annuels
ARPAJON. Pop.: 15,543. Sup.: 13,405.	Arpajon	2776	210	14732
	Avrainville	294	887	334
	Brétigny	1065	1466	1401
	Bruyères-le-Châtel	716	1290	1320
	Cheptainville	506	714	485
	Egly	350	383	350
	Guibeville	55	254	87
	Leudeville	355	765	342
	Leuville	766	244	822
	Linas	1060	219	1264
	Marolles-en-Hurepoix	574	588	535
	Montlhéry	2309	310	18360
	Norville (la)	490	455	266
	Ollainville	501	1133	610
	St-Germain-lès-Arpajon	602	600	859
	Saint-Michel-sur-Orge	745	511	966
	Saint-Vrain	812	1136	2170
	Vert-le-Grand	765	1560	910
	Vert-le-Petit	862	660	8023
BOISSY-SAINT-LÉGER. Pop.: 20,631. Sup.: 16,010.	Boissy-Saint-Léger	846	893	3228
	Boussy-Saint-Antoine	252	288	301
	Brunoy	2037	654	6472
	Chennevières-sur-Marne	834	555	3508
	Crosnes	495	233	898
	Draveil	1728	1580	5766
	Epinay-sous-Sénart	329	357	234
	Limeil-Brevannes	612	692	640
	Mandres	767	331	1860
	Marolles-en-Brie	238	588	3926
	Montgeron	1955	1119	3555
	Noiseau	150	448	722
	Ormesson	112	325	269
	Périgny	853	278	417
	Queue-en-Brie (la)	712	1161	1217
	Quincy-sous-Sénart	156	161	305
	Santeny	411	991	755
	Sucy-en-Brie	1368	1042	4162
	Valenton	720	513	1198
	Varennes	228	528	1183
	Vigneux	288	878	745
	Villecresnes	730	544	891
	Villeneuve-Saint-Georges	2588	398	10820
	Villiers-sur-Marne	1287	510	1585
	Yerres	1429	943	4418
CORBEIL. Pop.: 26,043. Sup.: 19,181.	Corbeil	6719	208	101687
	Auvernaux	189	649	231
	Ballancourt	1257	1130	1239
	Bondoufle	243	676	401
	Champcueil	544	1685	996
	Chevannes	324	1022	1981
	Coudray-Montceaux (le)	591	650	1041
	Courcouronnes	201	437	182
	Echarcon	394	681	1385
	Essonnes	6081	898	6310
	Etiolles	395	2154	1460
	Evry-Petit-Bourg	1293	832	1255
	Fontenay-le-Vicomte	203	670	440
	Lisses	484	1040	622
	Mennecy	1575	1108	4007
	Morsang-sur-Seine	178	400	401
	Nainville	127	596	295
	Ormoy	271	172	508
	Ris-Orangis	1179	520	2588
	St-Germain-lès-Corbeil	544	493	635
	St-Pierre-du-Perray	392	800	463
	Saintry	604	329	733
	Soisy-sous-Etiolles	1102	468	2036
	Tigery	328	864	670
	Villabé	765	449	715
LONGJUMEAU. Pop.: 18,339. Sup.: 13,153.	Longjumeau	2585	480	6724
	Ablon	600	111	1180
	Athis-Mons	1038	788	1460
	Ballainvilliers	561	401	800
	Champlan	716	367	1292
	Chilly-Mazarin	381	529	947
	Epinay-sur-Orge	1620	494	1010
	Fleury-Mérogis	198	630	360
	Grigny	504	486	830
	Juvisy-sur-Orge	1215	194	2476
	Longpont	661	502	1050
	Massy	1210	926	1681
	Morangis	371	466	581
	Morsang-sur-Orge	651	419	776
	Paray	65	67	383
	Plessis-Pâté (le)	269	793	522
	Ste-Geneviève-des-Bois	453	927	727
	Saulx-les-Chartreux	945	765	3156
	Savigny-sur-Orge	1386	639	1854
	Villemoisson	502	218	1008
	Villeneuve-le-Roi	549	797	798
	Villiers-sur-Orge	229	175	300
	Viry-Châtillon	873	562	1175
	Wissous	749	900	1325

Arrondissement d'Étampes. Pop.: 39,543. Sup.: 80,019.

Canton	Noms des communes	Population	Superficie du territoire en hectares	Revenus annuels
ÉTAMPES. Pop.: 13,712. Sup.: 21,159.	Etampes	7710	4522	131963
	Boissy-le-Sec	559	1885	435
	Boutervilliers	168	700	269
	Bouville	474	2022	531
	Brières-les-Scellés	324	441	230
	Châlo-Saint-Mars	938	2798	816
	Chaufour	90	475	203
	Etréchy	1256	1120	1344
	Mauchamp	103	306	178
	Morigny-Champigny	968	3013	1538
	Ormoy-la-Rivière	332	1029	360
	Saint-Hilaire	173	686	113
	Souzy-la-Briche	185	717	230
	Villeconin	432	1445	693
LA FERTÉ-ALAIS.	La Ferté-Alais	884	513	3930
	Auvers-Saint-Georges	910	234	1300
	Baulne	455	700	899
	Boissy-le-Cutté	328	443	299
	Bouray	785	708	921
	Boutigny	579	1630	843
	Cerny	876	1664	1037
LA FERTÉ-ALAIS (suite). Pop.: 9,229. Sup.: 16,162.	Chamarande	373	554	1156
	D'Huisson	856	1004	320
	Guigneville	181	953	1618
	Itteville	787	1179	2407
	Lardy	707	762	816
	Mondeville	438	670	246
	Orveau	115	422	169
	Torfou	222	342	361
	Vayres	280	841	364
	Videlles	583	860	460
	Villeneuve-sur-Auvers	490	685	335
MÉRÉVILLE. Pop.: 8,495. Sup.: 19,097.	Méréville	1602	2099	4527
	Abbeville	205	1517	513
	Angerville	1534	2136	3380
	Arrancourt	98	750	198
	Blandy	197	780	192
	Bois-Herpin	78	390	54
	Boissy-la-Rivière	241	1246	447
	Chalou-Moulineux	432	1070	393
	Congerville	154	446	184
	Estouches	105	585	110
	Fontaine-la-Rivière	105	858	97
	Forêt-Sainte-Croix	172	528	68
	Guillerval	546	1729	795
	Marolles	216	588	242
	Monnerville	304	806	592
	Pussay	1246	1130	1295
	Roinvilliers	105	709	173
	Saclas	682	1260	717
	Saint-Cyr-la-Rivière	250	859	361
	Thionville	102	380	75
MILLY. Pop.: 8,107. Sup.: 20,509.	Milly	2280	3293	12955
	Boigneville	454	1517	918
	Brouy	228	825	285
	Buno-Bonnevaux	386	1591	1196
	Champmotteux	263	756	105
	Courances	375	805	588
	Courdimanche-s.-Essonne	118	544	398
	Dannemois	452	843	551
	Gironville	324	1289	066
	Maisse	960	2141	1940
	Nespuits	243	995	293
	Moigny	512	1220	650
	Oncy	178	90	608
	Prunay-sur-Essonnes	142	513	351
	Puiselet-le-Marais	213	1120	299
	Soisy-sur-Ecole	589	1121	822
	Valpuiseaux	390	1838	502

Arrondissement de Mantes. Pop.: 54,968. Sup.: 87,695.

Canton	Noms des communes	Population	Superficie du territoire en hectares	Revenus annuels
BONNIÈRES. Pop.: 2,304. Sup.: 18,536.	Bonnières	1028	767	1500
	Bonnecourt	771	690	514
	Blaru	570	1483	832
	Boissy-Mauvoisin	385	492	404
	Bréval	570	1138	374
	Chauffour	170	303	182
	Cravent	226	602	264
	Favrieux	86	327	133
	Fontenay-Mauvoisin	180	315	323
	Freneuse	533	1031	760
	Gommecourt	451	530	447
	Jeufosse	273	356	762
	Jouy-Mauvoisin	78	325	206
	Limetz	511	934	2066
	Lommoye	392	937	628
	Ménerville	96	330	53
	Méricourt	235	236	140
	Moisson	504	969	458
	Mousseaux	232	672	379
	Neauphlette	249	971	368
	Perdreauville	347	1115	523
	Port-Villez	198	535	350
	Rolleboise	428	1275	271
	Saint-Illiers-la-Ville	107	648	219
	Saint-Illiers-le-Bois	325	439	306
	Tertre-Saint-Denis (le)	88	300	130
	Villeneuve-en-Chevrie (la)	430	1166	555
HOUDAN. Pop.: 11,760. Sup.: 22,213.	Houdan	2062	1303	21220
	Adainville	494	1016	622
	Bazainville	495	1203	518
	Boissets	192	274	246
	Bourdonné	489	1076	616
	Civry-la-Forêt	243	916	312
	Condé	429	1071	483
	Courgent	128	203	115
	Dammartin	638	1350	589
	Dannemarie	75	344	99
	Flins-Neuve-Eglise	100	123	58
	Gambais	1018	2195	1301
	Grandchamp	175	604	185
	Gressey	347	698	225
	Hargeville	120	704	224
	Haute-Ville (la)	319	486	363
	Longnes	709	1346	1017
	Maulette	312	590	444
	Mondreville	151	439	167
	Montchauvet	328	789	398
	Mulcent	52	346	42
	Orvilliers	382	592	381
	Osmoy	170	250	270
	Prunay-le-Temple	189	629	226
	Richebourg	502	1032	481
	St-Martin-des-Champs	230	604	359
	Septeuil	937	960	1245
	Tartre-Gaudran (le)	18	427	87
	Thionville-sur-Opton	27	176	30
	Tilly	375	767	237
LIMAY. Pop.: 7,467. Sup.: 10,756.	Limay	1360	1062	5625
	Brueil (le)	349	612	3713
	Drocourt	263	378	265
	Follainville	538	974	312
	Fontenay-Saint-Père	634	1258	921
	Gargenville	590	807	1088
	Guernes	498	770	181
	Guitrancourt	294	400	340
	Issou	277	460	329

NOMS des cantons	NOMS DES COMMUNES	POPULATION	SUPERFICIE du territoire en hectares	REVENUS annuels
LIMAY (suite)	Jambville	234	470	324
	Juziers	708	922	650
	Lainville	256	766	434
	Montalet-le-Bois	199	297	218
	Oinville	497	373	486
	Porcheville	186	450	316
	Sailly	154	532	1296
	St-Martin-la-Garenne	490	205	710
MAGNY-EN-VEXIN. Pop.: 11,584. Sup.: 17,674.	Magny-en-Vexin	2608	231	5710
	Aincourt	391	999	625
	Ambleville	410	790	2660
	Amenucourt	206	809	474
	Arthies	286	640	348
	Arthieul	330	605	195
	Banthelu	152	809	305
	Blamécourt	384	547	383
	Bray-et-Lû	373	355	455
	Buhy	319	668	414
	Chapelle (la)	138	360	287
	Charmont	68	369	96
	Chaussy	821	1457	880
	Chérence	226	817	168
	Genainville	346	1050	578
	Haute-Isle	121	936	368
	Hodent	226	423	322
	Maudétour	176	634	259
	Montreuil-sur-Epte	320	722	1340
	Omerville	396	1197	904
	Roche-Guyon (la)	625	462	2987
	Saint-Clair-sur-Epte	537	1217	457
	Saint-Cyr-en-Arthies	193	377	808
	Saint-Gervais	618	1281	945
	Vétheuil	647	395	916
	Vienne-en-Arthies	331	372	310
	Villers-en-Arthies	553	820	559
	Wy-dit-Joly-Village	312	835	727
MANTES.	Mantes-sur-Seine	6056	236	87933
	Andelu	151	382	176
	Arnouville	520	935	1042
	Auffreville	203	236	205
	Boinville	213	483	265
	Boinvilliers	174	349	191
	Breuil-Bois-Robert (le)	271	380	299
	Buchelay	291	478	232
	Lyône	901	1288	4031
	Falaise (la)	204	305	227
	Flacourt	72	430	200
	Gassicourt	397	702	288
	Goussonville	205	463	196
	Guerville	747	932	533
	Jumeauville	408	719	344
	Magnanville	146	427	197
	Mantes-la-Ville	1058	512	2681
	Mézières	904	1013	2406
	Rosay	267	499	331
	Rosny-sur-Seine	667	1895	770
	Soindres	224	501	299
	Vert	341	369	538
	Villette	230	459	278

Arrondissement de Pontoise. Pop.: 123,049. Sup.: 111,319.

NOMS des cantons	NOMS DES COMMUNES	POPULATION	SUPERFICIE du territoire en hectares	REVENUS annuels
ÉCOUEN	Écouen	1360	1259	2204
	Attainville	311	713	1405
	Baillet	233	761	569
	Bouffémont	321	443	640
	Bouqueval	136	271	485
	Châtenay	53	307	218
	Domont	1325	843	1753
	Ézanville	202	505	492
	Fontenay-les-Louvres	563	1097	2329
	Maffliers	432	679	639
	Mareil-en-France	401	701	585
	Mesnil-Aubry (le)	449	604	624
	Moisselles	468	140	486
	Montsoult	395	373	439
	Piscop	360	408	634
	Plessis-Gassot (le)	98	410	211
	Puiseux-les-Louvres	170	500	398
	Saint-Brice	1013	578	1690
	Sarcelles	2001	832	4010
	Villaines	104	181	167
	Villiers-le-Bel	2016	703	1917
	Villiers-le-Sec	245	318	631
GONESSE	Gonesse	1935	2008	8052
	Arnouville-les-Gonesse	392	265	1647
	Aulnay-les-Bondy (le)	780	1547	1343
	Blanc-Mesnil (le)	166	770	774
	Bonneuil	318	448	1460
	Garges	400	526	1369
	Goussainville	397	1129	2153
	Roissy	849	1364	1598
	Sevran	684	724	470
	Thillay (le)	497	375	1045
	Tremblay	720	2244	1461
	Vaud'herland	59	8	114
	Villepinte	334	932	1274
L'ISLE-ADAM. Pop.: 17,296. Sup.: 20,255.	L'Isle-Adam	3032	1332	10659
	Beaumont-sur-Oise	2670	453	8749
	Bernes	197	545	427
	Bruyères	300	845	396
	Champagne	676	943	1440
	Frouville	229	727	351
	Hédouville	261	519	207
	Hérouville	279	842	1308
	Jouy-le-Comte	989	921	1911
	Labbeville	349	806	520
	Livilliers	250	636	344
	Mériel	599	516	832
	Méry-sur-Oise	1557	1112	1174
	Mours	137	244	555
	Nerville	383	648	962
	Nesles-la-Vallée	629	4138	1039
	Nointel	245	292	1680
	Persan	1553	477	1804
	Presles	1161	890	1795
	Ronquerolles	312	460	291

NOMS des cantons	NOMS DES COMMUNES	POPULATION	SUPERFICIE du territoire en hectares	REVENUS annuels
Suite.	Vallangoujard	397	570	747
	Valmondois	417	399	910
	Villiers-Adam	484	1750	2302
LUZARCHES. Pop.: 11,046. Sup.: 14,354.	Luzarches	1413	2048	2890
	Asnières-sur-Oise	1055	1422	3461
	Bellefontaine	208	690	391
	Belloy	858	911	1513
	Chaumontel	412	405	422
	Chennevières-lès-Louvres	160	457	238
	Épiais-lès-Louvres	95	333	284
	Épinay-Champlâtreux	127	355	278
	Fosses	260	360	317
	Jagny	203	389	560
	Lassy	168	191	326
	Louvres	1046	1077	1291
	Marly-la-Ville	854	862	660
	Noisy-sur-Oise	333	336	433
	Plessis-Luzarches (le)	152	86	188
	Saint-Martin-du-Tertre	796	1322	787
	Saint-Witz	96	925	429
	Seugy	265	165	217
	Survilliers	536	438	600
	Vemars	472	205	724
	Viarmes	1289	787	2910
	Villeron	246	560	480
MARINES. Pop.: 13,022. Sup.: 26,022.	Marines	1433	826	5630
	Ableiges	345	818	548
	Arronville	545	1551	495
	Avernes	513	1247	403
	Bellay (le)	153	496	303
	Berville	221	834	468
	Bréançon	291	1060	393
	Brignancourt	88	305	381
	Chars	1009	1676	1358
	Cléry	265	450	263
	Commeny	274	460	389
	Condécourt	271	694	231
	Cormeilles-en-Vexin	814	926	1560
	Courcelles-sur-Viosne	166	351	591
	Épiais-Rhus	459	1036	479
	Frémainville	333	542	247
	Frémécourt	228	427	277
	Gadancourt	86	439	109
	Gouzangrez	134	76	306
	Grisy-les-Plâtres	469	228	613
	Guiry	144	616	269
	Haravilliers	343	1090	535
	Heaulme (le)	112	199	131
	Longuesse	218	837	195
	Ménouville	83	252	143
	Montgeroult	300	496	364
	Moussy	98	460	205
	Neuilly-en-Vexin	202	288	202
	Nucourt	411	750	390
	Perchay (le)	213	532	275
	Sagy	523	2278	370
	Santeuil	155	338	251
	Seraincourt	115	1200	1061
	Thémericourt	276	749	217
	Theuville	155	450	232
	Vigny	593	658	358
	Ws	564	1067	526
MONTMORENCY. Pop.: 23,835. Sup.: 9,024.	Montmorency	4295	530	89935
	Andilly	663	270	1396
	Bessancourt	892	680	1225
	Béthemont	209	369	302
	Chauvry	269	474	1002
	Deuil	2090	369	3852
	Eaubonne	839	439	1560
	Enghien-les-Bains	1875	142	40450
	Ermont	1320	404	3558
	Franconville	1431	619	1995
	Frépillon	409	334	740
	Groslay	1115	309	1759
	Margency	198	66	609
	Montlignon	726	273	1913
	Montmagny	826	300	1670
	Plessis-Bouchard (le)	307	513	539
	Saint-Gratien	1327	261	2917
	Saint-Leu-Taverny	1899	271	4391
	Saint-Prix	510	775	1203
	Soisy-sous-Montmorency	938	395	1779
	Taverny	1709	1225	2310
PONTOISE. Pop.: 17,285. Sup.: 12,426.	Pontoise	6675	675	147013
	Auvers-sur-Oise	1713	1468	1392
	Boisemont	217	306	190
	Boissy-l'Aillerie	491	632	735
	Cergy	869	1049	1474
	Courdimanche	503	546	567
	Ennery	500	720	445
	Éragny	436	450	445
	Génicourt	222	639	442
	Jouy-le-Moutier	627	694	1043
	Menucourt	437	356	332
	Neuville	427	411	335
	Osny	428	1250	2702
	Pierrelaye	1029	933	1385
	Puiseux	190	547	455
	Saint-Ouen-l'Aumône	2139	1231	4390
	Vauréal	382	319	431
RAINCY. Pop.: 10,339. Sup.: 6,568.	Raincy (le)	4091	228	26480
	Clichy-sous-Bois	251	385	1810
	Coubron	281	405	493
	Gagny	2358	682	3815
	Gournay-sur-Marne	142	160	1645
	Livry	2825	695	6012
	Montfermeil	1010	541	1325
	Neuilly-sur-Marne	4794	695	7700
	Noisy-le-Grand	1394	1295	4981
	Vaujours	2193	350	3260

Arrondissement de Rambouillet. Pop.: 67,363. Sup.: 132,559.

NOMS des cantons	NOMS DES COMMUNES	POPULATION	SUPERFICIE du territoire en hectares	REVENUS annuels
RAM-BOUILLET.	Rambouillet	5186	3426	44439
	Auffargis	531	1686	950
	Boissière (la)	577	1839	680
	Bréviaires (les)	359	1955	578

NOMS des cantons	NOMS DES COMMUNES	POPULATION	SUPERFICIE du territoire en hectares	REVENUS annuels
RAMBOUILLET (suite). Pop.: 13,294. Sup.: 23,130.	Émancé	450	1198	472
	Essarts-le-Roi (les)	776	1878	972
	Gambaiseuil	74	1879	198
	Gazeran	644	1753	1324
	Hermeray	740	1434	440
	Mittainville	370	1025	515
	Orcemont	377	1018	370
	Perray (la)	824	1334	1465
	Poigny	464	974	1162
	Raizeux	520	1001	451
	Saint-Hilarion	553	1323	872
	Saint-Léger-en-Yvelines	673	3415	760
	Vieille-Église	230	959	271
CHEVREUSE. Pop.: 9,845. Sup.: 14,430.	Chevreuse	1734	544	4862
	Cernay-la-Ville	614	977	452
	Choisel	406	825	637
	Coignières	349	883	753
	Dampierre	644	936	3333
	Élancourt	598	742	550
	Jouars-Ponchartrain	1323	965	1780
	Lévy-Saint-Nom	297	24	543
	Magny-les-Hameaux	446	1801	372
	Maincourt	100	178	66
	Maurepas	232	831	178
	Mesnil-Saint-Denis (le)	518	855	904
	Milon-la-Chapelle	161	291	253
	Saint-Forget	309	600	309
	Saint-Lambert	229	643	338
	Saint-Rémy-lès-Chevreuse	708	965	1120
	Saint-Rémy-l'Honoré	373	1014	570
	Senlisse	441	539	326
	Verrière (la)	83	107	142
	Voisins-le-Bretonneux	260	310	192
DOURDAN (Nord). Pop.: 11,053. Sup.: 20,086.	Dourdan	3053	3064	28897
	Angervilliers	365	880	495
	Boissy-sous-Saint-Yon	750	804	1433
	Bonnelles	566	1084	852
	Breuillet	686	668	1116
	Breux	363	410	410
	Bullion	712	2089	1105
	Celle-les-Bordes (la)	676	2000	1191
	Longvilliers	364	1392	1185
	Rochefort-en-Yvelines	569	1258	742
	Roinville	527	470	406
	Saint-Chéron	1401	1143	3870
	Saint-Cyr-sous-Dourdan	604	989	986
	Saint-Maurice	338	600	581
	Saint-Sulpice-de-Favières	242	437	411
	Saint-Yon	203	247	584
	Sermaise	476	1326	512
	Val-Saint-Germain (le)	543	1226	935
DOURDAN (Sud). Pop.: 12,220. Sup.: 20,160.	Ablis	879	2591	1578
	Allainville	385	1582	768
	Authon-la-Plaine	655	1912	803
	Boinville-le-Gaillard	370	1230	385
	Châtignonville	152	502	555
	Clairefontaine	462	1040	833
	Corbreuse	511	1579	621
	Craches	165	390	222
	Forêt-le-Roi (la)	284	793	230
	Granges-le-Roi (les)	367	1238	814
	Mérobert	374	1070	544
	Orphin	553	1650	783
	Orsonville	310	850	457
	Paray-Douaville	303	1008	452
	Ponthévrard	169	249	145
	Prunay-sous-Ablis	641	2249	961
	Richarville	273	1017	350
	Saint-Arnoult	1219	1218	2647
	Saint-Escobille	350	1200	425
	St-Martin-de-Brethencourt	609	1632	882
	Sainte-Mesme	653	819	606
	Sonchamp	1061	4362	1694
LIMOURS. Pop.: 8,038. Sup.: 11,916.	Limours	1178	1218	6735
	Boullay-les-Troux	225	463	313
	Briis-sous-Forges	753	1086	1776
	Courson-d'Aunay	161	373	321
	Fontenay-lès-Briis	574	972	878
	Forges-les-Bains	841	1457	1186
	Gometz-la-Ville	310	1106	669
	Gometz-le-Châtel	441	514	440
	Janvry	397	824	639
	Marcoussis	1759	1619	2995
	Molières (les)	516	865	440
	Pecqueuse	272	725	562
	Saint-Jean-de-Beauregard	230	397	454
	Vaugrigneuse	381	606	740
MONTFORT-L'AMAURY. Pop.: 12,933. Sup.: 18,788.	Montfort-l'Amaury	1488	547	8515
	Auteuil	370	426	236
	Autouillet	231	1005	167
	Bazoches	273	541	398
	Béhoust	235	266	705
	Beynes	756	1836	725
	Boissy-sans-Avoir	275	400	247
	Flexanville	337	886	379
	Galluis-la-Queue	1024	996	975
	Garancières	749	1034	1703
	Goupillières	315	600	253
	Grosrouvre	595	1235	5235
	Marcq	367	475	612
	Mareil-le-Guyon	201	390	474
	Méré	382	1057	428
	Mesnuls (les)	556	613	535
	Millemont	177	548	209
	Neauphle-le-Château	1253	185	10995
	Neauphle-le-Vieux	454	726	408
	Orgerus	725	1433	961
	St-Germain-de-la-Grange	147	511	209
	Saulx-Marchais	210	220	346
	Tacoignières	225	310	279
	Thoiry	482	715	639
	Tremblay (le)	352	692	580
	Vicq	181	400	366
	Villiers-le-Mahieu	213	326	303
	Villiers-Saint-Frédéric	360	475	552

veau sur le bord du fleuve à Bonnières, près de la limite du département. »

« Avant de quitter cette région, le touriste peut remonter la boucle du fleuve, entre Bonnières et Rolleboise, jusqu'à la Roche-Guyon et admirer le flanc escarpé du coteau, le vieux donjon en ruines dont la construction principale remonte au xiiᵉ siècle et, à côté, le beau château moderne, construit dans le style du xviiᵉ siècle. C'est près de là, à Hautile, dans une propriété dont on chercherait en vain aujourd'hui les restes, que Boileau venait fuir, ainsi qu'il l'écrivait à Lamoignon, «les chagrins de la ville». La description qu'il donne du paysage mérite de terminer une promenade sur les bords de la Seine. »

> C'est un petit village ou plutôt un hameau,
> Bâti sur le penchant d'un long rang de collines,
> D'où l'œil s'égare au loin dans les plaines voisines.
> La Seine, au pied des monts que son flot vient laver,
> Voit du sein de ses eaux vingt îles s'élever,
> Qui, partageant son cours en diverses manières,
> D'une rivière seule y forment vingt rivières.
> Tous ses bords sont couverts de saules non plantés
> Et de noyers souvent du passant insultés,
> Le village au-dessus forme un amphithéâtre;
> L'habitant ne connaît ni la chaux ni le plâtre,
> Et dans le roc, qui cède et se coupe aisément,
> Chacun sait de sa main creuser son logement.
> La maison du seigneur, seule un peu plus ornée,
> Se présente au dehors de murs environnée;
> Le soleil en naissant la regarde d'abord,
> Et le mont la protège des outrages du nord.

3ᵉ lecture. — *Gonesse et la plaine de Tremblay.* — « En quittant le chemin de fer de Creil, à la station de Villiers-le-Bel, on a moins de trois kilomètres à faire pour gagner Gonesse. »

« Gonesse est un gros bourg situé dans un léger pli de terrain où coule le Crould. La fertilité des terres de labour du voisinage, la pureté de l'eau des nombreuses sources qui sourdent dans le fond de la vallée, la force motrice du petit cours d'eau qui a permis d'établir des moulins, avaient donné à cette localité une renommée particulière : le pain de Gonesse était connu à Paris dès le moyen âge, et il y est resté célèbre jusqu'au xixᵉ siècle. La meunerie, qui emploie aujourd'hui autant les machines à vapeur que les roues hydrauliques, est encore une des principales industries de Gonesse où diverses autres fabriques se sont établies. L'ancien pré des Trois-Fontaines, qui dépendait autrefois du moulin de la Planche, est devenu une grande cressonnière. Le vaste Hôtel-Dieu et la belle église ogivale dont les parties les plus anciennes remontent au xiiᵉ siècle et dont les orgues, un des plus curieux monuments de ce genre, ont été, suivant la tradition, données par la reine Blanche, témoignent de l'importance qu'a eue Gonesse. »

« La vallée du Crould, avec sa route, ses arbres, ses prairies, ses cultures maraîchères, coupe comme un sillon de verdure la grande plaine toute labourée qui s'étend de Villiers-le-Bel jusque par de là Mitry : dans la vallée, au-dessus de Gonesse, est le Thillay avec ses moulins; au-dessous est Arnouville, dont le nom et le château rappellent le souvenir de Machault d'Arnouville, un des ministres réformateurs de Louis XV. »

« En quittant Gonesse du côté de l'est, on monte la rampe qui conduit de la vallée dans la plaine, et l'on atteint à la Patte d'oie le point de jonction de la grande route de Paris à Lille, très fréquentée avant l'établissement des chemins de fer, et de la route de Maubeuge. »

« Cette dernière conduit à Roissy où l'on voit encore les restes du château de la famille de Mesmes, qui a fourni une suite de magistrats distingués au Parlement de Paris ; le château a appartenu au financier Law. »

« La plaine est uniforme et nue ; çà et là quelques lignes d'arbres dessinent les routes; un gros orme, dit l'orme du Morlu, respecté par les générations, se dresse isolé sur un léger dos de terrain. En hiver, on n'aperçoit jusqu'à l'horizon qu'une surface brunâtre divisée en sillons, avec de grosses mottes de terre argileuse que la charrue a retournées; quelques champs de luzerne interrompent seuls cette monotonie. En été, à la fin de juin, de vastes nappes jaunes d'épis de froment, d'avoine ou de seigle ondulent sous le vent et attestent la richesse du sol; les trèfles avec le vif coloris de leurs fleurs, les plantes fourragères et les betteraves coupent, par leurs carrés d'un vert cru, les tons dorés des moissons. On sent qu'on est dans le domaine de la grande culture. »

« Sans monter jusqu'à Roissy, on peut traverser cette plaine par le petit chemin de la Butte-aux-Bergers et gagner Tremblay en laissant à sa gauche le moulin de Mortières qui domine de ce côté le paysage et le moulin de l'Orme, situé un peu plus bas. »

« Tremblay se divise en deux parties, le Petit et le Grand Tremblay qui ne sont séparés que par une rue. Le Grand Tremblay possède encore quelques restes du château et du parc qu'ont habité le Père Joseph, conseiller de Richelieu, et la famille de Turgot, le ministre réformateur du règne de Louis XVI. Aujourd'hui ce sont, avec quelques maisons bourgeoises, les fermes qui sont les principales habitations du village. L'église est de style gothique ; elle mérite quelque attention. »

« Au sortir de Tremblay, la route qui longe le Bateau, léger pli de terrain dans lequel coule la Roide-Eau, conduit à Villepinte, d'où l'on traverse encore de grandes cultures, mais dans une partie de la plaine bordée de bois vers le sud, pour gagner Sevran, le canal de l'Ourcq et la station du chemin de fer de Paris à Soissons. »

4ᵉ lecture. — *Les Vaux-de-Cernay.* — « Les Vaux-de-Cernay sont un des sites renommés du département de Seine-et-Oise; les peintres les connaissent bien et ils les fréquentent pour y prendre des esquisses comme ils font de la forêt de Fontainebleau. »

« Le vallon, à l'entrée duquel est Cernay-la-Ville, n'est pas le seul de ce genre. Car le plateau qui est au sud de Versailles est coupé de sillons profonds, orientés du nord-est au sud-ouest, bien abrités des vents, tous verdoyants de prairies et de peupliers, égayés par de nombreux villages et par de coquettes habitations champêtres, et tranchant avec la surface monotone et peu peuplée du plateau dont les parties fertiles sont labourées et les parties dépourvues d'humus sont couvertes de bois. Mais le vallon des Vaux-de-Cernay est assurément un des plus pittoresques. »

« Quand on quitte le chemin de fer de Limours, à la station de Saint-Remi-lès-Chevreuse, on est déjà, depuis Palaiseau, dans une de ces gracieuses vallées, celle de l'Yvette. A l'extrémité du vallon qui débouche en cet endroit, sont les ruines de Port-Royal, qui rappelle de grands souvenirs littéraires et religieux du xviiᵉ siècle. L'omnibus continue à remonter la vallée de l'Yvette par Chevreuse où l'on voit à droite, sur la hauteur, les restes du château-fort de la Madeleine, par Dampierre dont on aperçoit à gauche le grand et beau parc ; puis il continue vers le sud entre deux rangs de coteaux élevés, rapides, très boisés et qui se resserrent à mesure qu'on avance ; il dépose enfin ses voyageurs sur la place de Cernay-la-Ville. »

« Malgré son nom, Cernay-la-Ville est un village n'offrant pas d'autre curiosité qu'une auberge dont les artistes ont couvert les murs de leurs peintures. Il faut descendre dans le vallon qui s'ouvre à l'ouest ; ce sont les Vaux. »

« Ce vallon n'a guère plus d'un demi-kilomètre de largeur et d'une quarantaine de mètres de profondeur au-dessous du niveau de la plaine; mais il est bien encadré par deux coteaux en pente rapide. Le coteau septentrional est tout garni de bois; sur son flanc serpente un sentier par lequel, après avoir traversé la route du moulin, on peut cheminer sous l'ombrage. Le fond est occupé, tantôt par le ruisseau, plus souvent par des étangs longs et étroits dont les rives présentent une abondante moisson de roseaux. »

« C'est vers le milieu du vallon, à l'extrémité orientale du dernier étang, qu'était située l'abbaye des Vaux. On y voit encore de belles ruines bien conservées, une ferme et un château qui étaient autrefois des dépendances du monastère. »

« Le lieu, sans être sauvage ni grandiose, a une certaine austérité ; on y respire la solitude et le calme. C'était une retraite à la fois paisible et gracieuse, que les moines savaient les choisir. »

5ᵉ lecture. — *La vallée de l'Yères.* — « C'est à Villeneuve-Saint-Georges, station de la ligne de Lyon, qu'est le confluent de l'Yères. Un coteau qui s'avance, en forme de promontoire, portant sur son flanc les maisons et l'église de Villeneuve étagées les unes au-dessus des autres, et sur son sommet, un des forts destinés à la défense de Paris, y marquent l'extrémité occidentale du plateau de la Brie. »

« La petite rivière serpente dans une vallée sinueuse. Elle n'est pas navigable, mais elle fait tourner quelques roues de moulin, et elle traverse une longue suite de prairies et un grand nombre de parcs et de jardins, dont les bateaux de plaisance animent parfois ses rives. Les coteaux qui la bordent ne la dominent que d'une soixantaine de mètres, et ils s'élèvent en croupes doucement inclinées, partout cultivées, partout semées de maisons de campagne dont les blanches façades se détachent sur la verdure du fond. L'ensemble du paysage est gracieux; le site et la proximité ont séduit les Parisiens, et c'est ainsi que depuis l'établissement du chemin de fer, la vallée de l'Yères est devenue une longue avenue de villas. »

« En suivant la route qui, de Villeneuve, remonte la rive droite du cours d'eau, on rencontre successivement à gauche, Crosnes où naquit Boileau, à droite, sur le flanc du coteau méridional et sur le plateau, Montgeron, et l'on atteint Yères, disposé en amphithéâtre sur le versant du coteau septentrional. Un peu au delà est l'ancienne abbaye d'Yères, où un petit ruisseau, le Réveillon, vient se perdre dans la rivière. A trois kilomètres et demi de ce confluent et au sommet d'une courbe que décrit l'Yères, on atteint Brunoy dont les maisons allongées dans le fond de la vallée semblent de loin se perdre dans la verdure des grands arbres. »

« La vallée continue à être gracieuse jusqu'à Quincy et au delà ; mais les maisons de campagne y sont plus clairsemées. La promenade est déjà longue, et il est temps de prendre, à la station de Brunoy, le train pour retourner à Villeneuve-Saint-Georges. »

6ᵉ lecture. — *De Saint-Germain à Versailles.* — « Saint-Germain était une belle résidence royale. La forêt, qui est très grande et qui abondait en gibier, avait de bonne heure attiré les rois ; Louis le Gros y avait bâti, dès le xıᵉ siècle, un château qui avait été détruit pendant la guerre de Cent ans ; au xıvᵉ siècle, Charles V y avait entrepris la construction d'un nouveau château qui fut agrandi par François Iᵉʳ. Henri II en avait ajouté un autre beaucoup plus vaste, que le comte d'Artois fit démolir sous le règne de Louis XVI et dont il ne reste plus que le pavillon Henri IV. Mais la terrasse que construisit Le Nôtre, en 1672, et d'où l'on embrasse le panorama splendide de la Seine avec les coteaux de Marly et de la Celle-Saint-Cloud, des bois du Vésinet et de la plaine de Gennevilliers jusqu'à Saint-Denis, est un des points de vue les plus justement vantés des environs de Paris. »

« Le château a été restauré. Il renferme aujourd'hui le musée des antiquités gallo-romaines où sont rassemblés les souvenirs les plus curieux de l'âge préhistorique et de la Gaule romaine. Sur une place voisine est la statue en bronze de Thiers, qui justement regardé comme le libérateur du territoire français après la guerre de 1870 et le fondateur de la république et qui est mort à Saint-Germain en 1876. »

« Nous descendons la rampe de Saint-Germain et nous continuons à suivre au bord de la Seine la route qui conduit à Port-Marly. »

« Nous pouvons pousser notre promenade le long du fleuve jusqu'à la machine. Cette machine mérite d'être visitée. Louis XIV l'avait fait construire par un ingénieur hollandais pour élever l'eau destinée aux bassins de Versailles ; mais elle n'avait pas rendu tout le service qu'on en attendait et, au xıxᵉ siècle, on l'a remplacée d'abord par une machine à vapeur, puis, en 1863, par une puissante machine hydraulique munie de dix roues à aubes et capable d'élever, jusqu'à la hauteur de l'aqueduc de Marly, près de huit cents mètres cubes d'eau par heure. Cet aqueduc, qui se dresse à plus de 140 mètres au-dessus du niveau de la Seine et, dont le front, appuyé sur le coteau, présente une muraille de 23 mètres de hauteur, forme avec ses grandes arches un des ornements du paysage qu'il domine. C'est jusqu'au sommet de cet aqueduc, à une altitude d'environ 166 mètres (le niveau de la Seine est à une altitude de 20 mètres), que l'eau est poussée par la pompe hydraulique ; c'est de là qu'elle s'écoule par une pente naturelle vers Versailles, dont la Cour d'honneur n'est qu'à l'altitude de 140 mètres. »

« De la machine, un chemin montant, qui passe par Voisin et qui longe Louveciennes, tout rempli de coquettes villas et gardant encore quelques souvenirs du siècle de Louis XV, ramène à la grille royale de Marly. »

« De Port-Marly une route plus directe, que ses nombreuses maisons de campagne ont transformée pour ainsi dire en une longue rue, monte jusqu'à la grille royale par un vert vallon. L'Ermitage de Marly, qu'avait fait construire Louis XIV et qu'avait richement décoré Mansart, était déjà à peu près abandonné sous Louis XVI et n'est plus aujourd'hui qu'un amas de ruines ; mais ces ruines méritent qu'on en visite. »

« Au delà de la grille royale, une avenue droite, bordée d'arbres, traverse le plateau entre des cultures et des garennes où le gibier abonde ; puis, à l'extrémité du plateau, elle descend rapidement sur Rocquencourt et sur la plaine où est bâti Versailles. Il y a encore deux kilomètres à faire en suivant toujours cette même avenue, chemin par lequel le roi se rendait de Versailles à Marly, pour gagner la porte Saint-Antoine, qui est la principale entrée du parc de Versailles du côté de Trianon. Il ne reste plus ensuite qu'à traverser le parc pour gagner le château et la ville. »

LECTURE DE LA CARTE DE L'ÉTAT-MAJOR.

On désigne sous le nom de *Cartes topographiques* les cartes qui représentent à une grande échelle les détails d'un terrain levé et dessiné par des procédés géométriques. Tous les États de l'Europe, à l'exception de la Turquie et de quelques États au sud du Danube, ont entrepris, et plusieurs ont achevé des cartes topographiques de leur territoire. Les Anglais ont commencé à dresser une carte topographique de l'Inde ; les Américains, une carte de la partie occidentale des États-Unis.

La carte topographique de France ou carte de l'état-major, entreprise en 1817, à la suite d'un rapport de Laplace, a été dressée par des ingénieurs géographes et par des officiers d'état-major attachés au Dépôt de la guerre. De 1818 à 1854, on a fait la géodésie ou triangulation de 1ᵉʳ et de 2ᵉ ordre.

Après les opérations géodésiques, la topographie a été levée géométriquement sur le terrain et dessinée par les officiers à l'échelle du 20 000ᵉ ou du 40 000ᵉ. D'après les minutes qu'ils ont dressées et qui portent la planimétrie, les courbes de niveau et la lettre, les cartes ont été dessinées au Dépôt de la guerre et gravées sur cuivre à l'échelle du 80 000ᵉ, c'est-à-dire de 1 millimètre pour 80 mètres.

La carte se compose de 274 feuilles. La première a été mise en vente en 1833 ; la dernière en 1878.

Le prix est de 4 francs quand la carte est tirée en taille-douce, et de 1 franc quand elle est tirée à l'aide d'un report sur pierre.

Le Dépôt de la guerre a fait de cette carte une réduction en 23 feuilles à l'échelle de 320 000ᵉ, soit 1 millimètre pour 320 mètres. Chaque feuille de cette carte représente la même étendue de terrain que seize feuilles du 80 000ᵉ. Il a entrepris aussi de publier une carte de France au 50 000ᵉ, en employant à cet effet les minutes des officiers.

Nous avons signalé quelques autres cartes topographiques qui sont en cours de publication (voir Livre du maître, page 1). Elles ont toutes été dressées à l'aide du fonds topographique du 80 000ᵉ, mais elles en diffèrent par les procédés d'exécution et par la nature des notions particulières qu'elles en dégagent ou qu'elles y ajoutent. Ce sont : la carte publiée par le Ministère de l'intérieur au 100 000ᵉ, la carte publiée par le Ministère des travaux publics au 200 000ᵉ, et la carte publiée par le Dépôt des fortifications au 500 000ᵉ.

Nous publions nous-mêmes (librairie Delagrave) une carte topographique, administrative, historique et économique de France à plusieurs échelles, 500 000ᵉ, 700 000ᵉ et 1 000 000ᵉ, soit 1 millimètre pour 500, 700 et 1 000 mètres.

I. Pour lire une carte, on doit d'abord se rendre compte de l'échelle (Voir page 1 du Livre du maître). Celle de la carte de l'état-major étant au 80 000ᵉ, c'est-à-dire 80 000 fois plus petite que le terrain représenté, une longueur de 80 000 millimètres ou 80 mètres y est représentée par 1 millimètre. On peut donc mesurer les distances avec 1 centimètre : chaque millimètre sur la carte, si la feuille a été bien imprimée, équivaut à une distance de 80 mètres. On peut aussi se servir de l'échelle placée au bas de chaque feuille ; elle indique les longueurs en kilomètres.

II. On doit ensuite orienter sa carte. Nous indiquons dans les *notions préliminaires, orientation* (Livre de l'élève, et Livre du maître, pages 2), la manière de procéder à cet égard.

III. On entend par *planimétrie* la partie du dessin d'une carte qui donne les détails du terrain à l'exception des pentes, c'est-à-dire des mouvements de ce terrain. Le tableau des signes de la carte d'état-major au 80 000ᵉ, placé à l'intérieur de la couverture, contient les principales indications relatives à la planimétrie : 1° les *cours d'eau* et canaux avec route transversale, pont, bac, embranchement, écluse ; 2° la nature des *cultures* : bois, prés, vignes, vergers, et du *sol*, tourbières et marais ; 3° les *voies de communication*, chemins et sentiers, qui ne sont pas toujours figurés de la même manière et parmi lesquels on distingue surtout les routes carrossables, les routes peu carrossables et les sentiers, les chemins de fer, avec gare, tunnel, déblai dont les pointes des hachures sont tournées vers la voie ferrée, remblai dont les pointes des hachures sont tournées à l'opposé de la voie, passage à niveau, passage au-dessus et passage au-dessous de la voie ; 4° les *constructions*, église, maison, moulin, etc., les villages et villes fortes ; les *signes administratifs*, préfectures, sous-préfectures et chefs-lieux de canton qui se distinguent par le genre d'écriture et par les deux lettres placées dans un cartouche, les autres localités habitées, les limites territoriales.

Les quatre figures des côtes de la mer tiennent à la fois de la planimétrie et du figuré du terrain.

IV. On entend par *figuré du terrain* la représentation sur la carte des pentes qui accidentent le sol.

Lorsqu'on dresse une carte, on projette sur un plan, ainsi que l'indique la figure ci-jointe, chaque détail en ne reproduisant que les distances à vol d'oiseau sans tenir aucun compte des mouvements du terrain.

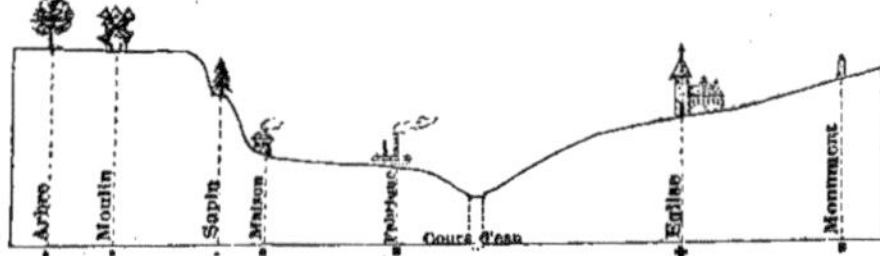

Il en résulte qu'une route en pente est non seulement plus pénible à parcourir qu'un chemin plat, mais qu'en réalité elle est proportionnellement plus longue que la carte ne la représente. Il importe donc d'avoir une topographie exacte et, pour cela, d'indiquer par un procédé quelconque le figuré du terrain. On le fait à l'aide de courbes ou à l'aide de hachures.

Les topographes qui font les levés sur le terrain mesurent non seulement la distance d'un lieu à d'autres lieux, mais l'élévation du lieu au-dessus d'un certain plan : le plan adopté est le niveau de la mer. Ils inscrivent sur leur minute l'altitude de chaque lieu mesuré, c'est-à-dire sa hauteur en mètres au-dessus du niveau de la mer. Ils réunissent ensuite par une ligne continue tous les points portant sur leurs dessins la même cote et ils obtiennent ainsi une *courbe de niveau*.

On trace de la même manière une suite de courbes de niveau équidistantes, c'est-à-dire espacées à des distances égales en altitude, par exemple de 10 en 10 mètres ou de 20 en 20 mètres. On obtient ainsi un figuré du terrain, comme l'indique la figure ci-jointe.

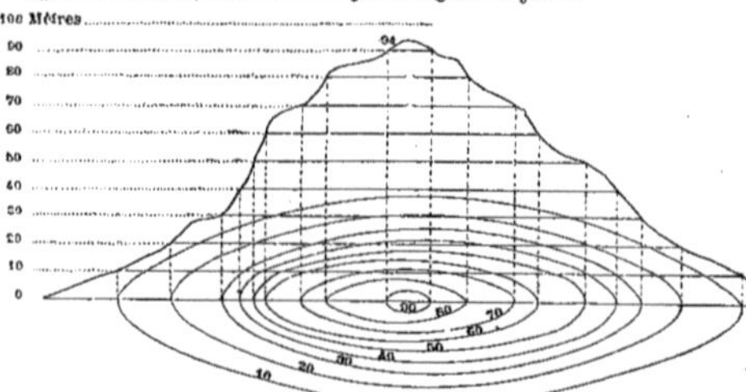

Une courbe de niveau dessine le rivage tel qu'il serait si le niveau de la mer s'élevait du nombre de mètres marqué par la cote de cette courbe.

Une suite de courbe marque ainsi une suite de plans horizontaux

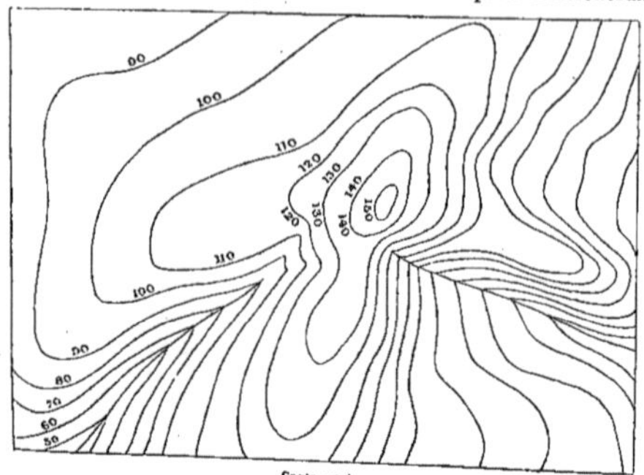

Carte n° 1.

superposés, parallèles et équidistants. On peut les comparer aux tranches parallèles qu'on obtient en sciant un pain de sucre dans le sens de sa largeur en tranches d'égale hauteur.

Plus, sur une carte, les courbes sont rapprochées, plus est rapide la pente qu'elles indiquent.

On doit donc lire de la façon suivante la carte ci-jointe (carte n° 1). La courbe 150 marque le sommet d'un mamelon allongé ; immédiatement au sud-est il y a une pente très rapide, une sorte de coupure du

terrain qui, de la courbe 80 à la courbe 30, mesure 50 mètres de hauteur. Au sud-ouest, commence une vallée par laquelle on descend jusqu'à une altitude inférieure à 50 mètres.

V. On peut figurer le relief par des *hachures* qui mesurent moins exactement le relief, mais qui en donnent une expression plus saisissante à l'œil.

Les hachures sont tracées d'une courbe à une autre suivant la ligne de plus grande pente, c'est-à-dire suivant la ligne que tracerait une goutte d'eau ou une boule roulant sur le terrain. Elles doivent avoir un écartement égal au quart de leur longueur ; les hachures très courtes, c'est-à-dire celles qui, étant tracées entre des courbes très rapprochées, indiquent des pentes très rapides, sont donc très serrées et marquent ainsi la pente par une ombre vigoureuse. Elles doivent être interrompues à chaque courbe de manière qu'on puisse à peu près lire la courbe qui a servi à les tracer. Les difficultés d'exécution n'ont pas toujours permis aux graveurs de suivre scrupuleusement sur la carte d'état-major les principes qui avaient été posés à cet égard. Voici, figuré en hachures avec les courbes (carte n° 2) et sans les courbes (carte n° 3), le même terrain qui est représenté sur la figure n° 1.

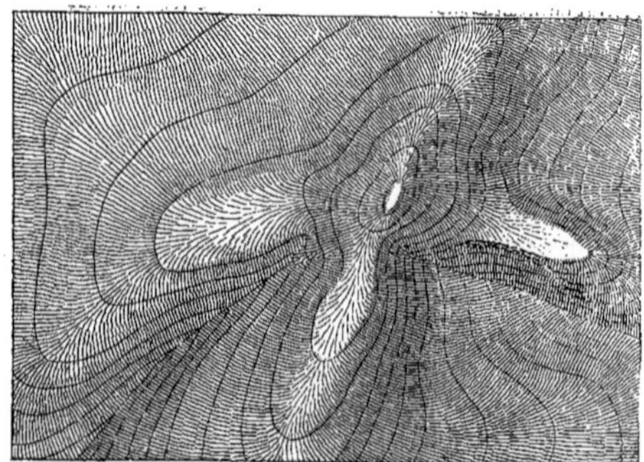

Carte n° 2.

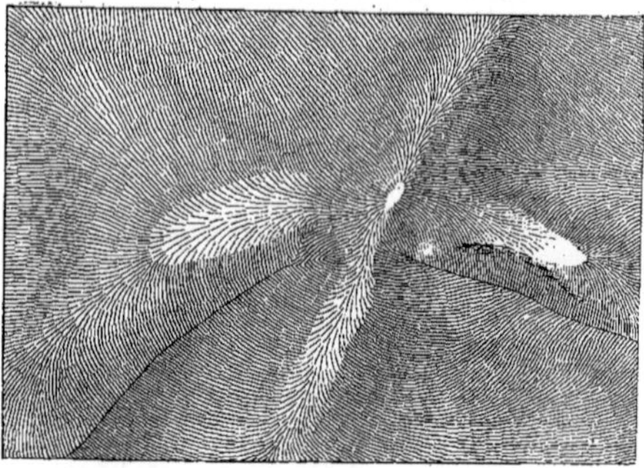

Carté n° 3.

Dans les principaux signes il y a quatre spécimens du figuré du terrain ou relief du sol par des hachures : 1° un *mamelon* légèrement bombé et terminé par des versants en pente rapide ; 2° des *ondulations de terrain* en pente douce avec un *col* ; 3° des *rochers* avec des pentes escarpées ; 4° trois *crêtes* réunies par un *nœud*.

Sur la carte de l'état-major, les hachures, dessinées d'après le procédé de la lumière verticale, doivent avoir partout une intensité proportionnelle à la pente. Sur les cartes gravées dans le système de la lumière oblique, la partie éclairée est moins fortement ombrée que l'autre, de manière à rendre plus saillant l'effet du relief dans le dessin.

Les cartes géographiques sont à trop petite échelle pour que les hachures y représentent les pentes avec la même précision. L'intensité des hachures y indique seulement que les montagnes sont plus ou moins hautes et que la pente en est rapide ou douce.

Les Français doivent savoir lire assez couramment la carte d'état-major de leur pays pour s'en servir sur le terrain et reconnaître leur route. Nous donnons ici les indications nécessaires; mais il faut une pratique souvent répétée sur le terrain même pour acquérir véritablement l'habitude de ce genre de lecture.

PRINCIPAUX SIGNES DE LA CARTE D'ÉTAT-MAJOR AU 80.000e

Côtes de la mer :
- avec Falaises et Bruyères
- avec Rochers
- avec Marais salants
- avec Dunes et Sables

Cours d'eau :
- Petit cours d'eau traversé par un chemin
- Cours d'eau important avec pont et bac (Pont, Bac)
- Canal navigable avec écluse (Écluse)
- Canal d'irrigation

Relief du sol :
- Versant en pente rapide
- Col
- Versant en pente douce
- Rochers
- Montagnes versant en pente rapide

Bois — Prés — Vignes — Vergers — Tourbières — Marais

Routes :
- Route ou chemin bordé d'arbres
- Route nationale
- Route départementale
- Route autre
- Chemin de grande communication
- Chemin
- Sentier

Chemins de fer :
- Gare — Tunnel
- Station — Passage d'une route à niveau, au-dessus, en dessous du chemin de fer
- Déblai
- Remblai

- o Église
- . Maison isolée
- Église dont le clocher a servi de point trigonométrique
- Murs et Haies
- Moulin à vent
- Point trigonométrique
- Moulin à eau
- Chapelle isolée
- Ruines

Village — Ville forte

PF PRÉFECTURE
S SOUS-PRÉFECTURE
C CH.L. DE CANTON ou GRANDE COMMUNE
Commune moins importante
Hameau — Ferme

Limites :
- d'État
- d'Arrondissement
- de Département
- de Canton
- de Commune

Dessiné par A. W. Jung

Exercice de lecture. — *Orientation.* Le nord est au haut de la feuille, le sud au bas, l'est à droite, l'ouest à gauche. Donc Bligny-sous-Beaune est au sud de Beaune; le mont Battois est au nord-ouest de Beaune.

La ligne qui traverse la carte à l'est est un méridien dont la longitude est indiquée dans le cadre.

Si l'on était dans la campagne de Beaune, et si l'on voulait orienter sa carte afin de trouver son chemin ou de connaître la direction dans laquelle se trouve telle localité, il faudrait placer la boussole, sur la carte en faisant coïncider la ligne nord-sud de l'instrument avec le méridien de la carte, mettre en liberté l'aiguille aimantée, puis faire tourner doucement, à plat, carte et boussole jusqu'à ce que la pointe bleue de l'aiguille se trouve sous la flèche : c'est alors que la carte est orientée.

Si l'on est à Beaune, le visage tourné vers le nord, on peut dire : Savigny est droit devant moi; Pommard, derrière moi, à gauche, Aloxe, devant moi.

Échelle. — L'échelle de la carte d'état-major étant le 80,000e, 1 millimètre y représente 80 mètres. Or, de l'église de Beaune à l'église de Pommard, la distance en ligne droite étant de 4 centimètres 1/2, la distance réelle est de 3 kilomètres 600 mètres.

Géographie physique. — L'Avant-Dheune est un ruisseau qui coule en serpentant d'abord dans la montagne, puis dans la plaine, passe à Pommard et à Bligny-sous-Beaune. Le trait noir des ruisseaux ne se distingue pas toujours nettement au premier abord d'un chemin d'exploitation; avec un peu d'attention, on s'aperçoit que la ligne du ruisseau a des sinuosités qui ne conviennent pas à un chemin.

Les hachures serrées qui sont à l'ouest de Beaune, de Savigny à Volnay, indiquent une pente rapide : c'est la côte de Beaune. Sur la route, les nombres gravés en caractères penchés 234, 238, 230, 226, 235, 229, sont des côtes d'altitude; elles indiquent l'élévation de ces points au-dessus du niveau de la mer. A l'ouest des plus fortes hachures, les côtes 367, 402, 384, 401, 384, indiquent l'altitude de la crête. Il faut donc monter de 150 à 170 mètres environ pour en atteindre le sommet; la distance étant d'environ 3 centim. sur la carte, c'est sur une distance de 2 kilom. 1/2 que se fait la montée.

Au nord-ouest de Beaune, le triangle placé près de la côte 358 et accompagné des mots : Beaune signal, signifie que ce lieu a été un des points de la triangulation de la France.

Géographie politique et économique. — Il y a, à l'est de Beaune, un chemin de fer, qui traverse en diagonale une partie de la carte; la station de Beaune est dans le faubourg St Jean; à l'ouest du chemin de fer, est une route nationale qui bifurque à la côte 235; une route départemenale, en partie bordée d'arbres, coupe en + la précédente; les autres voies sont des chemins d'exploitation.

Beaune est une sous-préfecture; il y a deux églises. Savigny est une commune importante, Pommard une commune, Curtil un hameau.

Itinéraire de Bligny à Savigny. — Partir de l'église (point trigonométrique), suivre la rue jusqu'à l'Avant-Dheune et, au moulin, suivre dans la direction du nord le chemin de grande communication qui monte de 11 mètres (côtes 215 et 226) au milieu des vignes jusqu'au chemin de fer, traverser le chemin de fer à niveau continuer en traversant la plaine, puis les vignes jusqu'au faubourg Bretonnière, prendre la route nationale, suivre la grande rue de Beaune en passant devant l'église (point trigon.) aller jusqu'à l'église du faubourg St Nicolas (point trigon.), quitter la grande route, prendre la rue à gauche, et, presque aussitôt après, le chemin vicinal montant en pente douce (20 mètres environ) vers le nord, traverse une ancienne voie et descend un peu jusqu'aux prairies qu'arrose le ruisseau de Savigny, prendre le chemin à gauche avant de traverser le ruisseau, remonter entre le ruisseau et une côte rapide, passer près d'un moulin et atteindre le château de Savigny.

PRINCIPAUX VOYAGES DE DÉCOUVERTES

par E. Levasseur.

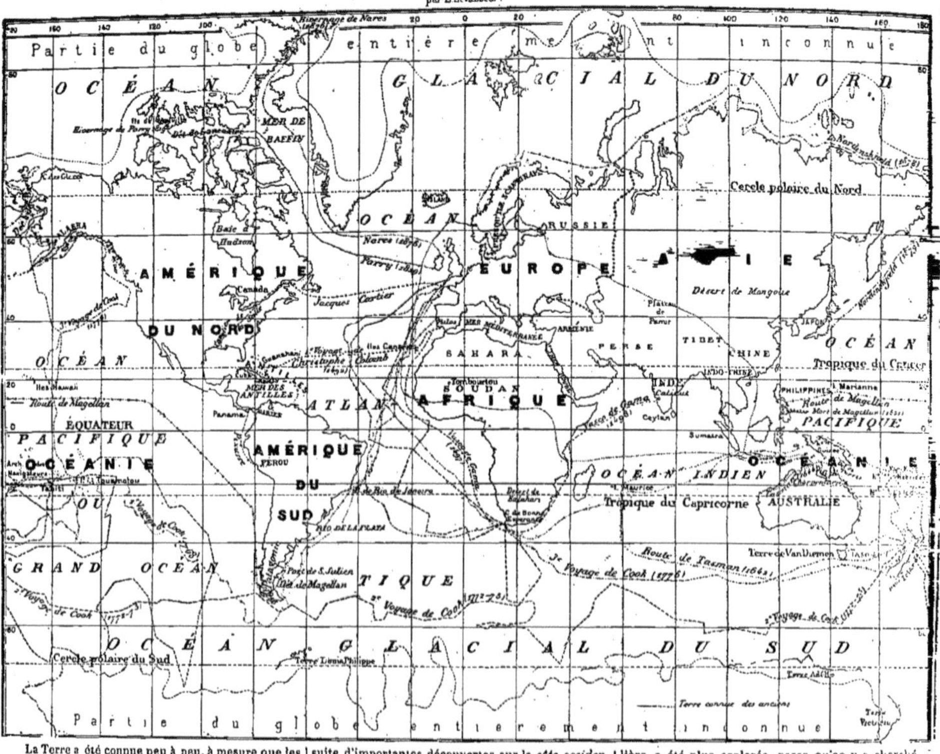

La Terre a été connue peu à peu, à mesure que les sociétés se sont civilisées, que le commerce a créé des relations entre les contrées et que les voyageurs ont exploré les régions sauvages ou inhabitées.

Dans *l'antiquité*, la science des Grecs et des Romains se bornait à peu près à la connaissance des **régions voisines de la Méditerranée** ou *mer intérieure*, lesquelles comprenaient l'Europe méridionale et centrale, l'Afrique septentrionale, et la partie occidentale de l'Asie qui s'étend *jusqu'à l'Indus*.

Le moyen âge n'a pas ajouté beaucoup à la science géographique de l'antiquité. Cependant, les îles du nord de l'Europe ont été explorées par les *Scandinaves*; les *Arabes* ont fait mieux connaître l'Asie occidentale et l'Afrique septentrionale; les *croisades* et le commerce ont contribué à répandre les connaissances des Arabes en Europe. — Le plus célèbre des voyageurs du moyen âge est un Vénitien, **Marco Polo**, qui, dans la seconde moitié du treizième siècle, visita l'Asie, séjourna dix-sept ans en Chine et donna le récit de ses voyages.

A la fin du quinzième siècle, **Christophe Colomb**, marin génois, conçut le projet de gagner la côte de l'extrême Orient, dont avait parlé Marco Polo, en naviguant en ligne droite à l'ouest de l'Europe; il pensait que, puisque la terre est ronde, il devait être plus facile d'atteindre ainsi cette contrée par mer que de la gagner en faisant route vers l'est, par terre. Il partit, en août 1492, avec trois petits bâtiments fournis par l'Espagne. A partir des Canaries, il navigua pendant 36 jours dans une mer tout à fait inconnue, et il aborda enfin, le 12 octobre 1492, dans une des îles Bahama qu'il nomma San Salvador. Il venait de découvrir l'**Amérique**.

Dans trois autres voyages (1493-1504) il reconnut la plupart des îles et une partie de la côte de la mer des Antilles. Ce fut un autre navigateur, *Américo Vespuce*, qui eut l'honneur de donner son nom au nouveau monde.

Depuis le commencement du quinzième siècle, les Portugais cherchaient par une autre route à pénétrer dans cet extrême Orient et faisaient une suite d'importantes découvertes sur la *côte occidentale de l'Afrique*. — En 1486, **Barthélemy Diaz** était parvenu jusqu'à la pointe méridionale de l'Afrique. — Le roi de Portugal, à qui cette découverte faisait espérer le succès définitif de l'entreprise, la nomma *Cap de Bonne-Espérance*.

En effet, l'amiral **Vasco de Gama**, ayant doublé ce cap, atteignit l'année suivante (1498) la côte de l'**Inde**. — Les Portugais firent dans ces régions un grand commerce et apprirent à connaître les côtes de la Chine, du Japon et la Malaisie.

En Amérique, un Espagnol *Nunez de Balboa*, ayant traversé les épaisses forêts de l'isthme de Panama, découvrit, en 1513, le *Grand océan*.

Quelques années après, un navigateur portugais au service de l'Espagne, **Magellan**, entreprit de naviguer sur ce nouvel océan. — Il découvrit le *détroit de Magellan*, puis il traversa le Grand océan ou océan Pacifique avant d'atteindre la région déjà connue de la Malaisie. Magellan y mourut, mais un de ses navires put rentrer en Europe : ce *premier voyage autour du monde* prouvait expérimentalement que la terre est ronde.

Le Grand océan fut exploré par plusieurs navigateurs au xviie et au xviiie siècle; entre autres, par le Hollandais *Abel Tasman*, qui (1643) aperçut la Tasmanie, la Nouvelle-Zélande, la Nouvelle-Guinée, puis, par deux Français, *Bougainville* (1768), qui visita Tahiti, et *La Pérousse* (1787), qui explora une partie de la côte nord-ouest de l'Amérique et de la côte nord-est de l'Asie et périt près de l'île Vanikoro; par le capitaine anglais **Cook**, le plus célèbre de tous, qui découvrit ou reconnut la côte orientale de l'*Australie*, la Nouvelle-Zélande, les abords du champ de glace de l'océan Glacial du sud, la Nouvelle Calédonie, les îles Hawaii où il fut tué (1779).

La *région du pôle sud*, qui est inhabitable, a été explorée au xixe siècle par l'amiral français *Dumont d'Urville*, qui découvrit la terre Adélie (1840), par l'Anglais *James Ross*, qui pénétra plus au sud, reconnut la terre Victoria (1841).

La *région du pôle nord*, un peu moins inhospitalière, a été plus explorée, parce qu'on y a cherché longtemps un passage pour se rendre de l'océan Atlantique dans le Grand océan et qu'on a cherché, dans notre siècle, à parvenir au pôle. De nombreux marins se sont signalés dans ces entreprises, depuis *Hudson* et *Baffin*, au commencement du xviie siècle, jusqu'à *Parry* qui, en 1849, parvint au sud de l'île Melville, à *Franklin* qui est mort dans les glaces en 1847 et au capitaine *Nares* qui, en 1876, a passé l'hiver à environ 800 kilomètres du pôle.

En 1878, le Suédois **Nordenskiœld**, parti de la Suède, a longé toute la côte septentrionale de l'Asie et est entré par le détroit de Béring dans le Grand océan, accomplissait la première circumnavigation de l'ancien continent.

Depuis la découverte de l'Amérique, des voyages importants pour la connaissance du monde ont été faits dans l'intérieur des continents.

Parmi ceux qui ont fait connaître l'**Amérique**, on peut citer, pour l'Amérique du nord, le Français *Jacques Cartier* qui, au xvie siècle, a exploré le fleuve Saint-Laurent; au xviie siècle, *Cavelier de la Salle* qui a descendu jusqu'à son embouchure le Mississipi; pour l'Amérique du sud, l'Espagnol *Pizarre*, qui a découvert et conquis le Pérou, et son lieutenant *Orellana*, qui a descendu le premier (1541) l'Amazone.

En **Afrique**, les voyages de découvertes ont été très nombreux, depuis la fin du xviiie siècle. On peut citer le Français *René Caillié*, qui (1828) visita Tombouctou et traversa le Sahara; l'Allemand *Barth*, qui (1855) visita et décrivit le Soudan; les Anglais *Speke* et *Grant*, qui (1851) firent connaître les origines du Nil; l'Américain *Stanley*, qui (1878) a descendu le premier le Congo; l'Écossais **Livingstone**, qui (1853-1873) a découvert le lac Ngami, traversé toute l'Afrique australe, exploré le Zambèze, le lac Nyassa, le lac Tanganyika, le cours supérieur du Congo.

L'intérieur de l'**Australie**, qui est en grande partie un désert, a été exploré par *Burke* (1860), par *Mac-Donall-Stuart*, qui le premier a traversé de part en part ce continent (1866).